黄河源流からロプ湖へ

西域探検紀行選集

プルジェワルスキー著
加藤九祚・中野好之訳

白水社

（下）プルジェワルスキー探検隊のカザクたち
（左）プルジェワルスキー（上）、ロボロフスキー（左）、コズロフ（右）

（右）黄河源流のディチュー川

（左）ウイトゥン部落付近のロプ湖

（右）ロプ湖岸の探検隊の宿営

（上）獣糞を拾うモンゴルの女性たち
（左）荷車を造るモンゴル人

（右）ロプ湖住民のアシの住居
（上）モンゴル人のユルト造り

（左）ロプ湖住民の首長クンチカン・ベクと息子

（左）ヤスルグンのオアシス

（右）スゲト泉の神聖な柳

（左）ケリヤ山中のマチン族の穴居

（右）ポルー族の女性たち

（左）カラ・クルチンの女性と子供

（右）チェルチェン・オアシスの女性

西域探検紀行選集

目次

黄河源流からロプ湖へ

プルジェワルスキー
加藤九祚訳

Н. М. Пржевальский

ОТ КЯХТЫ НА ИСТОКИ ЖЕЛТОЙ РЕКИ ИССЛЕДОВАНИЕ СЕВЕРНОЙ ОКРАИНЫ ТИБЕТА И ПУТЬ ЧЕРЕЗ ЛОБ-НОР ПО БАССЕЙНУ ТАРИМА

Издание Императорскаго
Русскаго Географическаго
Общества
С. Петербург 1888

1　大ゴビを横断して

　これまでわたしが行なった三回の内陸アジア探検の成功、かの地に残された広大な未踏査の地域、力の続くかぎり自分の生涯の目的を追究しようとするわたしの意欲、そして最後に自由な漂泊生活のもつ魅力――これらのことが、第三回探検の報告を書き終えたわたしを、さらに新しい探検旅行へかりたてたのであった。

　このたびの探検コースは、これまでのわたしの探検経路を記入した内陸アジア地図を見ただけで自然に定まってくる。これまでのコースはいずれもチベット高原の奥で終わっており、地理的に見て接近することがむずかしく、しかも将来の探査にとって最も魅力ある地域が未踏査のまま残っていることを示している。わたしはこれまでのチベット地域探検の経験から、ある地点に基地をつくり、そこから比較的軽装で小規模な調査旅行におもむく方法がよいと確信するようになった。

　一八八三年二月、わたしはロシヤ地理学協会に新しい第四次探検計画を提出した。黄河源流からロプ・ノール（湖）およびコータンにいたるチベット北部地域の調査をおもな課題とし、できればその隣接地域への小規模調査旅行をも企てた。

　地図を一見しただけで、ロシヤ領からチベットへいたる最短路はセミレチエ（イシク・クル湖周辺の地域）あるいはフェルガーナ方面からであることは明らかである。しかしわたしは、回り道ではあっても、割合確実と思われるキャフタ経由のコースを選んだ。キャフタから出発すれば、チベットにいたるまですでによく知っている道、場所によっては二度も三度も通った道を通ることになり、したがっていざの場合には案内人なしでも済ますことができる。さらに西部国境からシナ・トルキスタンを経由する場合、充分衝突の可能性のある無軌道なシナ兵にも、甘粛省まで出会わないで済む。またモンゴル北部では長期のキャラバンに慣れたラクダを手に入れることができるし、ザバイカル地方ではチベットでも役に立つモンゴル語を話すカザク兵を捜して隊員に加えることもできる。最後に、キャフタから出発すれば、わたしたちに対するシナ官憲の疑惑も、シナ人に敵意をいだくカシュガルのイスラム教徒のあいだを通ってチベットへ向かう場合より少ないことが考えられる。カシュガルでシナ側は、案内人を提供しないことによってわたしたちの前進を妨害することもできよう。案内人なしではロプ・ノールまで到達することもおぼつかない。反対にチベット方面からこの湖に向かえば、シナ当局はしぶしぶながらも、招かざる客であるわたしたちを東トルキスタンの未踏査地域経由で案内することが考えられる。以上のような理由によって、わたしは約一〇〇〇キロを余分に旅行し、そのかわり探検の成果をいっそう確実なものにしようと考えたのである。

　今回も以前と同じように、探検計画を実現する上で地理学協会と陸軍省の世話になった。多くの資金のおかげで衣服、履物《はきもの》、各種観測器材、剝製用の器具、猟銃や小銃などを用意することができた。こうした準備のために、休暇などを含めて実に四か月を要し、八月中旬にやっとわたしたちはペテルスブルクを出発、八月二一日モスクワからニジニ・ノブゴロド（今のゴーリキー市）へ行く汽車に乗り込んだ。荷物は全部で二五〇〇キロに達した。探検隊員としてはわたしのほかに、すでに前回の探検に同行したロボロフスキー中尉（一八五六―一九一〇年。一八八九年にはペーフツォフのチベット探検に参加、一八九三―九五年自ら隊長として天山東部と南山を調査した）および志願によって今回はじめて参加したコズロフ（一八六三―一九三五年。本全集の一冊『蒙古と青海』の著者）、それにモスクワのグレナデル師団から選ばれた四人の兵隊とザバイカル地方カザク軍の下士官イリンチノフ、トルコ語とシナ語の通訳でクルジャ出身のタランチ人であるアブドゥル・ユスポフがすでに決定していた。これ以外のカザク（コサックとも表記される。ロシヤの国境守備の屯田兵で、正規軍とは区別される。中央アジアのカザーフ民族とは異なる）や兵隊はザバイカル地方（英語でトランスバイカルと訳され、バイカル湖のかなた、つまり東の意）で補充されることになっていた。

　わたしたちは出発を喜んでいたが、しかしモスクワで近親や旧友と別れることはつらかった。わたしたちの前途には、まる二年あるいはそれ以上のあいだ新奇と不安と自由に満ち、偉大な事業に奉仕する生活が待っているのである――。翌日わたしたちはニジニ・ノブゴロドで汽船に乗り換え、四昼夜の後ペルムに着いた。そこから汽車でウラル山脈を越え、エカテリンブルク（今のスウェルドロフスク）からチュメンまでは六台の駅逓トロイカを走らせ、さらにトラ川の水深が浅いためイエウレワヤ村までの一四〇キロを馬車でとばし、九月二日そこで再び汽船に乗り換えた。この船は五〇〇人の流刑囚を乗せたもう一艘の荷船をひいてトボル川を下った。トボルスクの近くでわたしたちは、もっと強力な汽船に乗り換えたが、相変わらず同じ囚人船をひいてイルティシュ川を河口まで下り、そこからかなり流れの速いオビ川の濁流をさかのぼった。イエウレワヤ村から一〇昼夜を汽船で暮らした後トム川の河口に着いたが、水深が浅いためいま一度汽船を乗り換え、やがてトムスクに到着した。ここでわたしたちは冬じたくや若干の道具を補充するために三日間を費やし、やがて六台の駅逓トロイカに分乗してイルクーツクへ向かった。途中雨や雪に見舞われ、そのため馬車はしばしばぬかるみに沈み、トムスクとイルクーツクのあいだ一六〇〇キロに一三日を要したのである。イルクーツクで再びこまごまとした品物を購入するため五日間を費やした。そこから駅逓馬車でバイカル湖岸に達し、汽船でバイカル湖を無事に渡り、さらに馬車に乗り換えて一〇月八日キャフタに到着した。これをもってロシヤ国内におけるわたしたちの旅行は終わったのである。

キャフタでは探検隊の最終的な整備、とくに隊員と積み荷の点検補充が行なわれた。前回からの隊員の推薦によって新たに七人の頼もしいカザク人が選ばれ、ほかに三人が国境守備大隊から採用された。そのほか昆虫と植物の採集およびロボロフスキーの持っている小型カメラ操作の助手としてキャフタと隣合わせのトロイツコサフスク（現在ではキャフタ市に合併）から一住民が採用された。

このようにして探検隊員は最終的に二一名となった。隊長、その二人の補佐役であるロボロフスキー中尉と志願のコズロフ、剝製係で前回の探検に同行した下士官パンテレイ・テレショフ、これまでの三回の探検にすべて同行した下士官ドンドク・イリンチノフ、新規採用のカザク兵であるコンドラチー・フレブニコフ、ニキタ・マクシモフ、グリゴリー・ソコウィコフ、バーニ・ダルジェエフ、セミョン・ジャルコイ、ウラジミル・ペレワロフおよびセミョン・ポルヤノフ、モスクワから参加したグレナデル師団のピョートル・ネフェドフ、ガウリール・

イワノフ、パウェル・ブリンコフ、ミハイル・ベッソノフ、それにトロイツコサフスクの国境守備大隊から採用されたアレクセイ・ジャルニコフ、グリゴリー・ドブルィニン、エフスタフィー・ロジオノフ、最後にトロイツコサフスクで雇ったミハイル・プロトポポフ、タランチ人の通訳アブドゥル・ユスポフである。

新規採用の兵隊やカザクに対しては毎日ベルダン銃とピストルの射撃訓練が課せられた。この二つの武器によってじょうずに射撃することは、他の能力とともに、最終的に隊員に加えられるための必須の条件であった。キャフタから出発する直前にわたしは射撃の試験を行なったが、カザクたちはその試験に落第すまいとして自分たちのベストを尽くした。結果は満足すべきものであった。ことに今後狩猟によって射撃の実践をしなければならないことを考慮に入れた場合にそうであった。

荷物をウルガ（今のウランバートル）まで運ぶために、わたしたちはキャフタまで茶を運搬して来て引き返すモンゴル人のキャラバンを雇うことにした。このことは新規採用のカザクや兵隊が途中でモンゴル人からラクダの扱いかたや荷駄のつけかたを学ぶうえでたいへん好都合であった。

キャフタからの発進は一一月二日と定められた。この日、荷駄用として分類され梱包《こんぽう》された探検隊の荷物が宿舎の広い庭先に整然と並べられた。雇われたモンゴル人たちは自分たちのラクダをキャフタに近づけ、積み荷開始の号令を待っていた。カザクの希望によって教会で簡単な祈禱を行ない、キャフタの長老の主催する送別宴が開かれた。午後三時、ラクダの背に荷物が積み込まれ、一隊のキャラバンとして路上に整列した。そこにはカザクを見送りに来た彼らの親類や友人、見物人などが大ぜい集まっていた。いよいよ別れの挨拶がかわされた。多くの人々の目に涙が光った。ついにキャラバンは動きはじめ、数分後にはすでにシナの地へ足を踏み入れた。こうしてわたしの第四回目の内陸アジア探検は開始されたのである。またもや前途には未知のものが横たわっている。またもや事業の運命は一再ならず波のまにまに漂う小舟にも似た状態におかれている。しかし今度もまた幸福はわたしを見捨てなかったのである……。

キャフタからウルガまでは三〇〇キロあまりであるが、この間の移動に、わたしたちは九日間を要した。このあたりは、シベリアのタイガ地帯の限界をなすハマル・ダバン山脈までのザバイカル地方によく似た自然景観を示している。それより南、セレンガ川を渡れば、旅人は内陸アジア全域に特徴的な黄土《レス》にはじめて出会い、また山脈のあいだに広がるみごとなステップ（草原地帯）に気づくのである。ステップはところによってはかなりの標高をもち、一般に東西方向に走っている。その北麓《ろく》および南麓の上部は森林（おもに針葉樹）におおわれている。山麓一帯はみごとな牧草地となっている。

キャフタとウルガのあいだにある山脈はケンタイ山脈の西尾根をなし、オルホン川左支流の河谷を形作る。そのうちのおもなものはイロ川、ハラ・ゴル川、トラ川などである。山にはシラカバ、松、カラマツ、まれにはクロカンバ、ヤマナラシ、シベリアマツなどの樹種がまだかなり多く見られるが、全体としてはステップ的な性格が強い。遊牧生活のための空間は豊かである。農業はバヤン・ゴル川やハラ・ゴル川に沿って住みついたシナ人のあいだで行なわれるだけである。キャフタで七三〇メートルであった標高は、おもな河谷でほぼそのままを維持し、ウルガで一一二〇メートル（正確には一一二九七メートル）に達する。

天気は、わたしたちのキャフタ滞在およびウルガまでの前半を通じて、よく晴れて暖かかった。しかし一一月初旬には少量の雪が降り、急激にきびしい寒さがやってきた。

ウルガではわたしたちはロシヤ領事館に宿泊した。この建物はトラ川岸のほど近く、ウルガのモンゴル人区域とシナ人区域との中間にぽつんと立っている。キャフタから先発したカザク下士官イリンチノフはモンゴル人から五六頭のみごとなラクダを買ったが、その代金は六七五七ルーブリであった。これらのラクダに使う荷駄用の鞍は隊に参加しているカザクたちの手で作られた。

ここでウルガについて簡単に述べよう。この町はモンゴル人によってボグド・クーレンまたはダ・クーレンと呼ばれ、モンゴル全土の宗教的中心であるだけでなく、モンゴル中央部および北東部、すなわちハルハ地方の主要な行政的、商業的中心をなしている。ウルガは山に抱かれたトラ川の広い河谷にあり、モンゴル人街あるいは本来のクーレンと、そこから約五キロほど東にあって買《マイ》売城《マチン》と呼ばれるシナ人街の二部分からなりたっている。モンゴル人街はセルバという小さな川の岸、その川が右側からトラ川に流入する地点の近くにある。この区域の東側にはラマ（つまり僧侶）だけが住んでいるが、そこにはモンゴルにおける最高の聖者であり、ラマ教界の序列でダライ・ラマとタシ・ラマにつぐ三番目の地位をしめるフトゥクトゥ（モンゴル語で活仏の意）がいる。ここにはまたラマ僧養成の学校や最も重要な廟《びょう》が建てられている。そのうち最大のものは弥勒寺院である。この中には金メッキをほどこした銅製の巨大な弥勒菩薩の坐像が安置されてある。これは高さ一六メートル、重さは一六〇トンに達すると言われる。ドロンノールの町で作られ、解体してウルガへ運ばれたものである。堂内の中央にあるこの弥勒像のほかに、五体の大仏像があり、東壁と西壁の戸棚には一万体の鋳造された小仏（ラマの言による）が安置されてある。

　クーレンのこの東部には、ほかにも次のような廟がある。ロシヤ正教の本山のようなツォクチン、金メッキの丸屋根と、屋根の四隅に同じく金メッキをほどこした塔のあるトゥチン・ガラブィン、モンゴルにおける最初のラマ教布教者アバタイ・ハンが住んだというユルト（包）からなるバルン・ヨルゴ、それから医者、占星術者その他の賢者の住む四つの廟、そして最後に二八個の小さなアイマク廟（ドゥグン）などである。この最後の廟は普通ユルトにはいっており、天幕の側面には聖壇所の形をした木造の建物が建てつけられてある。フトゥクトゥの宮殿とおもな廟を除くラマ区域の住居は小さな泥小屋とフェルト製のユルトからできあがっている。これらの建物のあいだにある通りや路地はきわめてきたなく、また狭い。シナの他の都市と同じように、汚物という汚物がみな路上に投げ捨てられる。住民たちはここで何の遠慮もなしにその排泄作用を行なうのである。

　クーレンにおけるラマ区域と隣合わせの商業区域は幾らかましな外観を示している。ここにはモンゴル人のほかにシナ人やロシヤ人の商人も住んでおり、彼らの小店舗のある市場もある。ロシヤ人の店舗は一〇ほどで、それも自分のものではなく、シナ人から借りたものである。市場ではさまざまな小取引きが行なわれ、モンゴル人は自分たちの家畜を売っている。ここでは買物客や見物人のほかに、乞食や渡り者の楽士、放浪のラマ僧など雑多な人間がうろついている。窃盗や相手のどちらかが殺されるような喧嘩などもここではまれではない。

クーレンの西部はロッァニード、つまり仏教の最高教理を研究するラマ僧の住むガンダンとなっている。ここの広場にはこの教理にささげた二つの大きな廟がある。ウルガのフトゥクトゥは今ではここに埋葬される。普通のモンゴル人や位の低いラマ僧の遺骸を埋葬するために、クーレンの北東方二キロにあるクンドゥイ峡谷に墓地が設けられてある。死骸はそこへ運ばれ、地面に捨てられるのであるが、このあたりの穴に巣くう野犬どもがそれを食いちらすのである。

クーレンの西端近くに、最近シナの要塞が建設された。これは粘土を固めた方形のもので、小高い拠点の近くにぶかっこうに建てられている。要塞守備のシナ兵は数百を数える。

ウルガのもう一つの部分である買売城は、先にもふれたように、クーレンから五キロほど東、同じくトラ川岸近くに位置している。これは他のシナの都市と同じように、密集し粘土塀とその中にある粘土の房子《ファンズ》からできている。買売城の形は方形であるが、きたない、場所によってはかなり広く曲がった道がこれを横断している。富裕なシナ商人の住居や店舗のあるその中央部は高い木柵で囲まれている。この柵の外では、シナ人もモンゴル人に混じって住んでおり、小物の売買や手工業（毛皮匠、鍛冶工、家具師、裁縫師など）に従事している。ここにはまたバザール（市場）と飲食店がある。そのほか買売城には旅客のための宿屋が二軒と四つの廟（三つはシナ人のもので一つがモンゴル人のもの）、ときおりどさ回りの一座が芝居を演じるシナ人劇場が一つある。

ウルガの買売城その他に住むシナ人はおもに商業を営んでおり、手工業者は小数である。ウルガ近郊では、おそらくはきびしい気候条件のために農業は行なわれていない。ただ買売城のシナ人がキャベツ、ジャガイモ、ネギ、ニンニクなどの野菜を植えた小菜園をもつにすぎない。

ウルガにおける通貨としてはシナの銀貨とロシヤのルーブリ紙幣のほかに、重さ一シナ斤（六〇四グラム）、平均六〇カペイカの磚茶《たんちゃ》が用いられる。磚茶はそのほか三〇片に挽《ひ》き割られることもある。この一片はシャラ・ツァイと呼ばれ、二カペイカに相当する。こうした《貨幣》が不便であるため、シナ人の豪商は一定数の磚茶に相当する独自の紙幣を発行している。これはテズツィと呼ばれる。

ウルガに住むシナ人は、キャフタ近くのシナ人も同じだが、皆家族なしで暮らしている。それは、本国から妻子を呼び寄せることは法律によって禁ぜられているからである。そのかわり、彼らはモンゴル人女性の妾《めかけ》をかこっている。また結婚しないラマ僧たちもモンゴル人の道徳的退廃に大きな役割を演じている。梅毒は多く、これに感染した不幸な患者は、恵まれた場合でもラマ僧の野蛮な治療を受けるだけである。多くの場合この病気は他のウルス（氏族）に移され、このために命を失う人々もまれではない。

ウルガにはロシヤの領事館がある。これは傍屋と事務所のある二階建ての建物で、トラ川岸の近く、モンゴル人街とシナ人街の中ほどの小高い場所にある。領事館の付近にはほかにも、一部は現地の行政機関および僧侶に属し、一部は祝祭日やセイム（モンゴル諸侯の集会）のときにやって来るモンゴル諸侯に属する建物がある。領事館には郵便局もある。ロシヤの郵便局はシナ領内では張家口《カルガン》、北京、天津におかれている。重い郵便物は一か月に一回、軽い郵便物は一か月に三回、キャフタから張家口まではモンゴル人、その以遠はおもにイスラム教徒のシナ人によって運ばれる。

ウルガの周辺でとくに注目すべきものは、トラ川左岸におこり、東西方向に約三〇キロ連なるハン・ウラ（ボグド・オーラ）山脈である。この山脈の両斜面は松、カラマツ、モミ、トドマツなど針葉樹におおわれている。この樹林はゴビの側としては最後のものである。森林の中にはシカ、イノシシ、オオカミ、クマなどの動物がおり、人の話によるとテンまでいるということである。この森林での狩猟と伐採は厳禁されている。というのはハン・ウラは古くからモンゴル人によって聖山としてあがめられているからである。毎年二度この山に供物がささげられ、山の回りのふもとにはモンゴル人の番人のいるユルトが建っている。

わたしたちはウルガで北京からの旅券を受け取り、一一月二〇日に出発した。キャラバンは四〇頭の荷駄用ラクダ、カザクのための一四頭の乗用ラクダ、乗用馬七頭、予備の馬三頭からなっていた。荷物は全部でおよそ五〇〇〇キロに達した。荷駄用のラクダは六班に編成され、それぞれの班に二名のカザクがついた。残りのカザ

ウルガ付近のトラ川

クの一部は志願の隊員コズロフとともにキャラバンの中央部に配置され、あとの一部はロボロフスキー中尉とともに後衛につけられた。わたし自身は案内のモンゴル人と下士官テレショフとともにキャラバンの先頭を進んだ。わたしが探検隊の特務曹長の職を委嘱した下士官のイリンチノフは第一班を引率し、キャラバン全体の速度を調整した。キャラバンの最後尾からは騎馬のカザク一名が食糧にするための羊の群れを追いたてた。これが内陸アジアの砂漠を移動するとき、わたしたちが採用した普通の隊形である。もちろんはじめのうちは多くの点で、ことに荷駄の取りつけかたなどでまずいことがあったが、やがてカザクたちもこの単純な作業に慣れ、あるべき状態に落ち着いていった。

最初の二二キロを移動してから、わたしたちはトラ川岸にあるロシヤ領事館所属の牧草地で一日休んだ。独特の動物をもつ樹林や低木の林ともこれが最後の別れである。この先甘粛まではもはやこうした林はない。わたしたちはゴビ北部のステップ地帯を南下した。このステップは、北と東から広い帯のように内陸アジア砂漠の東部を取り巻いており、シベリアからの北風とシナ南東部モンスーンによってもたらされる夏期の相当な雨量によって潤されている。砂の混じった粘土質の砂漠はこの水分によってみごとな牧草地となり、荒れた不毛のゴビは遊牧民が自由な生活をおくるステップに変わるのである。ウルガから南下するわたしたちの行路には、このステップが幅約三〇〇キロにわたってウリヤスタイの駅逓路まで続いている。しかし良質のステップはウルガから一〇〇キロほどで、それから先は草が貧弱になり、場所によってまったくなくなってしまう。砂漠はしだいにその荒寥たる不毛性をさらけ出すのである。

　ウルガ出発と同時にわたしたちは水銀の凍結に達する寒さに襲われた。しかし雪は少なく、厚さ八―一〇センチほどで、それも場所によっては一面に降ってはいなかった。ウルガから一五〇キロほど離れると雪はますますまばらになり、それから五〇キロも進むとまったく消えてしまった。そればかりか、昼間よく晴れた空から太陽が照りつけ、地面は熱せられ、気温がぐんと上がってきた。

　冬の日は短いため、わたしたちは日の出から日没まで歩き続けた。行進中全日の休養をとることはほとんどなかった。ゴビを縦断するときも、これまでに二度も通ったことのある道であり、しかも冬期であるため、地理学的、自然史的調査活動はあまり必要でなかったので、ほとんど昼間の休養はとらなかった。わたしたちがいちばんよく出会った大きな動物はジェレン（羚羊）であった。わたしたちはこの動物をねらって何度もむだな弾丸を撃った。ジェレンはモンゴル人のためにひどく人間をこわがるようになり、また広漠としたステップでは射程の遠いベルダン銃でも目標まで達しないこともあった。まれに見かけるノスリとラップランド・ホオジロを除いては、冬越しの鳥もいなかった。あたりはトラ川左岸沿いの低い山地が単調な景観をつくり、何の秩序もなく丘や小山が起伏していた。ウリヤスタイ駅逓路の近くになると、塩地《ソロンチヤク》とそれに特徴的な砂漠の植物――ブルダガナ（アカザの一種）、ハルムイク、レアムリアなどが、地面をはうようなみすぼらしい灌木の形をとって現われた。流れと言えるものはないが、井戸や小さな泉にはしばしば出会った。そのうちトゥグルィム・ブレという名をもつ泉は特効をもつとされ、夏期そのそばに病気のモンゴル人たちが住んでいた。

途中わたしたちは巡礼や家畜売りなどウルガに向かっている人々に出会った。そのほか寧夏《ニンシャ》から米やキビを売るためにウルガへ運んでいるアラシャン人の大キャラバン（ラクダ一二〇頭）に二度出会った。わたしたちの通過したステップ地帯では、水のないところでも牧草にこと欠かなかった。春までにこの牧草は、モンゴル人の家畜によってきれいに食べられてしまうに違いない。途中、一軒あるいは二、三軒ずつ分散しているモンゴル人のユルトがいたるところで見られた。

モンゴル人も他の遊牧民族と同じように、遊牧という均一の生活条件のために、その外面的あるいは内面的特徴は個々の種族や階層によって異なるということはほとんどない。モンゴル民族が近隣の遊牧民と違うところは、彼らが比較的高度な発展段階に達し、独自の文字と印刷された法律をもち、チベットの文字を学び、宗教に対して献身的なことである。これと同時にモンゴル人本来の民族的生活はほとんど忘れ去られ、氏族制的生活はすでに消滅している。

モンゴル人は、そううらやましいとは言えないまでも、健康な気候に恵まれ、わたしたちのように歪《ゆが》められ、そうぞうしい生活を知らず、幼時から故郷の荒地のさまざまな困難に慣らされ、胸いっぱいきれいな空気を吸って生活している。そのため彼らはがんじょうな体格と健康に恵まれ、長寿の老人も少なくない。経済的な悪条件やラマ僧の独身制、さらには疱瘡《ほうそう》やチブスなど伝染病のために人口の増加率は低いけれども、そのかわり、生まれ出る子供たちはきびしい生活条件のもとで厳格な自然淘汰を受け、ロシヤの都会で見られるように、本人にとっても他人にとっても一生重荷であるような不具者は生き残らないのである。ただ寺院の奥に住む高位のラマ僧たちは、室内にばかりいるわが国の無精者のように、弱々しく病的に見える。生まれながらの砂漠の子である本来のモンゴル人はいつも健康で、思いわずらうことなくしあわせであり、ひとたび馬にまたがれば無限の平原を疾駆するのである。

モンゴル人の外貌については多くの書物でよく紹介されている。ここでは次の一つだけ指摘しておこう。北部モンゴル人、つまりハルハ人とロシヤ領のブリヤート人はモンゴル民族本来の容貌を最もよく残していると思われる。シナ本土の近くに住むモンゴル人は、容貌の点でも慣習の点でもかなりシナ化されている。

フェルトのユルトはモンゴル人の移動可能な住居であり、家畜は彼らの全生活の基礎である。農耕を知らず（著者のこの指摘は誤りで、一部のモンゴル人は古くから農耕を知っていた）、手工業としては一部の家具の製造にかぎられている。

磚茶に塩と羊乳、バターを混ぜたり、あるいはこれに穀物の粉や脂肪を加えて煮込んだものは、さまざまの種類の獣乳や人を酔わせるクミーズ（馬乳酒）とともに彼らの不可欠の飲物である。また羊や牛、馬の肉、まれにはラクダの肉はこの遊牧民の日常の食物となっている。

モンゴル人の感覚で最もすぐれているものは視力である。他の感覚はとくに鋭いとは言えないし、また環境から見ても発達することはむずかしい。彼らのかぐにおいといえば、ユルトの中のアルガリ（獣糞）の煙であり、手でさわるものといえばフェルト、毛皮、なめし皮、獣糞などである。味覚にしてもたいへん乏しい。生涯を通じて飲食するものは塩気の強い茶、酸乳、クミーズ、それに羊肉だけである。遊牧民の聞くものといえば、馬のいななき、牛や羊のなき声、ラクダの聞き苦しい叫び、シャーマンの太鼓の原始的な響き、それに砂漠に吹きすさぶ嵐の重苦しい音だけであり、これで聴覚が高められるわけにもいかない。

モンゴル人の生活は貧しく、うらやましいというに値するものは少ない。彼らの内面的世界もまた貧しい。しかしここでヨーロッパ的な価値判断の基準をきびしく適用することは場違いと言うべきであろう。

モンゴル人は彼らの故郷である砂漠の奥深くに住み、ロシヤやシナの堕落した生活の影響を受けておらず、多くの賞讃すべき資質を備えている。彼らは善良で客好きであり、誠実なよき父親として、ほとんど家父長制的な生活を送り、彼らなりに満足し、またしあわせである。

一般にすべてのモンゴル人は、他の遊牧民とは異なって、たいへん穏和な性質をしている。重大な犯罪、とりわけ殺人はここではたいへんまれである。また、たとえばキルギス人の場合のように、いわゆるバランタと呼ばれる組織的な家畜泥棒も見られない。しかし男性における勇気はここでも女性によって高く評価されている。女性は、わたしたちの好みから言えば、とくに目だってやさしくも美しくもない。モンゴル人の場合、他の諸民族の場合と同じように、自分たちの種族にいちばん多いタイプを美人とする傾向がある。したがって平べったくて頬骨のとがった女性が魅力的とされるのである。モンゴル人の娘たちはかなりふしだらであるが、おそらくは都会を除いて、特別の公娼はない。家事の苦労と子供の養育はすべて女性の肩にかかっている。彼女たちはその他のことについてはまったく介入しない。一般にモンゴルの女性は男性よりもずっと働き者である。男性は極端になまけ者であるが、この怠惰は遊牧民の日常生活のすべてに現われている。彼らはそのユルトの中で徹底的に何もしない、ただまれに付近で放牧中の家畜を見に行くだけである。一日の大部分は、彼らモンゴル人にとって神聖な仕事と言うべきお茶飲みに費やされる。また冬はお茶を飲むために、夏はクミーズまたはアレカ（醗酵させた酸乳）を腹いっぱいになるまで飲むために近くのユルトを訪問する。モンゴル人はその怠惰のために、徒歩を軽蔑する。だから彼らは、なんらかの可能性があれば、いつもユルトのそばにつないである馬なしでは一歩も動かないのである。家畜の放牧には普通貧しい人が雇われたり、家族中の少年やまれには女性がこれにあたるが、彼らでさえも一日中馬や牛の背にすわりどおし、畜群とともに移動する。遊牧民たちは秋または冬には幾らか活気を取り戻す。そのとき彼らはラクダのキャラバンを組んで茶、塩のほか他のシナ商品を運ぶために出かけるのである。

モンゴル人は怠惰ではあってもたいへん好奇心に富み、話好きであるが、明朗な性格とは言い難い。子供たちでさえ、はしゃぎ回ることは少ない。歌の聞こえることはまれであり、聞こえても多くは生活や遊牧の状態を歌ったもの悲しい節回しである。バイガと呼ばれる一般的な祭り（この日には跳躍、相撲、射撃などの競技が行なわれる）はウルガその他の宗教的中心地で一年に一、二回行なわれるだけであるが、この伝統的な祭りも年々貧しくなりつつある。

モンゴル人はお互い同志の親愛の情を示すために嗅《かぎ》タバコやきせるを勧め合い、ときにはハダク（手ぬぐいのような絹の小切れ）を名刺のように交換し合う。また家畜が丈夫であるかどうかを尋ね合う。客に対してはまず最初に茶、夏には牛乳またはクミーズを勧める。よき友や上長をもてなすためには、彼らは羊を食卓に出すことを惜しまない。そしてそれは普通きれいに平らげられる。

遊牧民たちは薬についてまったく見る目を持っていな

い。彼らはクマや野生ヤクの胆嚢《たんのう》、ヤギの心臓、干したコウモリまたはガマなどが薬効をもつと考え、また喜んでラマ僧の野蛮な治療を受ける。

遊牧民は他の未発達の人々と同様に、自分たちの生活や環境についての細かいことを驚くほどよく覚えている。モンゴル人はこうして、自分たちの馬の《顔つき》を知っているだけでなく、数千頭もある他人の畜群に迷い込んだ自分の羊を捜し出し、何年も前に乗っていた馬の毛色や特徴を覚えており、また若いときの自分の着物のことを細かいところまで忘れていない。そればかりかモンゴル人は地形のことをよく覚え、砂漠でも容易に方位を知ることができる。そして最後に、彼らは多くの自然現象を観察し、またよく知っている。彼らは時間と距離の正確な測りかたを知らない。時間は昼、夜、週、月、年ではかり、遠い距離はラクダや馬で何日かかるかではかり、近い場所は普通《近い》とか《遠い》という言葉、または一日の太陽の位置で現わされる。方位は、ユルト内であっても、常に東西南北によって定められ、わたしたちのような「右」とか「左」とかいう使いかたは、モンゴル人は知らない。

モンゴル人の性格の特徴として怠惰と因循のほかに、憶病と偽善があげられる。まず憶病について言えば、全アジア人の性格に支配的なものであるが、いまやモンゴル人のうちにも広く発達している。その理由としては、政治的活動の欠如、シナ側からの人を眠らせる影響、そして最後に、人間の積極的活動のための余地を提供しない砂漠そのものの影響があげられる。遊牧民のこの怠惰と消極性という性格を基盤として、いまのモンゴル人の全生活に重くのしかかる宗教的偽善が確実に根を下ろし、広く発達したのである。この国の男子人口の少なくとも三分の一を占める多くのラマ僧のほかに、一般庶民から領主まですべての人が自分たちの誠心と財産の多くを信仰にささげている。しかしモンゴル人のあいだには、これほどに普及している仏教、より正確には現代ラマ教と並んで、昔のシャーマニズムや呪物崇拝《フェチシズム》の名ごりが少なからず残っている。山や川、湖その他自然物に対する崇敬を除いても、彼らの迷信で大きな役割を果たす羊の骨による占いや妖術から、ラマ僧のさまざまの説教および無我の境地にはいったシャーマンのお告げにいたるまで無数のことを信仰している。

以上のことを要約すると次のようになる。エネルギーと忍耐心が欠如し、それに印象がその場かぎりで未発達であること――簡単に言えばまったく子供のような性質がモンゴル人の主要な特徴である。しかし旅人は遠い砂漠の奥地で、単純で善意に満ちた彼らに心よく迎えられるとき、こうした欠点は忘れ去ってしまう。嘆かわしいことはただ、遊牧民の社会においても文明社会の複雑な関係と同様に、実際生活において道徳的によくない人間が上層を占めていることである。ここでもわたしたちの場合と同じように、人間の内面的な善意を犠牲にして、悪徳漢や詐欺漢が幅をきかしている。もちろん例外はあるが、全体の中ではものの数ではない。

ウルガを出発してから一八日後、わたしたちはゴビ北部のステップ地帯を後にしてディビ・ドボという井戸の近くへ進んだ。これは内陸アジアを東から西へつらぬき、わたしたちの途上に甘粛地方まで間断なく続いている本物の砂漠の一部である。この砂漠の南側の大部分は、ときには散在して、またときには果てしない広がりとしてタリム盆地の西辺からオルドス東部までを満たす流砂におおわれている。小さいほうの、ゴビ砂漠中央部はさらに不毛の度合はひどく、小石や礫におおわれている。ところどころに塩地とあまり広くない黄土地域があり、砂の堆積は小規模なものがそこここに見られるだけである。

地形的に見れば、ゴビの南部も中央部も波状の起伏のある平原で、ところどころに小さな山や丘、低い山脈などが散らばり、まれにかなり高い山脈が連なっている。一般に水は貧しく、ゴビ中央部ではとくにその程度がひどい。降水量は極端に少なく、動植物も同じく乏しい。しかしその生存の条件が例外的であるため、きわめて典型的で独特なものが見られる。

ほとんど一か月かかってわたしたちはゴビ中央部を横切ってアラシャンの北境に達した。寒さだけでなく、たび重なる嵐が砂漠の不毛と乾燥をわたしたちに強く思い知らせた。ステップの牧草地は消え去り、狭い峡谷や雨水の流れた涸れ谷、あるいは塩地や流砂の縁辺に見すぼらしい草や節くれだった灌木が見られるだけの砂漠であった。灌木の中には、フルフー山脈を越えた直後サクサウルが見られた。まったく裸の広大な大地が何十キロにもわたって広がっていた。わたしたちは途中、小流にも川にも泉にも出会わなかった。深さ一、二メートルの井戸はまれではなかったが、水は普通悪かった。しかし、こうした困難に慣れているわたしたちのラクダはよく歩いた。ただ馬だけはさすがに少し疲れた。動物界はきわめて乏しかったが、砂漠特有の哺乳類と鳥類だけがわずかに注目された。途中いたるところで、孤立して遊牧しているモンゴル人とその畜群に出会ったが、牧草は貧しくとも、いかにも気楽そうであった。この一帯は面積が広大で、土壌に塩分が多く、気候が乾燥して、夏にうるさい虫がいないこと、また貧しいながら一年中牧草のあること――こうしたことが荒れた砂漠に遊牧民の家畜を引き寄せる要因となっている。しかしこの地の畜群は数が少なく、モンゴル人たちもゴビ北部の同族に比べてはるかに貧しい生活を送っている。

わたしたちの科学的作業としては、ここでは気象観測を行ない、この地域の標高を気圧計によって確かめ、岩石と地質の見本および若干の種子を集めるだけであった。そのほかまれに鳥を剝製にした。獣類ではいまのところジェイラン一匹をしとめただけである。わたしたちはフルフー山脈で野生ヤギをとるために、またこの山脈の少し南でダーウィン羊をねらって猟をしたが、ひどい寒さのために失敗に終わった。

ウルガ出発のときから、わたしたちは現地モンゴル人の道案内を雇った。ここの砂漠では、とくに明確な起伏が見られず、したがって方角がはっきりしない場合も多く、とくに酷暑の夏に案内人なしで通過することはほとんど不可能である。

わたしたちの移動中、ゴビ北部においても中央部においても上天気が続いた。ウルガ付近でわたしたちを襲ったきびしい寒さはまもなく静まったが、夜間の冷え込みは相変わらずひどかった。穏やかな昼間はかなり暖かかったけれども、風が吹くと寒かった。一一月にはいると風のない日が多く、一二月には逆に嵐がしばしば吹き荒れる。一般に風について言えば、ゴビおよび全内陸アジアを通じて秋が最も穏やかである。春の嵐が最も強く、またひんぱんである。

普通西または南西から吹きつけるこの嵐は、砂漠表面の地質形成および地形の変化に大きな作用をおよぼしている。言い換えれば、この強風は他の国で川が果たす役割を果たしているのである。

ゴビのサクサウル林に建つモンゴル人のユルト

砂漠で強風がどんなに破壊的な作用をおよぼすかを知るためには、その威力を目のあたりに見ることがいちばん早道である。嵐の荒れるとき、大気中には砂塵が充満しているだけでなく、ときには細かい石まで舞い上がり、地面では大きな石がころころところがる。わたしたちはこぶしほどの石が風に飛ばされて深い場所に落ち、大きな穴をあけたり、厚さ六〇センチほどの壁を貫いたりするのを見たことがある。

この嵐こそは内陸アジアに特徴的な黄土《レス》の形成される要因でもある。黄土の一部はかつて川の沈澱物だったものが風に吹き上げられて形成され、また一部は嵐による岩石の破壊作用によっている。こうした破壊作用は気候の影響のはげしい砂漠では比較的早く行なわれる。巨大な岩塊も大きいかたまりから小さなかたまりへしだいに砕かれ、小石となって地面にちらばるようになる。ここで風の積極的活動が開始される。風はたえまなく砂や細かい石をこの小石に打ちつけ、一つの場所から他の場所へころがし、これを砕き続ける。急激に変化する極端な寒さと暑さも、風によるこの破壊作用を助けている。この結果、岩石は細かく砕かれるわけであるが、嵐がこれを空中に舞い上がらせ、できあがった砂の中でさらに細かくし、ついに粉のような黄土として積み上げられる。こうして砂漠の地形は、一面では風化作用による山脈の破壊を通じて、他面では黄塵による谷、盆地、その他低い地域の埋めたてによって、しだいに平らになっていくのである。

一八八三年の一一月と一二月、わたしたちがゴビの北部と中央部およびアラシャン北部を通過しているあいだ、ほとんど毎日すばらしい夕焼けと朝焼けをながめることができた。わたしは今回までの内陸アジア旅行で一度もこの地でこうした現象を見たことはなかった。これはおそらくは地球上の他の地点で起こるこの種の現象と同じ原因であると思われる。ゴビ砂漠ではこの現象は次のようにして起こる。

冬期この地域で支配的な晴天の日、日没の直前または日没の直後、西の空に羽毛状の雲が現われる。この雲はおそらく日中にも空中高く浮かんでいたものが、太陽が地平線に隠れた結果、肉眼に見えるように照らし出されたものであろう。その直後西の空は一面に明るい肉色に輝き、やがてところどころに濃い影のあるスミレ色に変わる。このとき東方からは、下部が濃い紫色で、上部がスミレ色の夜が押し寄せる。そのうちに西の空のスミレ色は消え、地平線の近くに明るい肉色を背景にして、明るいオレンジ色が長い弓形をとって現われ、やがて明るい赤紫色、暗い赤紫色、あるいは血のような赤色に移ってゆく。そのころ東のほうではスミレ色は消え、全天はすでに暗紫色になっている。

西の空がさまざまに色の移ろうあいだに、同じ西方に金星がダイヤモンドのように輝くが、夕焼けの消えるのと同時に地平線に沈んでしまう。日没から光彩が消滅するまで、まるまる一時間半が経過する。このあいだ中、驚くほど美しい夕焼けが、独特の、何か空想的な光を砂漠のいっさいのものに投げかける。朝焼けもこれに劣らずみごとであるが、ただ移ろう色あいが夕焼けとは逆に進行する。朝焼けはときおり、最初から赤紫色で現われることもある。満月のときは、上記の現象は割合に明確でない。アラシャン北部の砂塵の多い大気では、ゴビ中央部および北部のようにたびたびは現われなかった。

フルフー山脈を越えてガルピン・ゴビへ出、そこからウロト・アイマクの南西隅を経由して、アラシャン北辺にあるバヤン・トゥフム寺院の近くへ出た。付近はこれまでと同様に荒れた不毛地帯であった。フルフー山脈の南方のアラシャンでは流砂とともに砂塵が空中に充満していた。この山脈北方の小石の多い地域では、砂塵が空中に舞い上がっているのは嵐のときだけで、風がやむと砂塵は急速に地表に沈下した。これは、砂塵が空中に長くとどまるほど微細でないからであろう。

アラシャン、ゴビ南部およびタリム盆地では、空中に砂塵の充満している状態は一年じゅう普通の現象であって、暴風の後はもちろん、たいしたことはない風の後でも、広大な砂漠や黄土地帯によって作り出された微細な砂塵が長く空中にとどまっているのである。

わたしたちの馬は一か月以上にわたる飼料不足のためにひどく衰弱し、そのうちの二頭はやむをえず廃棄してしまった。ラクダは重い荷物にもかかわらず黙々と歩き続けた。

わたしたちはハラ・ナリン・ウラ山脈からアラシャンへいたる途中にある不毛の広い丘陵を通過し、やがて幾らか標高の低い地点に下り、アルシャント泉のそばに天幕を張った。この泉はかなり高い独立の山であるハン・ウラのふもとにあった。山中には、わたしたちが今回の旅行ではじめて目撃することのできたクク・ヤマン（ヤギの仲間）が多く棲息している。この地での宿営中、わたしたちは一日をこの動物の猟に費やしたが、使った弾薬のわりには獲物は少なく、たった一匹をしとめただけであった。カザクたちはこうした状態に不慣れのため、さかんに憤激していた。事実わたし自身も一匹のダーウィン・アルガリ（Ovis ammon）を獲得するのにベルダン銃の弾丸を何発も使った。ここで注目されるのは、モンゴル人がよく狩猟に出かけていることである。わたしたちはハルハでもアラシャンでも、モンゴル人がシベリアで有名なトボリスク製の火打ち石銃を使っているのを見かけた。彼らはこの銃をウルガのロシヤ商人から買って、ときどき自分たちの手でこれを火縄銃に作り直していると思われる。

アルシャント泉の宿営地でわたしたちは、西寧の近くにある有名なクムブム廟に徒歩でおまいりして帰るモンゴル人ラマに出会った。こうした巡礼はその途中、付近に宿営している遊牧民の世話になっている。わたしたちの出会ったラマは袋を背負っていたが、その中には必要な下着類のほかに、薬品類、礼拝用のろうそく形香錠、経文や呪文などが多く詰め込まれていた。ラマはいうまでもなく、これらの品物をその故郷で相当な利益を得て売るのであろう。こうして彼は自分の罪業を許されるだけでなく、物質的な必要をも満たしているのである。

わたしたちの進路は、ジャラタイまたは通称ジャルタタイの塩湖のそばを通って、依然として南へ向かっている。付近一帯は相変わらずいやなところだった。ところどころサクサウルのはえた流砂地帯は、ハルムイクやブダルガナ(アカザの一種)のはえる塩分の多い黄土地帯に変わった。良質の塩を採取しているジャラタイ塩湖にしても、砂塵におおわれて、周囲の砂漠の色とほとんど区別できないようになっている。この塩湖の岸で、わたしたちは、塩分を含む砂中から二個の淡水産の貝殻(Limnaeus sp. および Planorbis sp.)を見いだした。この貝は、この地ではすでに死滅したものであろうが、しかし現存の種類に属するものに違いないと思われる。この貝殻はところによっては風に掃き清められて、堅い塩分を含む黄土の上に小石のように露出していた。

アラシャンでは雪を見ることはあまりなかった。灌木の茂みその他目ぼしいものの陰に、わずかに吹きだまりが見られるだけであった。裸の流砂地帯では、こうした吹きだまりの上に砂が六〇センチも積もっていたが、ハラ・スルタ・アンチロプ(カモシカの仲間)は砂の上から雪のあることを嗅ぎ出し、砂を取り除いてその下にある雪を水の代わりに食べるのであった。

天気は相変わらず上々であった。夜間は冷え込んでも、風のない昼間はかなり暖かかった。一月のはじめというのに、太陽の照りつけは強く、風のないとき日の当たる斜面の砂は二七・五度Cまで熱せられた。途中わたしたちの着物も、日の当たる部分はこの程度またはこれ以上熱せられた。しかも同じときに日陰の気温は零下の寒さであった。

ジャルタタイ湖からアラシャン王の居城のある定遠営《ティンユアンイン》まではおよそ一〇〇キロほどである。わたしたちの当面の目的地はこの町であった。はじめはハルムイクのはえた小丘の多い、よく踏み固められた道であったが、やがてまれにサクサウルのはえた流砂地帯に通じていた。この木は一面に黄土の砂塵におおわれ、幹をちょっと揺さぶるともうもうと砂煙が舞い上がる。このあたりではところどころに塩分を含む小面積の粘土地が見られ、そこでは冬でもサクサウルが緑がかっていた。こうした場所には普通砂漠のヒバリ(Calandrella pispoletta)がおり、これといっしょにサクサウル・カケス(Podoces hendersoni）とサクサウル・スズメ（Passer ammodendri）が見られる。これらの鳥は付近のサクサウルの茂みにつきものである。

　定遠営の手前一日行程のところで、わたしたちはアラシャンの領主（王）とその二人の兄弟から派遣された人人の出迎えを受けた。一八八四年一月一五日、わたしたちはついに定遠営に到着し、町から一・五キロの地点に天幕を張った。ウルガからこの地まで一一二〇キロを踏破したことになる。

　わたしがアラシャンにあるこの町を訪れたのは、今回が五度目である。この町の城壁外の部分は一八六九年トゥンガン(1)（東干）のために破壊され、修復されたのはほんの二、三年前である。敵の破壊を免れた城内の部分は昔のままであった。いまも以前と同様に、城内に領主の住居、役所およびシナ人の店が並んでいた。

　定遠営の町は賀蘭山山脈の近く、砂漠の中にある。町とその周辺民家および畑地に必要な水は泉から得られる。大雨あるいは山中の雪が急速にとけたときなどは、ブグトゥイ川の水がこの町まで達することがある。町の人口は四、五〇〇〇人ほどで、多くはラマ、役人、シナ商人などである。普通のモンゴル人もいることはいるが、アラシャンの他の地域と同じように貧しい生活を送っている。アラシャンのモンゴル人はしかし、シナ人の影響を強く受け、ハルハのモンゴル人とはほとんど似ていない。

　定遠営に到着した翌日、わたしたちは領主とその二人の弟に面会した。わたしたちは旧知のものとして挨拶をかわした、もちろん彼らのために持参したわたしたちの贈物もそれなりの役割を果しただろうけれども……。彼ら兄弟の最年少者は活仏《ゲゲン》であったが、彼だけは心からわたしたちとの再会を喜んでいるように見受けられた。人物としても彼がいちばんすぐれていると思われた。驚いたことに、彼はわたしたちにシャンパン酒をごちそうした。シナふうの教育を受けたアラシャンの領主が、北京旅行のときにこの酒の味を覚え、コニャックといっしょに天津から取り寄せたものであることがわかった。最年長者である王《ワン》はことのほかこの酒が好きで、彼らの打明け話によると、しばしば酔うまで飲むとのことである。

　わたしたちはまる一週間定遠営に滞在した。この間、今後の旅行に必要な品物を幾らか買い込み、周辺への調査旅行を行なった。準備が終わったところで、わたしたちは一月二二日定遠営を後にし、アラシャン南部をへて甘粛へ向かった。車の通れる道であったが、ハルハその他モンゴル各地からクムブム廟まで往復するモンゴル人巡礼のキャラバンによって、実によく踏み固められていた。商取引きのキャラバンは少なかった。一時西方へ退いていた流砂は、再び道路のすぐそばに近づき、ところによっては狭い舌状をなして路面をおおっていた。左手には賀蘭山山脈が高い壁のように連なっていた。わたしたちはゆっくりと、山のほうへ高くなっている、ゆるやかな起伏をともなう平地を進んだ。このあたりの塩分を含む黄土地帯では、不毛地に似つかわしくない牧草地が見られた。モンゴル人の話によると、去年の夏平年に比べてアラシャン南部に雨が多かったことがこの原因であった。

わたしたちは、定遠営における滞在期間を含めて、一月の後半を通じてずっと春らしい上天気に恵まれた。夜間はマイナス二二度Cまで下がっても、昼間は日陰でも五・九度Cまで上がった。昼間の日当たりではクモやハエが姿を現わした。定遠営付近の氷結しない井戸ではザコエビの一種が見られ、緑の草がはえていた。また朝方には砂漠のヒバリのさえずりが聞こえた。こうしたことはすべて、空中に砂塵はあっても、よく晴れた風のない日が続いているからであった。しかし二月のはじめから再び風が吹きはじめ、寒さもぐっときびしくなってきた。

三日後、わたしたちはシャンギン・ダライの泉に着いた。この泉は一八七三年の第一回探検のときすでに訪れた場所である。ここでわたしたちは一日宿営し、付近の山地へ猟に出かけた。この山地は例外なく砂岩からなり、頂上にモンゴルの《オボ》のある最高点は、わたしの目測によれば三〇〇〇メートルほどであった。

シャンギン・ダライを出発したわたしたちの道は、ソクト・クーレ廟を経由して、小さなヨモギの多い波状の黄土平原に通じていた。ところどころにはブダルガナ草がはえ、またアラシャン南部に特徴的な節くれだった灌木の茂みが見られた。左手には再び流砂が迫り、ついに幅一三キロにわたって道路をおおっていた。その後道は再び広い黄土の平原に出、そこで本道から右にそれて狭い砂丘を二つ越えると、全アラシャンで最も住みよいと思われるバヤン・ブルィクの泉に着いた。この地はアラシャンのいちばん広い砂漠の南端にあり、現地のモンゴル人によってティンゲリと呼ばれている。

この地の流砂は他の場合と同様に、無数の低い起伏と小丘からなり、そのあいだに漏斗《じょうご》形または細長いくぼみがいたるところに見られた。個々の丘の高さは一五—二〇メートル、ときには三〇メートルに達した。くぼみの深さは一〇—一五メートルであった。風上の側の砂丘斜面は常にゆるやかで、砂はかなり堅いが、反対に、風下の側では砂が柔らかく、傾斜も急である。砂丘の頂上はしばしば鋭い櫛状を呈している。また風上の側の砂丘斜面には、普通支配的な風の方向に対して垂直の波が描かれているが、これは静かな水面上に立つさざ波によく似ている。くぼみの底には多くの場合、砂の下の堅い黄土性粘土が露出して見える。

わたしたちは、バヤン・ブルィクから高い黄土の台地を取り巻く沖積砂の低い丘を越えて進んだ。この台地は甘粛省までつながっている。道は一〇〇キロ以上にわたって、この流砂に沿って真西へまっすぐにのびている。わたしたちの通っている黄土の平原には、去年の夏に降った雨のおかげで、草がこれまでよりずっと豊富であった。ヤン・ジョンザの房子は、今回の情報によればアラシャンの南境にあるが、流砂はここから西方および北西方へ去り、南山の北麓に沿って狭い農耕地を形作っている。しかしわたしたちは南へ向かい、半ばくずれた長城の城壁を越えて、もはや甘粛省に属する大靖《タチン》の町の近くに宿営した。

その少し前わたしたちはモンゴル人の案内人からたいへんおもしろい話を聞き、それを数人の現地人に確かめることができたので、以下にそれを紹介しよう。

ヤン・ジョンザの北方およそ二〇キロのところに、この地方にしては珍しいみごとな牧草地があった。しかし惜しいことに水がなかった。五〇年ほど前、一人の富裕なモンゴル人がやって来て井戸を掘ろうと思いたち、そのためにシナ人を雇い入れた。シナ人たちは熱心に仕事を進めた。土質は黄土性の粘土と砂であった。岩石や小石はまったくなかった。井戸が深さ五〇メートルまで掘り下げられたとき、とつぜん、モンゴル古来の方法である三個の石で積まれた炉に突き当たった。炉の下に灰があり、その回りの土は赤味がかっていた。それは明らかに、長いあいだこの炉で火が燃やされたことを物語っていた。シナ人の人夫たちはこの発見に驚いて作業を中止したので、井戸は未完成のまま残り、いまではほとんど土で埋まってしまった。この深さ一〇〇メートルという数字は誇張であるとして、わたしたちの測定した三つの井戸の平均値で考えて見ると、炉の発見された位置は深さ四〇メートルということになる。そこで次のような疑問が起こる。砂と黄土が風で積み上げられる速度はかなり早いとしても、四〇メートルという層ができるためにはどれだけの歳月が必要であろうか。またこの炉はいつ、どんな人間によって築かれたのであろうか。

(1) シナの甘粛省、青海省、新疆省に住む少数民族。ソ連のカザーフ共和国とキルギス共和国にも少数が住んでいる。シナ語を話し、イスラム教を信じている。トゥンガンの起源は明確でないが、シナ化したチュルク族であるとされている。トゥンガンは何度もシナ政権に反抗して蜂起した。そのうち最大のものは一八六二年に勃発し、その翌年西域の広大な地域をこれに巻き込んだ。シナ人はトゥンガンのことをホイホイ（回回）と称している。

2　甘粛、青海、ツァイダムを通って

アラシャン砂漠の南限は南山山脈である。これは切れ目なく続く大山脈の東部をなし、全チベット高原をゴビ南部およびタリム盆地から区切っている。そして南山のうちで、わたしたちが今回も前回と同じように大靖から甘粛山地へ出るときに上らなければならない部分は、シナ人によってモーモーシャンと呼ばれている。この山地には雪線に達する高峰は一つもない。万年雪におおわれたクリアンと涼州の山群はわたしたちの道の西側にあるが、空が砂塵にけむっているため見ることはできない。大靖から南山への上りは小さな河谷に沿っていて、たいへんゆるやかである。それは馬車の通れる道である。河谷の入口から三〇キロほどの標高二四五〇メートルの地点に峠がある。峠から少し下るとシナ人の小さな町タ・イ・クに出る。ここから馬車道はスン・シャンをへて蘭州に通じている。しかしわたしたちは西へ転じ、すでによく知っている山道を通って青海《ココノール》へ向かった。

わたしたちの通過した山地の地質は、大靖付近の山麓に見られた滑石の部分を除いて、すべて砂岩であった。これが露出している個所は少ないが、それも付近の砂漠からたえず吹き寄せる黄塵におおわれていた。アラシャンに最も接近している山脈の一部はまったく不毛の地であったが、山が深くなり、標高が高くなるにつれて、黄土は夏の雨に潤されて肥沃になり、一面草におおわれていた。いちばん手前の山脈とその次の山脈の頂上付近には小さなモミの林が見られた。甘粛の山地に特徴的なラクダノオ(Caragana Jubata)、キジムシロ(Potentilla)、柳(Salix)などの灌木が多い。このあたりの牧草地はことにすばらしい。

わたしたちは縁辺の山脈を後にして、かなり広い丘陵性ステップに出たが、これは黄河の左支流の一つであるチャグリン・ゴル川の中流左岸を東西に走っている。わ

たしたちの訪れた部分の標高はおよそ二七五〇メートルであった。これはまた、辺縁の山脈からチャグリン・ゴル川へ流れる幾つかの小川によって分断されていた。これらの川は狭くはあるが、かなり深い河谷を流れていた。チャグリン・ゴル川の河谷だけが広く、トゥンガン人の破壊後に再建されたシナ人の農家がそこここに立ち並んでいた。この川の支流に沿った台上には、まだ荒廃したままの村がかなり残っていた。またチャグリン・ゴル川岸のステップから山脈のふもとにかけて多く見かける金坑の跡も、荒れほうだいに捨てられていた。わたしはいまでもよく覚えているが、一八七二年六月わたしたちがはじめてここを通過したときは、人影一つ見られず、荒れた家々やそこここにころがっている頭蓋骨《ずがい》、人骨などが最近この地を襲った悲惨な虐殺を物語っていた。

チャグリン・ゴル川岸のステップはいたるところみごとな牧草地におおわれており、わたしたちの到着までまだほとんど手つかずの状態であった。家畜は一つも見当たらなかった。ただ割合見晴らしのよい地域で多数のアンチロプ・オロンゴが見られ、オオカミとキツネもまれではなかった。これらの動物を目標に狩猟を行ない、キャラバンのラクダや馬を放牧して休養させるために、このステップで三昼夜を過ごした。この期間にわたしたちは九頭のアンチロプをしとめたが、この中にはみごとな古い雄が一頭含まれていた。

わたしたちはヤルルィン・ゴルの峡谷に沿って大通河北方の山地へ出、この山の中腹あたりで五日間を過ごした。あたりは甘粛のこの地方に特徴的なすばらしい森林が茂っていた。わたしたちの露営地は絶好の場所であって、付近の山地への狩猟と小旅行は毎日のように、わたしたちの動物コレクションのために貴重な標本を提供した。わたしたちはウルガ以来はじめて恵まれた宿営地を発見したことで、子供のように喜んだ。昼間はかなり暖かかった。しかし山の北斜面は雪におおわれ、中腹より高い場所では深さ六〇—九〇センチに達していた。反対に南斜面では雪はまったくなく、太陽の熱で地面も凍らなかった。南斜面はこのように冬中雪がないために、各種の動物、とくに鳥類にとって、たいへん好都合な棲息地となっている。これらの動物はきびしい冬のあいだでも充分な餌を見つけていた。鳥類はここで灌木の実をつつき、獣類は山地が奥深いことで助かっている。しかし大きな動物は、少ないとは言えないまでも、そう多いとも言えなかった。

山地にはいたるところに、とくに頂上付近にみごとな牧草地が見られた。ここではタングート人[1]が彼らの黒い天幕をもってヤクと羊を放牧していた。農耕の可能な低い河谷では、この山地の東部だけではあるけれども、シナ人が住みついていた。この地方が肥沃であるのは次の二つの理由による。あまり遠くないゴビからの黄土の飛来と、毎年シナ南東方モンスーンによってもたらされる夏の雨である。冬の降雪は比較的に少なく、乾燥がひどいため、牧草地に厚く砂塵が積もっている。山中の落葉やコケは、まるで干したパンのようにかさかさに乾いている。

アンチロプ・オロンゴ

大通河北方の山脈を越える峠は標高三五〇〇メートルの地点にある。この峠の上り下りはともに馬車の通れるよい道である。ただこの峠でも峡谷でも、氷結した場所がわたしたちの移動を妨げた。こうした地点ではラクダがすべらないように、氷上に土をまいて進んだ。わたしたちのキャラバンは無事にこの道を通過したが、ラクダはその扱いかたさえ心得ておれば高い山を越えることができることを再び証明したのである。

主山脈を下りた後、その支脈を三つほど越えた。そのうちまん中の支脈では三キロにわたって美しい景観が続いていた。ここでわたしたちはさまざまな鳥に出会ったが、なかにはシナ産のキジ、あるいはタングート語でいうセルムン(Ithaginis sinensis)が見られた。また耳の大きいキジ (Crossoptilon auritunr)、さらには王様キジ(Phasianus Calcbicus)も少なくなかった。後者は山の谷間や中腹以下の高山性茂みに多かった。わたしの補佐役ロボロフスキーはこのキジ猟に出かけて、偶然に仏僧が世間を避けて隠遁していた小さな洞窟を見つけた。銃声に驚いた僧は、はじめ怒って何か叫んだが、やがて自分の平静を破られたことを怒るように、靴をロボロフスキーのほうへ向けてパンパンとたたいて、ごみを払い落として見せた。こうした隠者の住居は、甘粛や青海の山中でときおり見かけるものである。

わたしたちはしばらく行進した後、二月二五日大通河へ出たが、流れの中央部あたりではすでに氷は見られなかった。しかしさいわいなことに二個所ではまだ氷結しており、わたしたちのキャラバンはこれを渡って対岸に出ることができた。そこでわたしたちは、ちょうどチュルティントン廟の真向かいにあたる景色のよい場所に天幕を張った。この地はウルガ出発以後、早く到着したいと願いつづけていた場所である。事実、全内陸アジアを通じてこの大通河中流域ほど美しい場所をわたしは知らない。このあたりにはみごとな森林が茂り、その中に流れの早い深い峡谷が刻まれ、夏ともなれば斜面の牧草地はさまざまな色に織りなされ、そこここには断崖絶壁が峨々《がが》とそびえている。その下を大通河の流れが巨大な岩をかんで、曲がりくねって流れている。これらすべてが渾然とした美観を形成しており、とうてい筆で描き尽くすことができないほどである。この絶景は、生命のない、単調このうえないゴビを横断した旅行者に対しては、いっそう深い感銘を与えずにはおかない。

わたしたちはニレの林の近くの乾燥した平地に宿営した。ここは標高二三〇〇メートル、林の向こうでは大通河の急流が流れていた。その反対側では幾世紀をへたと思われる混合樹林が山をおおっていたが、廟に近いという理由で、原住民の狩猟は禁ぜられていた。わたしたちは食料としてタングート人から家畜のヤクを買い入れた。この肉はすばらしくおいしい。また近くのシナ人はわたしたちに卵とパンを持って来た。要するに、この場所はわたしたちにとって、あらゆる点で好都合であった。一つだけまずいことは、ラクダのための牧草がないことで、やむなく近くのシナ人農家からわらを購入した。その他塩は、かねてから予想してアラシャンから運んで来たものをラクダや馬に与えた。しかしそれでも、ラクダはこの地に滞在した二週間のあいだに目だってやせ衰えた。この期間を通じてわたしたちは、以前からの知り合いであるチェルティントン廟の代表者の許しを得て、近くの山地へ狩猟に出かけた。たいていは単独で行なったが、まれには小規模の追猟も試みた。追っ手にはカザクが交替であたったが、この方法で数頭のシカ、キツネ、二匹のジャコウネコをしとめた。しかしわたしたちがいちばんねらった角の大きいシカ（マラル）は、この地でそう珍しいものでもないのに、一頭もしとめることができなかった。この時期に森林地帯で狩猟をすることは容易ではない。用心深いこの動物に近づくことがたいへん困難だからである。と言うのは、峡谷の北斜面は雪でおおわれたり、氷で固められたりしていたが、広葉樹林では乾燥した落葉が猟師の足もとでひどい音をたて、またヒマラヤ・カバのたれ下がった樹皮がちょっとした風でも大きな音をたてるのであった。それに雪でも降ろうものなら、斜面はすべりやすくなって、まともに数十歩を歩くこともできないほどである。

そのかわり鳥類の獲物は豊かであった。山中の割合手の届きやすい場所に、多くの鳥がいたからである。小さな鳥だけでなく、ときには用心深いミミキジをもしとめ、毎日一〇羽以上コレクションに加えることができた。あるときカザクのテレショフはたまたま、美しい赤キジの群れに出会い、一一羽を射落としたことがある。

チェルティントン廟周辺の山地がどんなに美しくても、わたしたちの滞在していた三月初旬のころはまだ冬の眠りからさめていなかった。日当たりのよい斜面にあるシラカバの芽はふくらみはじめていたが、それも夜間の冷えのためにきびしくたたかれていた。鳥の鳴き声もほとんど聞こえなかった。ただ例外としてはフィ・ラ・ポ（Janthocincla davidi）が鳴き、ほんのまれに、朝方ミミキジの断続的な叫びが聞こえるだけであった。この期間に現地の渡り鳥のうちではヤマシギ（Ibidorhyncha stauthesii）に出会っただけで、他の地から飛来した渡り鳥としてはミコアイサ（Mergus merganser）、二種のガン（Anas platyrhyncha, Merca penelope）およびトビ（Millvus melanotis）が見られたにすぎない。ここで一言指摘しておきたいことは、早春に渡ることを特徴とする水禽類や渉禽類は、わたしたちの宿営している山地を見向きもせずにすでに渡り去ったということである。

わたしたちは三月一〇日、大通河峡谷の美しい景観に別れを告げ、ラングフタ河谷をさかのぼって南大通河山脈の峠へ向かった。石ころの多い山道はラクダにとって相当な難路となり、そこここに凍っている場所も見られた。この山地から近くの町までロバを使って材木を運ぶシナ人の姿が、わたしたちの隊列の先になったり、後になったりした。河谷一帯にはタングート人の木造家屋、さらにひんぱんに彼らの黒い天幕がちらばっていたが、わたしたちはこの中で二泊し、近くの山地へ狩猟に出かけた。峠の真下で一夜を過ごし、翌朝早く地面がまだ凍っていて、シナ人のキャラバンの少ないあいだにそれを上りはじめた。最初約一キロのあいだけわしい急坂がわたしたちの前進を妨げた。山道がジグザグ状に続いていたが、荷駄のラクダにとってはひどい難路となり、ついにその中の一頭を捨てなければならなかった。残りのラクダはなんとか無事に上りきった。峠の標高は三七八〇メートルである。反対側の斜面の下りはずっと楽であった。わたしたちは急いでこれを下り、以前の探検旅行で何度も宿営したことのある場所を露営地と定めた。

翌日わたしはこの地から、通訳にカザク一人をつけて使者として、青海とツァイダムおよび黄河上流域のタングート人を統治しているアンバン（知事）のもとへ送った。アンバンは西寧にいたが、使者はわたしたちの北京からのパスポートを彼に示し、わたしたちの到着を伝え、ツァイダムから黄河源流にいたる案内人を依頼することを任務としていた。わたしたちの本隊は山中の宿営地に残って四日間を過ごした。そのあいだ一度山地へ猟に出かけ、あとはロボロフスキーの看病に費やされた。彼の病気はしかしまもなく回復した。それからわたしたちは山地を出て、以前通ったことのある道を経由してチェイブセン（チョイブセン）廟へ向かった。道の両側にはシナ人と定着のタングート人およびダルジ人の集落が続いていた。雪がとけて、道はひどい泥濘となり、わたしたちはラクダとともにまるでカメの歩むようにゆっくりと進んだ。場所によっては、ぬかるみの中に乾いた土を投げ入れなければならなかった。ラクダの平らな足底はまるで氷上における氷塊のようにつるつるとすべった。

わたしたちはチョイブセンに着くと、廟から一キロほどの地点に天幕を張った。この地では以前も露営したことがある。わたしたちは旧知の人々との再会を喜び合った。廟では旧知の人のほかに、新しい活仏《ゲゲン》とも面会したが、これはたいへん頭の鈍い人物であった。チェルティントンの近くにあるヤン・グワン・シ廟から、初対面ではあるが賢明で精力的な活仏が、わざわざわたしたちと面会するためにチョイブセンまでやって来た。

チョイブセンの廟は相変わらずであった。かつてトゥンガン人によって荒らされた付属の建物は大部分再建されていた。ラマ僧の数は二〇〇人あまりであったが、他の廟と同じようにハチの巣における雄バチのような生活を送っていた。一つ残念なことは、ハタラキバチとその寄食者の関係のほうが、人間同志のこうした関係よりもずっと賢明なことである。他の廟と同じように、チョイブセン廟でも毎日祈禱が行なわれ、しばしば宗教的行事が行なわれる。わたしたちはあるとき、たまたまこうした行事を見学したとき、実に不愉快きわまる光景を目撃した。この行事の行なわれている場所からほんの数歩のところで、犬が最近死んだばかりの少年の死骸をくらっていたのである。そのそばを通り過ぎる祈禱者は誰一人この光景に注意を払わなかった。人間の道徳心に対する最大の侮辱がこともなげに行なわれていた。高位のラマは、自分のからだについている寄生虫でも、それを殺すことは罪であると考えている。

わたしたちがチョイブセンに着いた翌日、先日派遣した使者が西寧から帰って来た。これといっしょにアンバンから派遣されたシナ人の役人が、わたしたちに挨拶するために、北京からわたしたちあてに送られた手紙を持って訪れた。いつものように、シナ人はさまざまな約束を並べて、わたしたちの役にたちたいとの意志を示した。しかし実際には今度も以前の旅行の場合と同じように、甘いシナ人の言葉は現実のものとはならなかった。西寧のアンバンは、わたしたちが青海からツァイダム方面へ前進することを妨げはしなかったが、地理に詳しい人がいないという理由で、黄河源流方面への道案内人を断わってきた。しかもアンバンは、わたしたちの安全を確保するという口実をもって、わたしたちの通訳が強く抗議したにもかかわらず、二人の将校に指揮された一個小隊ほどのシナ兵を監視のためにつけてきた。この護衛は、わたしたちの動静を探ろうとしたものであることは言うまでもない。実際に、彼らは重大な危険からわたしたちを救い出すこともできないし、またわたしたちとしてもそうした護衛の必要をまったく認めなかった。シナ人の役人が西寧へ帰るとき、わたしは、この不必要な護衛兵を引き取ることをアンバンに伝えてくれるよう依頼した。

わたしたちはチョイブセンの近くで四昼夜を過ごし、青海方面へ進発した。道はシンチョンの町をへてトゥンガン人の大部落バムバに通じており、それより西にはもはや定住民は見られなかった。バムバから東の地域ではいたるところに農耕民の集落があり、チョイブセンからシンチョンまではタングート人、シンチョンから西はトゥンガン人が住み、この両者の中間にはシナ人が住んでいた。村はどれもそう大きくはないが、しかしその数は多かった。ところどころに、黄土の断崖に掘られた横穴住居が見える。丘はもちろんのこと、山の一部も段々畑として耕作されている。わたしたちがこの地を通過した三月の末ごろ、野良仕事はすでに始まっていた。農民はいたるところで、芝を焼いた灰を肥料として畑にまいていた。これは耕作に適しない場所で獲得したものである。こうした方法は、おそらく幾世紀も昔から伝わったもので、段々畑もこうしたしかたで形成されたものかもしれない。土壌はいたるところ黄土である。夏の雨が多いため人工灌漑の必要がなく、そのためにまた耕作面積を何倍にも増すことができるのである。

住民の中には、すでにトゥンガン人の破壊の後に生まれたと思われる多くの子供たちが見られた。その破壊の痕跡はいまではまったく目につかなかった。人口が過密でしかも不潔であるため、この地のシナ人のあいだではさまざまな病気が少なくない。彼らの外見も実にきたない。むしろトゥンガン人のほうが容貌も整っており、また清潔である。定着のタングート人はほぼ完全にシナ化されてしまった。

シンチョンの向こうに張ったわたしたちの宿営地の近くに、古いシナ人の墓地があり、高さ三メートルあまりの石柱が立てられている。この中には、表面に馬やブルハン（偶像）の刻まれたものがあり、なかには最近になって足や頭をもがれたと思われるものも見られる。現地のシナ人の話によれば、ブルハンが夜ごとに石の馬を連れて付近の野原を荒らしたため、住民が長官の許可を得て石像の首と足をもぎ取ったとのことである。

わたしたちはトゥンガン人の大集落バムバを過ぎ、近くの山地を上り、バムバから四キロにあるラコ・ゴル川岸の谷間に宿営した。この川は西寧川の左支流である。

シナ人にひどく圧迫されている現地のトゥンガン人たちは、いたるところでわたしたちに好意を示そうと努めた。このトゥンガン人の村長は、尊敬に値する人物であったが、おしのびで何度もわたしたちを訪れ、自分と信仰を同じくする人々の悲惨な運命についてわたしたちに訴えた。このトゥンガン人はロシヤ人に対してたいへんな好意をよせていた。

わたしたちの抗議を無視して同行した護衛のシナ兵もバムバ村の近くに宿営したが、酒に酔ってあばれだし、住民を略奪しはじめた。喧嘩がはじまり、数人のトゥンガン人が負傷した。そこでわたしは、直ちに西寧のアンバンへ急使を送り、こうした無法行為をする兵隊を引き取るよう要請した。しかしこれは聞き入れられなかった。その後わたしは、略奪のシナ兵に対し、もし引き上げなければ、場合によっては発砲も辞さないという最後通牒を行なった。

バムバ村の西には、東トルキスタンのオアシスまで、もはや文化的な農耕地帯に出会うことはない。したがってわたしたちはここで、今後約一年分の食糧を用意しなければならなかった。茶、米など食糧の一部は、わたしたちの通訳が西寧を訪れたとき、仕入れて来ることができた。しかし主要部分、とくにツァムバ(麥焦し粉《はったい》)と穀粉はもよりの取引き地、つまりドンキルの町で買入れるほかはなかった。このためにわたしは、ロボロフスキーと通訳および数人のカザクをドンキルへ派遣した。

ロボロフスキーの一行が帰ってきた日に、わたしたちは出発準備を整えて、ラコ・ゴルの峡谷沿いに先へ進んだ。上るにつれて牧草地がしだいに多くなり、灌木は谷の北斜面にところどころ見られるだけであった。こうした茂みの中には、ときおりかなり背の高いモミがそびえていた。

バムバから約三〇キロ、標高およそ三〇〇〇メートルの地点でラコ・ゴルの峡谷は終わり、それから西には広大な青海ステップの入口をなす高原が展開していた。森林と灌木はまったく姿を消し、そのかわりにみごとな牧草地、場所によってはまったく手つかずの牧草地が広がっていた。

青海へ向かうわたしたちの峠は、この湖の東岸に続く山脈と南山の南に続く短い尾根との結び目に位置している。峠の標高は三四一五メートルであるが、その上りも下りもたいへん楽で、ほとんど気づかないほどである。と言うのは、この峠は青海の水面から見ればわずか一五〇メートルにすぎないからである。山の北斜面には、かなり前に降ったと思われる雪が点々と残っていた。青海のステップには雪はまったくなかった。湖面の氷はまだとけておらず、空中の砂塵のために、かすかに白い帯のように見えるだけであった。

この峠のすぐ向こうには、青海の北岸と西岸を広い帯のように取り巻くみごとなステップ（塩分を含む）が広がっている。南側では山が湖岸の近くまで迫り、東側でも山はそう遠く離れてはいないが、二個所に流砂の砂漠が横たわっている。

わたしたちが青海のステップに着いたとき、三日間続けて乾燥した暖かい上天気に恵まれた。しかもこの地にアンチロプやクーランが多いので、わたしたちはとくにこの動物をねらって一日宿営することにした。これらの動物はたいへん用心深く、しかもステップは広漠としている。したがってこうした場合よくあるように、消費した弾丸の割には、獲物は少なかった。わたしたちは、その後一日の行程をもって青海の湖岸、バレマ川の河口に出たのである。

青海のステップと黄河上流からラダクにかけてのチベット高原北部一帯に特徴的な動物にピシチューハ（兎鼠属 Dchotona ladacensis）がある。これは普通のネズミくらいの大きさの齧歯《けっし》目の動物で、尾の短いことが一つの特徴である。これに劣らず興味深いのは、ピシチューハと同じくらいの大きさで、モグラと同じように地下に住む盲目の動物、モグラネズミ(Myospolax fontanieri)である。これは青海に隣接する甘粛山地から黄河上流域、さらには四川へ、つまりタングート人の国全域に分布している。この二つの動物は莫大な数に繁殖しているが、ただその分布地域はそれぞれ厳密に分かれている。ただ青海の西側、ブハイン・ゴルとツァイツァ・ゴルの河谷、黄河上流の高原状ステップだけは例外で、ここではピシチューハとモグラネズミとが共存していた。その他の隣接地域では相互に排除し合っている。より正確に言えば、それぞれ別の生存条件を必要としている。

モグラネズミはモンゴル人によってノミン・ツォホル、タングート人によってプシュルンと呼ばれているが、山の斜面の牧草地や河谷の石の少ない柔らかい土地に住んでいる。この動物はこうした場所で、春先、つまり二月ごろから無数の穴を掘る。小さな盛土が数かぎりなく連なり、牧草地の景観がまるで違ってくる。草の生育状態も悪く、ときにはまったく枯れてしまうのである。そればかりか地表はいたるところでこぼこだらけになる。たとえばチョイブセン廟付近の広い牧草地や大通河南部山地の南斜面に広がる牧草地は、この動物によって見るかげもなく荒らされている。モグラネズミは場合によっては山地や高原地帯にまではいり込み、山間の峡谷と同じように荒らしている。農作物の栽培によってのみこの有害な動物と戦うことができ、また耕作地からこれを追い出すことができるのである。

　上述のように、モグラネズミはモグラと同様に地下に棲息《せいそく》し、夜またはどんより曇ったときに、まれに地上に現われるだけである。夜間、わたしたちの天幕内の土がこの動物によって掘り抜かれたこともたびたびであった。しかしこれを捕えることはなかなかむずかしい。

　甘粛の山地が終わり、青海の高原ステップがはじまるところでモグラネズミは終わり、それに代わって数においてまさるとも劣らないピシチューハが現われる。これはモンゴル人によってアマ・ツァガンまたはオゴトノと呼ばれている。この動物は一般に、斜面になった牧草地に掘られた、そう深くない穴に住んでいる。平地にもいないわけではないが、あまり好まれていない。その理由としては、大雨のときその穴に水がはいり、殺されることが少なくないからであろう。チベット北部ではこの動物は、おもに北斜面の牧草地や水けの多くない湿地（モト・シクリ）の中の土塊に住みついている。タンラ山脈の場合、この動物は標高五〇〇〇メートルまで達し、標高二七〇〇メートル以下では青海ピシチューハはどこでも見られなかった。

　この動物の棲息に適する場所では、その穴が一面に掘られている。地域によっては、数平方キロにわたって、ほとんど一平方メートルに一つの割でこのような穴がある。こうしたところで馬に乗って走ることは不可能である。馬がたえまなく穴に落ち込んでつまずくからである。この動物そのものは旅行者の目前で、一つの穴から他の穴へ走り回ったり、あるいは、穴の入口でじっと動かずにすわっていたりしている。しかもピシチューハはかなり用心深く、自分の穴から出るのは外の安全を確認したときだけである。普通、穴から出る前に頭だけをのぞかせて長いあいだ回りを見回し、すべて異常のないことを認めて穴からはい出し、何か餌を食ったり、日光で暖まったりする。嵐や悪天候のときは穴の中にこもったままである。青海のピシチューハは、細いけれども長くよく通る鳴き声を持っている。鳴き声の調子は幾とおりかに分かれている。交尾期は春であるが、他の齧歯目の動物と同じように、目立たないうちに終わってしまう。

この動物は上記のように用心深いけれども、それでも野獣や猛禽のために莫大な数が殺されている。チベットのクマ、オオカミ、キツネ、キャルス(野ギツネ)、穴グマなどが穴の中からピシチューハをとって餌食にしている。ワシ、ノスリ、タカなどは空からこの動物を攻撃する。これらの鳥は青海のステップを飛ぶとき、この豊かな獲物をねらって、群れをなしてここにしばらくとどまり、その一部はここで冬越しをする。この豊富な獲物も、上記の動物やときどき見舞う夏の大雨のために減少してしまうが、しかし旺盛な繁殖力によってたちまちその損失を補うのである。ピシチューハは湿気がひどくなってくると、群れをなして他の乾燥した場所に移住することがある。

ピシチューハは草を根っこまで食ってしまうので、この動物の現われるところ、青海であろうとチベット北部であろうと、広大な草地は一面丸裸になってしまう。一つの場所が荒らされるとこの動物は隣の地域へ移るが、その後に再び草がはえてくれば、またもやピシチューハに占領されるのである。興味深いことは、この動物が二、三種のヤマウソ (Montifringilla mandelli, Montifringilla ruficollis, Montifringilla blanfordi) といっしょに住んでいることである。この鳥はピシチューハの穴で夜を過ごし、危険をこの穴に避け、そこに巣を作るのである。

青海のピシチューハは一匹一匹ではとるに足りないものであっても、これが大量に集まると、その棲息する一帯の地に少なからぬ影響を与え、その景観を変貌させる。幾百万のピシチューハが掘り出した粘土は、黄塵のもととなり、青海のステップから強風によってシナ各地へ運ばれ、あるいは青海の湖そのものを少しずつ埋めてゆくのである。チベット北部では、この動物のために草のはえた山の斜面がいつも荒らされ、嵐や夏の雨によって、掘り返された土が運び去られる。そしてその大部分は山間の谷間に集まり、他の要素と重なってこれが急速に埋められる原因となっている。

わたしたちはバレマ川の河口で三日間を過ごした後、青海の湖岸沿いでなく、そこから少し離れて、ドゥンドゥナルィン川に沿ってチベット街道へ向かった。途中は、以前バレマ川河口のほうへ進んだときと同じように、しばしばタングート人やモンゴル人の宿営地に出会った。前者はモンゴル人を急速に排除し、年々青海の主人としての立場を強化しつつある。ディリスンその他牧草のはえている広大なステップのいたるところで、タングート人に属するヤク、ハイヌィク（ヤクと牛との雑種）、牛、羊、馬などが放牧されていた。彼らはわたしたちのキャラバンが通ると、急いでその家畜を道の横へ追いたてた。おそらくシナ人がわたしたちについてよからぬうわさを流したものに違いない。シナ人は、この前の探検のときも同じことであったが、わたしたちの旅行の真の目的は金その他貴金属を求めることであると言いふらしていた。単純な住民たちはこのおとぎ話を信じ、疑い深い目でわたしたちをながめたのである。

チベット街道に出たわたしたちは、以前通ったことのある道に従ってウラン・ホシュン川、デリ川、バガ・ウラン川を過ぎ、青海に流入する河川のうち最大であるブハイン・ゴル川へ出た。この川の下流部では、流れの中央部——それも全体ではなく——だけが氷から解放されていた。しかし上流部ではもはや氷はまったく姿を消していた。すでに四月の下旬というのに、五日間続けて雪が降り、夜はひどく冷え込んだ。早朝はまるで真冬のようであった。一面白い雪におおわれ、冷たい風が吹きまくり、鉛色の雲が低くたれこめている。わたしたちは、あわてて取り出した防寒服に身を包んだとはいえ、からだは冬以上に冷え込んだ。しかしステップの斜面ではキジムシロ（Potentilla sp.）が緑の芽をふきはじめていた。一年のこの時期における青海では、他の植物が目ざめたという兆候はまだ認められなかった。鳥類の世界もまだ静かであった。ただ、割合しのぎよい天気のとき、角のあるヒバリやヤマウソ、あるいはカケス（Podoces humilis）の単調な鳴き声をステップで聞くことができただけである。湿地では大きなチベット・ヒバリの歌や、赤い足をしたヤマシギのよく響くのど笛、ガンのしゃがれた鳴き声などをまれに聞くことができた。

ブハイン・ゴルでわたしたちは、復活祭を祝うために三日間滞在した。わたしはカザクたちに、赤い卵（ロシヤの古くからの習慣として、復活祭の前夜知人を訪問する人は教会で聖別された赤い卵を持参することになっていた）のかわりに、半インペリアル（ロシヤの古い貨幣で、当時一〇ルーブリの価値を持っていた）ずつをふるまった。モスクワから持参した食料品はまだほとんど手つかずのまま残されてあったが、コニャックと罐詰を少しずつカザクたちと分け合うことにした。要するに、わたしたちは祝日を幾らかの楽しみをもって過ごしたのである。午後はブハイン・ゴルの凍っていない入江で長さ三〇―六〇センチの魚を一〇〇匹以上捕えた。この中にはわたしが以前発見したもの（Schizopygopsis Przewalskii）のほかに、さらに二種類の魚（Sch. leptocephalus n. sp., Sch. gracilis n. sp.）が見られた。標本用にアルコールづけにしたもの以外は、全部スープにして夕食のたしとした。たいへんおいしかった。魚の卵だけは、内陸アジアの高原における他のある種の魚と同じように、食用にはならなかった。これに関連してわたしはふと、卵が有毒であるのは、産卵の後、卵を敵から守るのに役立っているのではなかろうかと思った。

ブハイン・ゴルの広い河谷を横断した後、わたしたちは南青海の山地へはいり、ツァイツァ・ゴル川岸にある高い断崖の下で一日を過ごした。断崖上の岩には多くのガンが巣を作り、すでに卵を暖めていた。この仕事に従事している雌のそばでは、普通雄の姿も見える。隣同志で雌雄が訪問し合ったりしている。ガンはわたしたちの存在をほとんど無視しているようであった。そのかわり、カラスの襲来からその巣を守らなければならなかった。あるときわたしたちの目前で、雌のガンが一瞬巣をあけたのに乗じて、二羽のカラスが卵を一つずつ口ばしにくわえて飛び去った。ガンは奪われたのに気づいてこれを追跡した。するとカラスは盗んだ卵を岩の裂け目に隠し、飛び去ってしまった。

四月二二日、このツァイツァ・ゴルでわたしたちははじめてコウモリを見、またはじめてカエルの鳴き声を聞いた。全体として、氷結した青海の湖面から少し離れただけでも、目に見えて暖かくなった。やがて次のような夏の鳥、すなわちステップノイ・コニョク（Anthus richardi）、ヒタキ（Phoenicurus Ochruros）、セキレイ（Motacilla sp.）などが現われはじめた。

わたしたちの宿営地付近の山には樹木がなかった。そこでわたしたちは宿営中に、ツァイツァ・ゴル河谷の反対側へ約一〇キロほど出張し、そこのよく茂っている草むらの中でみごとなチベット産クマ（Ursus Pruinosus）をしとめた。このクマは弾丸によって傷つけられたまま、わたしたちから再び見つけ出されるまで、三時間のあいだ草むらに隠れていた。そのあいだにクマは痛みと怒りのために、傷ついた一本の前足と、健康なもう一本の前足をかじって食ってしまった。

わたしたちの前進しているチベット街道は、はじめの二〇キロほどのあいだはツァイツァ・ゴル河谷のみごとな草原に続いていたが、やがて南青海山脈の峠へ向かった。この山脈の南斜面、より正確に言えばその主脈と南側支脈のあいだに、青海と同じ標高をもつステップ性のダバスン・ゴビの平原が広がり、そのほぼ中央に周囲約四〇キロの塩湖がある。この平原も周辺山地の斜面もステップ、さらには荒地の様相を帯びており、水は少なく、土質は黄土で、ところによっては塩分を含んでいる。

ダバスン・ゴビではずっと暖かかった。ただ午後から夕方にかけて西からの強風の吹くことに変わりはなかった。風が吹くと、広大な平原にしばしばはげしい旋風が吹き荒れた。

割合低いダバスン・ゴビからはあまり目立たない峠（標高三七〇〇メートル）を越えると、チベット街道は青海の王《ワン》の居住地であるドゥラン・キト廟へわたしたちを導く。周囲の山地は標高三五〇〇から四〇〇〇メートルであるが、全体がネズ（Juniperus Pseudosabina モンゴル語でアルツァ）とモミ（Picea Obovata）におおわれていた。

天気はたいへん暑くなってきて、キャフタ以来はじめてからだを徹底的に洗い清め、夏服に着替えた。また昆虫の採集をはじめ、今後の植物採集のための準備を行なった。

わたしたちのラクダの大部分は、いまや疲れてやせ細っていた。このうち八頭を青海で捨て、弱った一〇頭をダバスン・ゴビのモンゴル人に委託した。その後ツァイダム東部へ進出するために、ドゥラン・キトで新たにラクダ二三頭を借り受けた。そのほか下士官イリンチノフとカザク兵一名をツァイダム西部の領主であるクルリク・ベイセのもとに送り、新しいラクダを買って来るように命じた。

わたしたちの道はツァイダム東部をへて通じていたが、途中には黄土や小石を露出させた裸の高地も見られた。またそこここに塩分を含んだ湿地があり、そのあいだにはかなり広い流砂の堆積地もはさまっていた。こうした砂地では、アラシャン以後見たことのないサクサウルにも出会った。いたるところ荒寥としていた。全体の景観は冬と同じで、灰色と黄色が支配し、緑はなく、生きものもほとんど見られなかった。天候まで悪かった。大気には砂塵が充満しており、強い西風が毎日のように吹きまくった。空気は極度に乾燥して、日中は暑く、夜間は急激に温度が低下した。

ツァイダム東部の南側、平均標高二八〇〇メートルのまっ平らな地域に広大な塩地がある。それは多くの場合まったくの裸地で、石のように堅い塩の殻におおわれている。ところによっては流砂におおわれ、まれには、このあたりとしては比較的に良好な土地とされている湧水による湿地が見られる。ここでは少なくとも割合に牧草が豊かである。わたしたちは途中、イルギツィク湿地でこうした場所に出会った。この地でわき出る泉の水はバルガティン・ゴル川と合流し、やがてブルンギルという名前となって、ツァイダム最大のバヤン・ゴル川へ右側から流入するのである。わたしたちは動物標本採集のためにイルギツィクで三日間滞在したが、結果はあまり成功とは言えなかった。湿地の大部分では氷がとけていたが、しかし緑は何一つ見られなかった。乾燥して、一部は嵐で折れてしまっている去年のアシは、いたるところ塩分を含んだ砂塵におおわれ、一歩ごとにわたしたちにそれを浴びせかけた。足もとにも半ば腐ってよごれたアシが横たわり、そのまた下には濁った水と粘りけのある黄土があった。

わたしたちはイルギツィク湿地から、以前通ったことのある道を一三キロほど進み、そこから、この時期にはまだ通過できない塩湿地を左から迂回した。しかし新道でも多くの小湿地や砂漠のあいだの低地にある小湖が目についた。砂漠はアラシャンのそれとよく似ていたが、しかしアラシャンよりは幾らか植物が多くはえていた。

バヤン・ゴルまでの道程を半分ほど過ぎたとき、以前の探検では気づかなかったシャラ・ゴルという支流を見つけた。この小川はツァイダム東部の縁辺にそびえる高山から流れ出るもので、その下流部ではいまやモンゴル人が家畜を放牧していた。

バヤン・ゴル渡河の際、わたしたちは再び一八七二―七三年の旅行で通ったことのある道へ出た。渡河は、川の水量が少なかったため、順調に行なわれた。その後わたしたちはハラ・ウスーという小川のほとりで一夜を過ごし、五月一三日の朝ついにズン・ザサク公のフィルマ（略奪者を防ぐために粘土壁をめぐらした家）に到着した。ここは一八七二年と一八七九年の二度にわたってわたしたちがチベット北部探検の基地にしたところである。今度もまた予定どおりに、ここを出発点にして各方面へ小規模の調査旅行を行ない、チベットの未知の地域を探検しなければならない。この方法は、探検隊の運んでいる荷物が多く、また荷駄のラクダを長期間休養させる必要のある場合、とくに有効である。

これでわたしたちの探検旅行の準備行動は、いわば終わった。内陸アジアの三分の二にあたる長距離を越えて、必要な糧秣資材を運んだ。この間、キャフタからズン・ザサクのフィルマまで二五六〇キロを踏破し、六か月あまりを要した。宿営した日数一一九日、平均して一日の行程は二〇キロである。この数字は内陸アジアの遠距離にわたる学術探検にとって標準的なものと言えるだろう。

わたしたちがいま基地にしようとしているツァイダム南東隅は、ズン・ザサクとその東隣のバルン・ザサクという二つの世襲的領主に属している。その所領はたいへん小さく、それぞれの領（ホシュン）内に三〇帳のユルト、あるいは家族を持つにすぎない。領主への貢租は、一年に一ユルトあたり羊一頭とバター数ポンドの現物として納入される。ツァイダムで最も富裕な領主であるクルリク・ベイセは領内に約五〇〇〇のユルトを所有している。彼はツァイダムにおける四ホシュンの領主（ザサク）の長老格となっている。

わたしたちははからずもツァイダムにおける新しい所領のことを知ったが、以前の探検のときはこれについて、どういう理由からか誰も一言もわたしたちに語ってくれなかった。

この新発見の小さな所領（ホシュン）はシャンと呼ばれ、ツァイダム盆地の南東隅にある。シャンの住民は約三〇〇家族で、タングート人、チベット人、モンゴル人およびその他の逃亡民から成り立っている。シャンはシナ人からは独立しているが、チベットのパンチェン・リンポ・チェ（ダライ・ラマに次ぐ権力者）に従属している。パンチェン・リンポ・チェは自分の腹心のラマを選び、それを一〇年の期限でシャンの領主に任命する。領民はこのラマに年《ねん》貢《ぐ》を納めるが、その一部は三年に一度チベットへ運ばれる。シャンの住民のおもな生業は牧畜であるが、零細な規模ながら自家用の大麦をも耕作している。

（1）　タングート人という言葉はプルジェワルスキーがその最初の内陸アジア旅行記『モンゴリアとタングート人の国』（日本語訳『蒙古と青海』、昭和一六年、生活社）ではじめて文献に導入した。本来「タングート」とはモンゴル人がチベット人をこう称している。プルジェワルスキーはこの用語をモンゴル人から聞き、幾らか狭い意味にとり、青海とアムド地方のチベット人を表わす意味に使っている。その後多くの探検家は、青海とアムドのチベット人が、本来のチベット人とモンゴル人との中間をなすものと考えた。これに対してロックヒルは、青海のチベット人はチベットで「パナカ」、アムドのチベット人は「カムパ」と呼ばれ、純粋のチベット人であるから、これをタングート人と称すべきでないと主張した。ロシヤの探検家グルム・グルジマイロはロックヒルの説に賛成したが、「チベット語を話す定住民のうち、南山の北方および沙州の東に住む人々は、昔のタングート人の後裔であるから、これに限定してタングート人と称してもよい」と述べた。彼の言う音のタングート人とは一二二七年モンゴル人に滅ぼされた西夏人のことである。タングート人は現在では、普通この西夏人のことをさす場合が多い。なお、タングート人がはじめてシナ人に注目されたのは唐代からで、党項と呼ばれた。彼らは古くは青海地方に住んでいたが、七世紀にチベット（吐蕃）に追われ、甘粛、陝西省付近に移動し、一一、二世紀に西夏王国の繁栄期を迎えた。

3　黄河源流の探検(1)

今日にあっては、探検家が広大な未知の地域を前にすることはまれであるが、わたしたちにはこれが恵まれた。ツァイダム南東方からわたしたちの前方に広がる地域がそうである。ここから西方へケリヤの線まで、ロプ・ノールからチベット南部までは、その東側の小部分を除いて、いまだかつて一度もヨーロッパ人が足を踏み入れたことのない地域である。シナ人自身にとってもこの地域はまったくの未知の大地(terra incognita)である。そればかりか、あまり住地の選り好みをしない未開人たちも、ここでは縁辺のところどころに住んでいるだけである。高い標高と悪い気候条件、それに大部分が荒地であることが、雲の上に広がるこの高原に人間の住むことを不可能にしている。ただ野生の動物だけが、ときには驚くべき大群となって貧弱な牧草地をさまよい、文化的地域における狭さと苛借ない圧迫から離れて自由にのびのびと暮らしている。

この地域のうちでも最も魅力があって、しかもわたしたちにとっていちばん近い部分は、有名な黄河の源流のあるその北東隅である。シナ人は遠い昔、前二世紀の前漢時代に、すでにこの大河の源流を捜し求めた。その結果、当時荒唐無稽な考えが作り出された。これはもしかしたら、今日でもシナでは残存しているかもしれない。それによると黄河の真の源流はタリム川の上流域にあり、その水はロプ・ノールに流入して、やがて地中に隠れ、一〇〇〇キロ近い距離をそのまま流れて、チベット高原北東隅におけるオドン・タラ盆地の無数の泉となって地表に現われるというのである。その後黄河源流の探求は唐代の九世紀、元代の一三世紀、最後の清朝治下の一八世紀にも行なわれた。これらの記述、とくに清朝のものは地名的にはかなり詳しいが、科学的基盤がなく、したがって地図上には大ざっぱに記入されただけであった。地理学的、自然科学的側面について言えば、シナ人は薄弱であったと言わざるをえない。

ごく最近、すなわち一八八一年パンディット（地図作製の教育を受けたインド人）の一人が黄河源流の地域を通過した。これは東インドの測地局がときおりチベットへ送り込んだものである。しかしこのパンディットは黄河の源流についてシナ人よりも不正確な結果をもたらした。つまり源流にある二つの大湖の代わりに一つだけを示したのである。

わたしたちは夏期行動の目的を黄河源流およびその南方一帯をできるだけ調査することにしぼり、前章で述べたように、バルン・ザサク公のフィルマに基地をおいた。この居住地はズン・ザサクの場合と同じように、低い粘土塀を巡らした二〇軒ほどの粘土の小家屋から成り立っている。塀《へい》の中に井戸があるが、水は少ない。みごとな井戸が一つ、そこから三キロほど離れたところにある。そこにはまたラクダのための豊かな牧草地がある。

わたしたちが残した荷物は割合広い二軒の建物に納められた。この荷物の衛兵として、下士官のイリンチノフの指揮下に六人のカザクを任命した。このうち二名のカザクは毎日ラクダの放牧にあたり、残りの四名が倉庫を見張ることになっていた。わたしは、カザクたちが退屈このうえないだろうと思って、彼らに大衆読物の本と野菜の種を渡した。しかし彼らは菜園作りを好まないようであった。隊員の多くはいままでもまた途中でも、暇さえあれば本を読むことを好んだ。わたしたちの隊員に数人の文盲がいたが、探検旅行中に読むことを覚え、そのうちの何人かは書けるまでになった。

六月中旬ごろからツァイダムの湿地には多くのアブ、蚊、ブヨが現われ、そのため基地に残されているラクダは日帰り放牧のためブルハン・ブッダ山脈の北縁まで往復させられる。そこはずっと涼しく、ラクダを苦しめる昆虫もなく、河口の入口あたりはみごとな牧草地が広がっている。ラクダを守って放牧させるのに五名のカザクをさき、残りの二名が二〇日間交替で倉庫番にあたることになった。基地に残るカザクに与えたわたしの命令は以上のようなものであった。

残りの隊員一四名は案内のモンゴル人とタングート語を知っている西寧生まれのシナ人通訳を従えて、三、四か月の予定で調査に出かけることになった。わたしたちは軽装備ではあったが、しかし丸腰で出かけるわけには行かなかった。前途には、友好的でないというよりはむしろ敵対的というべき独立不羈のタングート人が住んでおり、そのためわたしたちは四か月分の糧秣（肉を除いて）と充分な武器弾薬を携行しなければならなかった。そのほか剝製《はくせい》や標本のための機材、それを入れる箱、狩猟の道具、各種機具などかなりの量にのぼった。しかもチベット高原では空気が稀薄なため、強いラクダでも重さ一〇〇から一一〇キログラム以上の荷駄を運ぶことはできないのである。

わたしたちの新しいキャラバンは二六頭の荷駄用ラクダとその予備として二頭、先頭班の指揮者用として一頭の乗用ラクダ、ほかに乗用馬一五頭から編成された。わたしたちは五月二二日に出発した。

チベット高原に達するには、まずブルハン・ブッダ山脈を越えなければならない。この山脈は、二重、ところによっては三重の高い壁となってツァイダム盆地を南から取り巻く山系の西部を占めている。これらの山脈はコンロン山系中央部の主要部分を形成しているが、これについてはまた後に述べよう。ブルハン・ブッダ山脈について言うならば、これは西から東へ、ノモフン・ゴル西部の切れ目からトソ・ノール（湖）まで一六〇キロにわたって連なり、全体としてきわめて荒寥としている。チベット高原の南斜面は、他のアジア縁辺の山脈と同様に、ツァイダム盆地へ続く広い北斜面よりもずっと短く、穏やかな感じである。この山脈は東部の数峰を除いて、雪線を越えるものはない。しかもブルハン・ブッダ山脈にはずば抜けた高峰はなく、よく晴れた日には標高二一五〇—二三〇〇メートルの巨大な塁壁のように連なるその全容をツァイダム平野から一望のうちにおさめることができる。北斜面の西部がとくに不毛であることはブルハン・ブッダ山脈の特徴の一つであるが、わたしたちはそこで次のような鉱物見本を採集した。花崗岩、片麻岩、閃長岩、閃長玢岩《スエニトポルフエル》、玢岩、閃緑岩《ディオリト》、緑石、細粒の緑石、粘土性片岩、硅板岩など。深く削り込まれたこの峡谷がこの山脈の北斜面をえぐっていた。ときどきそこを小流が流れているが、山地から出るとすぐに地中へもぐってしまう。目ぼしい川としてはノモフン・ゴルとアラク・ノール・ゴルの二つがあるが、これはいずれもチベット高原に発してブルハン・ブッダ山脈を切り開き、ツァイダム盆地のバヤン・ゴル川と合流している。

内陸アジアの他の多くの山脈と同じように、この山脈の北麓でも、砂礫や小石のほか、ところによっては黄土、丸石などを露出させた広大な不毛の斜面が広がっている。その幅は、わたしたちの横断したあたりで二〇キロに達し、そのふもとからノモフン・ゴル川峡谷の出口までの高度差は四〇〇メートルほどであった。この峡谷の出口から少し下のほうには、隣のハトゥ・ゴル川峡谷の場合と同じように、狭い耕地があり、バルン・ザサクのモンゴル人が大麦や小麦を栽培していた。

ノモフン・ゴル川峡谷をさかのぼって峠に達するのに二日間を要した。人間も動物も無事であった。ただ、こうした高度に不慣れのため、みんなが頭痛と全身のだるさを感じた。しかし峠を越えると、そうしたこともなくなった。

わたしたちはここで、ツァイダムのモンゴル人から現地の山脈名の由来について次のような伝説を聞いた。ずいぶん前のことであるが、ダライ・ラマは勇士のラマを北へ送り、二人の活仏《ゲゲン》を捜させ、一人をボグド・クーレン(ウルガ)に残し、もう一人をチベットへ連れて来るように命じた。そして勇士は、もしチベットへ来るはずの少年がまだ幼少であれば、途中ずっとその手をひき、けっして地面にすわらせてはならないときびしく命ぜられていた。

青海まで来たとき、使者のラマはツァイダムおよび青海のラマとその教え子を一人残らず呼び集めた。それから全員を一列に地面にすわらせ、剣を引き抜いて各人に近づき、その胸を切りつけるようなしぐさをした。そのうち一人の少年ラマの心臓はとくに強烈に打っていたが、これこそは目ざす活仏であった。勇士のラマは全員を解散させ、この少年をボグド・クーレンに伴い、フトゥクトゥ(活仏)に定めた。それから彼はモンゴルで同じ方法で活仏を捜し出し、その手をひいてチベットへ伴った。途中無事にツァイダムまで達し、やがてその縁辺の山地を通るとき多くの野獣に出会った。ところが、この勇敢なラマはたいへん狩猟が好きであったので、多くの動物を見るととてもたまらなくなった。しかし少年の手をひいていたのでは猟はできないので、ダライ・ラマの命令に少しそむいても何も悪いことは起こるまいと高をくくり、少年を石の上にすわらせ、自分は心ゆくまで猟を楽しんだ。やがて彼はもとの場所に帰り、少年の手をひいて帰ろうとした。ところがどうしたことか、少

アルガリ

年のからだと石とは一体になってしまい、どうしてもこれを引き離すことができなかった。そこで勇敢なラマは、やむなく少年の上半身だけを切り取ってチベットへ運んだ。残りの下半身は石と化し、語り手の言葉によれば、いまでもどこか山中にあってブルハン・ブッダ、つまり《神・仏陀》と呼ばれている。

ブルハン・ブッダ山脈を越えた日、わたしたちは峠の近くで一夜を過ごし、翌朝、山脈の南斜面を下ってアラク・ノール・ゴルの河谷へ向かった。下り道の中ほどは狭い谷沿いではあったが、ラクダとともにこれを下るのは割合楽であった。回りの山地は、同じブルハン・ブッダ山脈の北斜面よりもはるかに穏やかな景観であった。したがってまた植物も豊かであった。この山地の南斜面の黄土は、地上五センチほどの茂み(Kochia Prostrata)や、そこここに小さな植物(Ptilagrostis sp.)がはえていた。しかもここには、アルガリが多いが、標本がとれなかったから、その種類はわからない。

アラク・ノールはわたしたちの通過する道の西側にあった。それは湧水のほか、周辺山地から流れる小川によって形成されていると思われるが、周囲は二〇キロほどである。わたしたちの道案内の言葉によると、その水は淡水であるとのことである。この湖の北東隅からアラク・ノール・ゴルという小川が流れ出ている。たまたま水のかれていたこの小川を渡った直後、わたしたちは、夏のあいだタングート人が金を掘っている低い尾根を越え、やがてゆるやかな坂道を上って標高四三〇〇メートルの高地に達した。たいへんな難路であった。空気が稀薄であるうえ、チベット北部全体を通じて同じことであったが、道のないところを進まなければならなかったからである。無数のピシチューハの穴のために地盤が柔らかく、乗用の馬はたえず穴に落ち込んでつまずいていた。回り一帯は驚くほど荒れ果てていた。地表の大部分は露出しており、そこここに土塊のある小湿地（モト・シリク）や貧弱な草のはえた場所が見られるだけであった。またところどころにトベルドチャシェチニク（Androsace tapete n.sp.）の黄色の小斑点や赤みがかったギョリュウ（Myricaria Prostruta）なども見られた。この地におけるこうした灌木の代表者は、夜間の冷たさや日中の寒さ、さらにはしばしば襲来する吹雪にもかかわらず、ところどころほころびはじめていた。

湿地はこの時期に、三〇センチほどとけるだけである。泉の回りには氷塊があり、小湖はまだ凍ったままである。わたしたちは湿った冷たい天幕の中で、冬にも増して凍えた。薪《まき》はほとんどなかった。毎日隊員の誰かがかぜ気味であったり、頭痛を訴えたりしたが、五グラーン（一グラーンは〇・〇六グラム）入りのキナ皮を一、二錠も飲めばすぐに直った。途中わたしはツァイダムのズン・ザサクのフィルマからずっと目測による測量を続けて来たが、いまやこれも行進するうえで大きな負担となった。

わたしたちがいま前進しているブルハン・ブッダ山脈南斜面から黄河源流までの土壌は、大部分が塩分を含んでいた。この源流から南方の高原では、塩分を含む土壌は見られない。この地域における塩地の形成には、ツァイダムからの風が大量に運んで来る塩分を含む砂塵が大きな役割を果たしている。またツァイダムの乾燥した、夏期に灼熱された大気は、ツァイダムに隣接したチベット地域の降水量を減少させ、その結果ツァイダムから遠く離れている地域に比べて湿地の数を少なくし、不毛の程度をはげしくしている。わたしたちがこの地域を通過した五月末は、夏の雨期はまだ訪れていなかった。秋と冬における乾燥は湿地だけでなく、多くの泉の水を干上がらせていた。

この地域が極度に不毛であったにもかかわらず、ひとたび高原へ出ると野生のヤクやクーラン、カモシカなどがまるでおとぎ話のように豊かであった。わたしたちの眼前には、人間との接触によって荒らされていない動物界の光景が展開された。長い冬が明けたばかりで、動物はまだひどくやせており、また脱毛していたので、標本とするには不適当なものが少なくなかった。わたしたちは食用として、ツァイダムから羊の群れを伴って来ていた。この肉は野生動物のそれより比較にならないほどおいしく、栄養にも富んでいた。こうした理由でわたしは、カザクに対して狩猟を禁じ、わたしたち自身もこれをできるだけがまんすることにしたのである。

わたしたちは高い台状のウルンドゥシ山を過ぎ、有名な黄河の源流のある広いオドン・タラ湿地の東端へ出た。これは、わたしたちの今回の探検旅行における最初の大きな成功であった。これに伴って、重要な地理的課題を解決するチャンスがわたしたちに与えられたからである。

一八世紀末のシナの著作によれば、黄河はアルティン・ゴルという名称のもとに、バヤン・ハラ・ウラ山脈の東斜面を源流とすることになっている。この大河はそこに発して三〇〇里（シナの一里は六四四・六五二メートル）北東へ流れ、幾つかの小流を合わせて、周囲三〇〇里ほどの広い湿地を貫流する。これはモンゴル人によってオドン・タラ（星のステップの意）、シナ人によってシン・スー・ハイ（星の海の意）と呼ばれている。この名称はいずれも、地下から湧出する多くの泉のありさまが、高所からながめると、ちょうど天空に散らばる星に似ていることに由来している。オドン・タラの泉はアルティン・ゴルと合して一〇〇里ほど北東流し、やがてツァリン・ノールへ流入する。それから流れはこの湖を出て三〇から五〇里ほど南東流し、ノリン・ノール湖に流入する。この湖から流出した川は、モンゴル人によってハティン・ゴル、つまり王なる川と呼ばれる。タングート人はこの川をマ・チューと称している。ハティン・ゴルははじめ南へ、ついで高いアメ・マルシム・ムッスン・オラ山（アムネ・マチン）の南麓沿いに東へ流れる。それから川は約七〇〇里ほど流れ、数十の小流を合わせ、やがて北西方向へ急転回し、再び北東流して西寧のところでシナ領にはいる。ここで、アルティン・ゴルの源流から二三〇〇里流れたこの川は、黄河というシナ名が与えられる。その由来は、黄土によって流れが黄色になっているからと思われる。以上がこの川に関する簡単な記述であるが、これは全体として正しい。

ここでわたしたち自身の観察にたち帰ろう。すでに述べたように、わたしたちはタングート人がガルマティンと称しているオドン・タラ盆地の東辺に達した。この盆地は南東から北西へ七五キロ、幅約二〇キロである。この地はかつて広い湖の底であったが、いまでは多くの泉や小湖を伴う湿地となっている。全体としてオドン・タラは、チベット北東部山中の河谷や山の北斜面に無数に散在している湿地を拡大したものにすぎない。この地域の標高は、わたしたちの気圧計によれば、オドン・タラの場合で四二七〇メートルに達している。この盆地は北東部の出口を除いて、周囲を低い山に取り巻かれている。これの南側は盆地とディ・チュー川河谷との分水嶺を形成する、おそらくはバヤン・ハラ・ウラまたはその東側に連なる連山の尾根筋である。その北側ではアクタ山脈がオドン・タラ盆地に近接し、西と東では、付近の高原に不規則に散らばっている低い山群に囲まれている。黄河の源流地帯に万年雪の山はない。住民の言によると、この川の上流部まで下って、それが大湖から流れ出るあたりではじめてこうした高山が現われるとのことである。

オドン・タラには小湖や湿地のほかに、湧水や山地からの水で形成される小川もある。これらの小川は集まって同じ規模の二つの主流を作っている。一つは北西から、もう一つは南南西から流れているが、その名前については確かめることができなかった。この両者はオドン・タラの北東隅、山のふもとあたりで合流し、南東方向から楔形《くさび》に流れ出る。そして、オドン・タラの水がすべて集まるこの地点で、有名な黄河は発生するのである。その揺籃地におけるモンゴルの名称はサロマ（サル・アマ）である。黄河はオドン・タラを流出するとすぐに北から小流を受け入れて東へ流れ、約二五キロの後一つの大湖にはいる。この湖の東方にもう一つの大湖があるが、川はこの湖をも貫流している。これらの湖については後で述べよう。

黄河の最上流部、つまりオドン・タラから西の湖への流入点までのあいだでは、流れは幾つかに分かれている。それは互いに近く平行して流れ、またしばしば合流する。わたしたちの渡河点あたりで、こうした分流は二、三本、場所によっては四本にもなっていた。春期におけるこうした分流の深さは三〇から五〇センチ、幅三、四メートルほどであった。小石におおわれた河床の広さは五〇〇メートルほどもあったが、全部に水が流れることはまずないようであった。春のあいだ、水はよく澄んでいるが、雪どけのときは濁水となる。夏の雨期になると、サロマ川の水は黄土を含んでひどく濁っている。そのときは分流の数もその深さも増大し、徒渉もしばしば不可能になる。

黄河の流れを導く河谷全体の幅は五から一〇キロで、ステップ的景観を示している。流れの南側は多くの湿地や小湖におおわれ、したがって本質的にはオドン・タラ盆地の東方における連続と考えることができる。牧草は豊かであるが、住民はまったく見られなかった。

すでに述べたように、オドン・タラの北東辺、二つの流れが会して黄河となるあたりに、目測による高さ二〇〇ないし二五〇メートルほどの山がある。これは大きな湖の東側からここまでのびる小高い山脈の一隅を形成しているが、この山上に石を積み上げた《オボ》が作られている。現地の住民は毎年、シナの大河の源流をつかさどる神への供物《くもつ》をこの《オボ》にささげている。西寧のアンバンの指示によって、将軍クラスの役人が数名の部下を連れてツァイダムを訪れ、そこの領主またはその部下を伴い、七月にオドン・タラへ向かう。この時期にはツァイダムのモンゴル人や近隣のタングート人がぞくぞくとこの聖山を訪れるのである。

使者の一行は山のふもとでひと息入れた後、山に上り、《オボ》のそばに立って北京から送られた天子の署名のある祈禱文を読み上げる。そこにはオドン・タラの神霊に対して、シナの億にものぼる人口を養っている黄河に、水を与えるよう祈願した文章が黄色の紙に書かれている。それから一頭ずつの白い馬と牛、九頭の白い羊、頭、皮、内臓を除いた三頭の豚および数羽の白いニワトリが献物として供えられる。最後にこれらの家畜を殺して参詣者一同にふるまわれる。

使者の一行はオドン・タラで二、三昼夜を過ごした後、帰って行く。この行事のために北京から支出される費用は銀一三〇〇両である。ついでに言えば、同じころ、次に述べる伝説の示す理由によって青海でも祭事が行なわれる。

前世紀のはじめ、康熙帝はチベットを調査するために自分の叔父を派遣した。使節はその任務を果たし、チベットから四川へ出たが、ここでタングート人に殺された。その夜、康熙帝は夢の中で叔父の姿を見た。叔父は帝に向かって、自分は任務を無事に遂行したけれども、途中強盗に襲われて殺されたことを訴えた。皇帝は叔父の死を悲しんだが、しかしそれもまもなく忘れてしまった。ところが皇帝の玉座の右半分がとつぜん黒くなり、三日三晩その状態が続いた。皇帝はこの現象を見て、自分が殺された叔父の霊を慰めないことに対する神の怒りであると思い、三月と七月に青海湖岸で死んだ叔父に対する供養を行なわしめた。この行事は康熙帝の治世を通じて毎年行なわれたが、現在では三月の祭事は西寧の西門付近で行なわれている。また割合規模の大きい七月の祭事は、青海の西岸に近い山中にあるホイ・チン・ツァ廟でとり行なわれる。祭りのとき西寧のアンバンがとりまきを連れて出席し、また青海のモンゴル諸公や黄河の南側で放牧している五つのホシュンからも多くの人々が参加する。そのほかモンゴル人やタングート人の多くの巡礼がここに集まる。祭りに参集した人々をごちそうするために、北京から銀一〇〇〇両が支出され、また龍を描いた黄旗および黄色の繻子に書かれた皇帝の署名のある祈禱文が送られる。そこには水神のヘ・ルン・ワンが康熙帝の殺された叔父を助けるように祈願されている。この繻子は、神前で読み終えられた後焼却される。水神への犠牲として二頭の白い牛、四頭の豚、一二頭の白い羊が供せられる。そのほか、モンゴルの諸公は自分たちの分に応じてさまざまの品物を供出するが、一方北京のボグディ・ハン（皇帝）から彼らに対して褒賞も行なわれる。

五月二五日早朝、わたしたちは、まだ生まれたばかりの黄河の分流を幾つか徒渉してその右岸に出、オドン・タラ峡谷の出口から三キロほどの地点に天幕を張った。こうしてわたしたちの長期にわたる努力は報いられた。

すなわちシナの大河である黄河の揺籃をこの目で確かめ、その源流の水を飲んだのである。わたしたちの喜びは測り知れないものがあった。そのうえ天候にも恵まれた。しかし夜間は相変わらずかなり冷え込み、マイナス九・六度Cまで下がった。黄河の本流はすでに解氷しており、夜間その小分流に薄氷が張るだけであった。しかし、わたしたちの宿営地の上流には、冬のあいだに凍った厚さ六〇ないし九〇センチの氷の残っているところがあった。

流れには魚類がぎっしり詰まっていた。わたしたちは直ちに魚とりをはじめたが、その結果はまるでおとぎ話じみていた。わたしたちの携帯している長さ二八メートルほどの曳網で一度で一〇〇、一三〇、ときには一六〇キロほどの魚がとれたのである。魚の大きさはそれぞれ三〇ないし四五、なかには六〇センチに達するものも見られた。あるときなど、水の中にはいって網をひくカザクが魚に足をすくわれてもう少しで倒れるところであった。こうしてわたしたちは、一日のうちに楽に数トンの魚をとることができると思われた。近くにある大きな湖にどれだけの魚がいるか想像することもできないほどである。シナ人はいまのところここまでは現われないし、モンゴル人やタングート人は魚を食べないから、湖の成立以来、その中の魚は手つかずのままではないかと思われる。

魚をたくさんとったため、わたしたちの宿営地の回りには多くのワシ（Haliaëtus leucoryhhus）や普通のチベット・カモメ（Larus brunneicephalus）が群がって来た。カモメは魚をとることがじょうずで、餌に不自由することはなかったが、ワシはもっぱらカモメから獲物を奪い取っていた。しかし魚が豊富なため、ワシもカモメも、また付近に少なくないミコアイサ（Mergus merganser）もみな満腹していると思われた。チベット北東部に多いクマでさえも、魚とりというい わば分不相応な作業に魅力を感じ、しばしば川岸をさまようのである。

わたしたちは川の上流や下流を行ったり来たりしているあいだに、到着当日に犠牲をささげる山に上る機会をのがしてしまった。わたしたちの道案内人だけはそこに上ったが、遠くのほうは何も見えなかったとわたしたちに報告した。その翌日の午後、わたしはロボロフスキーといっしょにその山に上って見た。わたしたちの眼前には広大な眺望が開けた。西方に湧水による小湖を散在させたオドン・タラ盆地が手のひらのようにながめられた。湖は夕日にはえてきらきらと輝いていた。東方には、沼地の多い黄河河谷が開け、その向こうに西の湖の鏡のような水面が広がっていた。わたしたちは犠牲の山で、眼前の雄大な眺望を記憶に焼きつけるために、一時間ほど過ごした。宿営地に帰ってから、わたしたちは道案内を呼び出して、昨日何も見えなかったのはうそではないかと聞きただした。しかし彼は、「高い山に上ると目がかすむ」ために遠景が見えないのであると言い張った。

　わたしは山頂からながめられた湖を調査しようと思って、その翌朝二名のカザクを伴って、三日分の食糧を用意した。天気のくずれたときのために、わたしたちは防寒外套を持ち、一頭の馬に荷物を積み、三人とも騎馬で出発した。昼までに黄河の左岸に沿って一八キロほど下流へ下り、そこで牧草の多い場所を見はからって休憩した。わたしたちは急いで鞍をはずし、馬の三本の足を縛って遠くへ行けないようにして放牧した。それから持参した獣糞で茶を沸かし、同じく携帯した羊肉で昼食をとった。馬に少しでも多くの草を食わせようと思って、わたしたち三人のうち一人は見張り番をし、二人は横になってひと眠りすることにした。まもなく、起きて番をしていたカザクがわたしを揺り起こし、わたしたちから一キロほどの地点をゆうぜんと移動している二頭のクマの姿を指さした。わたしは一瞬のうちに眠けからさめた。すばやく銃を背から下ろし、カザクのテレショフとともにその魅力ある獲物へ近づいて行った。近寄って見ると、クマは二頭でなくて四頭であった。直ちに一斉射撃を浴びせ、その場で雌雄一頭ずつのクマをしとめた。もう一頭の雄は驚いてわたしたちの宿営地のほうへ逃走し、そこで残ったカザクたちに射殺されてしまった。こうしてわたしたちは、一度で三頭のみごとなチベット産クマ（Ursus pruinosus）の標本を手に入れることができた。その毛皮は、すでに五月末であったけれども、なかなかみごとであった。

　わたしたちは狩猟と皮はぎに時間を費やしたため、やむなく休憩地で野営することになった。しかしその結果はかえって良かった。

　昼間は暖かい上天気であったが、夕方から曇りはじめ、暗くなってからとつぜん、今年はじめての雷が鳴り、はげしい雪が横なぐりに降りはじめた。雷はまもなくやんだが、雪混じりの北西風が一と晩じゅう吹き荒れた。朝までに雪は三〇センチほど積もり、吹きだまりでは六〇から八〇センチに達した。わたしは少し低い場所を選んで、フェルトを敷いて眠ったが、朝起きて見るとまったく雪に埋まっていた。そう寒くはなかったけれども、自分の息でとけた雪が水滴になって首筋などにはいり、あまりよい気持ではなかった。交替で不寝番をしたカザクたちはすっかり冷え込んでいた。夜が明けて、昨日使い残した獣糞を燃やして茶を飲み、幾らか暖まった。わたしたちは、ここで吹雪のおさまるのを待つことにした。天気が落ち着きしだい付近の山地を調査したり、近くの湖を羅針盤で測量して見たいと思った。しかし吹雪はやまず、寒さの中で一と晩立っていたわたしたちの馬も冷えてひどく弱った。そこで朝九時になってやむなく引き返すことに決した。しかし帰路もわたしたちにとってついてはいなかった。馬が、雪の下になっているピシチューーハの穴につまずき、まる五時間というもの悩まされどおしだった。沼地では馬を下り、一歩一歩用心して歩いた。雪混じりの強い北西風が顔に痛いほどぶつかり、そのうえ雪はがまんのならないほど照り輝いた。視界はまったくきかず、進路も勘で判断するほかはなかった。いいかげん疲れ果てて、午後二時ごろやっと宿営地にたどり着いた。ここでわたしたちは着物を乾燥させたり、暖をとったりした。しかしその後数日のあいだ、わたしと二名のカザクは目が悪くなって困った。雪の照り返しにやられたのである。

吹雪は夕方になってやっとおさまった。それから空が晴れ上がり、朝までに気温はマイナス一三度Cまで下がった。山地ではもっと下がったことであろう。これが六月一日、北緯三五度でのできごとである。チベット高原の気候的特徴を明白に物語っていると言うべきであろう。わたしたちの周囲は一面に冬景色であった。満目雪におおわれ、いたるところ橇道になると思われた。夕方までに南側斜面の雪はとけたけれども、まだ宿営地を引き払って前進することはむりであった。しかもわたしたちのラクダはすでに二昼夜も何も食べておらず、馬に対しても朝夕に一握りほどの大麦が与えられただけであった。野生の動物にとってもこの雪は楽でないと思われた。ことにオロンゴと呼ばれる野生ヤギは、夜のあいだに雪が氷に変わったため、それによって足を切り、血だらけになっていた。オオカミの餌じきになるのであろう。寒さと餌の欠乏のために、多くの小鳥が地に落ちて死んだ。

わたしたちは、天候が回復し、ラクダが通れるようになるのを待って、オドン・タラで二昼夜を過ごした。事実、黄河の河谷から外へ出ることはラクダにとって大きな負担であった。牧草にはまったく恵まれなかった。ただ、野生ヤクによって荒らされ、針金のように堅いチベット産スゲ(Kobresia)が湿地帯にはえているだけであった。これはもちろん去年のものであった。それに氷のために馬やラクダがその足に傷を受けた。荷駄のラクダにとって、昼間氷雪がとけてぬかるみになった場所を歩くことも容易ではなかった。わたしたちは倒れるラクダを助け起こしたり、荷駄を積み換えたりしながら、まったくはうようにして進んだ。馬とラクダ一頭ずつはまもなく捨てられた。標高が高いうえに寒さが加わったため、わたしたちはほとんど頭痛とかぜに悩まされるようになった。かぜのせいであろうか、数人のカザクの顔、とくに唇や耳に発疹が現われた。わたしたちは石炭酸の溶液でそれを焼いた。内服薬としてキナ皮が与えられた。疲労と呼吸困難のため、長いあいだ歩くことは困難であった。

わたしたちの道案内は一般的な進路は知っていたが、山や川や湖などの地名については、知らないことを理由に何も教えてくれなかった。やっとのことでわたしたちは、途中遭遇した川の中でいちばん大きいジャギン・ゴル川の名を聞き出すことができた。しかしこれも、後でわかったことだが、必ずしも正確とは言えなかった。途中多くの野生ヤクに出会ったけれども、わたしたちはやむをえない場合を除いて、それを射撃することはしなかった。鳥類も植物もあまり標本として採集しなかった。植物標本にいたっては、六月初めまでにチベット高原で採集されたのは、わずか一六種にすぎなかった。

わたしたちはオドン・タラを出発して七日目に、黄河源流と揚子江、あるいは現地のタングート人の言うディ・チュー(ドレ・チュー、モンゴル人はムル・ウスと言う)の上流部との分水嶺を越えた。この分水嶺はバヤン・ハラ山脈の東側の続きをなしている。わたしの越えたあたりに目ぼしい山はなく、したがって高原の側か

ヤクの雄

ら見れば峠そのものも大したものではなかった。峠の標高は四四八〇メートルであった。

チベット高原北東部を通過したとき、わたしたちが採集した貴重な動物標本は、みごとなチベット産クマの毛皮であった。これはほとんど毎日一頭の割で獲得された。

ディ・チュー川上流山地を含むチベット北東部を通じて、この種のクマは広く分布している。山地でも、樹木のない広い河谷部でも同じである。わたしたちは、西はロプ・ノールに近い山地で、南はタン・ラ山脈でこのクマに出会った。このクマは現地住民によって狩猟の対象としてねらわれていなかった。反対に、ツァイダムのモンゴル人はクマのことをティンゲリ・ノホイ、すなわち《神の犬》と称し、神聖な動物と考えている。タングート人もほぼ同じように考えている。彼らの場合もシナ人と同様に、クマの心臓と胆嚢《たんのう》とを貴重薬として珍重している。彼らはこの薬が盲にもよく効くと考えている。

チベット産クマの性質は憶病である。子グマをもつ雌グマがときおり猟師に襲いかかるだけである。雄グマは傷つけられた場合でも逃げてしまう。しかもこのクマは獰猛であるとは言い難い。わたしたちはときおり、このクマのそばでクーラン（野生ヤギの仲間）の群れがゆうゆうと牧草をはんでいる光景を見たことがある。

このクマのおもな食物はピシチューハである。クマはそれを穴の中からとって食べる。そのほか、いろいろな草根もクマの好物で、春はアヤメ、夏はイラクサの根を掘って食する。捕えることさえできれば、魚もごちそうの一つである。大きな動物に対しては、それが病気で死にかかっているとか、あるいは実際に死んでいる場合は別として、まず手を出すことはない。タングート人の部落へ出かけて、たとえ羊であっても、その家畜を荒らすこともない。

このクマの毛色はよく変化する。雄は多くの場合暗褐色で、雌はこれに比べて明るい、白味がかった色が多く、比較的に柔らかい毛が密生している。わたしはあるとき、ほとんどまっ黒の雄と灰色の雌を見たことがある。先にもふれたように、チベット・クマの脱毛はたいへん遅い。わたしたちは夏の中ごろ、まだみごとな冬の毛をつけたままのクマを見たことがある。新しい毛がはえそろうのは一〇月に近くなってからである。この時期のクマは、ロシヤの場合と同じで、きわめて脂ぎってくる。それから断崖や山中の穴の中で冬眠にはいる。秋、ツァイダム東部に近いチベット北部からこの方面へ、塩気のあるハルムイクの実をとりにやって来る。

雌グマは普通二頭、まれに一頭とか三頭の子グマを連れている。これは今年または去年生まれたものである。秋のある日、わたしたちは五頭の子グマを連れた雌グマを見たことがある。この中の一部は、不幸な他の雌グマからひきついだものであろう。雄の子グマが他の雌の子グマのために見張りを勤めるという状態は、チベットでは見かけたことはなかった。この動物が傷ついたときのほえ声を聞いたことはあるが、大してそうぞうしいものではなかった。

人間にねらわれていないチベット・クマは、用心深いとも思われなかった。視力が弱かったが、そのかわり臭覚はよく発達していた。疑わしいことに気づくと、普通後足だけで立つのである。歩きかたはロシヤのクマのように鈍重である。必要があればかなり速く駆けるが、しかしあまり長い時間走ることはできない。クマの雌雄や親子がたまたま離ればなれになったときは、犬と同じように足跡をかいで捜し当てる。傷に対しては、ロシヤのクマと同じようにたいへん強く、とくに小口径のベルダン銃による場合がそうである。しかしチベットにはクマが多いため、これをとることに不自由はなかった。わたしはオドン・タラの南東部で、昼から夕方までのあいだに親グマ三頭、子グマ三頭を殺し、さらにわたしの副官がほかに三頭のクマを射殺したことがある。また次のような猟人として忘れられないできごとのある日もあった。わたしは自分の短銃で、自分から一五〇歩ほどの地点にいる雌雄のクマを一度に倒したことがある。またわたしから二〇〇歩ほどの距離にいる二頭のアルガリを倒したこと、また自分の位置を変えないで雌グマ一頭と子グマ一頭をほとんど同時に倒したこともある。しかし、クマやアルガリのような珍しい動物に対しては猟人として大いに誘惑を感じるが、一歩歩けば見かけるような他の動物には何の興味も起こらなかった。しかしチベットで狩猟をするときの障害は、標高が高いために少し歩くと呼吸困難と疲労を感じ、その結果射撃の精度が落ちることである。

チベット北東部における往路と帰路を通じて、クマ狩りを目的として特別に出かけたことはまれであった。普通キャラバンと行をともにしているとき、クマに出会えばこれをねらうという程度であったが、それでもわたしたち一行が射殺したクマは総数六〇頭に達した。このうち半数の毛皮はわたしたちの動物標本に加えられた。

黄河源流と揚子江上流とを分ける分水嶺は、わたしたちの進路からすればあまり目立たないが、チベット高原の側からは互いに明確に異なる景観を示している。この分水嶺の北方には、チベット北部に共通の高原が続き、南方にはアルプスふうの山地がそびえている。それは場所によっては標高五二〇〇メートルに達している。しかもその荒寥とした景観はディ・チュー川を下るにつれてますますひどくなってくる。やがて行く手にガディ・ジューの雪の山頂が見えてくる。これと同時に、分水嶺に続く山脈が経度の方向をとりはじめ、動植物界がしだいに豊富になってくる。高原を取り巻く環帯に岩石は比較的に少なく、山地には相変わらず、片岩が多かった。みなディ・チュー川に注いでいる。夏の水量はかなり多い。反対側の、つまりディ・チュー川左岸の状態もほぼ同じであると思われた。この川の上流部にある山地は起伏が穏やかになり、しだいにチベット高原的景観に移行していた。

この山地一帯の気候は、チベット全域と同様にきわめてきびしい。現地住民の話によると、冬は雪が深く、夜間は酷寒になるとのことであった。春は寒くて風が強く、夏は毎日のように雨か雪が降る。秋もまた上天気の日は少ない。この地の動植物について言えば、ディ・チュー川沿いには黄河上流沿いと同様に、シナ西部の動植物が高いところまで上がっている。しかし両方とも、ことに後者の場合、チベット北部高原に特徴的な種類が混じっていた。しかしディ・チュー川を下るにつれて、それは消え去り、シナ的、あるいはチベット東部的特徴を帯びるようになり、その種類も急速に増加してくる。

おそらくは、この一帯がチベット高原に近く、緯度の割合からすれば雪線が高く、また位置的に南に寄っているため、植物帯は黄河上流域よりもずっと高くまで上がっている。

わたしたちは、シナの二大河を分ける分水嶺を過ぎ、約二〇キロほど歩いてアルプスふうの山地帯へはいった。そこでは、ディ・チュー川が、分水嶺の支脈と思われる高い山脈を切り開いていた。この地域の自然はこれまでに比べてまったく一変した。単調な高原地帯に代わって、しわの多い高山がそびえるようになった。湿地はなくなり、それに代わって、底のほうが緑になっている草地がところどころに現われ、花、昆虫、鳥類が姿を見せはじめた。これは、わたしたちが青海南部の山地を後にしてからはじめて目にする光景である。わたしたちの植物標本はここでたちまち三〇種以上増加した。しかも四月から六月初めまでのあいだに採集した顕花植物の数は四五点にすぎなかったのである。また、チベット高原に比べて標高は三〇〇メートル低いだけであるが、気分ははるかに良くなった。これもまた自然景観が変化したからであろう。しかし六月も中ごろというのに、山の溪流には厚さ六〇センチの氷の張っているところがあった。高山植物はまだつぼみを開かず、雪は相変わらず毎日のように降って、しばしば山の中腹に白く積もった。

ジャオ・チュー川の岸で宿営した後、わたしたちは道案内も知らない道を下流のほうへ下った。この川の水は、上流の粘土のためにまっかな色をしていた。ところどころでタングート人の野営した跡を見つけたが、これによってわたしたちは、まもなくこの遊牧民に出会うだろうとの希望をいだいた。しかし、それから一四キロほど進んだところで、わたしたちは停止した。と言うのは、川がもう一つの大きな川へ流入していたからである。わたしたちはやっとのことでこの川を渡ったが、前方に岩のそそり立つ隘路が見えてきた。道はラクダの通れないものになったと見なければならない。そこでわたしはアブドゥルとシナ人の両道案内にタングート人を捜させ、彼らから道案内を獲得することにした。使者はその翌日タングート人の長老（ベイ・フー）とその二〇人の従者を伴って帰って来た。これらのタングート人ははじめは傲慢にふるまったが、わたしたちがそれを大目に見ないことを知って幾らか礼儀正しくなり、わたしたちを案内してブィ・チュー川を下った。この川は普通の水位で幅約三〇メートル、深さ六〇ないし一〇〇センチであった。河床には石が多く、流れは速かった。水量の多いときは渡渉はまったく不可能であり、乾期にはほとんど流れないほどであった。この川は分水嶺から流れ出ていると思われ、左側からディ・チュー川へ流入していた。

わたしたちとタングート人との関係はまもなくよくなり、彼らから数頭の馬、数十頭の羊、相当量のサルロク（モンゴル人は家畜のヤクをこう呼んでいる）の乳でつくったバターを買い入れた。しかも長老は自らわたしたちに道案内を買って出た。長老にいくばくかの贈物をし、ロシヤ製ウオトカをごちそうした結果、友好関係はさらに深まった。しかし周辺の地理について質問すると、知らないことを理由に、あまり正確に答えてくれなかった。けれども、ディ・チュー川をラクダで渡渉することは、いまの水量ではむりであると繰り返し力説した。ラクダを引いてこの地域を通った者はいまだかつてなく、そのためタングート人は珍しがって、その同族に見せるために、ラクダの糞を拾ったほどである。多くのタングート人はラクダをこれまで一度も見たことがなかった。

わたしたちとタングート人との交渉では、西寧から同行したシナ人通訳が大きな役割を果たした。彼は若いとき九年間をこのタングート人の捕虜として過ごし、彼らの言葉を実によく知っていた。ツァイダムから同行した道案内もタングート語をよく知っていたが、しかし通訳としてはまったく役に立たず、このたび解約してしまった。彼ははじめこの地にいるタングートの知人を訪れ、やがてツァイダムへ帰って行った。

わたしたちはブィ・チュー川沿いに、苦労を重ねてやっと一六キロほど下った。そこから右の迂回路を通ってディ・チュー川へ向かったが、その途中標高四七二五メートルの峠を越えなければならなかった。そこからタラ・チュー川沿いにそれを下り、ブィ・チュー川の右支流であるブィ・ジュン川へ出た。河谷ではときおりタングート人の黒い天幕が見られた。彼らのヤクや羊が若草をきれいに食べており、そのためわたしたちのキャラバンの動物はしばしば飢えていた。しかも難路のために荷駄のラクダは非常に疲れ、その中の一頭はついにあきらめるほかはなかった。

依然として悪天候が続いた。しばしば雪が降り、夜間の寒さはマイナス五・七度Cまで下がった。しかし高山地帯によくあるように、太陽が顔を出して雪をとかしてしまうと、一瞬にして花やクモ、昆虫、さらにはチョウまで現われ、鳥が歌いはじめた。要するに、春の生命は次の悪天候まで全面的にわき立つのである。

わたしたちを案内したタングート人の長老は、隣のホシュンの長をしている彼の親戚を代わりに残して、自分は帰って行った。別れるときこの友人は、何かにつけてけっして油断しないようにひそかにわたしたちに忠告した。新しい指導者も誠実で善良な人物であることが判明した。彼は、いまこそ弱々しそうであるが、若いころはタングート人のすばらしい勇士として、敵もその名を聞けば震え上がるほどであった。彼は言った。「かつてわたしは恐れを知らない勇者として鳴らしていました。あるときなど、単身一〇〇人の敵中に突っ込んだことさえありますよ。」また彼はたいへん狩猟が好きで、あるとき傷ついた野生ヤクの角で腹を突かれた。「しかしわたしはへこたれなかった。片手でヤクの角を握り、片手の短剣をヤクののどに突き刺したんです。それからわたしは気を失いました。」仲間の者が彼を家まで運び、角で裂かれた腹を毛糸で縫合した。その後、傷は回復したけれども、以前のような力はなく、それに足もほとんどだめになってしまった。いまはおもに馬を利用している。

わたしたちはこの新しい道案内とともに、はじめしばらくブィ・ジュン川をさかのぼり、やがてその支流チュム・チャ・ウマ川に沿って左へ曲がり、ディ・チュー川左岸の山脈にある峠に出た。この山脈は、分水嶺の南斜面に属するものと思われた。峠の真下でわたしたちは一夜を過ごし、翌日は夜のあいだに降った雪のとけるのを待って昼ごろから行動を起こし、峠の頂上に出てからは、反対側のコン・チュン・チュー川の河谷に沿って下った。六月二二日朝、わたしたちは有名な揚子江の上流をなすディ・チュー川の河岸へ達したのである。わたしたちが山地から流れに達した場所は標高四〇〇〇メートル、北緯三三度四七分六秒、東経九五度五四分三〇秒の地点であった。

宿営地として、川から半キロほど隔たった岩壁の下のみごとな場所を選んだ。わたしはロボロフスキーとともに、すぐに川へ行って見た。わたしたちは眼前に広がる河谷の美しいながめにしばらく見とれ、やがてブッソレを出して川幅を測り、水温を測定して静かに石に腰を下ろした。そのときである。とつぜん対岸の崖から銃声が聞こえ、弾丸がわたしたちのすぐ近くの砂に突き刺さった。はじめわたしたちは、なんのことかさっぱり見当がつかなかったが、続いて二発の銃声とともに弾丸は再びわたしたちの近くへ飛んで来た。もはや疑う余地はなかった。タングート人はわたしたちを裏切り、わたしたちをねらって射撃しているのだ。強盗どもは岩陰に隠れていた。しばらくして、岩陰から岩陰へ身を移す数人のタングート人の姿が見えた。わたしは手もとのベルダン銃で一〇発ばかり射撃したが、命中したかどうかは知る由もない。

この事件によって、わたしたちが敵に囲まれていること、したがって警戒を厳重にしなければならないことがいよいよはっきりした。わたしたちはまず宿営地を断崖の下から見通しのきく広い場所へ移した。崖の上から石でも落とされることを恐れたからである。不寝番は強化され、全員武装のままで就寝した。昼間ラクダの放牧を警備するカザクの数も増強された。こうした警戒の中でわたしたちは、一応自分たちの安全を確認したのである。

この宿営地でわたしたちはまる一週間を過ごしたが、いつもと変わらない作業を行なった。毎日付近へ調査に出かけ、植物を集め、鳥を撃ち、ときには野獣を対象に狩猟を行ない、またディ・チュー川で魚をとった。学問的な収穫からすれば、非常に豊かとは言えないまでも、チベット高原に比べてはるかに多くの成果を上げた。顕花植物の標本を七三点、鳥類標本約五〇点を集め、カザクの一人は頭部の白いみごとな大シカの毛皮を獲得した。また数点のトカゲとディ・チュー川でとれた二〇点の魚類がアルコールづけにされた。ただこの川で魚をとることは容易でなかった。深くて流れが早く、それに入江が少ないからである。宿営地付近はみごとな牧草に恵まれ、おかげでラクダと馬は腹いっぱい食べて休養をとることができた。天候はいまやずいぶん暖かくなったが(午後一時の気温はプラス二一・三度C)、一昼夜に数回も雷雨に襲われた。雨雲はすべて西方からやって来た。常時湿っているために、標本を乾燥させることができず、また荷物がぬれないようにすることも一苦労であった。昼間の放牧担当者と夜間の不寝番はいつもずぶぬれにぬれたが、任務に忠実なカザクたちはこの苦労を少しもいとわなかった。

タングート人との撃ち合いがあってから後二日間は、現住民はまったく姿を見せなかった。ディ・チュー川の対岸にあった黒い天幕もどこかへ去ってしまった。その後、近くにあるタングート人のジョウ・ズン廟からラマ僧がやって来て、先日タングート人が射撃したのは、わたしたちをこの方面へしばしばやって来る略奪者とまちがえたからであると釈明した。こうした言いわけは、言うまでもなくまったくのでたらめである。わたしはシナ人通訳を通じて、もし先日のようなことが繰り返されれば、攻撃する者は高価な犠牲を払うことになるだろうと言明した。おそらくは、わたしたちの応射によって幾らかの損害を受けたに違いない。そうでもなければ、彼らがわたしたちをこうして放置しておくわけがないと思われるからである。

その翌日、同じ廟から数人のラマ僧がわたしたちを訪れた。彼らはわたしたちの依頼によって、ディ・チュー川を渡るための小舟を持って来てくれた。この木製小舟はロシヤの馬橇の形によく似ており、家畜のヤクの皮で板を締め合わせていた。現地住民はこの小舟で人間や家畜を渡しているとのことであった。馬とヤクは小舟に乗せないで、普通泳がせて渡した。こうした方法で渡すために、ディ・チュー川の深い急流にラクダを入れることはとうてい考えられないことであった。疲れているわたしたちのラクダは、たとえ無事に渡りえたとしても、この先遠い険路を歩くことはできないであろう。わたしたちも、ラクダを失えばどうすることもできない状態に陥ってしまう。ディ・チュー川に沿って移動することもできない。わたしたちの宿営地から一キロほど前方にけわしい断崖が進路をさえぎっているからである。川沿いに上流へ上ることは、たとえ可能であるとしても多くの困難を伴うであろう。しかしどんな苦しくとも意味があればよいが、この上流はわたしたちがすでに調査したチベット高原北東部一帯である。

こうしたことを考え合わせて、わたしはディ・チュー川を渡ることも、その上流へ向かうこともとりやめることにした。そのかわり一度通った道を引き返して黄河源流へ向かい、その上流域にある大湖を調査することに決した。

わたしたちがディ・チュー川岸に宿営していた一週間のあいだに、またそこからチベット高原へ引き返すあいだに、つまり六月末から七月初めにかけて付近の山地一帯の自然は急速に夏らしく変わった。まず目につくことは、このあいだまで黄灰色であった山の斜面は、深い谷底から頂上の近くまで一面に緑がかってきたことである。山麓部に多い柳（Salix sp.）やシモツケソウ（Spiraea sp.）の小さな茂みも緑色になっていた。この山地の植物は草が多い。しかもここの草は、他のアルプス的山地の場合と同じように、あまり高くならない。普通矮小発育、つまり高さ数センチほどである。河谷部でも背の高い草の茂みは見られず、ロシヤの夏の草地におけるような花の絨毯は見られない。植物の種類は他の山地に劣らず豊富であるが、比較的にその数が少ない。数平方メートルの広さに同じ種類の花のかたまりが一つ見られる程度である。たいていは異なった種類の花が混じって咲いている。これらの花は、きびしい気候条件の中でその短い一生を送れるように運命づけられている。夜間の寒さにも、中腹部より上でしばしば降る雪にも、照りつける太陽に変わって急速に訪れる長い寒気にも、この繊細な植物は負けないのである。山の植物は長い世代を通じて、その故郷のあらゆる気候的悪条件に適応できるような能力を受けついだのである。

4　黄河源流の探検 (2)

わたしたちがディ・チューの山地で遭遇したタングート人は、甘粛や青海方面に住むその同族とは著しく異なっていた。それはむしろタン・ラ山脈のヨグライ人および黄河上流の大湖付近に住むゴルィク人に近かった。このタングート人はカムという総称を与えられ、ディ・チュー川下流のチベット高原とタン・ラ山脈の向こう側ダライ・ラマの所領との境界までの地域に分布している。二五のホシュンに分かれ、それぞれ民族の長老によって治められているが、その長老はみな一人の長官に服属している。各ホシュンはその長老の名前またはその領内にある最大の廟の名称によって呼ばれている。その近くに小さな農耕用地を持つこれらの廟は、社会的・宗教的中心として、この地にはない都市の役割を果たしている。二五ホシュン全部の人口を決定することはもちろんできないが、たいして多い数でないことはわかる。と言うのは、わたしたちの通過したニャム・ツというホシュンの場合、その長老の言葉によると幕数約二〇〇であるとのことであったからである。

カムのすべてのタングート人は西寧のアンバンに従属している。彼らは兵役と現物による税からは解放されているが、三年に一度各ホシュンから銀一〇〇両を納めることになっている。この税を徴収するために、三年目の終わりに二名のシナ人官吏が小部隊の兵を連れてホシュンを回るのである。

このタングート人の外貌は次のとおりである。まれに高い者もいるが、一般に中背でずんぐりしており、目は大きいが斜視ではなく、瞳は常に黒い。鼻は平らではなく、ときにはかぎ鼻さえ見られる。頬骨は普通、ひどく突出してはいない。耳の大きさは中程度である。わたしたちが黄河上流部のグイ・ドゥイおよびゴミ以南のタングート人に見たような耳の大きさの多様な状態は、ここではまったくなかった。髪は黒く、あまり手入れをしないまま肩まで長くのばしている。髪が目の中にはいらないように額のところで切る。弁髪は行なわれない。頬やあごのひげはほとんどはえず、しかもそれをむしり取っているものと思われる。歯は白くみごとであるが、タン・ラ山脈の向こうのチベット人のようにぶかっこうな出っ歯ではない。頭蓋は丸いというよりも、むしろ長目である。皮膚の色は他のすべてのハラ・タングート人と同じように、よごれた明褐色をしているが、その一半の理由はからだを洗わないからであろう。ここでとくに指摘しておきたいことは、このタングート人は――他の同族も同じであろうが――モンゴル人の場合とは異なる強烈で不快な臭気を発散させていることである。

シナ人はカムのタングート人をフン・モルル、すなわち《赤皮》と称している。彼らの多くは、ばらばらの髪を肩までたらしたその外貌から見て、わたしが絵で見たことのある北アメリカの赤い皮膚をしたインディアンに似ていると思われた。またタングート人たちはモンゴル型と混血しているジプシーによく似ている。女性も美しくない。彼女たちは家事をおさめ子どもを育てるが、家の外のことについてはまったく無関心である。

彼らの家族生活では一妻多夫制（ポリアンドリヤ）が行なわれている。ときには女性一人に対して七人の夫のいることとさえある。ただしこの夫はみな兄弟でなければならない。他人はこの同盟に加えられない。彼らの説明によると、多夫制の慣習は経済的な理由から発したという。つまり既婚の女性のいるユルトからはその住人の能力に応じた高額の税が徴収される。未婚の女性または妾《めかけ》からは徴収されない。そのためタングート人は、やむをえず妻を共有したり、しばしば妾と同棲したりするのである。妾の子は《神の子》と呼ばれ、法的にも認められている。親戚関係は男子の側を基準としてはかられる。(1)

男子は羊皮の外套を着るが、寒冷な気候であるために一年じゅうこれを手放さない。この外套を素膚に着込み、背中に袋ができるように帯を締める。この袋の中に茶碗や喫煙またはかぎタバコ用のきせるなどを入れている。また帯の腹のあたりに剣を差し込んでいる。天気の悪い日には毛皮外套の上から、羊毛の織物で作った合羽《かっぱ》をはおる。多くの人はズボンというものを知っていない。長靴は染めた毛織物で作られ、靴底には半製皮が使用される。頭には普通何もかぶらない。まれに、高くとがり、広い縁のあるフェルト製の帽子をかぶる。女性の服装も、男子の場合とあまり変わらないと思われる。

住居は他のタングート人と同じように、ヤクの毛を材料とする織物で作った黒いユルトである。ユルトの上部には細長い煙出しの穴があけられ、その下には粘土の炉があって一日じゅう獣糞が燃えている。食物はここで煮られる。ユルトの中は毛皮もフェルトも敷かれず、タングート人は着たまま、顔を下にして動物のようにからだを曲げて眠る。ユルトの中には羊やヤクの子も入れられる。こうした住居のよごれと臭気は、ことに雨のときなどお話にならないほどひどい。

食糧としては各種の乳が主であるが、ほかに茶、ツァムバ、まれには肉も用いられる。食欲に応じて一日に数回食事をする。大麦粉で作るツァムバは、最も愛好されている食物である。これは塩気のきいた茶の中に大麦の焦《こが》し粉を入れて煮込んだものである。こうした食べかたはチベット地方で広く普及しており、タングート人が子供を叱るときよく次のように言う。「おまえはまだツァムバの作りかた一つ知らないんだろう。」

タングート人の生業はヤクと羊の牧畜である。少数ではあるがヤギもおり、乗用として馬が飼育されている。馬は背が低く、体格も見すぼらしいが、しかし力が強くしんぼう強い。牧畜のほか、廟の近くあたりでは自分たちが食べるために少量の大麦を作っている。それから彼らの一部は、チベットに少なくない金を採掘している。多くの人、とくに若者は一人残らず、ラサへ行く巡礼や隊商、ツァイダムのモンゴル人や彼らの同族を襲って略奪している。しかし彼らはこの事実をけっして外部にもらさない。逆に、黄河上流に住むゴルィクから略奪されていることを始終訴えている。事実、この地では争いが少なくないらしく、わたしたちの出会った男子の多くはからだのどこかに傷痕を残していた。敵の襲撃から守るために、峡谷によっては、あまり高くない石の壁が築かれていた。

このタングート人の言語は、わたしたちのシナ人通訳の話によると、青海、甘粛、黄河上流のグイ・ドゥイ付近に住むタングート人の言葉とは少し異なり、純粋のチベット人の言葉にかなり似ている。カム・タングートの貴人が挨拶するときは、チベット人と同じように舌を出す。また友人と別れるときは互いに頭をぶっつけ合う。ハダク（白絹のスカーフ）は知己になったときも、旧友が出会ったときも互いに交換される。峠の頂上にはほとんどの場合高くオボが築かれている。山に石が少ないため、これらのオボは小さく、そのいちばん上に普通石英の切片がのせられてある。そのほかタングート人は片岩の破片を拾い集め、それに何か宗教的な言葉を彫り込み、これを深い谷間のどこかに細長く（ときには長さ八―一〇メートル、広さ二―四メートル）積み上げる。これはアムネと呼ばれている。

チベット北東隅に住むタングート人のもう一つの種族はゴルィクである。彼らは黄河上流の両岸、川が大湖から流出するあたりからアムネ・マチン山脈を切り開くところまでの一帯で遊牧している。わたしたちが調べたところによると、この種類はごく最近まで四川に住んでいたが、この前のトゥンガン人暴動のとき黄河上流へ移動したものである。ゴルィクはシナの権力を認めていない。世襲的領主によって治められ、氏族の長老を持っている。人口はかなりの数にのぼり、わたしたちの聞いたところによるとユルト数は一四〇〇〇から一五〇〇〇に達している。おもな生業は牧畜であるが、ほかに金の採掘と略奪を行なっている。ツァイダム、青海、チベット東部および四川まで略奪に出かけているが、彼らのことを略奪民族と称しても過言ではない。

シナ人はゴルィクの中にはいることを恐れている。もし誤って彼らの手中にはいれば処刑されるからである。ゴルィクがラサへはいることは禁ぜられている。もしラサの巡礼の中でゴルィクが発見されれば、捕えられて藁《わら》製の馬に乗せられ、市内を引き回される。

ゴルィクは近年までダライ・ラマの宗教的権威を認めていた。しかし彼らだけのラマもいることはいた。数年前に彼ら独自のダライ・ラマが生まれた結果、ラサとは分裂してしまった。この分離派を鎮圧し、彼らをシナ政権に服属させるためにシナ軍隊が派遣されたが不成功に終わった。生活様式などの点では、ゴルィクはカムのタングート人と変わらない。その外貌もよく似ている。言語は青海のタングート人とは異なっている。

以上がこの興味深い種族についてわたしたちが知りえたことのすべてである。彼らとわたしたちは、後に武力衝突に陥る破目になるのである。

さて黄河源流地帯へ引き返すことになったわたしたち

は、六月三〇日ディ・チュー川岸を出発し、前に通ったコン・チュン・チュー川の河谷沿いの道をさかのぼった。しかし最初の日は七キロ進んだだけで宿営し、近くの山地を調査した。それから四日間は驚くほどの好天気に恵まれた。わたしたちはアルプス的山地の草地で豊富な植物標本を採集することができ鳥類は相変わらず少なかったが、ただチベット・キジ（Tetraogallus thibetanus）を撃ち落とし、その巣まで見つけることができた。巣の中には、よく暖められた六個の卵があった。巣は土をかぶらないように、石の陰が選ばれ、小さな穴を掘って同じキジの羽根が敷かれていた。雌のキジは卵の上にしっかりとすわり込んでいて、ロボロフスキーはこれを手でつかむことができた。しかし力強いこの鳥は、その手を振り切って飛び去ってしまった。

わたしたちは無事にコン・チュン・チューの峠に達したが、ここではげしい吹雪に見舞われた。峠付近の川にはまだ冬の氷が見られ、付近の斜面には雪がかなり深く残っていた。しかし二週間前ここを通過したときに比べれば、目に見えて少なくなっていた。峠道近くつまり山の頂上付近の高山性草原はたいへん見すぼらしいものであった。顕花植物の中では、いまではムィケル（Polygonum Viviparum Var.）とゴマノハグサ（Pedicularis Oederi）が盛りであったが、両方とも三センチほどの高さである。粘土質の裸の斜面に、ダイオウに似た葉をもつオドリコソウ（Lamium rhomboideum ?）の花がたくさん咲いていた。

それからブィ・ジュン川に着くまで二回宿営した。この川のところでわたしたちはタングート人から食糧として羊を購入することになった。しかし彼らはかなり遠くまで放牧に出かけていたので、これを捜すのに手間どった。しかしともかく羊は特別の障害もなしに買い入れることはできたが、この羊を連れて歩くことのほうがたいへんだった。山に上ることに慣れ、野性を多分にもっているこの動物は、キャラバンの末尾をおとなしくついて来ることを好まず、始終横のほうへ逃げるのである。二頭ずつ角を結んで逃げにくいようにしたが、あまり効果はなかった。ついにそのうちの数頭は射殺を余儀なくされ、二頭ほどは山に逃げてしまった。わたしたちがタングート人から買った羊の始末は以上のとおりである。モンゴル人の羊はこれと反対にいつもおとなしくキャラバンに従って歩いた。

ディ・チューの山地でもそうであったが、この地でも、わたしたちが積み荷をはじめると、どこからかハゲタカ(Gyps fulvus) が飛んで来て近くの山頂に止まり、わたしたちの出発を待ち構えていた。そしてキャラバンが動きはじめると同時に、先を争ってわたしたちの宿営した跡に舞い下り、そこの残りものをあさった。ハゲタカは非常に貪欲で、すぐ近くにまだ人が残っていてもこれを意に介さず、一発見舞ってもなお飛び去らないことさえあった。ハゲタカのこうした厚かましさは、これを聖鳥としてけっして殺さないタングート人やモンゴル人によってしつけられたのである。

連日の悪天候の中で、荒れた山地を荷駄のラクダとともに進むことは容易でなく、行程は遅々としてはかどらなかった。わたしたちはもう一つの高い峠を越え、ブィ・チュー川へ下りはじめた。この峠の両斜面には、コン・チュン・ラ峠より一二〇メートル低いだけであったが、多くの草が咲き乱れていた。その頂上付近のアルプス草地にはいまやキンバイソウ (Trollius Pumilus)、ヤブケマン (Corydalis Scaberula) およびゴマノハグサ (Pedicularis Oederi) などが咲いていた。またそれらのあいだにトベルドチャシェチニク (Androsace tapete n.sp.) の花が白い斑点のように散在していた。全体として山地の植物はいまやまったく夏の発展期にあり、牧草も近くにタングート人がいないために、よく茂っていた。

ブィ・チュー川の上流進出も順調に行なわれた。一時的な現象ではあろうが、この川の水位が六月初めよりも著しく低かったからである。ただ午後から夜にかけて毎日のように降る雨に悩まされた。雨雲は西からやって来た。雷雨になることも多かった。山頂では雨が雪に変わった。気温は夜だけでなく、曇った日の昼間も低かった。そのかわりわたしたちは蚊、ブヨ、ハエなどの昆虫に悩まされることはなかった。

ブィ・チューでは、約一か月前わたしたちがはじめてタングート人に出会った場所に宿営した。ここには片岩、泥灰岩および礫岩からなる山があり、その奥地に多くの野生ヤギが住んでいた。わたしたちはこれを対象に猟を行なうことにした。

この動物はモンゴル人によってクク・ヤマン、タングート人によってルナア、チュルク語でクク・メクと呼ばれており、内陸アジア南半の高山に住んでいる。この地には、学名でプソイドイス・ブルエル (Pseudois burrhel)およびプソイドイス・ナホール(Pseudois nahoor)と呼ばれる二つの種類がある。この両者間の相違はたいしたことではない。おもな相違点は角であって、プソイドイス・ナホールの場合は角の末端が上向きであるのに対し、プソイドイス・ブルエルの場合はその末端が下向きになっている。しかし、両者の中間を行くものもある。そのほか、胴の黒色の部分が前者の場合少し薄い。また前者のほうが背も少し高く、家畜の羊ぐらいある。

その生活のしかたや特徴は両種ともまったく似ている。鳴き声も同じで、雄が何かの危険を感じたときには、かなり大きく、断続的な音を発する。両者の分布範囲は異なっている。プソイドイス・ブルエルは内陸アジアのアラシャン山脈、同じアラシャンの北部にあるハン・ウラ山群、オルドス屈曲部における黄河の左岸を区切るハラ・ヌリン・ウラ山脈に分布している。ここがクク・ヤマンの北限であって、モンゴルや天山の他の山地では見られないのである。プソイドイス・ナホールのほうはチベット高原全域に広く分布している。わたしたちは南山、アルティン・ター、コンロン西部、黄河および揚子江の上流部、タン・ラ、ブルハン・ブッダその他のチベット北部山中でこの動物を見かけた。

クク・ヤマンはどこでも、人の手の届かない、けわしい断崖に住みついている。ただチベット北部だけは、同じような断崖ではあっても、人間の近寄ることのできる山地に住んでいる。この動物は断崖をよじのぼることが実にうまい。群れをなして移動することが多く、たいへん敏捷で用心深い。人間に追求されることの少ないチベット北部の場合だけは比較的警戒心が薄いようである。

わたしたちはこのクク・ヤマンを目ざした。しかし残念なことに、いまのところ食糧の肉が充分足りていたから、思う存分猟をすることができなかった。ただ良質のものを獲得して、標本用にしたいと考えた。

わたしたちは目ざす山のすぐふもとに天幕を張った。山頂には巨大な岩が懸崖となってそそり立ち、岩の一部がくずれて、広い帯のような岩場をつくっていた。そのところどころに貧しい草地が点在し、その反対側の斜面にはみごとな広い草地が開けていた。回りを見渡すと、これより高い山はあっても、このような岩場は見当たらなかった。岩場の原住民であるクク・ヤマン、ハゲタカ、キジなどがここを安全で自由な天地にしていた。それに、この山が現地のタングート人によって聖山とされているからなおさらのことである。

到着直後からわたしたちは双眼鏡を取り出して、ときおりキジの鳴き声の聞こえる山頂をながめた。大きなハゲタカが岩の上に止まったり、わたしたちの宿営地の上をゆっくり舞ったりした。またときおりカラスが群れをなして、あるいは一羽でカーカーと鳴きながら通り過ぎた——ただそれだけであった。

クク・ヤマン

しかし太陽が西に傾いたころ、その同じ山にまるで地面からわいたかのように、クク・ヤマンの群れが姿を現わした。それは岩壁の近くの草地で静かに草をはんでいた。肉眼によっても、一頭の雄は草を食わないでじっと周囲を警戒し、若いクク・ヤマンははしゃぎ回っている様子がよくわかった。こうした状況を見て誘惑にうち勝つことはほとんど不可能であった。わたしは隊員の希望を入れて、数人に狩猟を許可した。わたし自身もコズロフを伴ってその山に上ったが、目的は鳥を撃つためであった。そのため旋条のない銃を選んだ。カザクたちはわたしたちより先に、回り道をして岩場へ向かった。わたしたちもその岩を目ざしていちばん下から上りはじめた。わたしたちがクク・ヤマンを追い上げると、その向こうに待ち伏せているカザクたちがこれをねらい撃つというのがそもそもの計画であった。

わたしたちが行動を開始したときは、クク・ヤマンの姿はすでに見えなかった。わたしは山の西側から、コズロフはまん中から上った。はじめわたしたちは、何か珍しい鳥がいた場合は別として、合図なしに射撃しないことを約束した。しかし鳥は見つからなかった。全体に鳥は少なかった。わたしは、自分もクク・ヤマンをねらって旋条銃を持って来たらよかったと後悔したが、もはや後の祭りであった。しかしわたしは何かのときの用意に、銃に弾丸をこめて、山の斜面にある石に腰を下ろした。しばらくして、上のほうから銃声が聞こえ、下のほうへころがした石の落ちる音とそのこだまがしたと思うと、こちらのほうへ逃げて来るクク・ヤマンの足音が聞こえてきた。それは高い岩壁のところから岩場へ出て、急坂を駆けたと思うと、なんたる幸運であろうか、わたしのほうへ向かって走りはじめた。わたしは、その姿を見ないように顔を伏せ、じっと耳を澄ました。わたしは動物をできるだけ近くまで引き寄せ、いまこめてある二発の弾丸で正確に二頭をしとめたいものと考えていた。幾らか様子は異なったが、期待していたとおりになった。折あしく吹いた風によって、クク・ヤマンはわたしの存在を感知し、群れは急に立ち止まった。それから急いで方向を変えて走り出し、わたしの伏せている場所から一五〇歩ほどのところで再び密集したまま立ち止まった。その瞬間、わたしは一発また一発と弾丸を発射した。クク・ヤマンの群れは岩場のほうへ矢のように逃げ去ったが、その後には二頭の死体が残されていた。

まもなく上のほうでも銃声が聞こえた。カザクたちが彼らのほうに帰って来たクク・ヤマンを目がけて発射したのだ。しかしもはや夕闇が迫ってきて、ほとんど命中はしなかった。カザクの一人はそのとき《長い尾のある大きなキツネ》を見つけてこれをねらい撃ったが失敗に終わった。これを目撃したコズロフの話によると、キツネではなくてヒョウであったという。

こうしてわたしたちの夕方の猟は終わった。

翌朝、わたしたちは再び同じ山へクク・ヤマン狩りに出かけた。前夜見つけたヒョウを捜すことも大きな魅力であったが、それは二度と姿を現わさなかった。昨夕の同じ要領で上へ行って待ち伏せる者と、下から追い上げる者とに分かれた。わたしは、大きな雄だけをねらい、雌は殺さないようにきびしく命じた。

わたしはベルダン銃を持って、昨夜待ち伏せた場所の近くに身を潜めた。眼前には巨大な礫岩がある。昨夕、ネズミだけが上れるようなその斜面をクク・ヤマンの群れが走り抜けたのである。この動物は明らかにこの道を知っている。上のほうで射撃が起これば、再びここを通るに違いない。かなり長い時間待たされた。回りは静かだった。空を走る黒雲から、ときおり雨滴が岩の上に落ちた。獲物をねらうハゲタカだけが雲と同じ高さまで舞い上がったり、低く下りてわたしのすぐ近くを飛んだりした。わたしはこの強力な鳥の動きに見とれていた。ついに一発、二発と銃声が聞こえた。もはやハゲタカどころではない、眼前の岩を注目していなければならない。まもなくその岩の上に均整のとれたクク・ヤマンの姿が現われ、やがて消え去った。わたしの注意はますます集中された。わたしの中の猟人の血は燃え、心臓が高鳴った。いよいよ目ざす動物が現われることを期待して、わたしの手は銃身をしっかりと握り締めた。しかしクク・ヤマンは現われなかった。違う方面へ逃げたのであろうか。期待は失望に変わり、興奮は去った……。そのときとつぜん、地からわいたように大きな雄のクク・ヤマンがわたしの目前に現われ、数秒間じっと立っていたが、やがて軽く跳躍して礫岩を越えて去った。この指導者に続いて、クク・ヤマンの群れが同じようにわたしのすぐ近くを駆け抜けた。わたしは一瞬、クク・ヤマンのみごとな動きに見とれた。なんという敏捷さであろう。動物でなくて、まるで影のようだ。ただ若いクク・ヤマンの哀れな鳴き声だけがわたしの幻想を打ち破った。先頭の動物はもはや岩を通り過ぎようとしていた。わたしはわれに返って、この指導者をねらって銃をぶっ放した。それは岩の一部がくずれたように落下し、二度三度と途中の岩に当たり、やがて急斜面の草地をころがった。群れは一瞬立ち止まった。わたしは第二弾を発射した。もう一頭の雄がほえ声を残して転落し、下の石に当たって止まった。群れは二つに分かれ、一つはそのまま先へ走り、もう一つは目もくらむような懸崖を上りはじめた。わたしは、こうした断崖から落ちた動物は標本にもならないだろうと思い、射撃をやめた。逃げ去ったクク・ヤマンは、今度は上のほうで、岩陰に隠れるまでカザクたちにねらい撃たれた。

この日わたしたちは一〇頭のクク・ヤマンを射殺したが、その中の一部は収容することができなかった。毛皮はすでに七月はじめであるというのに、まだ冬のままのみごとなものであった。肉は少しだけ取り、残りはハゲタカの餌食となった。この猛禽は、狩猟をしている最中から無数に飛んで来て、わたしたちが宿営地へ引き上げるとすぐ、山上でにぎやかな宴を張った。

狩猟が終わってからの行進は、四日間で二四キロしか消化できなかった。はげしい雨はキャラバンの移動を妨げ、しかも流れが増水して思ったように徒渉することなど考えることもできなかった。ところによっては山を越えて回り道をしたり、あるいは一時減水するのを待ったりしなければならなかった。少し減水したのを見計らって、勇敢に激流の中へ飛び込んで渡るのであるが、しかしきわめて危険なことであった。あるときなどロボロフスキーはジャオ・チュー川であやうく溺死するところを運よく助かった。

この忘れられない日、川の水は朝までに幾らか減っていた。騎馬のカザクが付近に渡渉地点を捜し求め、幅三〇メートル、深さ一メートルの場所を見つけた。流れは速く、川底には大きな丸石がごろごろしていた。しかしキャラバンはなんとか無事に渡り、羊群だけが残った。しかしカザクたちは羊をも流れに追い込んだ。しかし羊はたちまち川に流されはじめた。そこでロボロフスキーと数人のカザクがこの羊を捕えるために馬を流れに乗り入れた。そのとき二頭の羊が同時にロボロフスキーの馬にぶつかり、そのため馬は騎手もろとも水中に倒れ、下流へ押し流された。ロボロフスキーはさいわいにも鐙《あぶみ》から足をはずして立ち上がった。馬のほうは岸へはい上がって来たが、ロボロフスキーは肩にかついだ重い銃のためにバランスを失い、何度も倒れて濁流に頭を沈めた。ほんの一、二分間のできごとである。カザクたちは彼を助けるために馬を乗り入れようとするが、今度は馬がこわがってはいろうとしない。とっさのことで、誰の手もとにもロープはなかった。そのうちにロボロフスキーは浅いほうへ近づいたので、一人のカザクが水に飛び込んで手を引いて助け上げた。彼は少し休んでから、何事もなかったようにわたしたちのほうの岸へ渡渉し、みんなといっしょに行進をはじめた。ひざを強く打っただけで、ほかに大したけがはなかった。

わたしたちの行なっているような探検旅行の場合、いつ、どこで、どんな危険に襲われるかまったく予測がつかない……。

七月一五日朝、わたしたちは再び黄河と揚子江との分水嶺を越えてチベット高原にはいった。ここではまだ、夏を思わせるものは少なかった。湿地の草はまだ三センチ足らずしかのびておらず、雨はしばしば雪に変わった。夜間の冷えは相当なものだった。しかも雨雪のために湿地や小川、水たまりが氾濫し、これがキャラバンの進行を著しく妨げた。なかでも苦しかったのは、分水嶺からジャギン・ゴル川までのあいだであった。その距離はわずか一六キロであったが、わたしたちはこれに七時間を要し、全員が疲れ果てた。湿地の水があふれて泥と小石と水が混じり、道ではなく、湿地を歩いているようであった。それに、わたしの出発と同時に雪が降りはじめ、やがて強い北西風とともに吹雪に変わり、目をあけることも容易ではなかった。寒さはわたしたちだけでなく、夏向きに毛のはえ変わったラクダにもひどくこたえた。ラクダは幾度となく足をすべらせて泥の中にころび、わたしたちはそのたびに荷物を一度はずして積み直すのである。荷物が泥だらけになって、一段と重さを増した。ラクダはだんだん弱ってきた。夕方近くやっと目的地のジャギン・ゴルに着いたが、実にみじめな夕食でがまんしなければならなかった。獣糞が水にぬれて、さっぱり燃えないのだ。夜間、空は晴れ上がり、早朝の気温はマイナス四度Cであった。昨日の雪が固まっただけでなく、水たまりの表面にもかなり厚い氷が張った。

ジャギン・ゴル川に出たわたしたちは、これに沿って、その河口まで下ることにした。ジャギン・ゴル川はディ・チュー川との分水嶺に発し、黄河上流部にある二大湖のうち東湖のほうへ流入している。いまやわたしたちには道案内もなく、これまでに何度か試みた方法を採用するほかはない。つまり、あらかじめ偵察する方法である。偵察隊には、わたしまたはわたしの補佐役が長となり、これに二名のカザクをつけて、普通三名で編成された。天候が悪く、警戒を厳にする必要があって、偵察はキャラバンの一日行程にとどめた。すなわち朝宿営地を出発して、夕方までには帰って来ることにした。偵察隊は必要最少限の品物と一人当たり一〇〇発の弾丸を携帯した。途中クマを一頭撃っただけで、ほかの動物にはふれなかった。しかもこの付近にはさまざまの動物が豊かであった。ロボロフスキーは偵察に出かけたとき、二頭の白い野生ヤクを見つけた。この珍しい動物はジャギン・ゴルの対岸で草をはんでいた。徒渉地点はなく、それに宿営地へ急ぐ必要があったので、あきらめて帰った。翌日捜したが、ついに見つからなかった。

偵察のときは測量はしなかった。そのかわり峠、川の渡渉地点、湖沼などキャラバンの移動に関係のあることがらを調査した。急ぎ足で行進はしても、駆け足にすることはなかった。馬の疲労を考えたからである。普通、昼までに二〇から二五キロ移動した。そこで休憩して馬に牧草を与え、自分たちも軽い食事を済ませ、二時間ほど休んで帰路につく。もとの道をそのまま帰ることもあれば、ラクダにとってもっと条件のよい違う道を捜すこともある。翌日、偵察した道に従ってキャラバンが移動し、新しい宿営地に着くとまた偵察隊が派遣される。前進方向の地形を、宿営地付近の山からよく観察できたり、あるいは何かの根拠によって前方に大した障害がないと判断したときは、偵察なしでそのまま前進した。

ジャギン・ゴル川下流の道はなかなか良かった。ここでは、川の左岸に、略奪者の群れが踏み固めたと思われる小道さえあった。しかしわたしたちはゆっくりと行進した。一つには偵察を繰り返す必要があったから、もう一つにはわたしたちのラクダが最近とくに疲れ、損傷を受けていたからである。すでに五頭を廃棄処分にした。このほかにもその候補が数頭残っているのである。

わたしたちのおかれている状態は容易なものではなかった。高い標高とからだの疲労に加えて、毎日のように降る雨と雪に悩まされた。ときおり訪れる夜間の晴天は、七月というのに気温をマイナス五度Cまで低下させ、そのため朝は一面霜をかぶり、水たまりは氷結した。それに、どうしようもない湿気であった。わたしたちは湿ったフェルトを敷いて眠り、ぬれた着物を着ていた。武器はさび、採集した植物標本を乾燥させることもできなかった。積み荷もフェルトの鞍《くら》もいつもぬれており、そのために重さは一段と加わった。

こうした困難は、カザクたちにとってさらに重くのしかかった。宿営中、二人のカザクは豪雨であろうと吹雪であろうと、毎日ラクダと馬を放牧しなければならない。当番は天候のいかんにかかわらず茶を沸かし、食事を用意しなければならない。そして最後に、昼間の作業で疲れ、ぬれ、冷えきったからだで不寝番に立たなければならない。天候が悪くても普通二交替であった。

カザクたちにとってもう一つの苦しみは、この地の唯一の燃料である野生ヤクとクーランの糞で火を起こすことである。たえまない雨にぬれて、この糞はなかなか燃えなかった。やむをえずこれをばらばらにほぐして、まれに姿を見せて照りつける太陽に当てて乾かした。こうした半乾きの獣糞は袋に入れられ、たいへんな貴重品として取り扱われる。これに湿った獣糞を加えて、皮製のふいごで火を起こすのであるが、普通、こうした手続きをへて火を起こし、茶を沸かすのに一時間を要する。雨や雪のときは、炉の上にフェルトのひさしをかけるが、同じ作業に二倍の時間がかかる。不寝番が夜この作業をするときは、ほとんど一と晩中かかることもある。要するに、カザクの勤務は苦しいものであった。しかし彼らは、いつもと同じように、その任務を忠実に果たしたのである。

ここで、黄河上流の大湖について述べよう。すでに前章でふれたように、オドン・タラの湧水と小川によって形成された黄河は、まもなく二つの大湖を通り過ぎる。ここには、上流域の相当な面積の水が集められ、生まれたばかりの黄河の規模は直ちに大きくなる。この二つの湖は古くからシナ人に知られ、西湖はツァリン・ノール、東湖はノリン・ノールと呼ばれている。しかし両湖の位置が地図上に正しく移されず、またこれまでヨーロッパ人の足跡がなかったため、わたしは最初の探検家としての権利をもって、東湖をルスキー（ロシヤの意）、西湖をエクスペディツィヤ（探検の意）と名づけた。前者は、神秘に包まれた黄河源流に最初の足跡を残したのはロシヤ人であることを示し、後者は、後で述べるように、武器を手にしてこの湖の科学的記述を最初に行なったわが探検隊を記念するものである。

二つの湖は並んで標高四二七〇メートルの地点に位置し、幅一〇キロ足らずの山によって隔てられている。大きさは両方とも周囲一四〇キロほどで、不規則な楕円に似た形をしている。ただ、エクスペディツィヤ湖は東西に長く、ルスキー湖は南北に長いことが両者の差異である。湖岸には両湖とも山地が多く、屈曲に富んでいる。とくにルスキー湖の南部がそうである。ここには三つの小島があるが、そのうち割合大きい二島はエクスペディツィヤ湖の西岸近くに位置している。

エクスペディツィヤ湖へは北から二つの小川が流入し

ている。西からはサロマ川、つまり生まれたばかりの黄河が流入している。この川は、この湖の東岸にある湾形の地点から流出し、山がちの地峡を切り開いてルスキー湖北部へ流入する。ルスキー湖はその南西部でジャギン・ゴル川を受け入れ、ほかにもう一ついまのところ名称を知らない川を南側から受け入れている。この二つの川は夏季に、黄河がエクスペディツィヤ湖を染めるように、ルスキー湖を黄色に染めている。それは、二つの湖の南岸に沿って幅約五、六キロの黄色帯を形成している。残りの水は暗緑色の澄んだ色である。

夏季をはじめとして、二つの湖が受け入れる水量は豊かであるのに、逆に水位のほうは内陸アジアの他の湖と同じように、減りつつある。かつては湖の入江であった湖岸付近の小湖が乾燥し、サロマ川やジャギン・ゴル川下流にある広大な湿地、さらにはジャギン・ゴルの河口付近でルスキー湖に流入する小川の湿地などはこの事実を示している。また湖岸の見られる新旧の断崖、さらにはこれに残るかつての水位の明白な痕跡などによっても示されている。

黄河はルスキー湖北西部で湖と決別し、やがて東へ方向を変える。それは弧を描いて流れるが、しかしその弧は地図に示されているほど大きくないと思われる。それから川は万年雪のアムネ・マチン山塊を迂回し、コンロン山脈の一部を切り開いてシナ本土へ出る。この川について現在不明の部分は、ルスキー湖から、わたしたちが一八八〇年に訪れたことのあるチュルミン川の合流点までである。細かい屈曲を除けば、このあいだは約四〇〇キロほどであるが、黄河の落差は約一四五〇メートルに達している。

二つの湖の周囲は山がちであるが、しかし近くの山は割合低く、柔らかな稜線と草地の多い斜面をもち、粘土質、砂質が多い。ここはすばらしい牧草地に恵まれているのに、タングート人は湖岸には住んでいない。地形が広濶で、相互に略奪し合うとき適当な隠れ家を提供しないからであろうか。

ジャギン・ゴル川を下ったわたしたちは、七月二三日、この川の右岸、エクスペディツィヤ湖からの支流が左からこの川に流入している地点を宿営地と定めた。わたしたちの前方には広大な湿地が広がっていたから、偵察隊を派遣する必要があった。翌日ロボロフスキーは二人のカザクを連れて偵察に出かけた。わたし自身はその前日からエクスペディツィヤ湖へ出かけた結果、翌日二名のカザクを伴い、二つの湖を分けている地峡をできるだけ遠くまで行って見ようと思った。わたしたちの調査旅行は二日間の予定で、ロボロフスキーはその日のうちに宿営地まで帰還することになっていた。早朝わたしたちは、めいめい自分の目ざす方向へ出発した。しかしわたしはまもなく引き返した。ジャギン・ゴル川が夜のあいだに増水し、入念に捜したけれども適当な渡渉点が見つからなかったからである。そこでわたしはジャギン・ゴルを少し下って、小高い丘の上からブッソリを使って近くのルスキー湖を測量した。湖までは、湿地に妨げられて実際に行くことはできなかった。夕方、ロボロフスキーも帰って来て、前方には湿地とその中を流れる小川があり、これをまっすぐつっ切ることはできないことを報告した。上流のほうから回り道をしなければならない。このほかロボロフスキーの報告によると、多くのタングート人がわたしたちの宿営地から二〇キロほどの地点に宿営していた。わたしは報告を聞いて、そのタングート人はここを通り過ぎるキャラバンであると思い、大して注意もしなかった。それにわたしたちは夜間でも武装をとかず、不寝番をおき、二頭の優秀な番犬を連れていた。

その夜は曇って暗かったが、何事もなく過ぎた。ただ夜中に犬がほえたてたが、不寝番は、昼間近くの河谷で牧草をはんでいた野生ヤクが宿営地の回りをさまよっているものと思い、とくに警戒もしなかった。朝方、当番のカザクが気温計を見るためにコズロフを起こし、また自分の同僚を起こした。それから火を起こすために炉端に行って、手でふいごを動かしはじめた。このときである。とつぜんはげしい馬のひづめの音が聞こえたので、はっとしてその方向を見ると、おびただしい騎馬武者が一直線にわたしたちの宿営地目がけて突き進んで来るではないか。一団の後からもう一団が続いていた。カザクは「敵襲!」と叫びざま発砲した。タングート人たちは大声で、しかし何かピーピーという声で馬を追い立てながら駆け寄って来た。わたしたちは一瞬のうちに天幕を飛び出し、タングート人に向かって一斉射撃を開始した。敵はそのときすでにわたしたちから一五〇歩のところに迫っていた。予期しない反撃に驚いたのであろうか、急激に方向を変え、退却に転じた。彼らはおそらく、わたしたちの寝込みを襲うつもりだったのであろう。わたしたちは、彼らの後から銃弾を浴びせた。残念ながら、朝はまだ明けきらず、全体が灰色であったため、正確にねらいを定めることができなかった。しかしわたしたちの宿営地のすぐ近くに、馬の死体が二つとタングート人の死体が一つ残されてあった。そのほか、数人のタングート人が落馬し、その仲間から助け上げられている光景も目にした。これは、略奪を業とするタングート人の習慣である。彼らの信仰によれば、もし殺された仲間をそのユルトまで引き取らなければ、その魂がホシュンの住民全部に凶事をもたらすのである。殺された仲間の遺体はきびしく捜索される。撃ち合いと混乱のあいだに、ディ・チュー川河谷で買い入れた八頭の乗用馬は聞き覚えのある喊声と銃声に驚き、綱を引きちぎってタングート人のほうへ逃げてしまった。もう一頭は腹部に傷を受けていたので、やむなく射殺するほかはなかった。

わたしたちの射程から離脱したタングート人たちは、幾つかのかたまりになって近くの丘の上からわたしたちの動向を観察しはじめた。わたしたちは銃の手入れをし、茶を飲み、ラクダに積み荷をはじめた。今度はこちらからタングート人の宿営地を攻撃することに決したのである。彼らは夜のうちに六キロの地点まで接近していた。彼らを遠くへ追い払い、二度とわたしたちを攻撃することのないように、どうしても先制攻撃をしておく必要があった。

わたしたちのキャラバンがタングート人の宿営地の方向へ移動しはじめると、略奪者どもは一人残らず自分たちのユルトに向かって走り去った。わたしたちは手に銃を、腰にピストルを持ち、それぞれ一〇〇発くらいの弾丸を用意して、ゆっくりと移動をはじめた。荷駄のラクダと無傷で残った馬は一かたまりにされた。こうしてわたしたちが彼らの宿営地から約二キロの地点まで近づいたとき、三〇〇人ほどと思われる彼ら全員が騎馬で整列している様子が双眼鏡に映った。その後尾には荷駄用と予備の馬を引いていた。いよいよタングート人は迎撃体制を敷いたのか、とわたしは思った。しかし、わたしたちがさらに近づくのを見て、彼らは馬首を返して逃走しはじめた。けれども彼らの行く手には渡れないような川が流れていたので、やむなくわたしたちとの距離が一キロほどの地点を移動しなければならなかった。そこでわたしは逃げるタングート人を追うことはできないと悟り、ここから一四丁の銃による一斉射撃を開始した。かなりの距離ではあったが、湿地のために急いで行動できない彼らの集団によく命中した。彼らがほぼ完全に射程から去ったところで、わたしたちは射撃を中止した。早朝からいままでに発射した銃弾は約五〇〇発で、略奪者の死傷者は一〇人と判断された。そのほか数頭の馬が死傷したと思われる。

　わたしたちを襲撃したタングート人が何者であるか、もちろん知る由もない。ディ・チュー方面からやって来て、長いあいだわたしたちの動向を監視していたのかもしれない。こうした推論の根拠は、ジャギン・ゴルの下流でここ数日間たて続けに、野生ヤクの群れが次々に東から西へわたしたちの前を移動していたことである。いまにして思えば、このヤクは、わたしたちに平行して移動し、攻撃の好機をねらっていたタングート人に追われたものに違いない。朝わたしたちの宿営地のすぐ近くで殺されたタングート人は、軍刀、槍、火縄銃とその火薬、約五〇発の弾丸を装備していた。略奪者はまだこれを使用した形跡がなく、まだ装備したばかりであると思われた。

　タングート人と別れたわたしたちは、乾燥した場所に出たところで宿営した。このたびの勇敢な行動を賞して、わたしはカザク全員を下士官に進級させた。恐るべき災難を無事に免れた。前夜わたしがジャギン・ゴルを渡ることができず、三人で調査旅行に出かけられなかったことは、かえってわたしたちにとってさいわいであったのだ。

　翌日わたしたちは出発し、はじめ南進して、ジャギン・ゴルの河口近くで、ルスキー湖へ流入する川を渡渉した。わたしはタングート人の襲来を記憶するために、この川をラズボイニチヤ（略奪者の意）と名づけた。

　わたしたちのキャラバンにはいまや七頭の乗用馬と二四頭のラクダが残っている。このうちラクダ五頭はほとんど役に立たず、残りもひどく疲れている。わたしたちは荷駄を軽くするためにやむをえずツァムバの半分を捨てることにした。また途中交替でラクダから下りて歩くことにした。こうした状態で遠くまで行くことはむずかしいが、しかしなんとかしてルスキー湖の一部でも調査したいと思った。新たなタングート人の襲来に備えて、警戒をいっそう厳重にした。部隊が分散しないように、偵察隊の派遣も中止し、宿営地としては、見晴らしがきいて、背後に湿地とか湖のある地点を選んだ。不寝番は常時二名ずつとし、全員武装したままで眠った。ラクダや馬の放牧も宿営地のすぐそばに限り、調査や狩猟にも遠くへは出かけないことにした。

わたしたちは一日行程でラズボイニチャ川からルスキー湖に達し、湖の南岸に沿って移動した。ここではキャラバンの移動を妨げるものは何もなかった。ただ雨が相変わらずはげしかった。それは測量を妨げ、湖の美しい風景の撮影を不可能にした。住民はなく、動物もあまり見かけなかった。湖面には場所によって多くのインド・ガンが遊泳していた。あるとき、行進の途中、この鳥が湖岸に多数集まっているのを見た。黙って通り過ぎるには誘惑が大きすぎた。わたしたちは急いで散弾銃を取り出し、三人で半時間で八五羽を撃ち落とした。五〇羽を食糧として携行し、残りは運びきれないため現地に捨てた。これはおそらくクマの餌食になることであろう。

ルスキー湖の岸でわたしたちはタングート人による二度目の襲撃を受けた。こんどは昼間であった。相手は、ユルト数一四〇〇で、ルスキー湖から下流の黄河流域に住むゴルィクであった。彼らが、最近の襲撃事件を知っていたかどうかは知らないが、おそらく知っていたであろう。彼らは勇敢な人間を選んで先日の復讐をし、わたしたちを撃滅して、キャラバンを掠めようと思ったのであろう。わたしたちの人数が少ないことも、彼らを大いに勇気づけたに違いない。わたしたちとしては、いずれにしても新たな襲来を免れることができないのであれば、昼間のほうがましだと思っていた。ベルダン銃の威力を示すのに好都合だからである。事態はわたしたちにとって有利に運んだ。

わたしたちがルスキー湖の岸に沿って行進すること三日目、すでに真昼近く、まもなく宿営地を定めなければならない時間であった。遠くのほうで三人のタングート人の姿が見えた。わたしたちのシナ人通訳の判断によると、これはわたしたちを監視しているタングート人の偵察隊であった。湖岸に宿営地を定めて、わたしはロボロフスキーとそのシナ人通訳、それにカザクをつけてタングート人のもとへ派遣した。けっして射撃してはならないこと、反対にわたしたちが彼らを恐れていることをできるだけ示すように命じた。そのとおりになった。略奪者どもは火縄銃に火をつけたままわたしたちの偵察隊のそばを通り、遠くから、わたしたちの人数は何人で、どこへ行くのかと聞いた。そして彼らは、そのときのわがほうが彼らの二倍の人数でありながらどうもしないことを見て、馬に鞭《むち》を当てて山中へ走り去った。わたしたちの偵察隊はこうして宿営地に帰った。

それから約二時間後、ラクダと馬を放牧していたカザクは、近くの谷間から現われてわたしたちの宿営地のほうへ近づいて来る三人のタングート人を見つけた。カザクは何かただならぬ気配を察して、ラクダと馬を直ちに宿営地のほうへ連れ戻しはじめた。そのとき一人のタングート人が馬を飛ばして近づき、手を振りながら、ラクダを追わないように叫んだ。しかしカザクは自分の仕事を続けた。カザクがラクダと馬を宿営地に連れ戻したとき、わたしたちから二キロほど離れた谷間から三〇〇騎ほどのタングート人が姿を現わし、わたしたちの宿営地へ向かって来た。わたしたちは招かざる客を迎えるため、準備を急いだ。ラクダをつなぎ、撃ち合いのときに逃げられないように馬の足まで縛った。わたしたちの背後は湖によって確保され、前方には山に囲まれた広い平地がある。一つぐあいの悪いことは、この平野に数本の平行した高地のあることとである。これは以前の湖岸線で、高さは三から五メートルであった。タングート人の偵察隊は再びわたしたちの近くに現われた。わたしたちは発射したけれども命中しなかった。

そのうちに略奪者の本隊はわたしたちから一キロの地点まで近づき、高い喊声を上げて突撃して来た。湿った粘土質の土地に馬蹄の音が鈍く響き、騎士の長い槍が矢来のようにきらめき、彼らのラシャ製の外被と長い髪が向かい風で後ろになびいた。この未開のオルダはまるで黒雲のようにわたしたちに襲いかかった。馬と騎士のシルエットが一瞬ごとに明確になってくる。もう一つの側には、露営地を後に、沈黙の中でねらいを定めている、わが一四人の一団があった。彼らにとって残されているのは、ただ勝利か死かのいずれかであった。

わたしたちと略奪者の距離が五〇〇メートルまで縮まったとき、わたしは「撃て」と号令した。第一発に続いて、銃声がしげくなってきた。しかしタングート人は何事もなかったように突進を続けた。彼らの隊長は部隊の左側、湖に沿って前進しながら、大声で部下を叱咤激励した。後でシナ人通訳に聞いたところによると、タングートの隊長はこのとき「突っこめ、突っこめ、神はわれらとともにある(なんと奇妙なことだ!)、神はわれらを助け給う」と叫んだ。一瞬の後隊長の乗馬が倒れた。彼自身も負傷したと見えて、からだをかがめて後方へ走った。するとわたしたちのところから二〇〇歩のところまで迫っていた彼らの集団は右へ急転回し、もよりの高地の陰に隠れた。そこから彼らは、わたしたちまで約三〇〇歩の距離で射撃を開始した。わたしたちのほうからは、高地の陰に隠れているタングート人を撃つことはできなかった。そこでわたしは、大胆な突撃をもってこの包囲状態を打開しようと決心した。タングート人は高地の向こうからわたしたちを自由に射撃することも、またわたしたちの不決断を見て再び突撃に移ることも、どちらでもすることができた。いまや状態はわたしたちに有利に展開した。つまりわたしたち自ら略奪者の集団に反撃を加え、この大胆さをもって味方の少数であることを補ったのである。

宿営地守備のためにロボロフスキー中尉と五人のカザクを残し、わたし自身七人のカザクを率いてタングート人に対する反撃に向かった。彼らは、わたしたちが自分たちのほうに向かうのを見ていちだんとはげしく銃弾を送ってきたが、やがてとつぜんやんだ。下士官のテレショフがまっ先に高地へ突進して見ると、略奪者どもはそのみごとな陣地を捨てて、われ先にと馬に飛び乗っていた。わたしたちはこの混乱に乗じて、高地から銃弾を浴びせ、数人を殺した。しかしタングート人は以前と同じように、倒れた仲間を助け上げて自分の馬に乗せ、急いで走り去った。

もよりの高地を追われた略奪者どもは、その次の高地に拠った。わたしたちはそのとき、数分間の暇を盗んで過熱した銃をぬぐい、弾薬を補給した。弾薬はシナ人通訳が運んでくれた。彼は先日のタングート人襲来のときは、フェルトを頭からかぶったまま天幕から出て来なかった。それがいまでは勇気を得て、弾薬だけでなく、バケツに飲用水まで運んで来たのである。

第二の高地の陰に拠ったタングート人は、再びわたしたちに向かって銃口を開いた。これをまた撃退しなければばならない。しかしいま占領している塁壁も捨てるわけにはいかない。これを手放したら宿営地との連絡を断たれてしまう。そこでわたしは二人のカザクとともにここに残り、コズロフと四人のカザクを前方横の小高い地点まで進出させ、そこからベルダン銃を射撃させた。その結果、略奪者どもは、その新しい拠点からも移動しはじめた。そのうちに五〇騎ほどの略奪者の一団が、わたしたちの宿営地に人がいないと思ったのであろう、それに襲いかかった。残留していたロボロフスキー隊がこれに反撃を加えた。いたるところで失敗したタングート人は、小高い地点を利用しながら、山のほうへ退却しはじめた。わたしたちはベルダン銃の射程のあるかぎり、銃弾をもって彼らを見送った。ついに全集団がわたしたちの射程から離れ、負傷者の手当てのために停止するのが見えた。そのとき、彼らの宿営地に残っていたと思われる約五〇人の一隊が本隊に合流していた。わたしたちはもとの位置のままで移動しなかった。わたしは七人のカザクとともに高地に、ロボロフスキーは五人を率いて宿営地に拠って、新たな襲来に備えていた。しかしタングート人はそこにしばらく停止していたが、夕暮れの訪れとともに、もと出て来た谷間を通って山のほうへ去って行った。略奪者どもが姿を消してから、わたしたちは宿営地に集まった。損害は、一頭の馬がタングート人の弾丸を足に受けただけであった。わたしたちは再び全員無傷であった。戦闘は二時間以上続き、そのあいだわたしたちは約八〇〇発の弾丸を発射した。略奪者どもの死傷者は、わたしたちの推定では三〇人に達した。

しかしわたしたちの試練はまだ終わったとは思われなかった。タングート人は夜間襲来する可能性も少なくない。わたしたちは二隊に別れて、宿営地の両翼で夜どおし警戒した。まもなく雨が降りはじめ、一面まったくの暗闇であった。しかしタングート人は昼間の来襲で事足りたのか、夜襲を敢行して来ることはなかった。わたしたちの銃は遠距離の場合威力を発揮し、したがって彼らにとっては夜間のほうが有利であると思われたけれども……。

朝方、雨はいっそうはげしくなり、わたしたちはやむをえず、同じ場所にとどまった。雨が小降りになったとき、近くの山上にタングート人の偵察隊が現われた。昼ごろ幾らか晴れてきた。そのとき、昨日来襲した方角の反対側から再びタングート人の姿が見えてきた。そのうちの数人がまっすぐわたしたちに向かって進んで来た。わたしたちがいよいよ射撃をはじめようとしたとき、相手のタングート人は帽子を脱いで振りながら近づいて来た。わたしたちは奸計に陥ることを恐れて、いつでも引き金が引けるような態勢にあった。よく聞いて見ると、彼らは五〇〇頭の荷駄用ヤクからなる大キャラバンの先頭であった。彼らは西寧でツァムバ、米、キビ、茶、タバコなどを買い入れて、これをディ・チュー川まで運んでいるところであった。まもなくキャラバンの本隊が現われた。これには火縄銃、剣、弓矢などで武装した約一六〇人のタングート人が護衛についていた。わたしたちのシナ人通訳の知人も混じっていた。彼らは、近くに略奪者どもがいて、昨日わたしたちが襲われたことを聞くと、ひどく恐れはじめ、近くの山へ偵察隊を派遣した。

このタングート人はわたしたちに重要な情報を提供してくれた。つまり増水のために、ルスキー湖を出たあたりの黄河をラクダで渡ることはできないというのである。彼らのキャラバンのヤクは泳いで渡ったという。こうした状況のもとで、わたしたちはやむなく、二つの大湖の北岸を通過するという当初の計画を修正しなければならなかった。これまでに測量された南岸のほかに、ルスキー湖の全体の形、そこからの黄河の流出口、標高などがすでに調査されたことは、まだしもさいわいであった。エクスペディツィヤ湖の南岸は、今回の帰路で測定することができたし、またこの湖の北岸についても標定によってその主な地点を測ることができた。

タングート人のキャラバンが去ってから、わたしたちはラクダに荷物を積んで、忘れ難い土地に別れを告げ、ルスキー湖の南岸沿いに引き返した。ツァイダムに残したわたしたちの倉庫まで三〇〇キロの距離があったが、その方角へ足を向けた以上、もはやそう遠いとは思われなかった。そこまでたどり着けば休めるという気持が、わたしたちを力づけた。前と同じように、わたしたちの半数は徒歩で進んだ。夜間の不寝番は全員を二交替に分け、夕方から夜半までと、夜半から朝までの二た組にした。数日間続いた上天気は夜間勤務の負担を幾らか軽くした。こうした天気のおかげで、川も幾らか減水し、わたしたちはラズボイニチヤ川とジャギン・ゴル川の下流を無事に渡渉することができた。途中、少数の騎馬隊の足跡に出会うこともあった。おそらくは略奪者どもがわたしたちを監視するための偵察隊のものと思われたが、しかし彼らもあえて攻撃して来ることはなかった。

五日目にわたしたちはエクスペディツィヤ湖の南岸に出た。この付近はルスキー湖に比べると土地はやせていたが、それでも牧草はみごとであった。サロマ川の濁水が明確な広い帯となって岸いっぱいに流れていた。その向こうに湖の緑色がかった澄んだ湖水が見える。嵐の後でも、この二つの水が混じることはなかった。

エクスペディツィヤ湖にも水鳥は多かった。湖岸の小さな沼地に、首の黒いツル(Grus nigricollis)が巣をつくっていることがあった。わたしたちは八月五日、この鳥の雛を二羽捕えたが、この地の夏はもうすぐ終わるというのに、まだ柔毛におおわれていた。これはおそらく、二度目の、最終の雛であろう。最初に生んだ卵は春の寒さで死んでしまったはずである。こうした現象はここでは普通のことであり、それはまた、わたしの見解によれば、この鳥がこの地で比較的まれであることの理由でもある。しかもこの鳥は高いチベット高原におけるその分布地域にわたって、誰からもとくにねらわれているわけではない。

わたしたちは二日間エクスペディツィヤ湖の岸に沿って歩き、それから以前サロマを渡った地点へ向かった。数日間わたしたちを甘やかしてくれた天気は、いまや再びくずれはじめた。雨だけでなく、冬のように雪まで降りはじめた。朝方の気温は零下まで下がった。しかしチベット北東部では、夏のこうした天候状態は別に異とするに足りない。これについては、ここでわたしたちが行なった気象観測がよく証明している。

わたしたちはエクスペディツィヤ湖から去った日に、この前の渡渉地点よりも幾らか下流でサロマ川を渡った。ここには大きな分流があって、渡渉には好都合である。わたしたちは今度もまた幸運に恵まれた。と言うのは、渡る少し前に流れが著しく減水したからである。水は赤土のためにまったく濁っており、増水したときは低いその両岸に堆積する。

わたしたちはサロマ川から来たときの道を通ってツァイダムに向かった。いまやゴルィクからは遠く離れた。全員二交替制の夜間警戒はやめて、二名ずつの不寝番だけをおくことにした。

ツァイダムは、北風によって運ばれ、大気に充満している砂塵をもってわたしたちを迎えた。そのほか朝の気温は零下まで下がり、昼間はときおり雪が降った。八月一〇日などは冬と少しも変わらないほど雪が降った。見渡す限り雪におおわれ、その日の平均気温はマイナス〇・五度Cであった。しかし花は、寒さで凍ったり、雪に降られたりしながらも、枯れることはなかった。ロシヤの沼地にはえるようなキンポウゲ（Ranunculus aquatilis）も、湿地の氷がとけさえすればきれいに咲くのであった。

秋が近づいていることは、八月上旬に現われる渡り鳥によって知られる。しばしば見られるヤツガシラ（Upupa epops）、すでに七月二九日に見たことのあるシギ（Numenius Cyanopus）、それからまれに小さな群れで出会う Tringa Ochropus, Calidris temminkii, Tringa hyppoleucos（いずれもシギ科の鳥）などである。

アラク・ノル・ゴル峡谷へはいる手前、オロン・ブルィムの泉から八キロの地点で、わたしたちは往路にも金を掘った跡を見かけたが、今度は約三〇人のタングート人がこの仕事に従事していた。採金場は、小川が山を切り開いている地点にあった。これは夏期、雨の降ったときだけ流れる小川であった。金を産する地層は、石灰を含む粘土性片岩の小石と砂から成り立っていた。峡谷の側壁は砂岩であった。採掘の方法はきわめて原始的であった。まず地表から深さ六〇センチほどの穴が掘られるが、これに要する道具と言えば、小さな木製のシャベルで、その上端には下方へ押し曲げられた野生ヤクの角がとりつけられてあった。土砂を洗うためには長さ六〇センチ、幅三〇ないし五〇センチの木桶が用いられた。これに金を含む土砂を入れ、そのまま水の流れる斜面におくと、水は砂と小石を流し、底に大粒の金を残すのである。小粒の金は流されてしまう。実際には、大粒が多いから、小粒を追う必要もなかった。タングート人はわたしたちの通訳に砂金を一握りつかんで見せ、銀と交換してほしいと頼んだ。そのタングート人の話によると、チベット北東部には金が豊かである。たとえばディ・チュー川では、一人の労働者（かなり怠け者である）が一日に七、八ゾロトニク（一ゾロトニクは四・二五グラム）の金を採取することができる。少なくとも彼らはわたしたちにそう語った。

わたしたちはアラク・ノル・ゴル峡谷から再びブルハ

ン・ブッダ山脈を越えることになった。これに四日間が費やされたが、こんなに時間がかかったのは、ラクダが疲れたことと、この山地の植物を詳しく調べるためであった。

それからわたしたちはノモフン・ゴル川を、それが山から出るところまで下り、やがて隣にあるハトゥ・ゴルの河谷へ移った。そこには、倉庫に残したわたしたちのラクダが放牧されているはずであった。標高約三四〇〇メートルのこの地は、涼しくて、牧草も水も薪も豊かであった。わたしたちはこうした条件を考慮して、ここで八月末または九月初めまで滞在することにした。暑さが少しおさまり、また夏ツァイダムの湿地に多く発生して家畜を悩ます昆虫類のなくなるまで、この山地で休みたいと思った。

わたしたちの倉庫はすべて異常なかった。夏のあいだ二人ずつ交替でブルン・ザサクのヒルマにあるわたしたちの荷物を監視した。残りの五人はラクダとともにブルハン・ブッダの北縁で過ごした。倉庫もラクダも、タングート人の略奪者どもによって一度も襲われなかった。しかし近くのモンゴル人は略奪され、数人が殺されていた。残されたラクダ五〇頭はよく休養して、すっかり元気になっていた。今度わたしたちとともに帰って来た一六頭は疲れ、やせていた。なんとかして、少なくともあと一〇頭ほどの上等のラクダを手に入れなければならない。その目的を持って、下士官イリンチノフと三名のカザクをダバスンと青海の領主のもとへ派遣した。彼らといっしょに、チベットでよく勤務してくれたシナ人通訳も帰って行った。わたしたちはこのシナ人に、西寧と北京を経由して故郷へ送る手紙を託した。

新しい宿営地でわたしたちは二週間を過ごした。はじめはチベットで採集した標本の乾燥と、通過した道についてのメモの補充にあたった。カザクたちは使い古された荷駄用の道具や自分たちの靴、着物などを修理した。これがまもなく終わると、今後の遠路のために充分休養し、力を蓄えることに努めた。いまの最大の楽しみは、倉庫から数冊運んで来た文学書を読むことであった。カザクたちもいろいろな本を読んだ。夕方はアコーデオンをひき、歌を歌い、ときには踊ることもあった。朝は宿営地の近くへ猟に出かけ、ライチョウをねらったり最近死んだラクダの死体に群がるハゲタカを待ち伏せたりした。また標本のために渡り鳥のヒバリ (Calandrella Cinerea) や渡り鳥のスズメ (Anthus richardii) を撃った。

わたしたちの近くに住民はいなかった。ただラマ僧一人が羊を放牧するためにわたしたちを訪れ、炊事場の残り物にありついた。わたしたちはこのラマ僧から、これまでの二匹の番犬に加えてさらに一匹の犬を買い入れたが、これはその後直ちに能力を発揮した。すなわち、ラクダ購入のため派遣されたカザクたちといっしょに歩き、宿営地から二〇〇キロ離れたダバスン・ゴビまで出かけて来た。そこでかわいそうなディルマ――わたしたちは新しい犬をこう呼んだ――は野犬にひどくかまれた。それからは、再び襲われることを恐れて、たった一匹で引き返しはじめ、水もない道を五〇キロも歩き、翌日無事に宿営地に帰り着いた。ついでに言えば、この地では、荒れた砂漠を遠くまで逃げるのは犬だけではないようだ。女性の場合にも同じことがあった。ごく最近ツァイダム西部のタイジネル・ホシュンの領主が北京におもむき、その取り巻きのモンゴル人をアラシャンに残した。モンゴル人たちはアラシャンの美人にほれ込み、彼女たちと結婚して、やがて新妻を連れてツァイダムに帰った。ところがアラシャンから来た女性の一人は、故郷が恋しくなって、黙って自分の亭主の馬に鞍をおき、一人で帰りはじめた。彼女はツァイダムから三〇〇キロのところで追っ手につかまった。

ときおり、ブルハン・ブッダの峠をタングート人略奪者どもから守っている、モンゴル人の番人がわたしたちを訪れた。略奪者どものことを、ここではオロンギンと呼んでいる。このオロンギンが出現すると、モンゴル人の番人は直ちにツァイダムに知らせる。すると、皆どこかに隠れてしまうのである。こうした番人は夏のあいだ、ズン・ザサクとバルン・ザサクの二つのホシュンによってブルハン・ブッダのおもな峡谷におかれている。そのほか、ツァイダムのモンゴル人は騎馬のオロンギンの行動しにくい湿地帯を選んで放牧している。それでも略奪者どもは毎年そのモンゴル人から略奪したり、それを殺したりしている。不幸なツァイダムの住民たちは、不断の略奪に耐えかねて、わたしたちの滞在中に集会を開き、彼らがアルタイに移住することを許可してほしいと西寧のアンバンを通じてシナ皇帝《ボグデイハン》に嘆願書を送った。

わたしたちの宿営地の近くには、バル・ザサク・ホシュンのモンゴル人によって耕作されている数ヘクタールの大麦畑がある。ここには、シナ人またはかつてこの地に住んだ他の民族によって構築された、みごとな灌漑水渠（アルィク）がある。現地に伝わる伝説によれば、チンギス・ハンの時代に、いまのツァイダムにマンガスィと呼ばれる民族がいて牧畜と農耕を営んでいた。わたしたちがいま目にしているこのアルィクは、このマンガスィによって構築されたと住民は言っているけれども、これは信じ難い。ところどころにしか石の積まれていないこのアルィクが、そんなに長い歳月、みごとに保存されるわけがない。あとで修復されたものに違いない。そのほかバルン・ザサクの住民によると、領主の屋敷の近くに、かつてマンガスィのものであったヒルマの廃墟がある。いまではこの廃墟は砂塵によって埋まっているが、ツァイダムの住民たちはこの下から煉瓦を取り出し、これにオロンギンに対する呪いの文句を書き込んでいる。さらに伝説によれば、マンガスィの最後の王はシャラ・ゴル・ハンで、その宮廷はツァイダム南部、いまのテンゲリクの地にあった。後にわたしたちがこの場所を通過したとき、この地と西のノモフン・ゴル川とのあいだで丸屋根と門のある四角な粘土の建物に出会った。建物の中には何もなかった。丸屋根の一部もこわれていた。道案内は、昔マンガスィの大シャーマンがここに住んだのだとわたしたちに説明した。このシャーマンは妖術をもって、モンゴル人とシナ人に多くの凶事をもたらした。そのとき一人の聖なるラマ僧が猛禽に変身して魔法使いを突つき殺した。マンガスィはこれによってその勢力を失い、ゲセル・ハンによって難なく征服されたのである。

(1) この地域のチベット人における一妻多夫制について、コズロフは『モンゴリアとカム』の中で次のように書いている。「女性一人につき夫が七人に達することがある。この場合彼らは必ず兄弟でなければならない。他人はこの同盟に加えられない。こうした一妻多夫の家庭に子供が生まれたときは、母親の指名した男性が父親とされ、その他の夫は叔父ということになる。一家族としては姓はなく、子供は女性の名前によって呼ばれ、父親の名が言われることはない。また富裕なチベット人は、一妻だけでなく、二人の妻を持っていることもある。」

5　ツァイダムの南部および西部を行く

わたしたちの探検旅行の第一段階は、チベット北西隅の調査をもって終わった。いまやわたしたちは西へ転じて秘密のベールに包まれたガスの地を目ざした。そこに新しい倉庫をつくり、冬のあいだ付近の調査にあたり、春とともにロプ・ノールへ向かう予定である。

わたしたちはハトゥ・ゴルでの長い滞在を終わって、バルン・ザサクのヒルマに移り、その四キロ手前の、牧草の多い、水の豊かな地点に宿営地を張った。わたしたちは、夏のあいだ倉庫に残しておいた品物をこちらへ運び、荷物の整理と梱包《こんぽう》にあたった。この作業に数日を要した。

まもなく、下士官のイリンチノフが一三頭のラクダを連れて帰って来た。モンゴル人がラクダを売ることをこわがったため、ずいぶんむりをして買ったとのことである。しかしこれによってわたしたちのラクダは、死んだり、捨てたりしたものを除いて、総数七五頭を数えた。このうち六四頭は元気で、遠路に充分役に立つと思われた。

食糧についても、肉を除いてはほぼ半年分確保された。肉は、人里へ出れば羊を買うし、無人の地では狩猟によって補うことができる。ただ、この冬の馬の飼料は八プード（一プードは一六・三八キログラム）しか確保されていない。これもやっとのことで手に入れたものである。わたしたちはバルン・ザサクの領主とその住民に対して、この春わたしたちがテンカールから運んで来た余分のツァムバと、彼らの大麦を二対一の割合で交換してほしいと提案したが、拒絶された。巡礼から略奪することに慣れたこの地の悪賢いモンゴル人たちは、交換を欲しないだけでなく、売ってくれようともしなかった。彼らは、わたしたちがツァムバの全部を運びきれないことを予想して、いずれ無料でころがり込んで来るものと考えたのである。わたしは、彼らの思うつぼにはまることはいかにもくやしかったので、残ったツァムバを全部近くの湿地に投げ捨てさせてしまった。彼らはこれを見て、せっかくの有利な交換条件を断わり、大損をしたと嘆いていた。

八月七日、わたしたちは新たな旅にのぼった。はじめズン・ザサクのヒルマを通り、やがて西のノモフン・ゴル川へ向かった。ズン・ザサクからこの川までの距離は約六〇キロである。踏み慣らされた小道が、タマリスクやハルムイクの茂みのあいだをうねうねと続いていた。ときには地下水による湿地があって、そこに背の低いアシやかなりみごとな牧草がはえていた。そうした場所を除いて、土地は粘土と塩とが半分半分に混じって、足の下で石のように堅い音を立てていた。ラクダや馬にとって、酷暑の中をこうした道を歩くことはたいへんな苦痛であった。夜間の気温はまれにマイナス七・五度Cまで下がることがあるとは言え、暑さはまだ衰えなかった。

こうした理由からか、それとも何か別の原因からか、わたしたちのラクダが途中とつぜんに、モンゴル人がハサー（口蹄疫）と称している特殊な病気にかかった。この地でもモンゴルでも、この病気はラクダだけでなく牛や羊にも伝染したが、馬だけにはうつらなかった。この病気の外見的な症状は、四本の足の下部が腫《は》れることであり、内部的には平熱以上に熱が上がった。しかし、重態のときを除いては、食欲がまったくなくなることはなかった。悪化した場合は口から泡を出すこともある。罹病から治癒までの期間は、その動物の年齢や体力にもよるが、普通二、三週間はかかる。暑い時期には重態になりやすい。この病気は軽くて済めば、体力の消耗以外にとくに悪い結果を伴うことはないが、重態であったときは、ラクダの場合は足の裏、羊や牛の場合はひづめが落ち、まれには死ぬことがある。これはいわゆる伝染病である。モンゴル人もその合理的な治療法については無知である。足の裏を突いて血を出したらよいとか、ラクダの病気の足を冷たい水に長くつけるとか、三昼夜のあいだ欠食させた後、ウサギの肉あるいはエンドウ豆の出し汁を与えるとか、さらには干した魚の煙で患部をいぶすとかしたらよいと彼らは考え、わたしたちにもこれを勧めた。しかしわたしたちの経験によれば、病気のあいだラクダに荷物を積まず、柔らかい草地に放牧し、自然の治癒にまかすことが何よりであると思われた。さいわいなことに、ノモフン・ゴル川岸にこうした牧草地が見いだされた。

　こうしてわたしたちは、はからずも途中で一八日を過ごすこととなった。ほんの数日のあいだに、わたしたちのラクダのうち五四頭がこの病気にかかったからである。このときのわたしたちの驚きはたいへんなものであった。万一の場合、新たにラクダを手に入れることもできないからなおさらである。わたしたちと時を同じくして、チベットから西寧へ向かう、ヤク二〇〇頭からなるタングート人のキャラバンもこの病気に見舞われた。いまこのキャラバンは、ドゥラン・キト付近とダバスン・ゴビに滞在し、ヤクの病気回復を待っている。そのほか、モンゴル人の話によると、ツァイダム東部のホシュンでもこの病気が流行しているという。しかし、だからわたしが楽になるというわけではなかった。ラクダの病状が軽くて済んだとしても、旅行に好都合な初秋の半月を空費し、ガスへの到着がそれだけ遅れるのである。しかしどうしようもない。しんぼう強く直るのを待つほかはない。わたしたちが宿営した場所は、一八七九年(第三回探検)のほぼ同じ時期に訪れたところと同じであった。そのときもそうであったが、今度も、約二〇〇ヘクタールにのぼるモンゴル人の大麦の畑が見られた。手入れは悪かったが、ノモフン・ゴル川によって運ばれるみごとな黄土と、同じくそこから引かれる灌漑水渠によって、背の高い、穂の大きな大麦が密生していた。この畑は、いまは無人のノモフン・ホトのヒルマを囲む粘土壁の近くにあった。このヒルマはシナ人の守備隊のために建てられたが、その守備隊たるやゴルィクの襲来に対して長く持ちこたえることができなかったとのことである。シナ人が去って、よく手入れされた広い畑地はモンゴル人の手にはいったが、いまは荒れ放題に放置されたままになっている。

　わたしたちは滞在が長くなることを考慮して、宿営地の準備に念を入れた。この夏はじめて丈の高いタマリスクの茂みの影に天幕を張り、荷物を整理し、少し離れた場所に炊事場を作った。近くの灌漑水渠の水は不潔で、それに遠くまで灌漑するときは水のないこともあった。そこでカザクたちは、深さ二メートルほどの穴を数個掘り、水渠の水をこの中に導き入れた。こうすると水が澄んで、しかも約一昼夜は土中に浸み込まないでまたまっていた。しばらくして、わたしたちの一時的井戸の側壁と底が沈澱した黄土によっておおわれたとき、水はずっと長いあいだ保存されるようになった。

　調査も狩猟もその他の作業も行なわない暇な時間は、前にも述べたように、読書に費やした。これはわたしたちにとって大きな楽しみであった。それに、記憶力を緊張状態におくことのない砂漠の環境では、読書の印象がとくに強烈であるように思われた。また単調な日々の中で、過ぐる五月三一日、北京から送られたわたしたちあての手紙が、西寧からの使者によって届けられたことは、わたしにとって大きな祭りにも等しかった。この手紙がロシャから発送されたのは七、八か月前のことである。これといっしょに、北京のロシャ大使館から送られた新聞も届いた。残念ながら、それを通じてわたしたちの知ったことは、世間では望ましいできごとははなはだ少ないという事実であった。

　ノモフン・ゴル川岸におけるわたしたちの憂鬱な滞在は、前記のように一八日間続いた。発病したラクダは一週間後から快方に向かいはじめ、やがて出発できるまでに回復した。うち七頭の足底が脱落したので、モンゴル人に頼んで馬と交換してもらった。こうしてわたしたちのキャラバンは馬一九頭、ラクダ六七頭となった。しかしわたしたちのラクダの多くは、病後弱っていて、まだすぐに荷駄を積むことはむりと思われたので、わたしたちはズン・ザサクのモンゴル人から馬四五頭を借り、ノモフン・ゴルの西一五五キロにあるガルムィクまで荷物の一部（おもに食糧）を運ぶことにした。

　わたしたちのこれから通過するツァイダム南部の地は、東西約四〇〇キロ、平均幅約一〇〇キロの広大な塩《ソロ》湿地《ンチャク》であった。これがかつて湖の底であったことは、そう遠い昔のことではないはずである。この地の南はチベット北縁の山脈、東は黄河上流部にある山脈の続きによって取り巻かれ、また北と西は同じくツァイダムに連続している。南と東を限る山脈から川が流れ、山地から出たところで普通砂中に消える。そのうちおもな三つの川、つまりバヤン・ゴル、ナイジン・ゴルおよびウトゥ・ムレンだけはツァイダム盆地の内部まで流れ、その末端に小さな塩湖をつくっている。

　しかし山地から出たところで消える川は、ツァイダムからまったく跡かたもなく消え去るのではない。その水は地下水となってツァイダムの内部にはいり、やがて大小の泉となって地上にわき出る。こうした泉は湿地を形成し、水気の多い牧草地となっている。土着のモンゴル人が放牧しているこの種の優良地は、南の山脈の斜面にある粘土質、砂質および小石の多い不毛の地帯に沿って、幅一〇、一五、さらには二〇キロの帯をつくっている。この帯の北側にあるツァイダム盆地の残りの空間は裸の塩湿地をなし、その大部分はほとんど人跡未踏の荒地であると思われる。ツァイダムは、内陸アジアの他のどの地域よりも塩の多いところである。

すでに述べたように、わたしたちはズン・ザサクのモンゴル人から四五頭の馬を借り入れ、九月二七日朝六人のカザクをつけてナイジン・ゴル川へ向かって送り出した。続いてわたしたちも強壮なラクダを選んで荷物を積み、同じ日の午後出発した。しかし長期滞在の後よくあることであるが、はじめ荷駄の調子がうまく行かず、その日はノモフン・ゴル川の本流までわずか五キロしか進出できなかった。はじめこの地に水はなかったが、夕方遅くなって山から流れて来た。その夜、西からの強風が吹き、空は黒雲のように砂塵におおわれた。数日前までひどい暑さであったが、いまや涼しさを通り越して寒いほどだった。翌日は何回かわずかながら雪が降った。全体として秋がやって来たことは明らかであった。それは灌木の葉が黄色くなり、湿地のアシが枯れてきたことによっても知られる。

わたしたちは衰弱したラクダの負担を軽くしようと思って、できるだけゆっくりと前進し、ナイジン・ゴル川まで九日間を費やした。途中一帯は荒寥としていた。ところどころにタマリスクやハルムイクのはえた果てしない平野であった。ときには灌木のない地域もあり、そこではしばしば背の低いアシ、まれにはケンディルが見られた。そこここで、塩分を含む泉に出会った。土質は、塩分を含む粘土で、石のように堅かった。ところどころに、裸の塩湿地のまん中に塩だけのかたまりが見える。途中はよく踏み固められた狭い道であった。こうした道がなければ、この地を通過することは不可能である。放牧地に通じる小道がところどころで本道を横切っているので、道案内がいなければ通り抜けがむずかしい。住民は、わたしたちの通った道筋ではまったく見られなかった。彼らは、ツァイダムで秋に多い略奪者を恐れて、どこか奥地のほうで放牧していた。

強風が吹いて、よく晴れた暑い夏の天気は、冷たく曇った秋の天気に変わった。その日から四日目に、わたしたちはツァイダムでは珍しい豪雨に出会った。この雨は夜中から明けがたまで続いたが、このために塩分を含む粘土は泥濘と化し、ラクダはすべったり、倒れたりした。わたしたちの長靴にも重い泥のかたまりがはいり込んだ。わたしたちがやっとの思いでナイジン・ゴル川に着くと、先発のカザクたち一行はすでに三日前に到着して、わたしたちを待っていた。わたしたち全員の露営地として、ナイジン・ゴル川の分流ドゥリツィン・ゴル川の岸辺が選ばれた。これは塩湿地に姿を没する川で、河谷の幅はこのあたりで約五〇〇メートル、バルガ・モトの茂みにおおわれ、泉が多かった。キジ(Phasianus Vlangalii)のほかウサギ(Lepus sp.)が多く、河谷の黄土の断崖(高さ五—一〇メートル)ではオオミミズク(Bubo sp.)が見られた。ナイジン・ゴル川の本流も二つに分かれ、まもなく再び一つに合流していた。流れの左岸にはタイジン・ホシュンに属するモンゴル人の小さな耕地が見られた。このホシュンはツァイダムの大部分、つまりガスの地を含むツァイダム西部の全域を占めている。その面積は、ツァイダムの残りの四ホシュンの総面積よりも広い。しかし住民はわずか五〇〇家族にすぎない。このモンゴル人はツァイダムや青海の他の住民と同じようにオリュト族から発しているが、その外貌はかなり異なっている。タイジンの住民はしばしばチュルク族的タイプを思わせる。ことに、ひげの多い人の場合がそうである。チュルク族との混血はロプ・ノールその他トルキスタンの住民との交渉によって充分考えられることである。トゥンガン人の反乱までは、彼らとの接触はずっとひんぱんであった。

タイジンの住民がわたしたちに語ったところによると、彼らの先祖は青海に住んでいたが、シナに対して反乱を起こしたダンジン・ホン・タイジまたは単にホン・タイジという指導者に率いられて、はじめクルルィクとスルティン平野を経由して沙州に移り、この都市を略奪した。それからガスを越えてロプ・ノール、続いてトルファンにいたり、そこで彼らの一部は定住した。彼らはそこで指導者のホン・タイジとともにイスラム教徒となった。その後の運命は不明である。ロプ・ノールへ移動する途中、同行者のうちの一〇〇人ほどがツァイダム西部に残り、再びシナの臣民となった。彼らの長老はザサクの称号を受け、そのホシュンはホン・タイジの名にちなんでタイジンと呼ばれるようになった。

ある日わたしたちはこの地でバターを買ったことがある。わたしは、バターの中に毛など雑物がいっぱい混じっているのを見て、売り手を非難した。すると彼らは次のように答えた。「人は神の命ずるままに生きるほかはありません。神がその雑物を送られるのですから、受け取らないわけにはまいりません。家畜のよき牧者は一年のあいだに三フント(一フントは〇・四一キログラム)の毛を食べますし、シナ人の農民は、その耕地からそのくらいの土を食べます。」タイジンの女性たちは操正しいということからはほど遠かった。とくに放牧に従事している女性の場合は、一三、四歳ですでに母親になることがしばしばであった。

三〇年ほど前、このホシュンに三〇家族ほどの髪の長いタングート人がチベットから移って来た。彼らはウトゥ・ムレン川上流の山地でヤクと羊の群れを放牧し、平和に暮らしていた。しかし一〇年ほどすると、彼らはまたチベットへ帰った。他の情報によると、このうち八家族はいまもこの地に住んでいる。このように、アジアの奥地では今日でも小さなオルダが一つの場所から他の場所へ移動している。

タイジンのモンゴル人は、ロシヤ人の起源について興味深い話をしてくれた。おそらくはロシヤ人という名称のもとにヨーロッパ人全部を意味しているものと思われる。このうちモンゴル人が知っているのは隣合わせのロシヤ人だけであるから、ヨーロッパ諸民族を「オロス・フン」、つまりロシヤ人と称しているのであろう。モンゴル人は次のように語った。「遠い昔、内陸アジアのどこかで、有徳のラマ僧が洞窟の中に隠遁し、四六時中仏に祈って暮らしていた。たまたまここへ、老母とその娘からなる遊牧民の家族がやって来た。自分たちの家畜を牧していたその娘は、病気で寝ていたラマの洞窟をのぞいた。情深い娘は病人に酸乳を持って来たが、ラマ僧はそれを飲もうとしなかった。しかし彼は娘の熱意にほだされて、ついに持参した乳を飲み、これを毎日飲み続けて健康を回復することができた。それからラマ僧は生命の恩人であるその娘と結婚した。ところが、ラマ僧が禁を犯して妻帯したことを知ったこの国の王は、兵を送ってラマ僧を殺そうとした。軍兵がラマ僧の住居にいよいよ近づいたとき、僧はアシの花序を折って自分の天幕の回りに植え、それから神に祈った。するとこのアシはみな軍兵に変わり、押し寄せる王の軍を撃破してしまった。王は怒って、軍隊を二度、三度と派遣した。しかし、ラマ僧の祈りによってアシから転化したその兵士が、またアシの花序をもってそれを兵士に変えたため、ラマ僧の軍兵は相当な数にのぼり、ついに王の軍を寄せつけなかった。そこで王はやむをえずラマ僧に手をつけないことにした。しかしラマ僧のほうは、もはやこの地にとどまることを望まず、炉の煙とともに天のかなたへ飛び去ってしまった。残された僧の妻は、アシから生まれたその民衆を僧から引き継いだ。ロシヤ人の先祖は、すなわち彼らである。彼らは皮膚が白く、毛髪は亜麻色である。と言うのはアシの茎は黄色く、その花序はほんの少し灰色かかっているだけだからである。」

ズン・ザサクのモンゴル人から借りて荷物を運搬した馬は、わたしたちのナイジン・ゴル川到着とともに返却し、最近西寧から手紙を持参したシナ人だけを、しばらく通訳として残すことにした。この通訳はトゥンガン人であったが、たいへん誠実な人物で、原住民との交渉で実によく役に立つ人物であった。彼が西寧のアンバンから与えられた任務は、わたしたちに手紙を届けることのほか、ディ・チュー川のニャム・ツォー廟へおもむいて、チベットでわたしたちを襲撃したのはいったい何者であるかを調べるということであった。西寧のアンバンとしてはおそらく、わたしたちから公式の訴えが出たとき、自分の責任をのがれるために、あらかじめ事件の全貌を知っておこうというのであろう。

わたしはこの通訳に、先発してウトゥ・ムレンまで出向き、そこでわたしたちの今後のために道案内を捜し、食糧として羊を購入してくれるよう依頼した。それからわたしたちは、病後ほぼ健康を回復したラクダに荷物を積んで出発した。七頭だけは全快せず、その歩きかたはカローシャ(雪道を行くための深ゴム靴)をはいているようで、おかしかった。隊員のカザクたちは、いつもキャラバンの先頭を歩く下士官イリンチノフのほかは、みな騎馬で行進した。このイリンチノフは、わたしたちの探検隊のために多くの貢献をした。それに彼がブリヤート人だったため、モンゴル人との交渉で他人にはできない役割を果たした。

わたしたちはガルムィク湿地帯の南縁を通過し、再び灌木地帯にはいった。これはウトゥ・ムレン川までずっと続いていた。距離は一九〇キロほどである。途中の景観は以前と同じで、土質も同じであった。ただハルムイクとタマリスクの茂みはずっとまばらになり、節くれが目だち、生育状態が悪かった。そのかわり途中の泉は、塩分はあったが、水が豊かで味もそう悪くなかった。この泉の回りにはアシがはえ、その茂みの中にはキジが多かった。

ナイジン・ゴルを過ぎると、それまで東西に通じていた道が北西、あるいはより正確には西北西に変わった。南を限る山脈は相変わらず急斜面となってそびえていた。ただそれまでの距離が幾らか遠くなっているだけであった。このウトゥ・ムレン川に近い地域に、ホルゴイン・ウラの低い山群が連なり、この山の西側の多くは砂に埋まっていた。

途中はずっと好天気であった。一〇月のはじめは曇りが多く、中旬にはよく晴れた日が続いた。昼間の暖かさは陰で一五・二度C、夜間はマイナス一二・九度Cであった。空中には程度の差こそあれ、砂塵が満ちていた。ことに一〇月初旬は遠くの高い峰々がほとんど見えないほど塵が多かった。土地が平らで空中の砂塵が多いため、照準点を定めることができず、測量は困難をきわめた。結局コンパスを利用したり、ときには陰の方向だけで満足したりした。ブッソリを使用する場合は、山やその目ぼしい突端を基準とした。

一〇月一三日、わたしたちは去年の冬以後そのまま保有してきたフェルト製のユルトに変えた。このユルトは、寒いときは暖かくて便利であるが、行進の途中毎日建てたり、分解したりすることが実にめんどうである。カザクたちのためにウトゥ・ムレンでユルトを買ったが、ものが悪く、そのうえ小さくて隊員の半分しか収容ができなかった。残りのカザクたちは夏の天幕で過ごした。

一〇月一九日、わたしたちはついにウトゥ・ムレン川に到着した。この川はいっそう信頼できる現在の資料によれば、チベット高原のマルコ・ポーロ山脈中にある雪におおわれたハルザ山群に発している。流れは、山中およびツァイダム盆地の山麓にある多くの泉によって水量を増し、ウラン・ガジルの北東部で左側からバティガントゥ川を受け入れる。このバティガントゥ川もまたチベット高原中の平行した二山脈のあいだにあるツァガン・トホイ峡谷に発している。ウラン・ガジルという場所はウトゥ・ムレン川左岸にある。ここでわたしたちは五日間滞在した。現地のモンゴル人は、わたしたちが彼らの地へやって来ることを聞き知って、その畜群とともにどこかへ姿を隠してしまった。しかしわたしたちが何も悪いことをしないことを知って、またもとの場所へ帰って来た。わたしたちは西寧からの通訳の助けを借りて、このモンゴル人から羊六〇頭、カザクのための天幕、バター若干を買い入れ、またわたしたちの衰弱した馬三頭と彼らの元気な馬とを交換した。ガスまでの道案内を捜すことのほうがずっとむずかしかった。しかし、最も重要なこの道案内の件も、わたしたちの熱心な要望と、西寧からの通訳の協力によって、なんとか無事に解決された。通訳はわたしたちから多くの報酬を受け、やがて帰って行った。

　新しい道案内と、新たに仲間に加えられたモンゴル人に案内されて、わたしたちは一〇月二五日ウトゥ・ムレンからガスへ向かった。ウラン・ガジルの付近はまだ充分に氷結しておらず、そのためラクダで通行することはできなかった。そこでわたしたちは、この湿地の南縁に沿って五〇キロほど進んだ。やがて泉の多い湿地は裸の塩湿地に変わり、また黄土層に変わった。北方ではすでに、土地が軽く波状を呈し、丘が多くなりはじめた。それから五〇キロほど進んで、不毛地帯へ出たが、この状態はガスの地まで続いた。

　ツァイダム南部の西隅にある小塩湖ガシュン・ノールから先は、水のない場所を進んだ。後でわかったが、この距離は七一キロであった。わたしたちは水を携行して、この距離を三段階に分けて踏破し、夕方遅く、肥沃なガンスィの地に着いた。それは不毛の砂漠の中にあり、周囲約五〇キロの盆地で、かつては明らかに湖の底であったと思われる。いまではこの南東部に小さな塩湖があるが、その水は湧水による小川によって満たされている。この地からガスの東端まで、再び六〇キロほど水のない道を進まなければならなかった。

　わたしたちは昼前にガンスィを出発した。はじめ幾らか道に迷ったが、道案内は路上に標識として立てられている小さな《オボ》によって、正しい道を捜すことができた。道は場所によってはよく見分けられたが、場所によってはまったく砂に埋もれていた。こうして、路上や峠にオボを立てるという仏教徒の慣習は、大いに役に立ったのである。二日後わたしたちはガスの東縁に着き、そこで宿営した。

　ガスは平らな塩湿地、より正確に言えば、標高二七五〇メートルにある低地である。この塩湿地の北方にガス湖があるが、これは周囲約四八キロ、ちょうど豆の形をしている。この湖はたいへん浅く、少なくともわたしたちの通過した南岸について見れば、岸から数メートルのあいだ深さ五―七センチであった。しかもその水は塩分が強く、冬でも凍らなかった。湖の底には厚い塩の層があり、その一部は岸からでも認められた。塩の層の露出した場所にはもちろん植物はまったくはえず、遠くから見ると氷か雪におおわれているように見える。塩の少ない場所、とくに泉の近くや泉の水でつくられた小湿地では、ハルムイクが密生し、またアシ、コロスニク（カラス麦のなかま）のほかディリスンもはえ、すばらしい牧草地となっている。

　行政的にはガスはツァイダムのタイジン・ホシュンに属しているが、モンゴル人はまれに、一時的に住んでいるだけである。この理由は彼らの説明によると、場所が遠く、ことに小家畜にとって水のない不毛の地を横断することが困難だからである。そのほか、トゥンガン人の反乱のとき、モンゴル人はイスラム教徒の襲来を恐れた。事実、当時ガスに住んでいたモンゴル人の数家族がトゥンガン人に殺された。いまではこの地の定住民はいない。西側にある川の源泉には、昔のヒルマの廃墟と耕地の跡がある。夏、ガス西部にある広い河谷を縁どる山地では、東トルキスタンからの砂金掘りが出没する。またモンゴル人の一長老の話によれば、秋になるとロプ・ノールとチェルチェンから猟師がガスの地までやって来る。クーランを専門にねらい、その皮を現物税としてシナに納めている。彼らはまれにここで冬を越している。また、二五年ほど前、ユルト数二〇ほどのタングート人がチベットからこの地に現われて放牧したが、まもなくまた帰ったとのことである。

　ガスはツァイダムの他の地域、たとえばガルムィクやウラン・ガジルに比べて、けっしてすぐれているとは思われないが、モンゴル人はどういう理由からか、この地をたいへん賞讃している。前記のダンジン・ホン・タイジが、ロプ・ノールへ遠征する前に作ったというこの地の讃歌がある。それは次のとおりである。

「ガスにはえる白いディリスンが風にそよいでいる。小さなダンジンはいまやここから北へ向かう。ユルトの上部を吹き抜ける風も、彼にとっては風ではない。外套に浸み通る雨も、彼にとっては雨ではない。クーランでさえも疲れるような水のない黄土の荒野も、彼にとっては荒野ではない。白鳥も迷うほどの砂塵の霧も、彼にとっては霧ではない。彼は西寧の門を剣で打ちこわした。それは彼自らの罪であり、そして彼は逃亡した。嵐もわたしは嵐と思わない。頬を凍らす寒さも、わたしは寒さとは思わない。ああ神よ、わたしを憐《あわ》れみ、わたしの魂を許し給え。」

ガスの東辺から、わたしたちは大きな湖に近づき、牧草や水、さらには薪になるハルムイクの豊かなイヒン・ディリスン・ナムィクの泉に着いた。わたしは下士官のイリンチノフと通訳のアブドゥルおよび道案内のモンゴル人を派遣し、近くに住民がいるかどうか捜させた。その結果、彼らは誰にも出会わなかったけれども、ほんのいままで人間がいたことを示す痕跡を見いだしたと、わたしに報告した。後で判明したことだが、これはチェルチェンとチャルクリクから来た猟師と砂金掘りの残したものであった。彼らの大部分はわたしたちの到着する前にガスを去った。残った少数の人々は、遠くからわたしたちの宿営の煙を見て、逃げ去ったのである。

それからわたしたちはガス湖の南岸に沿って進み、湖の南西端から五キロの地点にあるアイヒンの泉に宿営した。アイヒンとは「恐ろしい」という意味である。道案内の話によると、獣類でさえこの泉を恐れ、けっしてその水を飲まないとのことであるが、しかし、なぜこれが恐ろしいか、その理由を説明することはできなかった。アイヒンの泉は互いに四〇〇歩ほど離れた二つの泉からなり、それぞれの回りにはかなり深い小湖ができていた。西側は鉱泉であると思われ、硫黄のような臭気があった。その水温は一一月一四日の正午、一一・二度C、東側の泉は五・一度Cを示していた。水面にはクイナ（Rallus aguaticus）が見られ、越冬するカモ、とくにコガモが多かった。この鳥は後にガス西部の泉や小川でも見られたものである。わたしたちの宿営地の近く、このあたりで消える小川の下流域にはアシが一面にはえていた。夏はこの中にイノシシが住みついている。ロボロフスキーはこのアシの中で五頭の子グマを連れた雌グマを見つけ、その一頭を殺した。子グマの腹中には、この付近でたくさんはえているフトイ（Scirpus maritimus）の種が詰まっていた。クマは秋にハルムイクの実を食べるためにガスへやって来て、ここで冬眠にはいる。わたしたちは、アイヒンの泉付近でクマが黄土の小丘に掘った数十個の穴を見つけた。しかし穴の中にクマの姿は見られなかった。クマがこの穴にはいるのは一一月末から一二月初頭であるし、また今年はハルムイクの実が例年より早く落ちたため、クマはすでにチベットへ戻り、そこで冬眠にはいるものと思われた。

アシのはえた湿地の周辺にはクーランの群れが多かった。この動物はいったいにガスの地に少なくない。道案内の話によると、クーランは春までにこの地の牧草をきれいに平らげてしまうとのことである。

わたしたちはアイヒンの泉から、西のバルギン・バシへ向かい、そこから一〇キロ進んでノギン・ゴル川の源泉にあるチョン・ヤルに着いた。ここは牧草、水のほか薪になるハルムイク材に豊かに恵まれていた。また付近には、食糧の足しになるハラ・スルタ（アンチロプ）が多く、あらゆる点で長期滞在に好都合な条件を備えていた。わたしたちは冬期、チベットへ小探検を行なうために、この地に倉庫をおくことに決めた。

しかし、こうした小探検へ出発する前に、ロプ・ノールへの道を知っておく必要がある。アルティン・ター（山脈）をラクダで越える道を捜すために、つまりわたしがかつてロプ・ノール探検のときに聞いたチベットへいたるカルムック廃道を捜すためにどうしても必要であった。わたしは忠実な戦友イリンチノフとカザクのフレブニコフに、探検隊にとって重要なこの任務を委嘱した。この両名にウラン・ガジルから同行した道案内のモンゴル人を加えた。わたしたちはこの人物をかなり高給を支払って雇った。が、後になって見ると、かえって足手まといになったことがわかった。イリンチノフの一行は、二週間分の糧秣を持ってラクダで出発した。天幕を持たず、夜は露天のもとで過ごすことになっていた。

これと同時にわたしは、下士官テレショフにカザク一名をつけて、わたしたちの今後の進路偵察に西方へ派遣した。彼らは本隊よりも二、三日先に出発し、わたしたちの食糧を補充するため、アンチロプをしとめることになっていた。というのは、いま手持ちの羊は冬期の探検行のためで、できるだけ手をつけたくなかったからである。テレショフらは三日後に、宿営地から七五キロ西方までの道を偵察し、七頭のオロンゴをしとめて帰って来た。肉だけでなく、標本用の毛皮四頭分も含まれていた。ただこのときテレショフはもう少しで、ひどい目に会うところであった。傷ついた一頭の雄オロンゴがとつぜんテレショフに襲いかかり、角の先で左腿の少し上あたりで外套を突き破った。足がオロンゴの二本の角のあいだにすっぽりはいって助かったが、突かれた位置がもう少し上であれば、テレショフはとても助からなかったと思われた。

イリンチノフの一行は出発後二〇日目に、ロプ・ノールへ通じる道を捜して帰って来た。この成功は多くの苦労の結果勝ち得られたものである。彼らはおよそ五〇キロのあいだ、アルティン・ターの峡谷を幾つも上り、ときには反対側の斜面まで下りて見たりして、正しい道を捜し出し、アルティン・ターからの出口まで約六〇キロを実際に調べて帰った。わたしは彼らの報告を聞いて、これはわたしが一八七七年に通ったクルガン・サイ峡谷沿いの道であると判断したが、後になって予想したとおりであることが判明した。

こうして幸せは再びわたしたちにほほえみかけた。偶然に発見されたアルティン・ター越えの道は、わたしたちにタリム盆地への門を開放した。しかもそれはマルコ・ポーロ以後ヨーロッパ人としては誰も通ったことのない地への門である。

6　ガスからの冬期小探検

リヒトホーフェン男爵（一八三三—一九〇五年。ドイツの地理学者）がかつて「アジアの脊柱」と呼んだコンロン山系は、わたしたちの探検が行なわれるまでは経度で一二度のあいだ、つまりツァイダムのナイジン・ゴル川の線から東トルキスタンのケリヤの線までまったく未知のまま残されていた。いまやわたしたちは、アジア最古の山脈のこの未踏の地域を通過し、ある程度までその主脈の地形を明らかにすることができたのである。わたしたちの調査した地域のこの山系は、弧状に湾曲しており、その東端と西端とはともにほぼ三六度に位置している。また湾曲した部分の北縁は、北緯三八度に接している。そこから少し西の東経八七度あたり、つまりアルティン・ターがこの山系の主脈から北へ分枝するところに、コンロン中央部の西限をおくことができよう。この中央部というのは、リヒトホーフェン男爵によれば、東方へ東経一〇四度まで達し、平行した広い支脈をつくっている。コンロンの主脈はその西部の場合と同じように、チベット北部高原と、ツァイダムの砂漠および塩湿平原とを限る巨大な障壁をなしている。

ロプ・ノールへいたる道の調査班が帰着してから、ウラン・ガジルから来た二人の道案内には、充分な報酬を与えて帰ってもらった。わたしたちはいまや荒寥とした砂漠のただ中に一人残され、今後の冬期探検には自分で道を捜さなければならない。しかしこれもいまや慣れたことであり、それに冬期の行動では氷を携行すれば水の心配はないから、かえって楽だと言える。

チョン・ヤルの倉庫にはイリンチノフを長としてカザク六人、通訳のアブドゥル・ユスポフを残し、ラクダと馬の大部分、食糧用の羊、その他の荷物を監視させることにした。カザクたちはラクダと馬を交替で放牧し、夜間は不寝番に立ち、また自由な時間には他の雑事のほか読書やハラ・スルタ狩りをすることになっていた。しかし倉庫に残されるカザクたちは、調査に出向く仲間たちをたいへんうらやましがった。彼らの前途は、新奇と冒険にあふれ、いわば積極的生活が待っているのに対し、倉庫での生活は、毎日が定められた規則どおりで単調であり、とりわけ冬のあいだは退屈という招かざる客がやって来る、というのである。

わたしたちはこれからの探検行のために小キャラバンを編成した。ラクダ二五頭、馬四頭、食糧用羊一五頭のほか、糧秣は全部で二か月分にとどめた。その他の荷物も最少限にしぼった。

わたしたちは一二月一日午後出発した。まず進路を西にとり、はるか地平線のかなたまで連なる広い河谷に沿って進んだ。この河谷では、いつも風が吹いているので、わたしはこれを風の谷と名づけた。

チョン・ヤルを出て、はじめ三七キロのあいだは、砂、黄土、小石におおわれたまったくの不毛地であった。この間、地形は約四〇〇メートルほど上りになっていた。この不毛地の中ほどでわたしたちは宿営した。水と薪は携行していた。翌朝割合早くわたしたちはザイサン・サイトゥ川に着いたが、ここは地形が傾斜しているため、水が地下に浸み込んでいるところであった。この水はやがて、チョン・ヤルその他ガス西部の塩湿地にある多くの泉となって湧出している。これらの泉ははじめ数本の小川、続いて一本の大きな川にまとまり、ガス湖の南西隅に流入するのである。

ザイサン・サイトゥ川そのものは、モスクワ山脈中のクレムリ山南斜面の氷河に発し、その山脈とコロンブス山脈およびツァイダム山脈とを分けている。それからこの川は東へ折れて《風の谷》にはいり、そこで地下に消える。その後地下を流れること約二〇キロで、再び泉となって地上に現われ、かなりの川を形成して流れ、上記の場所で再び地下に消えている。

風の谷ではチベット産オロンゴが多く、クーランも見られる。しかし野生ヤクは偶然的に現われるだけである。

わたしたちはザイサン・サイトゥをさかのぼったが、はじめのうちは牧草、水、薪などに不自由しなかったけれども、川の源泉を通り過ぎたところでまったく底をついてしまった。裸の荒野が前途に現われ、しかもどこまで続くか見当もつかなかった。やむをえず泉まで引き返して、進路の偵察をすることにした。わたし自身が二人のカザクを連れて出かけた。さいわいにも、わたしたちはその日のうちに消えた川を捜すことができ、さらに晴天のおかげで遠く西方に広がる風の谷とそれを取り巻く雪の山脈を望むことができた。それからわたしたちはキャラバン全体で、新たに見つけた水場へ移動した。気圧計によって高度を測定した結果、このあたりは二五キロの距離で二五〇メートル高くなっており、そのために水の乏しいこの川が地下に隠れることがわかった。

わたしたちは標高三五〇〇メートルまで上った。ここでは川岸でさえ不毛であり、わたしたちのキャラバンの動物にとって困難なときがやって来た。そればかりか、毎夜の寒さだけでなく、強い西風が真正面から顔に吹きつけた。

はじめ西に向かったわたしたちの進路は、いまや南西方へ、続いて南へ転じ、ザイサン・サイトゥ川が縁辺のチベット山地を切り開く地点へ向かった。わたしたちはまず近隣のチベットの高原を調査し、それから風の谷に沿って進もうと考えた。この谷はいまやわたしたちの右手にあり、遠く西へ続いていた。

わたしたちがこれまでに通過した風の谷東部は、その北部をチャメン・ターによって区切られている。これについては、わたしは前回のロプ・ノール探検のときすでに聞いたことである。この山脈は東から西へ一〇〇キロ以上連なり、一方でアルティン・ターと結合し、他方でガス北方にそびえる不毛の無名山脈とつながっている。チャメン・ターの幅は一〇から一五キロであるが、標高は全長にわたって高く、両端と中央部の山塊は雪線を越えている。氷河の位置から見て、この山脈の最高点は西側にある。聞くところによると、その北斜面から川が流れ、アルティン・ターを切り開き、ロプ・ノールに達する川があるとのことである。これはおそらくチャルクリク・ダリヤであろう。東部の雪におおわれた山塊から北へ流れる地下水が集まって、ガシュン・ノールという小湖とその周辺の塩湿地をつくっている。またこの山脈の南側の氷河は地下水に変わり、同じくザイサン・サイトゥ川の水源となっている。この山の動植物は全般的に貧しく、「花咲く山脈」との意味をもつトルコ語の「チャメン・ター」の名に事実上ふさわしいとは言えない。

《風の谷》東半分とツァイダム北西部の南側に、わたしがツァイダム山脈と名づけた山脈がそびえている。これは東から西へ三四〇キロの長さにわたってコロンブス山脈およびガリンガ山脈と並行し、これとは狭い谷を隔てて走っている。この山脈は東方で狭い尾根となってツァイダム平原へはいり、ウラン・ガジルの近くで姿を消している。西方ではモスクワ山脈に接し、ザイサン・サイトゥ川の峡谷によって、より正確に言えば、この峡谷の東五キロにある切れ目によって隔てられている。ツァイダム山脈の一般的な特徴は、不毛と水の欠乏である。

ツァイダム山脈と平行して、チベット高原の側にもう一つ壮大な山脈が走っている。わたしはこの山脈を、新世界を発見した偉大な人物にちなんでコロンブス山脈と名づけた。この山脈は雪におおわれたジン・リ山から発して北西に分枝し、まん中あたりから西へ転じて、ザイサン・サイトゥ峡谷の手前二五キロの地点で鋭い楔《くさび》となって終わっている。山脈の全長は約二〇〇キロ。その北斜面はハルティン・ザン峡谷の絶壁となり、比較的短いその南斜面はチベット高原の上に壁のようにそそり立っている。

上記の二山脈に連続し、風の谷の南側を区切っている第三の山脈は、モスクワ山脈という名称が与えられた。これは東西に一〇〇キロ、トクズ・ダワン山脈と合流するまで走っている。モスクワ山脈は東側の小部分を除いて全部氷河におおわれ、最高峰のクレムリ山のある中央部でとくに発達している。この山を東側の、高原のほうからながめると、先端のとがっていない円錐形をなしている。高さはジン・リ山より低いとは思われなかった。巨大な氷河がこの山塊の南北両斜面をおおい、その東側には広大な氷原が横たわっている。

モスクワ山脈の南斜面は、少なくともその東部では断崖をなしている。北斜面も急ではあるが、かなり平らである。ことに最高点のあるその中央部がそうである。ここでは風の谷を吹く強風によって谷が埋められたり、岩がくずされたりして、山地的な地形が和らげられている。モスクワ山脈の南斜面には比較的に岩が少ない。この特徴は、ツァイダム山脈とコロンブス山脈という隣接の山脈、さらにはチベット高原にある他の多くの山脈に共通している。モスクワ山脈、とくにその南斜面は全体としてきわめて不毛である。北斜面の下のほうで草や灌木がわずかに見られるだけである。動物界もたいへん貧しく、チベット北東部の場合とほとんど変わらない。

この山地とその近辺にはまったく住民は見られない。しかしわたしたちは谷間のいたるところで、ほんの最近残したと思われるトルキスタン人の足跡に出会った。彼らは近くのタリム盆地のオアシスからシナ人の目を盗んでここへやって来て、金を掘っている。

わたしたちはザイサン・サイトゥの峡谷から、南へ二日間進んでチベット高原に達した。低い山に囲まれたこの上り坂の最高点は標高四二三五メートルであった。しかし、ここから少し下にあり、わたしたちが帰途に通った山はこれより約二一〇メートルほど低かった。

いまやわたしたちの眼前には広大な平原が広がり、東のほう遠く地平線のかなたまで続いている。その北方はコロンブス山脈によって明確に区切られている。この山脈の西部は断崖にはなっているが、割合低い壁となってチベット高原上にそびえている。南東方および南方では無規則に散在している丘陵や低い山が見え、その向こうには、後にわたしの名前で呼ばれた山脈の雪の峰々が連なっている。そして最後に、上記の平原の中に大きな湖が広がっていた。驚いたことに、その湖はまだ氷結していなかった。わたしは直ちにこの湖を《不凍湖》と名づけた。わたしたちはゆるやかな斜面になった不毛の平原を通って、その湖に向かった。最初の一〇キロほどの途中、つまり乾いた河床のある付近は砂質で、まだ動物によって食い荒らされていないスゲが茂っていた。それからわたしたちは裸の小石の原を歩いた。湖まではすぐに手が届きそうでありながら、結局その手前一八キロの、偶然に見つけたヨモギの茂みの中で宿営した。飢えたラクダと馬はこの程度の牧草でも喜んで食べた。この草はわたしたちの薪《まき》にもなった。水は携行して来た氷でまに合わせた。その翌日、その湖へ向かって進んだが、飲料水が見つかるかどうか予想することはできなかった。しかも携行した氷はほとんどなくなっていた。しかしさいわいにも、不凍湖の西岸近くに凍った泉があり、それにはまったく塩分が含まれていなかった。不凍湖の場合は塩分が多かった。わたしたちは泉の氷をとかして飲料水として、またバケツに一杯ずつ馬にも飲ませた。馬は牧草がないのと寒さのためにすでにやせてしまったが、ラクダのほうはなかなか元気で歩いた。

わたしたちは不凍湖のそばで宿営し、やがて峠の上からながめた小川に沿って、南東方に進んだ。しかしこの川は涸《か》れ谷で、ところどころ塩湿地におおわれ、遠くからはいかにも氷結しているように見えた。わたしたちは、不毛の黄土丘付近で停止しなければならなかった。わたしたちの動物はまたもや牧草なしで放置されることになった。まだ残っている数頭の羊は飢えのために、夜のあいだ横になって眠っているラクダの毛をかじり、これをおいしそうに食うほどであった。

わたしはこの宿営地から、ロボロフスキーとともに付近の地形偵察におもむいた。三キロほど歩いたところで、粘土の丘上に上り、遠く地平線をながめた。ながめはけっして喜ばしいものではなかった。視界のおよぶかぎり、南東方と南方には同じ黄土の丘が続いていた。それは一般に不毛で、さまざまな形をしていた。塔、城、さまざまな形や大きさをした円錐体、橋、地下道、絶壁、廊下など。丘の高さは平均一〇〇ないし一五〇メートルほどで、なかには二五〇から三〇〇メートルに達するものが見られた。それに、この丘列の不凍湖に面する側はほとんど絶壁になっていた。場所によっては、ゆるい黄土がセメントで固めたように強固になり、またしばしば石膏の層にも出会った。丘の上部やその底の凹地には大きな石がころがっていた。

わたしたちは双眼鏡を使って周囲の地形を慎重に観察した結果、これ以上この方向で進むことは不可能であると判断した。裸の黄土の丘は南方へはるかに続いていた。その向こうに山なみが見え、雪におおわれた高山も連なって見えた。全体としてこの地形は、とりわけわたしたちの疲れた動物にとって、重大な、さらには克服し難い障害となっていると思われた。目を東に転じると、不凍湖の南岸に沿って、ところどころに草地や泉の氷が見えることから判断して、キャラバンの移動が不可能であるとは思われなかった。しかしこの方向へ進むことは、わたしたちにとってあまり意味がなかった。と言うのはコロンブス山脈の縁辺はそうでなくても、約一〇〇キロのあいだ眺望することができるからである。これ以上遠くへ行くことは、いまのわたしたちにとってはできない。最後に、わたしたちはラクダの疲れないうちに、風の谷の西側半分とその付近の山地を調査しなければならない。このような考慮から、チベット高原から引き返して、進路をザイサン・サイトゥ川から西へとることに決めた。その翌日わたしたちは再び不凍湖の岸辺で宿営した。

標高約三五〇〇メートルにあるこの湖は、遠くから見ると、東から西へのびたそでの形をしている。長さは約五三キロ、幅は、少なくともその西部ではほぼ一定して一〇キロほどである。湖水は塩分が強く、遠くから見ると暗青色をしている。塩分が多いために、この湖はおそらく一年中凍らないものと思われる。少なくとも、わたしたちが訪れたのは、一二月上旬で、寒さはすでにマイナス三四・四度Cまで下がったが、まだほんの岸の近くに厚さ三〇センチほどの柔らかい氷が張っているだけであった。氷の下の水温はマイナス一一度Cであった。非常に気温の低い、静かな夜は、湖上に濃霧が生じ、それが朝日に照らされると、純白の美しいベールのように見える。

この湖の南西岸付近はたいへん浅い。おそらくは湖全体がそう深くはないのであろう。また、かつて湖だったと思われる周辺の広い塩湿地から判断すると、湖の規模も小さくなりつつある。塩湿地は南のほう、不毛の黄土丘にまで達している。この湖の西部には流入する川はない。東側半分には、コロンブス山脈とわたしの名を冠する山脈の雪溪から流れる数本の小川が流入しているものと見られる。

わたしたちの帰路は少し近道をして、まっすぐにザイサン・サイトゥ川に出た。それからその河谷に沿って下り、やがて西に曲がって風の谷に進出した。二、三日分の行程については、すでに山上から展望していたので、偵察なしで行動することができた。それに泉の周辺の砂地には牧草があり、泉そのものも、ときには厚い氷層を伴って、点在していることがわかったからなおさらのことである。薪としては節くれだったカリオカヒジキや地面をはうようなミリカリアが用いられた。

わたしたちは、全日休養はもうかなり前からとっていなかったが、毎日少しずつたゆまず移動した。わたしたちの住居はフェルト製のユルトであった。カザクたちは、わたしたちと同じユルトに住む者のほかは、夏期用の天幕で起居した。毎日の当直、ラクダと馬の放牧、不寝番などはカザクの平常の勤務であった。あらゆる欠乏や困難にもかかわらず、彼らは忠実にその任務を遂行した。困難はますます増大した。一方では磚茶やザムバのような糧秣を節約しなければならないし、他方でははげしい寒さと吹雪が間断なくわたしたちを悩ませたからである。

風の谷を西へ進むにつれて、その不毛の度合はますます増大した。わたしたちがいま行進しているモスクワ山脈の北麓、とりわけその峡谷ではところどころに草地が見られた。この山脈の中央部にある巨大な氷河は、真昼の太陽に照らされてきらきらと輝いていた。そこから風の谷へ向かって、かなり急ではあるが平らな斜面がすそを引いていた。わたしたちの疲れた馬は別として、元気のよい馬であれば、ふもとから氷河まで乗馬のままで上れそうに思われるほどであった。しかしわたしたちはいま、こうした騎馬旅行をまったく考えていなかった。わたしたちのおもな目的は、タリム盆地を取り巻く山の峠に出ることとであった。喜ばしいことにわたしたちは、一二月三一日、予想以上に早くこの峠に到達することができた。この峠は標高三八一〇メートルであったが、風の谷からはまったく目につかなかった。ここから西へ、斜面は相変わらずゆるやかであった。それから一五ないし二〇キロほど先の、アルティン・ター山脈がトクズ・ダワン山脈に近接するあたりから、タリム盆地へ流れるチェルチェン川の峡谷がはじまる。

チェルチェンまで行けば糧秣も豊富だし、また途中、峡谷沿いの道路をよく観察できることは言うまでもない。しかし温暖なチェルチェンがわたしたちにとってどんなに魅惑的であっても、いまはその希望をかなえることはできない。わたしたちはそうでなくても、すでに倉庫からあまりにも遠く離れすぎているのだ。またわたしたちのラクダと馬はもはや疲れ果てている。それに、予定した時期に遅れないように、ロプ・ノールに到着しなければならない。こうした理由によってわたしたちは、チェルチェンへの下り道を望み見ただけで、その翌日には風の谷に向かって引き返しはじめた。その途中わたしたちは、氷河の下限を測定するためにモスクワ山脈の最寄りの部分に上った。キャラバンとともに縁辺の山まで進み、そこからわたしとロボロフスキーと二人で、一見近いと思われる氷河を目ざして上った。しかしわたしたちは四キロの、しかもほとんどばらばらとくずれる裸の急坂を、冷たい強風に吹かれながら上らなければならなかった。二時間の後わたしたちは一氷河の下限にたどり着いた。気圧計は標高四七二五メートルを示していた。ただ、この氷河は北斜面の峡谷にあったことをつけ加えておく必要がある。

風の谷を下ることははるかに楽であった。風がたえまなく背後から吹きつけるし、太陽は前方から照って暖かく感ぜられるし、それに帰路は測量をする必要もなかったからである。しかし冬の日は短く、しかも馬が疲れきっていたので、一日に長い距離を進むことはできなかった。相変わらず寒さがきびしかった。一月六日と七日には空気中に砂塵が充満していた。これはタリム盆地から強風で運ばれたものに違いないが、太陽で暖められたこの砂塵が急速に気温を上昇させ、幾らか曇っていたにもかかわらず、一月八日午後一時の気温は七・八度Cを示した。その後まもなく、再び寒くなったが、それまでよりも幾らか穏やかであった。しかしこの事実は、わたしたちが風の谷をザイサン・サイトゥの下流部まで下り、すでに六〇〇メートルも低い地点に達していたことにもよると思われる。その地点でわたしたちは二日間宿営した。休養もさることながら、倉庫までの帰路のために、またその後の行動のために、食糧としてオロンゴ狩りをすることがおもな目的であった。わたしたちは一回の狩猟で二三頭のオロンゴをしとめ、それで打止めにした。肉のしまつに困ったからである。それからザイサン・サイトゥ川を下ること二日にして、わたしたちは新しい一八八五年(露暦)を迎えた。つつましくはあるが、そのかわり過去一年間に成し遂げた仕事に対する喜びの心と新しい年における成功の期待をこめて——。

その翌日わたしは二人のカザクと荷物を積んだ数頭のラクダをチョン・ヤルにある倉庫へ先発させた。わたしたちは、付近の山脈の位置を最終的に確かめ、ハティン・ザン川をよく観察するために、この川沿いに調査に出かけた。ハティン・ザン川は、短いけれどもかなり広い峡谷によってツァイダム山脈を切り開いている。それから先この川は、南側のコロンブス山脈と北側のツァイダム山脈のあいだの広い谷を流れる。この谷は西へ、ザイサン・サイトゥの河谷まで回廊の形をして続いている。ハティン・ザン河谷はその東方、川がジン・リ山から発する地点からツァイダム山脈に沿って広がり、そして流れ、ツァイダムの不毛の平原に終わっている。

　ザイサン・サイトゥ川の曲がり角から、わたしたちはハティン・ザン川を八五キロさかのぼった。しかし馬は疲れ、食糧も底をついてきたため、それ以上前進しなかった。けれどもわたしは、できるだけ前方の地形を確かめようと思い、最後の宿営地からツァイダム山脈の前方へ四五〇メートルほど上った。そしてこの地点からブッソリによって必要な測定を行なった。その日たまたま数時間上天気に恵まれ、調査旅行を成功させることができた。ハティン・ザン河谷の上下流の高い山々がはるか遠くまでながめられ、その中でジン・リ山がひときわぬきんでて青空を切ってそびえていた。その氷河は巨大な鏡のようにきらきらと輝いていた。この山から西のほうへ長さ約三〇キロにわたって巨大な氷河が尾をひいていたが、これはコロンブス山脈のはじまりであると思われた。わたしたちの河谷は東南東方向の地平線に消えていた。もよりの氷結したハティン・ザン川は銀の帯のように南へ鋭く転回し、その源流付近の山地で消えていた。北方ではツァイダム山脈西部の雪の山群がすぐ目前にそびえ、この方向のはるか遠く地平線まで続いていた。

ハルムイク

　わたしたちがもし、ハティン・サン川における最終到達点からそのままツァイダム山脈の北側へ出ることができれば、わたしたちの帰路は半分に縮めることができただろう。しかしそのような可能性はなかった。わたしたちは前の道を引き返すよりほかはなかった。一月二三日、わたしたちは五四日ぶりに無事にチョン・ヤルの倉庫に帰着し、残留した人々と喜びの挨拶を交わした。この間わたしたちが踏破した距離は八三七キロ、内陸アジアの最も知られていない地域の一つを成功裏に調査したのである。

倉庫の状態は万事異常なかった。残留のカザクたちは元気であったし、ラクダは付近のみごとな牧草のおかげで長途の旅行に耐えられるほどに体力を回復していた。馬のほうはそうはいかなかった。わたしたちと同行した馬はほとんどだめになっていたし、残留した分もさっぱり回復していなかった。結局四頭の馬を廃棄処分に付した。

わたしたちは倉庫に帰るとすぐ、散髪や洗面など人間らしい状態に戻る作業を行ない、それから残っている食糧の中で上等のものを、みんなで分けて食べた。いまや過去のいっさいの苦難は影が薄くなり、成功したことだけが喜ばしく思い出された。

わたしたちは荷物の整理や採集した動物標本の乾燥、記録の追加などのために三日を費やした。それから、住み慣れた宿営地を後にして、昨年の一一月に偵察した道にしたがって、北のロプ・ノールを目ざして進んだ。その翌日チョン・ヤルを出てから、チャメン・ターに直接に連続している山脈の最も狭い部分を横切った。この山脈は東北東へ一七〇キロにわたって連なり、アルティン・ターと接続しているものと思われた。たとえそこまで達していないとしても、両者の距離はごくわずかであるに違いない。この山脈の現地名はなかった。少なくともわたしはそれを聞き出すことができなかった。わたしはこれを無名山脈(チメン・ター)と名づけた。一八七七年ロプ・ノール住民がアルティン・ターの隣にある無名の山脈のことを語ったことも一つの裏づけとなった。この山脈の特徴は水がまったくなく、不毛であることである。

わたしたちがいま越えている無名山脈の峠は、この山脈西側の低い部分にあり、すぐ近くのガスの地よりも二〇〇から二五〇メートル高いだけである。ここからの上りはたいへんゆるやかである。反対側斜面の下りは急で、二、三キロのあいだは狭い峡谷に沿っている。このあたりの地質は礫岩と片岩からなり、風化の度合がはげしく、著しく黄土によって埋められている。とりわけ東側には、場所によってかなり厚い黄土層が見られた。

峠の西側には塩湿地におおわれた広い盆地が広がっていた。その南端のほう、チャメン・ターの東側雪溪に近く、多くの泉がある。そしてこの泉の水で形成されたガシュン・ノールという小湖がある。そこの水は塩分を多く含み、そのためまったく氷結しない。泉の周囲にはいくばくかの草がはえ、アシが密生しているが、いまではクーランによって踏みしだかれ、食い尽くされてしまった。

わたしたちはガシュン・ノールの泉で氷を蓄え、上記の広い盆地を横切った。これは北方ではアルティン・ターまで広がり、東西の長さは約一六〇キロに達している。土質は小石、砂、黄土からなっている。水はまったくなく、動植物もきわめて少ない。まれに野生ラクダの跡に出会うだけである。

わたしたちはこの盆地を横断するのに二日間を要した。行程の後半は、ロプ・ノール住民がガスへ出るときに通る小道に従った。この道は、少なくとも過去においては、トルグート族の巡礼がチベットへ出るときにも利用されたものである。わたしたちは古い轍《わだち》の跡を認めた。これはおそらく高位のラマ僧か富裕な土侯が牛車でラサ参りをした跡であろう。二輪車の通れない場所では、それを分解して荷駄にして運んだに違いない。モンゴル人の高官たちはいまでも、ウルガからダライ・ラマの首都までときおりこのような方法で旅をしている。

これまでに何度も言及し、いまわたしたちがその近くに立っているアルティン・ター山脈は、一八七六年のロプ・ノール探検のとき、わたしによって発見された。その名称は《黄金の山脈》の意味であるが、この地に金が豊富であることによるのであろう。それは南西から北東へ約七五〇キロ、チェルチェン・ダリヤ上流から沙州付近の雪におおわれたアネムバル・ウラ山群まで続いている。ここでアルティン・ターは南山と直結し、西方ではトクズ・ダワンとその連山につながっている。こうして黄河上流からパミールまで高いチベット高原を北から取り囲む山系が切れ目なく続いているが、アルティン・ターはこの山系のちょうど中央にある。そして内陸アジアの他の縁辺山脈と同じように、チベット高原側の斜面はとるに足りないが、その低いほうの山麓であるロプ・ノール平原の側ではきびしい急斜面をなしている。この山脈のうちで雪線を越えているのは西端のチェルチェン・ダリヤの源流付近だけである。しかしこの山脈はその全長にわたって高く、荒寥としており、また近づき難い。

横断路のうち、わたしたちが知っているのは、いま通過しているものだけであるが、結局これが最も便利であると言われている。

アルティン・ターの特徴としては、一般に山脈の方向に平行して走る高い、黄土の峡谷をあげることができる。これは水がなく、したがってきわめて植物に乏しい。この山脈には全体として水が少ない。泉はまれであり、あってもその水はほとんど苦いほど塩分を含んでいる。川は、アルティン・ターの西端を回るチェルチェン・ダリヤを除けば、ほとんどとるに足るほどのものはない。まったく未知のまま残されている東側半分の場合は、水はもっと少ないと思われる。万年雪の山のないことと降水量の少ないことからくる、こうした水の欠乏は、この山脈の動植物の生活をきわめて貧しいものにしている。

アルティン・ターには住民はいない。しかし夏と秋にはロプ・ノールとチャルクリクのオアシスから猟師がやって来る。南斜面のわたしたちが通過した方向の幅はわずか数キロで、ロプ・ノールへ通じる峠のチベット高原側の上りは、ほとんど気づかないほどである。黒い石灰岩と大理石の高い岩山からなるアルティン・ターの主軸は、峠道の約四キロ北を走っており、わたしたちがいま下っている狭い峡谷もここに刻み込まれている。

山脈の中腹以上における峡谷も斜面の大部分も、黄土によっておおわれている。水はなく、恐るべき不毛状態を示している。わたしたちが見かけた植物は、レアムリア (Reaumuria)、ヨモギ (Artemisia)、カリオカヒジキ (Eurotia Ceratoides ?) およびブダルガナ草などで、まれに岩のあいだにセンニンソウが見られた。鳥類にはまったく出会わなかった。動物ではクク・ヤマン (Pseudoisnahoor) とアルガリ (Ovis ammon) のほか、野生ヤクと野生ラクダが見られた。雪は、アルティン・ターの南斜面では中腹より高い部分に、北斜面では峡谷や凹地に薄く積もっていた。

峠から二八キロ、標高で約九〇〇メートル下ったところで、わたしたちはクルガン・ブラク川またはクルガン・サイの源泉に着いた。クルガン・サイ峡谷の入口付近にちょっとしたラクダの牧草地があったので、そこで一日休養することにした。標高はこれまでに比べてずっと低かったが、その夜の気温はマイナス二九・七度Cまで下がった。わたしたちはアルティン・ターの向こう側でも、一月にはいってこれほどの寒さを経験したことはなかった。しかし太陽が上ると同時に気温は急速に上昇し、午後一時にはすでにプラス〇・九度Cを示した。

わたしたちの宿営地付近の小丘上に、粘土を積み上げた半壊の堡塁のようなものが見られた。これはかつて通路を扼《やく》した名ごりであり、わたしの調査によると、昔はこうした関所がアルティン・ターの他の峡谷にも見られたのである。

クルガン・サイの峡谷を通過した後、わたしたちの道はアルティン・ターからロプ・ノールまでの広い平原を西北西に走っていた。わたしたちは一泊二日の行程でアシチ・ブラクの泉まで水のない荒野を五五キロ踏破した。はじめ、クルガン・サイから八キロほどのあいだは粘土の丘が続いた。その端のほうでわたしたちは、一八七七年冬、ここで宿営したときの痕跡を見つけた。あのときからすでに八年の歳月が流れたが、わたしたちの天幕の跡やラクダをつないだ跡が明確に残っていた。そのときのたき火の炭や残した薪までそのままであった。

わたしたちはアシチ・ブラクからロプ・ノール南岸まで一〇キロ進み、そこから湖岸に沿って二七キロ歩いた。あたりは草一つない裸の塩湿地で、その表面は波が凝固したように皺《しわ》が寄っていた。かつて湖の底であったこうした地域は、わたしたちの通過したロプ・ノール南岸に沿って約一〇キロの幅で続いていた。東のほうではもっと広がっていると思われた。ロプ・ノールには厚さ三〇センチ以上の氷が一面に張りつめていた。アシのはえていない、氷しか見えない湖面はこの湖の南岸に沿っているが、一八七七年には幅二、三キロであったものが、いまではロプ・ノールの全般的な水位低下のために、半分以下に減っていた。

わたしたちはここで、満腔の喜びをこめて春の最初の使者をながめた。カモの小さな群れと白鳥の群れである。湖岸のアシの茂みから立ち上る煙は、人間の住居のあることを示しているが、まだ人の姿は見えなかった。後でわかったことだが、ロプ・ノール住民はずいぶん早くからわたしたちの出現に気づいたけれども、わたしたちがどういう種類の人間であるかを確かめることもなく、アシの中に隠れたのである。こうしたことを予想して、最後の宿営地から通訳のアブドゥルとイリンチノフ

(彼は一八七七年わたしとともにロプ・ノールへ来た)を、ロプ・ノール地方の長老クンチカン・ベクの住地であるアブダル部落へ先発させた。使者が目的地に着いて見ると、部落はすでにまったくからっぽであった。わたしたちの通訳が大声で説明すると、住民はやっとアシの茂みから姿を見せはじめた。ひとたび事態を理解すると、彼らはたいへん喜び、急いで迎えに出て、焼きたてのパンまで持って来てくれた。わたしたちは出迎えの人人といっしょにさらに数キロ歩き、一八八五年二月九日昼ごろ、新アブダル部落の近くに天幕を張った。これは、一八七七年春わたしたちが宿営した旧アブダル部落の西、四キロの地点である。

7　ロプ・ノールとタリム川下流

いまから一〇年あまり前までは、以下に言及される地域は、内陸アジアで最も未知の部分の一つとされていた。シナの記述によって、タリム川が東トルキスタンの広大な盆地の水を集めロプ・ノールに注いでいることは知られていた。しかしこの湖の位置とタリム下流部の流入方向は、シナの地図にも、それを写したヨーロッパの地図にも、まったく誤って記載されていた。そればかりか、ロプ・ノールの南岸近くにそびえ、東は沙州へ、西は他の山脈と関連してケリヤおよびコータンの方向へ連なる壮大なアルティン・ターでさえも、この山脈に沿って遠い昔から往来の多いキャラバン路がシナへ通じていたにもかかわらず、なお未知のままで残されていたのである。この地域の自然、つまりその気候、動物、植物などについてもほとんど何も知られていなかった。そしてさいわいにも、わたし自身に対して、ベネチア人マルコ・ポーロ以後はじめてのヨーロッパ人として、秘密に包まれたロプ・ノールとタリム下流部、さらにはここから南西方コータンにいたるまでの未知の地域を探検する機会が与えられたのである。コータンまでの道はわたしたちの今回の旅行で踏破された。わたしがロプ・ノールとタリムにはじめて足跡をしるしたのは一八七六年末と一八七七年の春、わたしが二回目の内陸アジア探検のときであった。そのときわたしたちはイリ地方のロシヤ国境に近いクルジャを出発し、天山を越えてカラシャールとタリム川岸のコルラに出て、そこからタリム川に沿ってカラ・ブラン湖とロプ・ノールへ達したのである。

タリム川は、下流部をウゲン・ダリヤと称する川を受け入れて後、その流路を東西方向から南東方向、続いて南方へ大きく転じ、その方向で約二七〇キロ流れてカラ・ブラン湖に注いでいる。タリム下流部の特徴の一つは、その本流も分流もかなり深いことである。それはみな、黄土や砂質の土地を速く流れて、槽《おけ》のような河床をつくっている。タリムの平均深度は上記の区間で少なくとも四ないし六メートル、幅はウゲン・ダリヤの流入点あたりで一〇〇から一二〇メートル、南になるほど狭くなっている。チェルチェン・ダリヤもまた南西からカラ・ブラン湖に流入している。

原住民の話によると、タリム川は毎年夏に増水している。これは言うまでもなく、源流一帯の山地における降雨と雪どけのためである。秋に減水し、結氷期に最低となる。タリム川下流部の結氷は普通一二月の上旬から中旬で、解氷は二月中旬である。タリム川では毎年の増水と減水のほかに、周期的な水位変動も認められる。ロプ・ノールのいまの水位から判断して、タリム川の水量は少し前に比べてかなり減少している。

タリム川は支流キュク・アラ・ダリヤを合わせて七五キロ南流して後、東北東に方向を急転換し、はじめカラ・ブラン湖、続いてその少し東方でロプ・ノールを形成する。流れの方向が急に変わるのは、地形がアルティン・ターの側へ向かって高くなっているからである。上記の両湖も、この地形の高まりに沿っている。カラ・ブラン湖の場合も、ロプ・ノールと同様に以前に比べて規模が小さくなっている。一八七七年当時その長さは三〇から三五キロ、幅一〇から一二キロ、全域にわたってあまり深くはなかった。湖岸、とくに南岸では広大な塩湿地が広がり、東部ではロプ・ノール周辺の塩湿地とつながっていた。この両湖は、昔タリムの水が豊富であったころ、おそらくは同じ一つの湖を形成していたものに違いない。

タリム川がカラ・ブランから出るときの幅は以前の半分ほどに縮まるが、深さはほとんど変わらない。タリム川はこうして一五キロほど流れてロプ・ノールを形成し、その中で消滅する。しかし旧アブダル部落付近、つまりロプ・ノールに流入する直前のタリム川は深さ五、六メートル、幅三、四〇メートル、流速は一分間四五から五〇メートルであった。こうしてタリム川の下流、つまりウゲン・ダリヤとの合流点からロプ・ノールまでは、必要があれば河川用汽船の航行が充分に可能である。

タリム川下流部の陸路について見ると、コルラからロプ・ノールへいたる道とカラ・ブラン湖からチャルクリクおよびその以遠へ通じる道のほかに、トルファンへ通じる二本の道がある。一つは二輪車の道でマルカト部落から発し、もう一つは荷駄用の道でアイリルガンの渡場からはじまる。タリム下流の西側と東側にはまったく道はない。そこには近寄り難い砂漠があり、まれに野生ラクダがさまよっているだけである。

次にロプ・ノールそのものについて述べよう。

この湖はタリム川末端の水の氾濫によって形成された広いアシの湿地である。こうした氾濫は、原住民が魚をとるために、川岸から側溝を掘っていることによっても促進されている。側溝には古くからのものもあるが、大部分は最近掘られたものである。こうしてロプ・ノールのほとんど西側半分は、多かれ少なかれ人間の手によって人工的に作られたものと言える。タリム川はまだしばらくそこまで流れ込まず、その河口にいまよりも小さい湖を形成したことであろう。原住民の話によると、いまのロプ・ノールは南西から北東へ約一〇〇キロ(あるいはこれに少し満たないくらい)にわたっている。旧アブダル部落の近くにある湖の西端は北緯三九度三一・二分、東経八八度五九・八分に位置している。最大幅は中央部で二〇キロに達している。川としてのタリムはここで終わるが、北東方に広く浅く水を氾濫させ、巨大なアシを一面に茂らせている。たまった水は赤い色をし、たいへん塩辛いと住民は語った。タリム川から常に新しい水を送り込まれているロプ・ノールの西側半分は淡水である。岸辺近くの、水のあまり動かない場所ではわずかに塩分を含んでいる。

ロプ・ノールの東側半分ではしだいに水が少なくなり、カラクルチン部落から東では狭くなりはじめる。原住民の話によると、それから四〇キロほど先になると水はまったくなくなるという。八、九年ほど前、この湖の水がいまよりも多かったとき、その東端は幅五ないし七キロの狭い楔となって北東方遠くに達していた。いまではそこに水はなく、アシも乾燥して、風で折れてしまった。淡水のあるロプ・ノールの西側半分では、少なくとも湖面の四分の三に長さ二―四メートル、ときには六メートルに達するアシが茂っている。アシのない湖面は一般に小さく、それもアシの茂みのあいだに散らばり、湖の西側に片寄っている。湖の南岸に沿って、幅の狭い淡水帯がある。そのほか、クム・チャプカン部落とウイトゥン部落とのあいだにかなり広い水面が形成された。

ロプ・ノールは全体として浅い。普通一―一・五メートル、ときどき二メートル、まれに五メートルに達することがある。南岸の浅瀬では三〇―六〇センチにすぎない。水はタリム川と同じように明色である。わたしたちは今回ロプ・ノールを訪れて見て、八年前に比べて著しく水量が減っていることに気づいた。住民の話によると、いまから三年前ごろから水が減りはじめたが、これは言うまでもなく、タリム川によって運ばれる水が減ったためである。その理由は、同じ住民の言によれば、アイリルガン渡場の上流四〇キロのところで、タリム川の支流キュク・アラ・ダリヤの水がわきへひかれたこと、また天山やコンロンの山麓で農業が盛んになり、タリム川上流の水が灌漑に利用されはじめたことなどである。しかしまた、タリム川とロプ・ノールの周期的な増水と減水については、原住民の老人によって認められている。さらにこの湖は、ゆっくりではあるがたえまなくその規模を縮小している。言い換えれば乾燥している。これについてはロプ・ノール周辺の広大な塩湿地が明らかに証明している。住民の話では、この塩湿地の最も広いのは湖の北東方で、アシの茂みの端末からはるか地平線まで続いている。ここでは場所によっては、塩が大きなかたまりになっている。淡水はなく、牧草もない。したがって、ラクダに乗るとしても、ロプ・ノールを一周することはたいへん困難である。

タリム川は、上述のように、ロプ・ノールの西側半分全体を流れとして貫流している。一八七七年、わたしは小舟でカラクルチン部落まで行ったが、流れはこれから先まもなく消えていた。しかし消える直前でも流路は明瞭であり、幅六―八メートル、深さ二―三メートルであった。いまではロプ・ノールにおけるタリムの流路は幾らか変わった。一八七八年、ロプ・ノールの住民はクム・チャプカン部落の下流三、四キロの地点に水路を掘り、タリム川の水の大部分をここへ引き入れたからである。やがてこの水路は深い流れとなった。この水路はそのまま約五〇〇メートル流れて後、ウイトゥン部落の側の砂地に周囲一二キロ、深さ一―一・五メートルの湖を形成した。こうして相当量の水を横道へそらし、また新しい湖の広い水面から盛んな蒸発が行なわれ、それに加えてタリム川によってロプ・ノールへ運ばれる水量が減少したために、新水路より下流のタリムは一八七七年当時に比べて幅が半分、場所によっては三分の一に縮まった。そのため、いまではカラクルチン部落まで、以前りよも小さな舟でしか行くことができない。

ロプ・ノールに流入する川は、いまではタリムだけである。しかし昔は隣のアルティン・ターから流れるジャハン・サイ、クルガン・ブラクおよびジャスカン・サイなどの小川がここまで達したと思われる。いまでは、こうした川は山から出たところで土中に消えている。

タリム川とウゲン・ダリヤとの合流点からまっすぐ東の方向に、かつてもう一つのロプ・ノールが存在したというリヒトホーフェン男爵の仮説について言えば、わたしたちは今回これについて詳しく原住民に質問してみた。しかし彼らは口をそろえて否定的な返事をした。現地の伝説の伝えるかぎりでは、彼らの住む湖はいつもいまの場所にあったと言うのである。

ロプ・ノールとタリム川下流部の住民の歴史については、割合近い過去も含めて、信頼できる伝承はあまり伝わっていない。古代については、わずかな情報がシナ資料によって得られるだけである。それによると、紀元前一世紀、シナとタリム川流域との交渉がはじまったころ、ロプ・ノール湖岸に楼蘭、後に鄯善と呼ばれた小国が存在した。これを経由して、後にシナからコータン、カシュガルおよびその西方諸国へ通じる主要な道が通じた。七、八世紀、この道の北側の天山山麓に沿う道ができてからは、ロプ・ノールのことはほとんど忘れ去られてしまった。一三世紀末にマルコ・ポーロがここを通過し、ロプという大きな町のことを語っている。その住民はマホメット教を信じ、大汗に従属していたと彼は伝えている。東へ向うキャラバンはこの町で休養し、沙州まで約一か月にわたる大砂漠横断のために、必要な準備を整えたのである。

一五世紀の第一四半期に、有名なチムールの子シャー・ルフの使者がシナからヘラトへの帰路にロプ・ノールを通った。その後この湖についての情報は再びなくなっている。一八世紀後半、西域がシナによって征服されて後、東トルキスタン、さらにはロプ・ノールについてのシナの記述が現われた。その中で最も重要なものは『西域聞見録』であるが、ロプ・ノール住民についてはその中で次のように書かれている。「ロプ・ノール湖岸には、それぞれ五〇〇戸ずつをもつ二つの集落がある。住民は農業も牧畜も行なわず、漁撈だけに従事している。そのほか彼らは白鳥の柔毛で外套を作り、野生麻で布を織り、とった魚をコルラまで売りに出かける。彼らは他の人のようにパンや肉を食うことができない。彼らの胃袋がそれを受けつけないからである。彼らはトルコ語を話しているが、マホメットの法律に従っている。」

いまのロプ・ノール住民の起源については、断片的で不明確な伝承しか伝わっていない。彼らのある者は、その先祖がモンゴル人で、アル・バタイという者から分かれ、イリからロプ・ノールへ移ったと考えている。またある者は、彼らの祖先のモンゴル人はカルムイク人と同族であり、ティメト、エメト、アインナス、ガッンナスの四氏族に属したという。第三の考えによると、モンゴル人の移民はロプ・ノールでマチン族に出会い、まもなく彼らと混じり合ったとしている。ロプ・ノール住民ははじめロプの町に住み、ケウリヤと称し、仏教を信じた。その後イマム（魂の管理人という意味のイスラム称号）のジャファル・サディクという者によって強制的にイスラムに改宗させられた。このイマムは後に住民によって殺された。新しいイスラム教徒のロプ・ノール住民はスンニ派に属したが、しかし信仰が固というわけではなかった。そこでムルラーのユスプ・セカッキは軍隊をロプの町へ送り込んだ。住民は驚いて貢物をもって買収しようとしたが、ムルラーはこれを受けつけず、ロプの町を破壊してしまった。現地の伝承によれば、この事件はトゥグルク・チムール・ハンがイスラム教に改宗する三年前、つまり一三七三年のことである。ムルラーは生き残った住民のうち一五家族をアクスゥに移し、この町の近くにあるヤル・バシ部落に住まわせた。また少数の人はケリヤのカガルィク部落に住みつき、同じく一部はコータンに移ってロプという部落をつくった。最後に、生存者の一部はロプ湖のアシの茂みに隠れたが、その子孫はいまも湖岸に住んでいる。もう一つの伝承によれば、ロプの町が破壊されて後、この地にオットグシ・ハンを王とし、いまのチャルクリクに首都をおく小さな独立国があった。このハンの後継者に対して、ガスのモンゴル人（オイラート人？）領主ホン・タイジンが攻撃を加え、ロプの王とその都を滅ぼした。生き残った住民の一部は、コータンへ逃げ、一部はアシの茂みに逃げ込んだ。いまの住民はこの人々の七代目の子孫にあたる。

以上二つの伝承のうち、信頼度の高いのはどちらであるかを決めることはむずかしい。しかしいずれにしても、上記の破滅のとき住民の一部はロプ・ノールとタリム下流部の湿地に隠れ、やがてそこに住みついたのである。後にシナ人がジュンガルを征服して東トルキスタンを占領したとき、罪人をこの地へ流したが、彼らはしばしば現地住民と結婚した。逃亡民も一部この地へやって来た。こうして、少数ではあるが、きわめて雑多な血をもつロプ・ノールとタリム下流部の住民が形成されたのである。

わたしたちの集めた資料によれば、一九世紀中ごろにおけるこの地の人口は、現在よりもはるかに多かった。当時ロプ・ノール湖岸には五〇〇家族以上が住んでいたが、天然痘のために多くの人が死んだ。チャルクリクの集落は、この災厄の少し前、コータンからの移民によって形成された。ロプ・ノール住民はコータン移民の文化的影響を受けて、麦の耕作法などを学び、全体として半ば野蛮な状態から抜け出るようになった。いまではロプ・ノール奥地の少数の家族だけが昔ながらの生活を営んでいる。タリム川下流部では、こうした原始的生活の住民はほとんど見られない。ここでは東トルキスタンのオアシスからの逃亡民や罪人などの影響を受け、住民の構成が変動したからである。

行政的には、ロプ・ノールとタリム下流部の住民は二つに分かれている。すなわちロプ・ノール住民またはカラクルチン住民と、タリム住民またはカラクル住民の二つである。それぞれに世襲的なベクがいるが、この両者ともトルファンの領主の支配下にある。後者はまたハミのタランチン・ワン（いまは女王）に従属している。

ロプ・ノールとタリムの住民は彼らのベクを維持するほか、トルファンの領主に毎年男子一人あたり四〇テンゲ（小さな銀貨で、一テンゲはロシヤの一〇コペイクに相当する。当時ロプ・ノールの納税者は約一〇〇人であった）の税を納め、また毛皮、家畜などの貢物を送っている。一方、トルファンの領主は毎年ハミの女王にカワウソの毛皮九枚、その他の動物の毛皮数枚、羊などを贈り、その返礼として絹織物を受け取っている。

ロプ・ノールとタリムの住民は以上のほかに、シナ人からも、額は定まっていないが相当高い税を支払わされている。シナ人は毎年一度、ときには数度さまざまなぼろ布を運んで来て、それと交換に、しばしば力ずくで家畜、毛皮、金銭などをまき上げる。そのほかシナ人はときどきやって来て、自分たちの不時の必要を満たすために徴発を行なっている。

要するに、この地の住民は、現在さまざまの税に圧迫され、多くの男がその住居を捨て、乞食になったり、ロプ・ノールからチャルクリクへ出稼ぎに行ったりしている。

ロプ・ノールとタリムの住民の外貌は実にさまざまである。しかし全体としては、多分にモンゴルの血の混じったトルコ的タイプが優勢を占めている。モンゴル的要素は頬骨がとがったり、顔面にひげが少なかったりすることによく現われている。

この地の住民の身長は中くらい、または低い。高い者はまれである。体格はがっちりしているとは言えない。しかし腕力はかなり強い。いつも舟を漕《こ》いでいるからであろう。皮膚は白、より正確に言えばよごれた白である。頭蓋は楕円形で、後頭部が多くの場合突き出ている。額は低く、眉正しく、目はたいてい大きくて黒い。茶色はまれである。鼻は高く、よく通っているが、ときにかぎ鼻も見受けられる。頬骨は多くの場合とがっているが、きっすいのモンゴル人ほどではない。唇は厚く、歯は小さくて白く、耳は中程度の大きさである。頬ひげはほとんどなく、あごひげ、口ひげも薄い。頭髪は黒いが、暗褐色をしているものも少なくない。女性の場合とくにそうである。男子の場合はあごひげの茶色がかった者がいる。男子は頭を剃って、口ひげとあごひげを残す。未婚の女性は髪を中央で二つに分け、それを後ろでお下げに編み、末端を小さく束ねている。既婚の女性は髪を二本に結ってたらしている。ロプ・ノールの奥地に住むカラクルチン住民は、同じタイプではあるが、いっそうきたない。背も低く、力も弱い。そのほか皮膚の色も黒ずんでいるが、これはいつも不潔にしているからかもしれない。

ロプ・ノールとタリム川の住民は、その生活の物理的条件には恵まれていないが、なかなか健康である。わたしたちはここで七〇歳、さらには九〇歳以上という老人に出会ったが、まだいたって元気なものであった。ただロプ・ノールの女性は出産のとき死ぬことがしばしばで、女の子の死亡率も高い。そのため全体として男子よりも女性が少ない。しかし、旧アブダル部落でもその近

カラクルチンの女性たち

くの部落でも子供は多かった。病気の中でいちばん恐れられているのは天然痘である。普通の病気としては目の炎症とからだの各部、とくに頭部の膿腫である。ロプ・ノール住民は、熱病の存在については無知である。からだにできた膿腫に対しては、水銀を使って治療する。またこの病気その他を直すために、ロシヤから東トルキスタンに持ち込まれた薬草の汁を飲む。天然痘の治療法は知っていない。天然痘にかかった病人は運命のままに放置され、他の者は村落ぐるみ違う場所へ移ってしまう。

　ロプ・ノール住民の衣服はおもに、自分たちが織ったケンディリ（バシクルモン属の一種）の粗布で作られる。これでズボンと上着を縫い、男も女も常時これを着ている。また同じ布地で男女ともに着用する上っ張り、またはハラートを作る。割合文化的に開けたロプ・ノール住民、つまりアブダル部落とその周辺の住民は、ときどきシナ産の安い綿布または青、茶、赤などに染められたマタ（もめんの一種）でハラートを作っている。そのほかアブダル部落の住民はハラートの材料として、羊や野生ラクダの毛であらい毛織物も作っている。彼らは冬になると羊皮の外套を着るが、カラクルチン住民の場合はこれを持つ者は非常に少ない。そこではケンディリの布にカモの皮を張り合わせて寒さをしのいでいる。カラクルチンの老婆のうちには、昔の習慣を固守して、また一つには貧乏のために、上着とズボンのほかはすべて、あらかじめ魚の脂《あぶら》または塩で手を加えたカモの皮で作るものがいる。カラクルチン住民は、冬はキツネ皮の帽子、夏は木綿またはフェルトのチュベチェイカ(模様のある小さな帽子。中央アジアのトルコ族がひろく愛用している)をかぶる。カラクルチンの女性は、冬、羽根を外側に出したカモ皮、ときには白鳥の皮の帽子をかぶる。アブダルでは、男は冬には羊皮、まれにキツネ皮の帽子、夏にはチュベチェイカをかぶり、女性はロシヤの農婦のように頭からネッカチーフをすっぽりかぶる。いまではこのネッカチーフも、羊と交換してシナ人から手に入れたモスクワ工場製のものが出回っている。カラクルチン住民の履物は男女ともに、動物の皮で作ったチルキという深靴を用いている。すねには、ロシヤの農民と同じように、ケンディリ布の大きなすね当てをつけ、上からひもで縛っている。アブダルの住民には手製のかかとつき長靴をはく者がおり、おしゃれに無縁とは言えない。この地の女性の中には、かかとの高い長靴をはく者も見られる。夏になると、ロプ・ノールの住民は、クンチカン・ベクを含めてほとんどがはだしである。

　ロプ・ノールとタリム下流のすべての住民は、現地の言葉でサトマと呼ばれるアシで作られた住居に住んでいる。この住居は四角で、南北に長く、一〇—一二メートルである。東西の長さは六—八メートル。隅と壁にはある間隔をおいて、皮をはがないままの、曲がりくねったトグラク(ポプラの一種)の柱が立てられ、住居全体をささえている。カラクルチン住民は木がないため、その代わりにアシの束を使っている。小屋の壁として高さ二メートルほどのアシを並べ、天井にもアシを敷きつめる。天井の中央には、採光と煙出しのために五〇センチ四方の窓があけられている。普通、南側に入口が作られ、アシの扉がとりつけられている。住居の内部は同じくアシで、主人の資力に応じ三つ四つに仕切られている。入口の正面に中央に炉のあるいちばん大きい部屋があるが、これは家族の日常生活や来客のために使われる。小部屋のうち一つは寝室、粘土の焚口のあるもう一つは炊事場、もう一つは物置となっている。サトマの内側の壁には棚の代わりにこわれた古い小舟がかけられてある。大部屋の炉の回りにはすわるためにアシが敷かれているが、アシはまた枕やベッドの代わりにもなっている。まれにベッドのためにアシの花序とカモの羽根を集めることもある。

裕福な家族の場合は、サトマのそばに家畜のための粘土の囲いを作り、その上にアシの屋根をかぶせている。しかしわたしたちがこうした家畜小屋を見たのは、ロプ・ノールの首都と考えられているアブダルにおいてだけである。ここのアシの住居は、カラクルチン住民の場合よりも広くて、清潔である。そこでは乾燥地がないためにサトマを湿地に建てることもあるが、その場合は床にアシを厚く積まなければならない。

タリムでもロプ・ノールでも同じことであるが、こうしたサトマの集まっている部落は、普通あまり大きくない。部落の位置も一定していない。それは魚をとったり家畜を放牧したりする都合によって変わる。住居そのものにしても、住民を夏の暑さから守ることはあっても、寒さや暴風から助け出してくれるわけではない。幾らか修理すれば三、四年はもつ。しかし火の扱いに対するちょっとした不注意で、しばしば火災に会っている。

ロプ・ノール住民の什器としては、食物を煮るための鋳鉄製の鍋、湯沸かしのための銅製のやかん（クンガンと呼ばれる）、パン焼き用のフライパンに似た鋳鉄製の容器、穀粉用の毛髪製篩《ふるい》、斧、木製の桶、同じく木製の皿、鉢、サジ、食事のときテーブルかけの代わりに用いられるアシ茎で編まれたむしろ、まれにはフェルトなどがある。この他にも小さなものが少しはあるが、いずれにしても多くはない。カラクルチン人の場合は、以上の什器も全部そろっているわけではない。鋳鉄製鍋の代わりにその大きな破片を使うこともあり、銅製やかんやフライパンは多くの場合所持していない。

女性の所持品としては、その着物のほかに紡錘、紡車、ときにはそまつな織機、何本かの針などがある。男はほとんど誰もが火打ち用の石と鉄片、剃刀、小刀を持っている。彼らは小刀を鞘《さや》に納めて腰にさし、懐中にはブリキ製か木製、あるいは皮製のタバコ入れを持っている。彼らはタバコを吸うのではなく、かむのである。また各家族の必需品として、トグラクの木をくり抜いた小舟、魚をとるための網と釣針、干し魚の束、ケンディリの布地などがあげられる。ハラ・スルタやキツネ、オオカミを捕えるための罠《わな》もしばしば利用される。小銃はロプ・ノール全体で七人しか所持していない。それも螺旋のはいっていない火縄銃である。カラクルチン住民は普通その着物をあるだけ全部身につけている。寝るときも脱がない。アブダルの住民はほとんどが、不断着のほかに祭りのときの着物を持っている。現金はおそらく誰も持っていないと思われる。ロプ・ノール住民は、自分の所持品の中でいちばん良いものを住居内におくことなく、どこか砂中に埋めている。これは火事やシナ人による略奪を恐れるためで、その場所は主人だけが知っている。

アブダルの住民はモンゴル人やタングート人とは違って清潔である。夏はしばしば水浴し、冬も沐浴《もくよく》している。食器も食事の作り方も清潔である。食前食後には手を洗うし、その衣服もそまつではあるが、よく洗濯されている。晴れ着はたいへんきれいである。カラクルチン住民はぼろをまとってきたなく、しかも魚の臭気が強い。もっとも、魚のにおいはロプ・ノールとタリムの全住民に共通している。彼らの部落から発する魚の臭気は風で運ばれて、遠くからでもにおうほどである。

事実ここでは、魚が主要な食糧である。漁撈は冬以外の季節に行なわれる。冬のためには干し魚が用意される。鮮魚の場合は普通煮て食べるが、干し魚ははじめ塩水に浸し、焼いて食べることが多い。魚を煮た汁は茶の代わりに飲用される。また魚から脂をとって、バターのように使っている。魚の補助として、春と秋はカモ、冬はハラ・スルタや野生ラクダなどの肉が食料となっている。この地の住民は、イスラム教徒としてイノシシを食べない。アダブルの住民はこれに加えて、羊の肉（まれではあるが）と小麦粉を食べている。小麦粉はしだいに多く使用されるようになっている。自分たちの耕地で穀物を作り、小さな水車で製粉している。カラクルチン住民はパンを知らず、人によってはパンと羊の肉を食べることもできない。そのかわり彼らは、他のロプ・ノール住民と同じように、ペリカンとサンカノゴイ（Botaurus stellaris）の肉を食べる。後者の肉は咳《せき》と腹痛にきくとされている。味はキジの肉に似ているという。最後に、ロプ・ノールとタリムの住民はすべてケンディリの根を焼いて食べ、また春はアシの新芽をごちそうと考えている。夏はまれに、アシの花序を煮て、粘りけのある黒いかたまりを作る。これは甘味をもっている。もう一つ指摘しておくべきことは、ロプ・ノールとタリムの住民はモンゴル人とは反対に、好んで生水を飲んでいる。

これまでにも述べたように、魚は住民の主食であり、したがって漁撈は春、夏、秋を通じて網と釣によって行なわれる。網はケンディリの糸で作られ、魚がその中にからまるように仕掛けられる。釣針はそまつであるが、チャルクリクで作られている。男たちは朝と夕方に自分の仕掛けた道具を見て回り、かかった魚を集めるのであるが、魚が豊富であるため、手ぶらで帰ることはまずない。またタリムとロプ・ノールの一部では、魚をとるために人工の湖が作られている。こうした湖のためには、風で周辺から運ばれる砂塵によって岸や河床が高くなっている場所が選ばれるが、この場合は岸に小さな水路を掘るだけでも、水が勢いよく流れ込んで相当な面積を水で浸すのである。これは普通春に行なわれ、やがて水路は閉ざされる。水といっしょに新しい湖に流れ込んだ魚はここで夏を過ごし、肥えて脂がのってくる。そのうちに湖面は夏期の蒸発のために著しく小さくなり、魚にとって狭くなってくる。そのとき水路は再び開かれ、そこに網が仕掛けられる。魚は新鮮な水を求めて、争って水路に集まり、網にかかるのである。こうした操作は同じ場所で数年間続けて行なわれる。その後この湖にアシがはえ、家畜の牧草となる。タリム川下流部の湖の多くは、こうして形成されたものである。

魚をとるには言うまでもなく小舟が必要であるが、ここでは例外なく寸法が小さい(長さ三・五メートル、幅〇・五メートル以下)。トグラクの幹をくり抜いて作られる。冬のあいだ空気が乾燥して割れないように、砂の中に埋めておかれる。ロプ・ノール住民は小舟の扱いかたが実にじょうずで、立ってでもすわってでもそれを漕《こ》ぐことができる。春や秋に、糸で作った罠《わな》でカモをとることもロプ・ノール住民の仕事の一つである。冬、とりわけ秋には、一部の者はアルティン・ターへ野生のラクダやヤクをとりに出かける。住居付近では罠で動物をとる。とくにカラクルチン住民の場合がそうである。彼らは牧畜はまったく行なっていない。しかしアブダルの住民はかなりの数の羊、牛、少数の馬とロバを飼育している。タリム川岸ではロプ・ノール湖岸に比べて牧畜がよく発達している。とくに羊が多い。ロプ・ノールの羊はクルジュク種で、背が高く、脂肪分が多く、良質の肉を提供する。タリム川岸の場合も同じと思われる。

アブダルの住民は年ごとに小麦の栽培に力を入れつつある。しかしロプ・ノール湖岸には、このための適当な土地がない。したがってチャルクリクとロプの廃墟から遠くないジャハンサイ川岸に耕作地を開いている。小麦、大麦、トウモロコシ、綿花が多く、スイカ、ウリ、ネギ、ニンジンなどもわずかながら栽培されている。

いっさいの交通はおもに小舟で行なわれ、冬はタリム川の氷を利用している。冬は小舟の底に小さな橇《そり》を取りつける。アブダルの住民はこうした橇で薪（タマリスク）を運搬する。カラクルチン人の場合は、アシを薪としている。

この地の住民にあっては一般に、男子はいっさいの屋外作業を遂行し、女性は子供のめんどうを見、食事を用意し、糸を紡ぎ、ケンディリの繊維で粗布を織る。このほか、主人が留守のときは、ときどき近所へ出かけて薪を集めたり、網にかかった魚を見に行ったりする。女性はほとんど家にいて、社会的な事柄にはけっして介入しない。

一夫多妻は、他のイスラム教徒の場合と同じように認められてはいるが、ロプ・ノールでは、おそらくは資力が不足のために、実行されていないように見受けられる。しかし夫はかってに自分の妻を追い出して、他の女性をめとることができる。一般に、短期間のうちに結婚することはできるが、そのかわり不身持はきびしく罰せられる。男子は一六歳、女子は一五歳で結婚することができる。しかし、これより早くはない。結婚の際は双方の両親の同意が必要であるだけである。婿は結婚式の五年前、したがってまだ少年のときに嫁の家におもむき、その父親のもとで働く。それと同時に小舟、網、カモ捕り用の網、干し魚、魚脂、ケンディリの繊維の束などをカルィム（嫁の両親に贈る物または金銭。婚資とも訳される）として持参する。アブダル住民の場合にはこの他に、牛、馬、またはロバを贈る。結婚式の前夜、新郎は新婦にキツネ皮二枚、パンまたは小麦粉若干、灰色のアオサギの羽毛一束（コーシュと呼ばれる）をハダクとして贈ることになっている。

結婚式は花嫁の実家で行なわれる。新郎新婦は入口正面に壁を背にしてすわり、新郎の右側に男子、新婦の左側に女性が座を占める。新婦の父親はお客に魚とカモ、それにもし手に入れることができれば、羊とパンをごち

カラクルチンの老婆

そうする。食事の後、新婦の父親は二枚のハラートで新郎新婦をおおい、アホン(イスラム教聖職者の下位の称号)またはその代理者が祈禱文を読み上げる。新郎新婦と客はこの間ずっと立っている。祈禱が終われば式は終わったとされ、若夫婦をタリム川の対岸まで送って行く。二人の女性を除いて、客はみな解散する。川の対岸にはケンディリで作った小さな天幕があり、若夫婦は二人だけでそこで初夜を過ごすのである。翌朝、送って行った二人の女性が若夫婦にからだを洗うための水を運ぶ。それから若夫婦は部落じゅうを一軒一軒挨拶して回るのである。すると、それぞれの家の主人は、若夫婦に魚、ケンディリ、布地、木器などを分に応じて贈る。挨拶回りが済むと若夫婦は自分たちの家に帰るが、そこで妻は夫にケンディリ布地で作った一二枚のシャツと一二枚のズボン下を持参し、新婦の父はその婿に小舟、網、家具などを贈る。アブダルの住民の場合はこのほか、家畜も贈っている。結婚式の当日はお祭りとして小舟の競漕などが行なわれる。アブダルでは競馬やロバの競走も催される。これには若夫婦も参加している。

　子供のうち、男の子はおもに父親、女の子は母親にしつけられる。はじめ祈禱の方法が教えられ、やがて年長者に対する尊敬の態度が仕込まれる。アブダルではコータンから来たアホンの管理する学校まで見られた。しかし、このアホンはまもなくロプ・ノール一帯から姿を消してしまった。少年になると、羊を放牧したり、魚やカモをとるうえで父親を助けたりする。もっと成長すると狩猟にも出かける。少女は母親のそばにあって家事を教え込まれる。少年の割礼は七歳で行なわれるが、施す人の都合で少し早いことも遅いこともある。

ロプ・ノール住民が死者を葬るとき、まずそのからだを洗い、マタで作った五枚の白い膚着を着せる。このうちの最初の一枚は腰までであるが、あとはしだいに長くなって、最後の一枚ははだしをおおうまでになる。カラクルチン住民の場合はマタがないため、ケンディリで織った布地で膚着を作る。死んだ男子の頭には白い包帯が巻かれ、女性の場合はネッカチーフで顔をおおう。それから死者は担架でアホンまたはその代理者のもとに運ばれ、祈禱文が読み上げられる。担架の先端には棒が立てられ、男子の場合にはそれにターバンが、女性の場合にはネッカチーフが取りつけられる。埋葬は死んだ当日またはその翌日に行なわれる。

墓は墓地におよそ二メートル立方の穴が掘られ、穴の西側に作られた壁龕にアシを敷いて死者を安置する。死者の頭部は南向き、顔は西向きである。それから壁龕はふさがれ、穴は土で埋められる。以前は、土をかけないで、アシをつみ上げ、同じくアシで屋根おおいを作ったとのことである。

カラクルチンでは、死者は小舟に入れられ、その上に蓋として小舟がかけられ、アシの茂みの中に立てられ、その周囲には網が張られる。死者の追悼供養は死後一日目、三日目、七日目、四〇日目に行なわれる。その当日は墓参りが行なわれ、また遺族は死者の親類縁者や知人を招いてごちそうをする。墓のそばには、野生ヤクの尾や色のついた布切れなどを巻きつけた棹《さお》が立てられる。相続は両親がともに死亡したときに行なわれる。と言うのは、両親のうちどちらかが死亡すれば、父親であれ、母親であれ、残ったほうが戸主となるからである。遺産は、息子たちが等分に分配するが、各人はそのうちの九分の一を姉妹のために残さなければならない。しかしこうした事柄はみな、割合裕福なアブダル住民に見られるだけである。

ロプ・ノール住民の挨拶は、他のイスラム教徒と同様に、「アッサラウ・マリケム」という言葉に対して、「ワリケム・アッサラム」と答えるのを常とする。この場合、手であごひげをなでるような所作をし、それから胸の下に当てて、わたしたちが軽く会釈するように、上体をわずかに前方にかがめるのである。ロプ・ノール住民が互いに別れるときは、「ドアクル（どうぞよろしく）」と言う。女性が男子に向かって何か頼むとき、男の背中または両肩のあいだを軽く手でたたき、「チク、チク、チク、チラク・ヤク」と言うときは、丁重な態度をとった証拠である。この言葉は大した意味でなく、「出て行ってランプに火を灯してくださいな」と言うほどの内容である。男子が女性に向かうときは、普通の「ドアクル」という言葉のほかに、丁寧に「ジニム・サンガ（わたしはあなたの犠牲になります）」と言う。

ロプ・ノール住民は、日常の仕事が忙しくないとき、よく知人の家を訪れる。これは普通、男子は男子を、女性は女性を訪問するのを常とする。何か特別の祭りのあるときは男女が合流する。客にごちそうするときは、主人は客と同席していても、自分は食べない。主婦はそばで給仕をするだけである。この地には遊戯や踊り、楽器などは見られない。歌の聞こえるのはまれで、普通彼らが小舟に乗っているとき、もの悲しい調子で歌うだけである。アブダル住民は、わたしたちの見たかぎりでは、好んで互いに冗談を言い合っている。婦人たちはしばしば、わたしたちの場合と同様に、さまざまな悪口を言い合って口喧嘩をする。いちばん多く聞かれる罵言は、ロシヤの素朴な民衆の場合も同じであるが、貧乏だということである。

ロプ・ノールにおける裁判は、クンチカン・ベクの主宰のもとに、選挙された長老の会議によって行なわれる。住民はシャリアート（イスラムの法律）を知らないため、昔からの習慣によってことを運ぶことが多い。事件の審理を行なうとき、裁判官たちがよく「マホメットは言った、マホメットは言った」と繰り返すが、マホメットが実際に何を言ったかは彼らのうちの誰も知らないのである。これはいかにもおもしろい情景である。

ロプ・ノールおよびタリム川下流部住民の言語は、他の東トルキスタン住民と同様に、トルコ語である。その特徴は、モンゴル語がかなり混じっていることであるが、いまやこれはしだいに使われなくなり、チャルクリクに住むコータンからの移民の言葉によって、とって変わられつつある。しかしロプ・ノール住民はわたしたちに、彼らがコータン移民の言葉よりもコルラ住民の言葉のほうがわかりやすいと語った。わたしの見たところでは、クルジャのタランチ人であるわたしたちの通訳は、ロプ・ノールでもコータンでも不自由なく言葉をかわすことができた。そのほかロプ・ノール住民には、彼らのあいだだけで通用し、わたしたちの通訳の理解できない独自の言葉があった。この言葉もトルコ語ではあったが、ロシヤにおけるオフェニャ（いなかの小間物商人）の言葉のように、ゆがめられたものであるにすぎない。ロプ・ノール住民は大声で早口でしゃべる。しかも、何か興味あることを知らせようとするときは、一度に数人が話し出すことがよくある。

ロプ・ノールとタリムの住民の宗教は、東トルキスタン全域を支配しているスンニ派のイスラム教である。それは狂信的というほどのものではない。毎日の定時祈禱《ナマズ》の行なわれるのはアブダルの住民だけで、斎戒《ポスト》は老人だけに守られている。またロプ・ノール住民は、わたしたちと飲食をともにすることをいとわない。迷信は割合少ないと思われる。彼らは、悪霊を信じてはいない。

ロプ・ノール一帯で最も神聖視されているのは、旧アブダルからタリム川の上流へ約一キロのところにある小さな廟である。これは川岸から五〇歩ほどの場所にある低い丘上に、アシとトグラクの木で作られた四角な建物である。角辺は約六メートル、高さ二メートル、平らな屋根もアシでふかれている。南側に入口があり、アシ製の扉が取りつけられている。西側には別の小さな囲いが作られ、その中の地中に、おもな聖物である銅の鉢と、同じように神聖なものとされる小さな赤旗が埋められている。大きな建物と小さな囲いとを分かつ西側壁面の高さ一メートルのところに、トグラクの木で作った台があり、その上に数十個のマラール（カシ）の角、ハラ・スルタやヤギの頭骨、数個のヤクの頭骨およびその角が並べられている。小さな囲いの中にあるトグラク製の台にも同じような供物が見られる。そのほか、建物の回りにはヤクの尾を結びつけた棹が立てられている。

伝説によると、昔、六人のイスラム教の聖者が一匹の犬を連れてコータンからロプ・ノールへやって来た。この聖者たちは、クンチカン・ベクの先祖の一人が行なった善行に対して、その褒美として上記の銅鉢を与え、トルファンから同じく上記の赤旗を送り、またこの二つの聖物の譲渡を証明する書面を与えた。この書面は絹の布地に包まれ、大きいほうの建物の西壁にあるシカの角のあいだに、トグラク製のそまつな箱に納められて保存されている。伝説によれば、聖者たちは「わたしたちはまもなく帰って来る」と言いおいたままトルファンの北方にある洞窟に移った。その途中、聖者たちはモンゴル人からその命をつけねらわれた。モンゴル人は聖者の犬の足跡によって目ざす人を捜し求めた。そこで聖者たちは犬の足を切断したが、しかし犬は主人から離れることはなかった。犬はついに洞窟の入口のところで化石となってなお主人を守り続けた。ロプ・ノール住民はこの廟をたいへん崇敬し、これがあるために、ロプ・ノール一帯のような悪い場所でも捨てないで住み着いているのだとわたしたちに語った。カラクルチン住民は、この廟の崇敬される理由を知っていない。「この廟が神聖であることはわかっても、それがどうして神聖であるかはわからない」と彼らは言うのである。

ロプ・ノールでは、アブダル住民とカラクルチン住民の能力の差を明瞭に見ることができる。前者は相当な理解力を持ち、狡猾とも言えるほどであるが、後者の場合はずっと単純で、能力も限られている。しかし、ロプ・ノール住民は一般に平和を愛好し、客を歓待し、互いの気持をくんで生活している。富裕な者が貧しい者を助けることも多く、これについてはクンチカン・ベク自身がよい模範となっている。殺人のような大きな犯罪は、ここでは見られない。盗みのような小犯罪も、最近重税のために乞食が現われるようになってからのことである。

ロプ・ノール住民はかなりの怠け者で、また好奇心に富み、おしゃべりである。驚いたことには、アブダル住民はコータンの住民を通じてロシヤのマカリエフ定期市（ニジニ・ノブゴロド、いまのゴーリキー市に立った定期市）のことや、鉄道、電信、気球のことなどを知っていた。ロプ・ノール住民が大胆な行動をとることもある。「夏が来て、ロプ・ノールやタリム川を小舟で遠くまで出かけるときはたいへんうれしい、若返るような気持である」と彼らはわたしたちに語った。小舟を動かすスピードもたいへん重視され、少年を含む多くのロプ・ノール住民が、くるくる回るような丸木舟を風の中でもじょうずにあやつって、わたしたちを驚嘆させたのである。

これまでに述べたロプ・ノール住民に関する記述は、彼らの支配者であるクンチカン・ベクのことにふれなければ、まだ充分とは言えない。彼はきわめてすぐれた人格の持主であった。彼はジャハン族の出で、一八八五年すでに七三歳であったが、まだ元気盛んで健康に恵まれていた。彼はその領民から慈父のように慕われ、また彼自身も領民を自分の子のように考えていた。薪《まき》の提供と種まきまたは麦の収穫時における手伝いのほかは、なんの貢租も徴収しなかった。困っている人がいれば必ず助けた。そのために彼自身はいつも貧乏であった。以前、ヤクブ(1)・ベクの時代には、ロプ・ノール領主の資産は銀六ヤムブ(延棒)、羊一〇〇〇頭、馬一二頭に達していた。しかしいまでは、シナ人がさまざまの口実をもってクンチカン・ベク自身からほとんどの資産を奪った。この中には、支払い能力のない領民の租税を自分で肩代わりした分も含まれている。とりわけ、弁髪令を撤廃させるのに多くの金を使った。ロプ・ノール住民は弁髪という装飾をたいへんきらった。クンチカン・ベクは頭髪を一五—二〇センチほどのばし、わざわざコルラまで出かけ、現地のシナ官憲に金を支払って頭髪を剃る許可を得たのである。それより前、シナによるカシュガルの征服からまもないころ、シナ人はロプ・ノール住民をタリム川岸のアフタルム部落付近へ移住させようと考え、まず手はじめにクンチカン・ベクとその家族をそこへ移した。ロプ・ノール住民はシナ人に、彼らの《慈父》を返してくれるよう請願し、多額の賄賂によってやっと目的を達することができた。

クンチカン・ベクのもう一つの特徴は、都会がきらいで、あらゆる上官を極度に恐れることである。このロプ・ノール領主はこれまでの生涯を通じてコルラの町に来たことは二、三度しかなく、チャルクリク以遠に足を踏み入れたことがなく、シナの高官は誰も彼の顔を知らないという話である。たとえば、トルファンまで出頭せよとの命令があれば、彼は急いで使者とともに出発する。はじめの三、四駅は何事もなく旅行するが、やがてひそかに軽いタバコの溶液を飲む。するとものすごい嘔《おう》吐《と》がはじまり、ついに失神することもある。急病という

チャルクリクのアクサカル

ことで、彼は結局引き返すことになり、長官のほうへは賄賂が送られるのである。

クンチカン・ベクの二人の息子は死に、他に二人が親といっしょに暮らしている。兄のほうのトフタはロプ・ノールのアホンとなり、弟のジャハンが父親を継ぐことになっている。ロプ・ノール住民はこのクンチカン・ベクについて、その美徳と富裕ぶりをたたえる歌を作っている。わたしたちはその歌の前半だけを書きとめることができた。

「クンチカン・ベクよ、のぼる太陽よ、太陽なるわれらの君よ! あなたは世界中に徳を施した。あなたの言葉はヒバリのように人々の耳に心よく響く。あなたの家畜置場には三〇頭の去勢馬がいる(実際には一頭のやせ馬しかいない)。あなたは困ったみなし子に必ず救いの手を差しのべる。昔はあなた一人がわたしたちの主君であったが、いまでは数が多い(シナ人のことを意味している)。神はあなたにアホンのトフタとジャハンを息子として授け給うた。あなたのシナ人の友人(これは皮肉である)はあなたに贈物をし、その代わりに金《かね》を受け取っている。シェヒン・ヤズとアブドゥラフマン(死んだ息子たち）はさながらタカのようであった。あなたの屋敷にある羊を何にたとえることができよう。柔らかい臥床《ふしど》をのべよ、暖かい毛皮外套をまとえよ。農夫があなたの畑地を耕せば、誰もそこを通り過ぎることもできない（たいへん広いということの比喩であるが、実際には数ヘクタールしかない）。あなたは三〇バトマン（一バトマンは一六〇－二〇〇キログラム）の穀物を種まきに用意し、それを家畜の背に積んでいる。身に甲冑をつけよ、そして戦うためにルーム（トルコ族ではトルコの意）へ向かうがよい。粉をふるい分けて、遠路のためにパンを焼くがよい。あなたは富裕に暮らしている。ある者はあなたを誹謗し、ある者はあなたの善意を憎む。あなたは絨毯（実際にはアシのむしろ）にすわり、着ているハラートは満月の色をしている（ケンディリの繊維で織り、それをジッドの皮で黄色く染めたもの。ジッドとはグミ属の木）……。」歌はさらにこれくらいの長さ続いている。

今回と前回のロプ・ノール訪問で、わたしたちは、六〇年代のはじめロシャの分離派《スタロヴェリ》教徒(2)の一群がこの地に滞在したという情報を集めることができた。新しい資料は幾らか以前の記述を補い、一部はそれを修正するものである。

東トルキスタンにおけるイスラム教徒反乱の二年ほど前、したがって一八六〇年に、ロプ・ノール住民の話によると、とつぜん四人のロシャ人が現われて現地の状況を観察し、そのうち二人は姿を消し、あとの二人はロプ・ノールに残留した。それから八か月ほど後、今度は婦人や子供を含む約一〇〇人のロシャ人が現われた。彼らは皆じょうずにキルギス語を話し、キルギス人やトルグート人の住む遠い北方の山地、つまりアルタイから来たのだと語った。移住の原因は彼らの信仰が追求されたためであった。移住者たちはやがてジャハン・サイ川岸のロプ廃墟およびチャルクリクの付近に定着し、木造の家を建て、麦を耕作した。原住民とも協調はしたが、互いに助け合うまでにはいたらなかったらしく、彼らの一部はチャルクリクへ物乞いに出かけるまでに落ちぶれた。

しかしロプ・ノールは移住者たちにとって安住の地ではなかった。彼らの出現から一年後に、シナの知事の命によって、ロプ・ノール一帯の長官がシナ兵を連れてトルファンからやって来て、分離派教徒の部落を略奪してしまった。彼らははじめ力で抵抗しようとして、チャルクリクの住民に協力を要請した。そのとき分離派教徒は、自分たちは必要なだけ幾らでも兵隊を作り出すことのできる魔法使いを持っていると語った。チャルクリク住民ははじめこうした奇跡に好奇心を示し、やがて協力を約束した。そこで当の女魔法使いが呼ばれた。彼女は、事実幾らでも兵隊を作ることができるが、そのためにはアシの穂（Typha）が必要であると語った。これで煉《ね》りものを作るというのである。チャルクリクにはアシの穂はなかった。魔法使いの女はこのことを計算に入れて、自分の奇跡遂行からのがれようとした。しかし魔法使いにとって不幸なことには、アシの穂はロプ・ノールには幾らでもあるので、チャルクリク住民は急使を送った。まもなく必要な植物が大きな袋いっぱい運ばれて来た。魔法使いはもはや絶体絶命であった。住民はその成り行きを息を飲んで見守っていた。それだけに、女魔法使いが、魔法の書物をなくしてしまい、しかもその内容をまったく記憶していないため、魔法はできないと言明したときの失望は大きかった。チャルクリクの住民は、自分たちがだまされたことを知って、ロシヤ人との協力を拒否してしまった。そこでロシヤ人たちも、自分たちだけでシナ兵に抵抗することはしなかった。彼らの家は焼かれ、多くの人々が殺された。「うめき声と泣き声はあたりに満ちていた」とチャルクリク住民はわたしたちに語った。四家族だけが沙州にのがれたが、シナの長官の命によって男はみなそこで殺された。女性たちがどこへ行ったかは、ロプ・ノール住民は知らなかった。シナ人は生き残ったロシヤ人をトルファンへ連れ去った。それからまもなくイスラム教徒の暴動が起こったため、彼らのその後の運命は知られていない。一説によると、そのうちの数人は後にイリへのがれ、そこで自分たちがイスラム教徒であると称し、クルジャのスルタンから丁重に迎えられたとのことである。

（1）　ヤクブ・ベクは一八二〇年ごろ、中央アジアのピスケント（タシュケントの南）で、タジク人を父として生まれた。幼にして孤児となり、叔父に育てられ、さまざまな職業を転々として辛酸をなめた。一八六四年、コーカンド汗国の王アリム・クルはその部将としてのヤクブ・ベクを次のような事情でカシュガルへ送った。
一八六四年夏、新疆のイスラム教徒は清朝に反対して暴動を起こし、勝利を収めた。しかし、ウルムチ、クチャ、コータン、カシュガル、イリなどのオアシスにそれぞれ土侯が起こり、新疆全土の覇権をうかがった。このときカシュガル・オアシスの支配者はコーカンド汗国に対し、一七五九年東トルキスタンが清朝の軍隊に征服されるまでこの地を統治していたカシュガル・ホジャ家の末裔ブズルグ・ホジャを送ってくれるよう依頼した。

ブズルグ・ホジャは、一八二六年ウイグル族の支持によってカシュガルに侵入した英傑ジハンギルの子であったが、性格が弱く、動乱をはらむカシュガリアを統治することはむりと思われた。コーカンド汗国の王アリム・クルはこのことをよく理解し、副官として経験に富むヤクブ・ベクをつけて、これを助けさせた。

カシュガルにはいったブズルグ・ホジャは住民に歓迎されたが、まもなく重臣たちの勢力争いに巻き込まれ、政治のことを忘れてしまった。

ヤクブ・ベクはカシュガルの統一を目ざし、ブズルグをしりぞけて自ら支配者となり、コータン、アクスウ、クチャ、ヤンギヒサール、カシュガル、ヤルカンド、カラシャールの七オアシスを統一してジェティ・シャール（七都）と称する国家を築いた。一八七二年にはロシヤ、七四年にはイギリスがこのジェティ・シャールとのあいだに治外法権を含む有利な条約を結んだ。

一八七七年、左宗棠の率いる清軍がジェティ・シャールに迫り、ヤクブ・ベクはこれを迎え撃つべく戦備を整えたが、決戦にいたる前に急死し、ジェティ・シャールは占領された。一説によると、その子のハン・クル・ベクによって毒殺されたとも、あるいは自ら毒をあおいだとも言われるが根拠に乏しい。

（2）　分離派のことはロシヤ語でスタロヴェリ（旧教徒の意）、またはラスコルと称せられる。一七世紀の中ごろ、ロシヤ国家の中央集権化に伴って起こされた教会改革に反対し、旧来の教義を固執した人々のことである。改革はギリシア教会を範として、一六五三年ニコンによって行なわれたが、アッワクムをはじめとする宗教的活動家や民衆からのはげしい反対にあった。反対者の多くは、皇帝権力と結びついた改革派によってきびしく弾圧され、多くの人々がシベリアや中央アジアの辺境地へのがれた。彼らはまた多くの分派を生んだが、ロシヤ革命まで正教会当局から追求され続けた。しかしロシヤの辺境地開拓において彼らの果たした役割は無視できないものがある。

8　ロプ・ノールの春

内陸アジアの全域を通じてロプ・ノールほど、遠くからは魅惑に満ちていながら、実際には旅行者を幻滅に陥れる地域はない。タリム川によって運ばれる大量の水は深くて広い湖をつくり、砂漠の中に喜びに満ちたオアシスを形成していると人は思うかもしれない。しかし、実際にはまったく違うのである。アルティン・ター山脈の湾曲によって南への流れをせき止められたタリム川は、東へ鋭く曲がり、この方向で幾つもの分流をつくって流れる。この水は何キロにもわたって岸をあふれて、はじめにカラ・ブラン湖、つづいてロプ・ノールという広くて浅い氾濫地をつくっている。ロプ・ノールは北東へ遠く、水が滲透と蒸発によってなくなるまでのびている。それから先は再び水のない砂漠が続いている。そうして、この砂漠だけでなく、水におおわれた地域でも、生物、とりわけ植物にとってはきわめて不適当な条件が支配している。塩分を含む黄土または裸の砂は、一年中続く極度に乾燥した大気と春に多い嵐、それに夏の異常な暑さといっしょになって、貧しい植物の発達に多くの悪条件を提供している。植物はこの地では、砂漠に特徴的な少数の種類が見られるにすぎない。ロプ・ノールそのものでもたいした変わりはない。そこでは背の高いアシ、ヨシ、フトイなどが密生し、場所によっては狭くて浅い淡水の水域があるが、岸には裸の塩湿地が広がり、その向こうには荒れた砂漠が展開している。南のほうには、同じようにほとんど不毛の大山脈が連なっている。

この地方の動物は、植物に比べれば幾らかましであるが、春と秋の渡り鳥の季節を除いてはやはり貧しい。人間たちも、そのみじめな境遇に慣れているとは言え、ひどい欠乏の中で暮らしている。ロプ・ノールの特徴は以上のとおりである。このほかに、砂塵が煙のように大気中に満ちて、それが陽光によって黄褐色になっていることを指摘する必要がある。嵐のとき、この地域一帯には砂塵の霧が立ちこめる。

この湖の冬の景観はいっそう荒寥としている。寒さはここに巣を作った鳥をも渡り鳥をも、みな南へ追い払い、夏のあいだ緑であったアシはすべて黄色く乾燥してしまう。ロプ・ノールの水も厚さ三〇センチほどの氷におおわれ、ここの魚類はみな集まってどこかへ去り、原住民の魚とりの作業も行なわれなくなる。要するに、以前から死の王国の支配下にある周囲の砂漠だけでなく、湖面にも圧倒的な静寂が押し寄せるのである。アシの茂みには相変わらずイノシシがさまよい、ときおりトラが現われてこれを襲うことがある。またキツネ、小山ネコ、オオカミがウサギやネズミなどを待ち伏せている。さらに塩湿地のところどころにハラ・スルタまたは野生ラクダがさまようこともある。しかし、こうした動物生活の痕跡はすべて、つかのまの、偶然的でひそやかなものにすぎない。

この中でロプ・ノールに残って冬越しをする鳥がわずかにその存在を主張する。アシの茂みではときおりひげのあるヤマガラの独特の鳴き声が聞こえ、ツグミ、サクサウル・スズメの姿が見られる。またときにはトビが音もなく飛び過ぎる。まれにはキジが何かに驚いてぱっと飛び立つこともある。人家の近くにはカラスや野スズメ、塩湿地の岸には小ヒバリの群れを見かけ、タマリスクの茂みにはキツツキのたたく音やサクサウル・カケスの断続的な叫びが聞こえる。そして、これがすべてである。現地住民の姿もまれにしか見られない。ときおり、湖のアシの原の中から立ち上る煙だけが、この地に人家のあることを示している。この人家を捜し当てることは、案内人なしではきわめて困難である。

こうした死の季節のちょうど終わるころ、つまり一八八五年二月のはじめ、わたしたちはロプ・ノールに到着した。一八七七年ロプ・ノール探検のとき、わたしたちがはじめてこの地を踏んだのは、今度よりも一週間遅かっただけである。したがってわたしたちは、二回にわたって同じ場所で春における鳥の最初の飛来を観察することができた。わたしたちははじめ、ロプ・ノール住民の提案にしたがって、タリム川の少し下流、新アブダル部落の近くに天幕を張り、そこで一〇日間を過ごした。この間は冬期調査のメモの整理や原住民との接触などに費やした。またクンチカン・ベクを通じて、故郷にわたしたちの探検旅行の状況を知らせる手紙を書き送った。しかし残念ながら、それはすぐには届かなかった。宿営地付近での狩猟は、まだたいした成果を収めなかった。またトラ狩りも失敗に終わった。このトラのためにわたしたちの犬と原住民の牛二頭が殺されたのである。雪のない場所でこの動物を追跡することは不可能であった。わたしたちは毎晩殺された獲物のそばで見張っていたが、トラはついに現われなかった。姿を見せるのは、鼻をつままれてもわからない暗闇のときであった。わたしたちは銃に弾薬を装塡《そうてん》して待ち伏せたが、やはりだめだった。こうしてトラは、何ら処罰されることなく姿を消したのである。

鳥が大量に飛来するころ、わたしたちは一八七七年当時宿営した場所、つまりタリム川右岸の旧アブダル部落から一キロの地点に移動し、ここで再び二度にわたって経緯度を測定した。したがって、いまやこの地点はかなり正確に地図に記入された。

わたしたちの新宿営地は、タリム川岸から数歩のところにあった。二張りの夏期用天幕と同じく二張りのユルトが互いに広い間隔をあけて建てられ、そのまん中に荷物が積まれた。一部がカザクの住居にもなっている破れたユルトが炊事場に当てられた。ラクダの鞍その他の荷駄用具は少し離れた場所に積み上げられた。六四頭のラクダは、ロプ・ノールに充分な牧草がないため、四人のカザクの護衛のもとに、ジャハン・サイ川へ送られた。このカザクは一週間ごとに交替することになっていた。わたしたちはあらかじめ宿営地に、ラクダで宿営期間中足りるだけの薪（タマリスク）を運んでおいた。最後に一言つけ加えたいことは、わたしたちの宿営地は前回の経験からおして、鳥の飛来を観察し、その猟をするための絶好の場所であることである。

食糧の点でも、わたしたちはほぼ満足すべき状態にあった。ロプ・ノールに到着してまもなく、わたしたちの疲れた馬八頭およびラクダ二頭を原住民の羊三六頭と交換し、これを食糧にまわした。後に、多くのカモと魚の一部がこれに加えられた。小麦粉もロプ・ノール住民から買い入れた。残っている馬には充分な糧秣を与える必要があったが、そのためにロプ・ノール住民から小麦と乾燥させたアシの束を買い入れた。わたし自身は幾らかましなユルトにはいった。カザクたちは、昼間は普通屋外で過ごし、一部はほとんど毎日のように修繕している破れたユルトで、残りの一部はその隣の夏期用天幕で眠った。あとの天幕は鳥類の剝製とコレクションの乾燥に当てられた。

わたしたちの毎日の日課は、長いロプ・ノール滞在を通じて不変であった。日の出と同時に起床し、茶を飲み、それから記録の整理や原住民に対する質問を行ない、また鳥の剝製などを行なった。要するに九時の朝食までは、めいめい自分の仕事を行なった。その後、猟に出かけ、午後三時か四時に宿営地に帰り、昼食後は再び朝の仕事を続けた。それから再び茶を飲んで、夕方八時にはみな就寝した。カザクは一人ずつ三交替で朝まで不寝番についた。こうした平穏な生活と豊かな食糧のおかげで、わたしたちは幾らか疲れを取り戻した。ロプ・ノールに着いた当座は、気候の激変と高い標高のために、多くの隊員の顔に発疹や疱疹が現われたが、その後一か月のうちに跡かたもなく消えてしまった。

すでに述べたように、今回のロプ・ノール訪問では前回の場合とは異なって、原住民から大いに歓迎された。前回のときは、ロプ・ノール住民の打ち明け話によれば、彼らの役人から「ロシヤ人に何も話してはならない、話すときはうそを言え」と命ぜられていたとのことである。原住民たちが、こうした命令のもとでは、わたしたちに対して疑惑のまなざしを投げたのもある程度むりからぬことであった。今回はわたしたちがとつぜんこの地へ出現したため、シナ官憲が対策をたてる暇がなかった。それに原住民は自分たちの経験を通じて、わたしたちが何も悪いことをしないことを理解したのである。そのうえ、東トルキスタン全域にシナ人に対する憎悪が広まり、ロシヤ人に対しては、シナ人の圧迫から彼らを救い出す可能性を持つものとして見る傾向があった。要するに、今回のわたしたちの旅行では、ロプ・ノールでもその先の東トルキスタンでも、状況はわたしたちにとってきわめて有利に展開したのである。

一八七七年わたしたちがはじめてこの地を訪れたときは、ロプ・ノールとタリムの住民はわたしたちに姿を見せようとせず、できるだけわたしたちを避けようと努めた。今回は、ロプ・ノール住民、とりわけアブダル部落とその付近の住民はたえずわたしたちの宿営地を訪問し、カザクたちと親しくなり、パンや魚をおみやげに持参し、またわたしたちのごちそうを喜んで食べた。カラクルチンからも数人の人がやって来たし、チャルクリクからもわたしたちに会うために訪ねて来た。クンチカン・ベクはいつもと言っていいほどわたしたちのところにおり、わたしたちの希望も喜んでかなえてくれた。一言にして言えば、わたしたちはすべての点で心から歓迎されたのである。ロプ・ノール住民は、自分たちの知ってることは何でも、腹蔵なくわたしたちに話してくれた。以前の警戒心は跡かたもなかった。ロプ・ノール住民の女性でさえも喜んで写真機の前に立ち、しまいには先を争うほどになった。わたしたちに対する彼らの友情と信頼は、その神聖な廟に納められたマラール（シカの仲間）の角の中から、わたしたちの好きなものを二本自由に選ばせるほどに深まったのである。わたしたちが新アブダルから宿営地を移動すると、その住民はわたしたちに近づこうとして、旧アブダルへのその放牧地移動を繰り上げた。やがて魚がとれるようになると、ほとんど毎日のように、その中でいちばん上等なものをわたしたちに持って来てくれた。わたしたちとしても、善良なロプ・ノール住民と親しくすることに努め、惜しみなく彼らに支払い、その長老に多くの贈物をした。クンチカン・ベクには懐中時計と立体鏡《ステレオスコープ》を贈った。この老人はたいへん喜び、自分の回りの人々に見せびらかし、小舟で急いでタリム川をさかのぼり、他人のわからない地点を選んで砂中にこの品物を埋めた。

しかしロプ・ノール住民とわたしたちとのあいだの友好関係は、まったく無傷というわけではなかった。彼らの中の一人の若者は、罠《わな》の材料に使おうとして、わたしたちの天幕用の鉄製杭を盗み、現場でカザクに捕えられた。クンチカン・ベクだけでなく、犯人の一族もたいへん困った立場に陥った。直ちに長老会議が開かれた結果、全員一致で犯人に死刑が宣告された。わたしが減刑を申し出て、やっとのことで死刑を免除された。しかし犯人は杖でひどく打たれ、ロプ・ノール地方の「遠く離れた」場所へ追放された。

それからまもなく、わたしがロプ・ノール到着の直後にロシヤへ送った手紙が返送されて来た。これは明らかに、コルラからシナ人の差し金で返されたものであった。公式には、この手紙を送り出したクンチカン・ベクは彼の上官であるナスィル・ベクから次のような内容の手紙を受け取った。シナ人の命令によるものであることは言うまでもない。

「ナスィル・ベクからクンチカン・ベクへ。貴殿はその処置を撤回されるがよい。貴殿はロシヤ人の郵便物をクルジャへ送る処置をとったが、本官はこれを貴殿に返送するものである。貴殿はいつ新たな上長を得たのであるか。われらの上長はシナ人であり、クルジャを統治しているのもシナ人である。われらの上長がシナ人である以上、貴殿はロシヤ人の言に従うべきではない。貴地へ来たロシヤ人は二〇人であるが、たとえ二〇〇〇人が来ようとも同じことである。貴殿はロシヤ人の意図を知りながら、どうしてかってに彼らに奉仕したのであるか。この書簡を受け取ったら直ちに、日に夜をついで三昼夜以内に報告のため本官のもとに出頭されたい。ナスィル・ベク・カディリス。」

この出頭命令に対して、クンチカン・ベク自身は行かずに、その代理者を送った。わたしはこの使者とともに、ロシヤのクルジャ領事にあてて再び同じ手紙を託した。しかしまもなく、この不幸な手紙は再びわたしたちに返送された。これについてのシナ人の説明がふるっていた。「シナとロシヤのあいだの条約に、ロプ・ノールからロシヤ人の手紙を送る義務は規定されていない」と言うのである。

これ以後、わたしたちに対するシナ側の悪意ある行動がたえず続けられ、わたしたちがコータンを訪れたとき、頂点に達した。これについてはまた後にふれよう。ここではただ、わたしたちの突然の出現が、東トルキスタンのロプ・ノールに近い地域の住民のあいだに、少なからぬ動揺を起こしたことを指摘するにとどめよう。一方ではケリヤとその以遠まで、他方ではコルラ、カラシャールをへてトルファンまで、ロシヤ軍がシナ人と戦うためにロプ・ノールに出現したとの情報が広まったのである。原住民はこのナンセンスなニュースに飛びつき、ところによっては、たとえばケリヤでは、暴動を起こす用意まで整えた。シナ人はこの状態に不安をいだいた。事態を説明するために、シナ人の役人と通訳がケリヤからロプ・ノールへ出張して来た。この役人がわたしたちのところに来たとき、わたしは北京政府のパスポートを示し、旅行の目的を説明した。シナ人は幾らか安心して帰って行った。それでもこの役人はわたしたちに、ロプ・ノールからコータンへ行かずに、そのかわりにコルラ経由でクルジャへ出るようしきりに勧めた。わたしたちがその提案に従わなかったことは言うまでもない。

ロプ・ノールの早春における渡り鳥のにぎわいは、荒寥とした冬と比べてまったく対照的である。一週間か二週間ほど前まではおよそ生き物の珍しかったところに、まるで魔法使いの合図でも受けたかのように、とつぜん鳥の大群が出現するのである。全能の自然の声は鳥の群れを南の暖かい国からこの地へ追い立てる。自然の声は渡り鳥を、南の越冬地から北方の故郷へ、雌雄生活の喜びへ、子供を生み育てる苦しい時期へ、そして自らの羽毛の生え変わりへはげしく駆り立てるのである。そしてロプ・ノールの冷たい荒野に、太陽がぬくもりを与えはじめるとすぐに、ヒンドゥスタンからの最初の使者が現われる。鳥どもは凍った湖に沿って一わたり飛んだ後、しばらくのあいだ姿を消してしまう。原住民の言葉によると、この間鳥は再びヒマラヤの向こうへ飛び帰り、同胞に視察の結果を知らせるのである。

何はともあれ、わたしたちは二月の八日と九日にロプ・ノールで白鳥（Cygnus olor ?）と尾の細いカモ（Anas acuta）の小さな群れにはじめて出会った。湖水はまだ一面に氷結しており、飛来した渡り鳥にとって、氷結していないカラクルチンのアシの茂みを除いては、下り立つ場所すらもなかった。鳥はいったんロプ・ノールの方向へ向かったが、やがて氷のない水面を捜し求めてあわただしく舞い戻った。それからカモの群れは二月一九日まで姿を消し、次に現われたときは一まわり大きくなっていた。この種のカモはロプ・ノールで越冬するわけではないが、春の飛来のときには、カモの仲間の中で圧倒的な種類を占めている。白鳥は一般に少ない。今回でも一八七七年の春でも、わたしたちがこの鳥を見かけたのはまれである。しかし原住民の話によれば、カラクルチンとカラ・ブラン湖ではこの白鳥が割合多いとのことである。

白鳥とカモの出現と時を同じくして、ロプ・ノールにワシ（Aguila cherysaetus）が姿を現わした。これもはじめはまれであったが、水禽類の大量飛来とともに数を増した。ノガモ（Tadorna ferruginea）もまた遅れじと飛来した。わたしたちがこれを最初に見たのは二月一二日のことである。二月末まではきわめて少なかったが、三月の前半にはずっと多くなった。ロプ・ノールではあまり巣を作らず、タリム川岸やチェルチェン・ダリヤ流域のトグラク樹の空洞に巣を作ることが多い。二月一四日には魚をとるカモメ（Larus ichthyaetus）と灰色のガン（Ansen anser）が現われた。前者は、この地に巣を作るのかもしれないが、きわめてまれであり、後者は春も秋も大きな群れをなしており、多くはここで巣を営む。頭のまだらなインド・ガン（Anser indicus）が春にまれにしか見られないことは注目される。これは天山やハンガイの山地で巣を作る鳥である。住民の話によると、この鳥は秋に多数がロプ・ノールへ飛来するとのことである。

二月一八日と一九日の二日はたいへん暖かかったが、その後一週間寒い日が続いた。この月の二四日からは、寒さと嵐をときおりあいだにはさみながらしだいに暖かくなり、氷も目立ってとけはじめた。この時期から水禽類が大量に飛来しはじめた。

前回でも同じであったが、ロプ・ノールへ飛来する鳥の群れは、南から来ると思いがちであるが、実際には例外なく西南西からである。この原因は、言うまでもないことだが、インドで越冬した鳥が、ヒマラヤの南から寒冷高峻なチベット高原を越えてまっすぐロプ・ノールへ北上することをせず、いちばん狭い地点でこの難路を越えるからであろう。つまりカラコルムの大氷河を避けて、コータン、ケリヤの方向へ飛ぶのである。タリム盆地へ出た渡り鳥は、一方に果てしなく広がる砂漠を望み、他方にこれを取り巻く荒れた大山脈をながめながら、おそらくは経験ある仲間の案内に従って、山沿いに西南西からロプ・ノールに飛来するものと思われる。住民の話によると、秋になるとガンはロプ・ノールから真南へ、アルティン・ター山脈を越えることが多いという。この時期のチベット高原はまだかなり暖かく、水もまだ氷結していないからであろう。

ロプ・ノールの春における水禽の大量飛来は二週間あまり続く。この時期に渡って来るカモやガンの数は莫大なもので、これに匹敵できるのは、わたしの知るかぎりでは、ウスリー地方のハンカ（興凱）湖だけである。ウスリー地方の風土はまったく異なっており、鳥類の春の生活もまた違っている。ハンカは荒れたロプ・ノールに比べるとすべてが豊かである。ロプ・ノールでは、渡り鳥は、シベリアの雪と氷がとけるまでしばしのあいだ、やむをえずその羽根を休めるにすぎない。まもなくロプ・ノールの渡り鳥はすべて北へ飛び去るのである。しかしそれにしても、ロプ・ノールとタリム川は渡り鳥にとって重要な中継地の役割を果たしている。タリムの水系がなければ、渡り鳥がヒマラヤから天山まで渡ることは不可能であろう。

渡り鳥の最盛期になると、朝から晩まで、さらに夜遅くまで鳥が次々に飛んで来る。普通、北東から吹き荒れるはげしい嵐のとき、一時的に飛来のやむことがあるが、それも、必ずというわけではない。一日でいちばん飛来の多いのは朝の一〇時までである。カモやガンの群れは普通せわしく移動するが、地上の場合その距離は八〇―一二〇メートルくらいである。ときによるとカモの群れは非常に高いところから、すごい羽音をたてて地上の仲間のもとに舞い下りることがある。また疲れきったカモが氷上に下りたったとき、群れ全体がその首を羽根の中に折り曲げることがある。おそらくはそうして眠るものと思われる。

大量飛来期のはじめ、ロプ・ノール西部に解氷面が見当たらないときには、群れは湖岸沿いにカラクルチンへ向かった。そこの小さな水面で一夜を過ごし、昼ごろ再び湖の西端、わたしたちの宿営地付近に舞い戻って来る。この付近には春先ロプ・ノールのカモや一部のガンの餌となる低いソリャンカ(Salicornia herbacea, アカザの仲間)が密生している。これらの鳥はソリャンカを餌とするが、乾燥して砂塵にまみれたままで食うのではなく、昼間わずかにとけた水で洗われ、湿っているものを食べるのである。ここに集まるのは例外なく尾の細いカモで、三月はじめに大量に飛来するくちばしの赤いカモは氷上に下りず、タリム川からカラクルチンのほうへ飛び去ってしまう。三月の中ごろ、ロプ・ノールの氷が大きくとけはじめ、氷のない水面が姿を現わし、しかも夜間もあまり氷結しないようになると、カモやガンも夜のあいだカラクルチンのほうへ飛び去ることなく、同じ場所にずっと止まるのである。

そのころには、午後からずっと、カモがロプ・ノールのアシの上を去来するようになる。尾の細いカモが数千羽も一つの群れをなしていることも珍しくない。遠くからでもその鳴き声や泥濘を歩き回る音が聞こえる。くちばしの赤いカモの群れが音を立てて前後へ飛びかい、解氷面を捜し求めている。雄ガモは奇妙な音をたてながら雌ガモの後を追う。まれには雄ガモがさえずることもある。灰色のガンの群れは、よく響く鳴き声をあげて、湖岸沿いに飛んだり、解氷面に下りたりする。ときおりノガモがかん高い音をたて、カモメがうれしそうに叫ぶ。白いアオサギが物憂そうに羽根を動かしながら、その不透明な白色を見る人の目に鋭く投げかけて通り過ぎる。ウの群れが大きな一直線を作ってタリム川を上ったり下ったりしている。最後に、近くを飛ぶ数羽の白鳥の重々しい羽音がまれに聞こえてくる。以上がロプ・ノールの早春における渡り鳥の日常生活である。しかし全体として、ロシヤの春の場合のような明るさは見られない。ロプ・ノールにおける羽根を持つ客たちはそれぞれ群れをなし、この地は一時的な中継地にすぎないこと、前途にまだ遠い困難な道が控えていることを知って、遊ぶこともなく、ほがらかに楽しむこともないのである。

カモの大量飛来とともに、わたしたちの毎日の猟もはじまった。この猟は、一八七七年の春と同じように、おとぎ話じみた大量の獲物をもたらした。今回のほうがもっと成果は大きいかもしれない。と言うのは、ロプ・ノールの水が減って、したがって氷面も狭くなったため、アシの茂みから鳥を容易に待ち伏せることができたからである。

わたしたちは普通一〇時ごろから猟に出かけた。この時間になると、わたしたちの宿営地の回りに餌を捜すカモの群れが集まりはじめるからである。日が上るとかなり暖かくなるが、このことは猟師にとって重要な条件である。しばしば氷が割れて、腰まで水につかることもまれでないからである。わたしたちは、アシの茂みや氷、泥濘の中をはうことになるので、最もよごれた服を着ることにした。灰色のよごれた服は、遠くからあまり目だたない点から見ても、いちばん好都合であった。こうした猟では、服も靴も際限なくよごれ、また破れた。

一つのカモの群れが地面に下りていると、普通次から次へと同じ種類のカモが下りて来るものである。わたしたちはその群れから数百歩のところまで近づき、やがてアシの茂みから背を折り曲げ、ついにははって忍び寄るのである。氷面をはえば、腕とひざは泥にまみれることになる。砂塵と太陽の作用によって、氷面は穴だらけの状態になっているからである。風の吹く日は、アシの葉ずれの音が猟師の近づく音を消してくれるため、割合接近しやすい。一般に、餌を食べているときのカモは警戒心が乏しい。数日のあいだに、わたしたちはカモの群れの好む場所やそれに対する接近方法を研究したため、ほぼ失敗なく行動することができた。そのほか、わたしたちは待ち伏せをしたこともあったが、成果はたいしたことではなかった。それに、頭上をカモの群れが飛びかうところで、じっとすわって待っているのは、なんとも退屈なことであった。カモの群れはロプ・ノールのアシの上をあらゆる方向に飛びかい、ロシヤの湿地における夏の蚊を思わせるほどである。

カモの大群の存在は、その鈍い鳴き声によって、数百歩先からでもよくわかり、近くになればくちばしで突つく音やぬかるみを歩く音が聞こえる。こうした群れから約一〇〇歩の距離まで近づき、アシのあいだから様子を見て、ここから射撃すべきか、それとももう少し近寄れるかを判断する。もっと近寄ることになれば、いっそう用心深くはって進むことになる。鳥が気づいて飛立つのではないかという心配で胸がつまる思いである。しかし鳥は無心に、ソリャンカを突つき、泥の中をぺたぺたと歩き回っている……。ついに群れまで六、七〇歩の地点に達する。ここで射撃しなければならない。できるだけ密集しているところをねらってまず一発放ち、続いて嵐のように飛び立つ群れへ第二発目を放つ。拾い集めることのできる獲物の数は普通八—一四羽である。あるときわたしは二連発をもって尾の細いカモを一八羽撃ち落としたことがある。その場合、重傷を受けたカモが飛び立って、やがてワシやカラスの餌食になることも少なくない。こうした狡猾な鳥は遠くからわたしたちの猟をながめている。

撃ち落としたカモをかついで歩くことは、重いうえに行動が制限されるため、近くの目じるしをつけた場所にこれを隠し、また新たな群れをねらい、同じことを繰り返すのである。カモは射撃を受けても、あまり遠くへは飛び立つことはない。わたしたちは獲物を多く手に入れようとして、小さな群れははじめからねらわなかった。しかし、割合接近して大きな群れをねらった場合でも、思ったより獲物の少ないことがある。その理由は、カモの胴体は泥やソリャンカの影に隠れ、散弾はその頭や首に命中しないからである。飛立つ群れは常に地上の群れよりも密集度が少ない。地上の場合は、かなり広い面積が文字どおり立錐の余地もないほどカモでおおわれることがある。こうした群れが氷面にいるときは、近くまで忍び寄ることは不可能である。その場合は大粒の散弾を一五〇歩またはそれ以上離れたところから放つことになる。この場合の獲物は三―五羽にすぎないこともある。ガンの猟はずっとむずかしい。ロプ・ノールにはこの鳥も少なくはないが、たいへん用心深く、まぬけのカモのようにたやすく撃ち落とされないからである。普通ガンは、アシから遠い、広い氷面に下りるため、適当な距離まで近づくことはむずかしくしかもこの鳥はきわめて傷に強いのである。

猟の終わるころ、つまり午後三時ごろ、宿営地からカザクが袋を持ってやって来て、獲物を集める。ときには猟をした者も、にないきれないほどのカモを背負って、やっとのことで宿営地までたどり着くこともある。しかしこうした屠殺にもやがて飽きてしまい、この猟が何日か続いた後は、毎日わたしたちの宿営地付近で見られるカモの大群に対しても、すっかり平気になってしまった。それに、三月の前半になるとカモの群れは解氷した水面に散らばり、氷もわたしたちをささえられないほど柔らかくなってしまった。そのため猟は困難になり、獲物も少なくなった。またわたしたちとしても、必要以上に獲物を追求することをさし控えた。それでも二月二四日から三月一三日まで大量飛来のあいだに、わたしたちはカモ六五五羽、ガン三四羽を撃ち落とした。隊員はこれを食糧とし、残りはロプ・ノール住民に分配した。

現地住民は、網をソリャンカのあいだに仕掛けてカモをとっている。この構造はきわめて簡単である。

適当な場所を選んで、地面に立つカモの胸の高さに二本のアシ茎を横に固定し、中央に通路を作って、そこに罠《わな》を仕掛ける。この罠は細いタマリスクの棒を折り曲げて、その反発力を利用したものである。カモは餌を捜して歩くうちにこのアシ茎に妨げられ、やがて通路に導かれる。ここで罠にひっかかり、タマリスクで絞められることになる。鳥は普通、首、まれに足や羽根を圧迫されるが、首の場合は問題ないとしても、足や羽根の場合は糸を切って飛び去ることがある。ロプ・ノールでは春、こうした罠が多数仕掛けられる。住民たちは毎日罠を見回って、かかったカモを集めて歩く。春のあいだに一人で一〇〇羽くらいはとっている。以前は一人で二〇〇羽までとったという話である。ときには、この罠にシギ、ノガモ、ガン、ウなどがかかることもある。ただ力の強い鳥は糸を切って逃げてしまう。

ガンをとるためには、それが逃げられないように、太い糸と丈夫なタマリスクの枝を使う必要がある。こうした罠を利用する場合、カラス、ワシ、イノシシなどが重大な妨げとなる。かかった鳥をすぐに餌食にしてしまうからである。ロプ・ノールの住民は春だけでなく、秋の飛来のときも、また夏でも幼いカモやガンをねらってこの罠を利用している。からだに散弾の傷をもつカモが罠にかかったこともあった。ロプ・ノール住民は、「これを見てわたしたちは、鳥があなたたちの国へ飛び、そこで散弾で撃たれたものであることを前から知っていたのです」と語った。

この年は冬が比較的に寒く、また春がおそかったため、タリムとロプ・ノールでは一八七七年の春よりも解氷が遅れた。一八七七年にはアブダル付近のタリムは二月一六日に解氷した。ただしこのときは、その月末までのあいだに寒さがぶり返し、川面にはときおり薄氷が張り、場所によっては一面に結氷した。今回は、タリムの氷はすでに青みがかり、ひびが入っていたとはいえ、三月四日まで氷上を歩くことができた。最終的に解氷したのは三月一一日であった。ロプ・ノールの場合も同じであった。一八七七年春、この地の氷は三月四日ごろすでに、かなりとけていた。完全に解氷したのは三月一六日の嵐によってであった。しかし今年のロプ・ノールでは、二月末でもまだ完全に結氷しており、三月一〇日ごろやっと岸の近くがとけてところどころに水面を現わし、氷が姿を消したのは三月末であった。

タリム川でもロプ・ノールでも冬の氷は、太陽の暖かさによってとけた。この場合、嵐の後に氷面に積み上げられる砂塵も大きな役割を果たしている。砂塵は太陽の熱を受けて氷の中へとけ込み、したがって氷面は穴だらけになる。それに春、とりわけタリム川の氷は底のほうから水に浸食される。このような上下両面からの作用によって、崩壊する前のロプ・ノールの氷は、ハチの巣のようになり、簡単に小さく割れて太陽にとけてしまうのである。
タリム川下流部では、秋の薄氷の場合を除いては、一般に氷の浮流は見られない。解氷直後のタリム川の水は、いくぶん濁りを増し、上流部の小川の解氷によって幾らか増水する。このタリム川の水は側面に掘られた水路を流れて、ほとんど水の残っていない、あるいはまったく干上がっている人工湖を満たすのである。

三月中旬、タリム川が解氷し、ロプ・ノールの大部分に水面が現われたころ、わたしたちはこれまでの狩猟法をとりやめ、それの代わりに夕方の待ち伏せ猟を行ないはじめた。これはたいして成果は上がらなかったが、きわめて魅力に富むものであった。この猟にとって好都合な場所は幾つかの湖の中間地帯であった。ただしその湖はカモのよく来るところでなければならない。それに、待ち伏せるのに都合のよい、アシのはえた乾燥地が必要であるが、これは水面近くであってはならない。というのは、水面に鳥が撃ち落とされれば、犬でもいないかぎり、取り寄せることができないからである。

わたしたちは日没と同時に、二人または三人ずつ組を作って、それぞれの待ち伏せ場所へ行き、アシの上に腰を下ろした。明るいあいだは、カモが用心深いので、よく隠れる必要があった。少しでも目だたないように、帽子もとったほうがよいことは言うまでもない。しばらく待つうちに、カモの群れが飛来する。そここに、カモが一羽、二羽、あるいは小さな群れをなして飛び過ぎるが、まだ遠すぎたり、高すぎたりする。射程へはいって来るまで待ちきれるだろうか。そのうちに尾の細い一つがいのカモ、あるいは数羽の雄ガモが雌を追って猟師のほうへまっすぐに飛んで来る。猟銃を構えて、いっそう姿勢を低くする。しかしその用心は余分である。鳥は危険に気づかずに、ゆるやかに猟師から数十歩のところを飛んでいる。一瞬、銃口が火を吹く。すると一羽のカモは糸球のように地面に落ちて来る。急いで散弾をこめ、次に飛来するカモを待つ。しかし、カモがすぐに現われなければ、いま落ちたカモを拾って、再び待ち伏せる。再び前後左右を緊張して見守る。隣の組の銃口から長い火が吹き出たと思うと、銃声が響き渡る……。湖面に下りたカモどもは再び混乱に陥る。そのうちにも夕闇は刻々と深まり、カモはますます低く静かに飛ぶようになる。銃声はますますひんぱんに聞こえはじめる。近くの沼地ではそのころ盛宴がたけなわである。とりわけガンの場合がそうで、ガアガアという高い鳴き声は一瞬もやむことなく続いている。そのほかカモの雌雄が互いにのど笛をならし、サンカノゴイがときおりグウグウと鳴き声をたてる……。すべてがただ一つの目的を追って忙しく、喜びに満ちて立ち回っている、繁殖という自然の大目的を追求して——。

いつのまにか一時間あまりが過ぎ去り、夕やけは消えて、空には一つ二つと星がまたたきはじめる。もはや暗くて射撃することはできない。そこで、撃ち落としたカモをになって仲間たちといっしょに宿営地へ帰るわけであるが、その途中互いに成功談や失敗談に花を咲かすのである。好調のときわたしは、夕方だけでカモを八羽落としたことがある。

タリム川の氷がとけ、湖の水面が広がり、日に日に暖かさを増すようになると、ロプ・ノールの羽根をもつ客たちは、さらに遠くへ飛び立つ時期の来たことを知る。そして渡り鳥の群れは、今度は真北へ、砂漠と山々を越えて人煙まれなシベリアの大地へ急ぎはじめる。そこでさすらいの鳥の多くは自分たちの夏を越す場所を見つける。その中の一部はさらに遠く、深山や大河を越えて北氷洋岸の荒れたツンドラに、あるいはその島々に下りたち、短い夏を過ごすのである。北国の夏はまたたくまに過ぎ去り、鳥どもにとって再び飛び立つべき季節がやって来る。鳥どもは愛着のある場所を捨てて再び南へ向かうが、しかしもはや春ここへ移って来たときほどの喜びもなく、またそれほど急ぐこともしない。万やむをえない理由でいやいやながら故郷を捨てたもののように、ゆっくりと、ときどき大休止をしながら飛ぶのである。

ロプ・ノールから鳥が飛び立った日は、今回も一八七七年の場合もほぼ同じように、三月の初旬にはじまって、その中旬が最盛期であった。昼間飛び立つ群れはあまり目だたなかったが、夜間はほとんどたえまなく、上空で羽音が聞こえた。三月一七日にはロプ・ノールのカモの数は三分の二に減り、三月二一日になると、いちばん多いときの一〇分の一も残らなかった。ガンはあまり急いで飛び立たなかった。この鳥の多くはロプ・ノールに残って、ここに巣を作るからであろう。三月の後半になってからも、もちろん比較的少数ではあったが、遅れたカモとガンの群れが飛来していた。

三月中ごろから小さな鳥、部分的には渉禽類が飛来しはじめた。ロプ・ノールの渉禽類は、渡り鳥としても、ここで巣を営むものとしても、きわめて乏しい。ロプ・ノールとタリム川下流部に飛来する夏の鳥のうち、割合よく巣を作るのはソロコプート(モズ属)、ウグイス、ツグミ、カムィショフキ、ムクドリおよびツバメである。

わたしたちはこの年ロプ・ノールとその近辺で、全部で一七種類の鳥を観察した。一八七七年三月の場合は今回より二種類多かった。三月下旬から四月初めにかけて、ロプ・ノールへの鳥の飛来は目だって少なくなった。このころになると嵐の日が多くなり、大気中には砂塵が充満した。粉のように細かくて粘着性のあるこの砂塵は、灌木といわずアシといわず一面に積もり、これが目の中にはいるのでアシの茂みを分け入ることもできなくなった。アシの上を飛ぶ鳥をねらって撃つと、この砂塵がもうもうと舞い上がる。背の低いソリャンカの中を歩くだけでも、乾燥した夏の道路のように、高く砂塵が立ちのぼるのである。

三月中旬は上天気に恵まれ、夏のように暑い日もあった。このときには、ロプ・ノールはいっそう活気づいた。カモの数は日に日に減少したとはいえ、そのかわり残った鳥は新たに飛来した仲間とともに、いちだんと春らしくほがらかになりはじめた。タリム川や氷のとけた湖面では魚がはねはじめ、いたるところにクモ、ハエ、トンボ、さらには蚊が大量に姿を現わしはじめた。住民の話によると、蚊はやがてものすごい群れとなり、夏のあいだを通じてこの地におけるきびしい鞭となるとのことである。

いまやわたしたちにとってとくに魅力あることは、夕方の待ち伏せ猟のほかに、同じような方法の明け方の猟であった。これはおもに、ガン、アオサギなど岸から遠く離れる用心深い鳥を目的として行なわれ、したがって待ち伏せ場所もアシの茂みの奥深くが選ばれた。猟の成果はそう自慢できるほどではなかったが、全体の状況が独特で、また興味深いものがあった。

……前の日の夕方から猟銃、弾薬、狩猟服などが用意される。最終交替の不寝番に、東の空がわずかに白みはじめたら起こしてくれるように頼んでおく。夜の過ぎるのはまたたくまであるが、不寝番の呼ぶ声に元気よく応じてとび起きる。急いで着物を着て、ぐっすり眠り込ん

カラクルチンのウイトゥン部落

でいる同僚の姿を横に見ながら静かにユルトを出る。東の空にかすかな明るい帯が見えるが、まだ鳥の鳴き声も聞こえない。ときたまガンとサンカノゴイののどを鳴らす音が聞こえるだけである。待ち伏せの場所へ急ぐ。そこまでの小道はないが、暗がりの中でも、渡るべき溝やアシの茂みの場所をよく知っている。途中、足音に驚いた数羽のガンやカモが羽音をたてて飛び立って行く。いよいよ目的地に着く。水とアシのあいだの湿った狭い場所だ。前日、アシで水面のほうから見えないようにアシの柵が作ってある。帽子をとり、アシの上にすわる。待つほどもないうちに、東の空はすでにかなり明るくなり、鳥が一羽、一羽と目をさましはじめる。ガンのガアガアという鳴き声がしだいに大きく、しげくなり、アシの中で鳴くオオバン、サンカノゴイ、クイナなどの音がにぎやかになりはじめる。それからもう少し明けると、ヒバリ、ツグミ、モズなどが歌いはじめ、さらに聞き苦しいカラスの鳴き声、たいくつそうに飛ぶカモメやアオサギの鳴き声が混じりはじめる。ロプ・ノールの歌い手は多様でも豊かでもないが、しかしこの荒れた土地では、これをもって充分満足することができる。とにかく、ここには生命がある。それは不毛の砂漠における死の沈黙ではない。そこでは永遠の静寂を破っているのは風のうなりだけである……。

しかし猟人は自然を楽しんでばかりもおられない。彼は獲物を捜して、耳を澄まし、四方に気を配らなければならない。カモが何度か待ち伏せ場所の真上を飛び、目前の水に下りることさえある。しかしそれには関心を示さない。ガンが一つがいで、あるいは小さな群れをなして一つの場所から他の場所へ移動する。先頭の雄ガンが仲間を安心させるかのように鳴き声をたてる。しかし、こうした指導者の中の一羽は道を誤り、その群れを破局の場所へ導く。猟人は自分の獲物に気づき、いっそう姿勢を低くしてチャンスをうかがう。鳥がほとんど頭上に来たとき、急いで銃を構える。朝の静寂を破る銃声が一発、また一発。すると空からずしりと重いガンが一羽水面に落ちて来る。他のガンは大きな鳴き声をたててあわてて逃げ去る。他の鳥も銃声に驚いて、無我夢中で四方八方へ散って行く。そのあいだに猟人は銃に新しい弾薬を詰め、次の獲物を待つのである。混乱の中で、ガンが再び猟人の真上に飛来することがある。すると再び銃声が響き渡る。それからしばらくすると、すべてがしだいに落ち着きを取り戻し、また以前のようにほがらかになるのである。

そのうちに太陽が上る。それはロシヤにおけるように明るく輝くことなく、何か濁った円板のようである。はじめは砂塵の大気の下層を通じて、その輪郭もほとんど見えないほどである。しかし上層では空が澄んでおり、ところどころに羽毛のような雲が浮かんでいる。早朝とはいえ、かなり暖かい。回りは水と湿地であるのに、露はない。朝日が上ると、カモの群れがロプ・ノールに沿って飛びはじめる。これは遅れて北へ向かう組である。なかにはこの地へ飛来したばかりのものも見られる。こうした群れは普通射程外を飛んでいるが、その羽音は強風の音に似ている。現地の鳥は低く、急ぐことなく飛び、しかも一定の方向に長く飛ぶことはない。わたしたちは相変わらずカモをねらうことはしない。まれに赤いくちばしのカモの群れに一、二発射つことがあるだけである。標本用に白いアオサギと大カモメをねらったが、この鳥はロプ・ノールでは少ない。朝七時ごろまでまったくむだに待つこともある。

9 ロプ・ノールからケリヤへ

善良なロプ・ノール住民のあいだで五〇日間も生活した結果、わたしたちは充分に体力を回復することができた。チベット高原冬期旅行のあらゆる困難の後であり、また、これまでとはまったく性格の異なる地域の調査へ出発する直前であったため、この休養はとりわけ重要な意義をもっていた。いまや、わたしたちの探検旅行の第三期がはじまった。これは東トルキスタンから探検旅行の終着点にいたるものである。この区間では、これまであったような諸条件のほかに、その住民に関連する二つの事柄がわたしたちにとって重要な役割をもっている。原住民の好意とシナ人の相変わらずの敵意――これである。わたしたちは前者を利用して後者をできるだけ無視し、これまでと同様に幸運に恵まれて与えられた任務を無事に遂行することができたのである。

はじめ、ロプ・ノールからの出発を三月下旬より以前に予定した。わたしたちは、もう一度経緯度の測定を行ない、タリム川を小舟で下る必要があった。測定のほうは問題なく遂行したが、舟の旅は、まる一週間続いたはげしい嵐のために、しばらく実現できなかった。やっと嵐がおさまったところで、わたしはロボロフスキー、通訳、カザクを伴い、ほかにクンチカン・ベクとその側近も同行して、数隻の小舟に分乗してウイトゥン部落へ向かった。ここへカラクルチン住民を呼び寄せて写真をとることになっていたのである。直接カラクルチンにおもむくことは、いまのわたしたちにはできなかった。出発を急いでいたし、それにいまはタリム川が砂塵におおわれて、そこまで達することは困難であった。写真をとらせてくれた人にいくばくかの礼金を払い、ウイトゥンでサンカノゴイとオオバンの鳴き声を聞きながら一夜を明かし、翌日宿営地へ引き返した。宿営地では、わたしたちの六四頭のラクダもジャハン・サイ川から帰り、出発準備が終わっていた。ラクダは、かなり良好な牧草に恵まれていたにもかかわらず、少しも肥えていなかった。休養しただけであった。

最終的な準備にもう一日を過ごし、一八八五年四月一日にロプ・ノールを出発した。一八七七年の旅行のとき出発したのと同じ日である。春のあいだずっと猟をして過ごし、住民の好意の中で生活したこの地に別れを告げることは悲しかった。住民は一人残らずといってもいいほど、近在の部落から出て来てわたしたちを見送った。クンチカン・ベクは自ら、数日間わたしたちの道案内を勤めることを申し出た。

わたしたちの行く先はまずロプ・ノールから一〇〇キロの地点にあるチャルクリクであった。わたしたちはこの間に三日を要した。この地は大部分が不毛の砂漠であったが、それでも、他地域とは異なる特徴をもっていた。新アブダル部落から南へ一〇キロほどのあいだは、まったく不毛の塩地の平原であった。これはロプ・ノールとカラ・ブラン湖に沿って東と西へのびていた。この平原はかつて、上記の両湖の水におおわれていたと考えることは充分可能性がある。当時二つの湖はつながっていたであろう。この平原に続いて丘の多い粘土と砂の地帯が現われる。ここにはタリム盆地のほとんどあらゆる種類の灌木が見られる。

この灌木地帯にキャラバンを進めることはたいへん困難である。もろい土が一瞬のうちに砂塵となって舞い上がり、目の中にはいり込むのである。一五キロほど歩いて、わたしたちが塩気のあるトゥレク・クリの泉に達したときはほんとうにうれしかった。この泉はかつて偶然にロプ・ノール住民によって発見され、発見者の名が冠せられたのである。翌日わたしたちは、約四キロのあいだ同じような灌木地帯を進み、やがてアルティン・ターの山麓から広い帯となって続く不毛の小石の原へ出た。わたしたちは灌木地帯とこの原との境い目を通過した。道は前よりもずっとよくなってきたが、はげしい北東風が砂塵を黒雲のように運んで来た。しかしさいわいなことに、それはわたしたちの背後からであった。夜は灌木地帯の縁辺、ヤンダシュ・カク泉の近くで宿営した。この泉は小さな二つの穴からできていたが、まったく砂に埋もれていた。わたしたちはそれを掘り起こして、少量の水を分けて飲んだ。翌日はひんやりした天気で、二時間ほど軽く雨が降った。このため灌木に積もっている砂塵はいくぶん洗い落とされた。午後は雷まで鳴った。この地域としてはきわめて珍しいことである。二日間で砂礫の平原を四二キロ進み、翌朝チャルクリクに到着した。

　トルコ語で村のことをキシュラク（キシュとは冬の意で、本来は越冬する場所の意）というが、チャルクリクはキシュラクの一つである。わたしは一八七六年末にこの地を一度訪れたことがある。この村は、ここからあまり遠くないアルティン・ター山脈またはチャメン・ター山脈の北斜面に発してチェルチェン・ダリヤ川に流入する同名の小川に面している。今世紀の中ごろケリヤ出身の人々によって創建された。この地は、住民の話によると、チェルチェンからガスへいたり、そこからアルティン・ターをへていまのチャルクリクへ出たケリヤの猟師によって偶然に発見されたと言われる。ここで彼らは古都のくずれた城壁を発見し、またくずれ落ちた小屋の中で多くのこわれた紡車を見いだした。紡車はトルコ語で「チャルフ」と呼ばれる、村の名前もこれに由来している。当時、住民はこの地にも、ここからチェルチェンまでのあいだにもまったく見られず、ただ多くの野生のラクダがさまよっていた。またこの当時、ロプ・ノール住民はまったく孤立して、ほとんど原始的な生活を送っていた。同じケリヤの猟師たちはチェルチェンにいたる途中もう一つの廃墟を発見し、その仲間の名前（ワシュ）にちなんでワシュ・シャフリ、つまり《ワシュの町》と名づけた。猟師たちが家に帰ってこの話をしたところ、ケリヤ住民の数家族がこの地への移住を希望した。この中にポラト・ベクという者がいて、いまのチャルクリクで穀物を植え、アルティク（灌漑水渠）を掘って果樹を栽培した。後に、このポラト・ベクはアクサカル（郷長、文字どおりには白ひげの意）となり、わたしたちのチャルクリク滞在中七〇歳で死亡した。

　現在、住民の生業は農業を主とし、一般牧畜も行なわれている。小麦、大麦、トウモロコシのほかタバコ、綿花、スイカ、ウリ、ネギ、ニンジンなどを栽培している。果樹としてはアンズ、桃、スモモ、ブドウ、ザクロなどであるが、ブドウとザクロは非常に少ない。土質があまり塩分を含んでおらず、これを充分灌漑しているため、穀物も野菜もたいへんできがよい。そのほかチャルクリクの住民はロプ・ノール住民と同じように、キツネ、ヤマネコ、オオカミ、ハラ・スルタ、山地ではテンなどを罠《わな》で捕獲している。罠は冬のあいだ多数仕掛けられ、この地のネコや犬の多くが足に罠による傷を受けているほどである。

わたしたちはチャルクリクの住民のあいだで、一人の精神薄弱の聖者に出会った。彼は自らをイマム・ラッバヌーの後継者と考え、八人の弟子を持っている。住民の言によると、ケリヤに住んだ彼の祖父エイサ・ホジャは、その信仰と奇跡によって有名であった。ある日祈禱の最中に、彼の口からとつぜん炎が出て寺院の一隅を燃やしてしまった。彼の死にかたもまた不思議であった。死者は一八一四年ケリヤに恐るべきコレラが発生した。死者は多く、赤ん坊は死んだ母親の乳を、死んだとも知らず吸っているような惨状であった。そのときエイサ・ホジャは民衆を集めて、この病気は神からの罰として下されたが、彼一人がみんなの身代わりになってこれを甘受するのだと言明した。それから自分の葬式の処置をとり、その病にかかって死んだ。伝染病はそれっきりあとを絶ったのである。

チャルクリクはその地理的条件によって寒冷なロプ・ノールの影響を受けず、植物はいかにも春らしく生育している。畑地は緑がかり、トグラクの木にはつぼみがふくらみ、庭ではアンズが花を開いていた。またサソリや大トカゲおよび多くのダニが姿を現わした。ダニは地面をいたるところはい回り、かたまりになってわたしたちのラクダの裸の鼠蹊部に食いついた。かわいそうなラクダにはまた新しい災難が一つ加わったのである。

わたしたちはチャルクリクで若干の食糧を買い入れた。これを通じてわかったことは、この地の住民が素朴なロプ・ノール住民とはまったく違うということである。わたしたちはここで復活祭を迎えたが、客はクンチカン・ベクであった。しかし彼ともやがて最終的に別れなければならなかった。わたしはチェルチェンまでの新しい道案内として、一八七七年一月のアルティン・ター調査のときわたしの案内役を勤めたセイフィという人を雇い入れた。ところが出発の前夜とつぜん嵐が吹きはじめ、まる一日予定が遅れた。大気はもちろん砂塵で充満し、それに濃霧が加わって、二歩先のわたしたちの白い天幕が見えないほどであった。風を防ぐために重い荷物を積み上げて天幕を囲み、そのすそをこれに結びつけたけれども、それでも吹き飛ばされそうであった。夜のあいだに荷物といわずわたし自身といわず、すべてに厚く砂塵が降り積もった。朝、目をさますとき、まぶたも重いほどであった。鼻も耳も同じように砂塵でおおわれた。それに、嵐につきものの寒さが押し寄せ、四月七日朝チャルクリク・ダリヤが氷結するほど冷えた。それから一昼夜後、日の出の時刻の気温はマイナス五・一度Cを示していた。一般に三月末以後、嵐の季節を迎えてから後は、天気の状態は大別して二とおりであった。一つは穏やかな暑い日であり、もう一つは嵐の吹く寒い日である。

　わたしたちはゆっくりと、四日かかってチャルクリクからワシュ・シャフリまで八二キロを進んだ。この地は、近くのアルティン・ター山脈から流れる同名の川のほとりにある。この川が増水したときは、水はチェルチェン・ダリヤまで達するが、減水のときは、それにいたる手前の塩湿地に消えてしまう。ワシュ・シャフリの肥沃な黄土はいまのところ十数ヘクタールほどしか耕されていない。残りの土地はすべて太いトグラクの木とジャングル（茂みの意）におおわれている。

　わたしたちの近くには六家族が住んでいたが、この人人は四年前コータンとケリヤから、「役人から少し離れようとして」この地へ移住したとのことである。ここから南西へ七キロのところに古都の廃墟が見えるが、この地の川はかつてこの廃墟をも潤していたと思われる。いまではその跡に円錐形をした高さ八―一〇メートルの砂と黄土の小丘が立ち並び、その上にタマリスクがはえている。ところどころの広場に粘土小屋の跡やまれには焼いた煉瓦が見られ、また土器の破片や人骨も散らばっている。ときどき、銅銭も落ちている。場所によっては白《トポ》楊《リ》やアンズの枯れた幹も残っている。この古都がいつの時代のもので、誰がそこに住んでいたかについては、住民はまったく知っていない。

　ワシュ・シャフリのトグラク林では、かなりの種類の鳥類を見かけた。タリム盆地のこれに似た林では、どこも同じ状態であろうと思われる。ウサギは多かったが、ネズミ類はきわめて少なかった。近くの砂漠にはハラ・スルタがおり、ジャングルの中にはイノシシも少なくなかった。イノシシは移住民の農作物をひどく荒らしている。爬虫類と両棲類はここでは見かけなかった。

水辺のトグラク樹はすでにネコにおおわれ、グミのつぼみは開きはじめていた。ところどころで草が緑の新芽を出していた。

二昼夜にわたる新たな強い嵐に妨げられて、わたしたちは最初予定した小旅行を実行することができなかった。大気は再び濃い砂塵におおわれ、気温は急速に下がった。四月一〇日午後一時の気温は木陰でも二九・三度Cであったが、その翌朝の日の出時刻にはマイナス二・二度C、それから三日後にはマイナス五度Cまで下がった。

ワシュ・シャフリを過ぎると流砂が現われ、チェルチェン・ダリヤの左岸沿いに広がり、やがてその右岸へも移り、アルティン・ター山脈まで続いていた。この砂こそは、タリム盆地の少なくとも四分の三をおおい、これを荒れた近づき難い砂漠にしているものである。

タリム砂漠の砂は、内陸アジアの他の部分における場合と同じように、長い塁壁または丘陵であったり、あるいは高さ五―二〇メートルの高い丘（砂丘《バルハン》）であったりする。風に面する側面は、いずれの場合も、ゆるやかな坂になって、しばしば中央部が高くなっている。砂は普通粒が大きく、よく固まっている。風の反対側では、とりわけ丘の場合には斜面が急で、断崖になっていることも珍しくない。砂もこちら側はさらさらとしてもろい。丘や塁壁の凸凹の配置、それに凸面の方向（これはおもな風向に対して垂直である）によって、少なくともタリム盆地の東部では北東からの強風が支配的であることがわかる。この強風は砂を南西へ吹き込んで、タリム川下流部が砂によって埋没しないように、あるいは河道がもっと北へ移動しないように守っているとも考えられる。

タリム盆地の流砂が、他の地域と同様に、文化の最も恐るべき敵であることは改めて言うまでもない。ここでは、西トルキスタンの場合と同様に、往時繁栄した多くの地域が消滅している。一般に文化的地域がますますせばめられ、流砂の地域がしだいに広がっている。

住民にとって運命的とも言うべきこの現象の原因は、この地の両盆地――ハンハイとトゥラン――が内陸アジア海の水におおわれていた地質時代以後の中央アジアの一般的乾燥に求められる。この乾燥は現在でも続いているが、タリム盆地ではこの進行はもっと早いと思われる。と言うのは、とるに足りない降水量は、高温と乾風によってひき起こされるはげしい蒸発にとうてい追い着かないからである（こうした考えかたは現在では学問的に認められていない）。ロプ・ノールについては言うまでもないが、現地の老人たちの記憶によると、かつて南の山脈から流れ出る幾つかの川の水量は、現在よりもずっと多かった。生活に必要な水分の減少と砂漠の威力の増大についてさらに雄弁に物語っているのは、かつての花咲けるオアシスや都市が砂に埋まっていることである。その多くについてシナの史書が述べているし、また一部はわたしたちが自分の目で確かめた。現地の住民の話によると、昔コータン、アクスゥ、ロプ・ノールのあいだに二三の都市と三六〇の集落があったが、いまは存在していないとのことである。また現地の伝承によると、クチャからロプ・ノールまで「屋根づたいに」行くことができたほどだという。いまは砂漠になっているタリムに、これほどにも人口が密集していたのである。コータン、ケリヤ、ニヤなど現在まで残存しているオアシスの住民たちは、いまでも毎年秋と冬に、嵐によって露出された古代集落址を捜しに砂漠へ出かけている。そこではまれに金銀まで見つかるという。また着物や毛氈のある小屋に出会うこともあるが、こうした織物は手をふれるだけで塵になって散ってしまう。宝捜しの人々は徒歩で出かけるが、しばしばラクダの背や自分の肩に、赤や青のぼろ切れをつけた竿をたくさん携帯している。この竿を高い砂丘の上に立てて帰り道の目じるしにするのである。こうした宝捜しの一人は、ニヤのオアシスから北へ進んで、タリムまで達したとのことである。

わたしたちはワシュ・シャフリから西へ六五キロ進んでチェルチェン川の中流へ出た。川はここまで流砂の中を貫流しており、相当な流速であるにもかかわらず、この地点の砂地に深い河道を切り開くことはできなかった。これはタリム川下流部と同じであった。そのかわり、同じく流砂からなる広い河床を、一方の岸から他方の岸へ往復しながら、曲がりくねって流れている。屈折して流れる本流のあいだには、少なくとも水の少ないときには、小さな分流や静かな水たまり、あるいは粘土の薄い層におおわれたぬれた小石などが見られた。

川岸の樹木や灌木はいたって貧弱である。樹木としてはトグラクがあるだけで、それも実にまばらである。この節くれだって見苦しい格好の木は、高さ一〇—一二メートル、まれに一五メートル、太さ五〇—一〇〇センチである。樹皮にはほとんど割れ目ができており、老樹の場合はそれが下へたれ下がり、砂塵におおわれている。皮を傷つけると、汁のかわりに塩分を含む白い塵状《ナリヨト》のものが現われる。この丸太を何かの用材にすることは不適当である。生育した木は普通内部に空洞をもっている。トグラクの老樹にはほとんど先端と小枝がなく、いかにもぶかっこうである。地下水がなくなって、トグラクの林が全部枯れてしまうことがある。こうした枯木には一本の枝もなく、ゆがんだ柱のようにつっ立っている。空気が乾燥しているため腐ることはないが、幾つかに割れ、やがて砂塵に埋もれてしまう。トグラクの木が美しいのは若木のときだけである。ことに、それが塩分を含む黄土にはえ、充分に地下水を補給されているときがそうである。その場合はこの木も築用材として役に立つのである。

灌木と草はすべて厚い黄塵におおわれ、ふれれば必ずこれをかぶることになる。それに地面は灌木の茂みのあいだでもトグラク林の中でも、全部が砂と黄土である。この土はかなり堅い塩分を含む殻におおわれるか、あるいは灰のようにさらさらとしているか、どちらかである。木の下にはどこでも、嵐で折れた小枝や枯れ葉がうず高く積まれ、強風がこれをころがすと、まるでそれが石でできているような堅い音を出す。チェルチェン・ダリヤの植物は、わたしたちの訪れた四月中旬においてさえ、荒寥とした景観を示していた。日陰で三〇・八度Cという暑さでありながら、緑らしいものはほとんど目につかなかった。ただ、ところどころの湿地にアシがわずかに芽をふきはじめ、トグラクとオブレピハ(グミの一種)が目だたない花を咲かせているだけであった。春の花やチョウのかわりに、多くのサソリがはい、風のない日には蚊の大群がうなっていた。大気もまた、少しもましとは言えなかった。たえず濃い砂塵が充満して、それが地平線の遠くを見えなくし、近くのものを黄灰色に染める。空はほとんどいつも曇っている。太陽が姿を見せるとしても、光沢のない円板のようである。しかも暑さのほうは情容赦もないのである。

チェルチェン・ダリヤおよびその河谷一帯の動物界について見れば、ことに小さな渡り鳥の移動の最盛期であったけれども、はなはだ貧しいものであった。水禽類と渉禽類はほとんど見られなかった。その理由は、ここにはアシの茂る湖沼がなく、鳥が休んだり、餌をついばんだり、巣を作ったりできる場所がないからである。昼間にかぎらず、早朝でも、鳥の鳴き声を聞くことは珍しかった。流砂といわず、このみじめな川岸といわず、墓場のような静寂が支配していた。

それ以後チェルチェンにいたるまでのわたしたちの道は、ずっとチェルチェン・ダリヤの左岸に沿っていた。この道をキャラバンで行くことはなかなか楽でなかった。とりわけ川に迫っている砂丘を越えるときがそうであった。夏のあいだは、どうしようもない暑さと蚊の大群のために、さらに条件は悪くなるのである。

わたしたちは一日に少しずつ、ゆっくりと進んだ。ときおり、付近をもっと詳しく調査するために、全日の休止をはさんだ。しかし残念なことには、植物、動物のいずれについても学問的な成果はほとんどなかった。チェルチェン・ダリヤにおける魚とりだけが、わたしたちの貧しい採集を幾らか補ってくれた。ここの浅い入江で小魚のほかに、長さ一・二メートル、重さ一三・五キロのチョウザメをとることができた。

魚とりには、宿営地からそのままはだしとシャツ一枚になって出かけた。粘土と砂の河床はビロードのように柔らかく、またべたべたしており、はだしのほうがずっと好都合であった。流れをさかのぼって曳網を引くことは、まったく不可能であった。それでわたしたちは、網を流れにまかせ、これを駆け足で追いかけて浅瀬のほうへ引き上げた。静かな入江では、底がぬかっていて魚をとることができなかった。わたしたちは、この作業をしながら水浴をした。チェルチェン・ダリヤの濁流での水浴はとくに快適とはいえなかったが、この地の暑さではまんざらでもなかった。

午後一時の気温は日陰で三〇・八度Cであったが、四月二二日、二三日、二五日のよく晴れた静かな夜、とりわけ最後の夜はマイナス二度Cから二・九度Cまで下がった。こうした暑さのために、蚊とサソリが大量に発生した。無風のとき、蚊をのがれることは不可能である。わたしたちは夜間眠っているあいだサソリにかまれないように、天幕のすそにずっと土をかけた。さいわいにしてサソリにやられたことはまだ一度もなかった。

わたしたちがこれまで通過したチェルチェン・ダリヤ中流部には住民は見られず、途中、チャルクリクへ向かう小さなキャラバンに出会っただけであった。わたしたちはこのキャラバンの人々から、独特の喫煙法のあることを知った。これは旅行中に行なわれるもので、以前一度だけわたしたちの道案内がこの方法で吸っているのを見たことがある。喫煙者はまず一とかたまりの黄土を水に浸して、長さ三〇センチ、直径二・五―五センチのローラーを作り、この中央に、アシ茎を利用して穴を抜く。このローラーの一端に、一服のタバコをおけるくらいの小さなくぼみをつくる。そして、もう一つの端に、これとは直角に同じ直径の穴をうがち、これに先端をけずったアシ茎を差し込む。これがきせるの役割を果たすわけである。これは乾燥すると黄土が石のように堅くなり、なかなか丈夫な道具となる。喫煙の前にアシ茎に水を通して塵を洗うのであるが、彼らの話によると、管壁のぬれているときのほうが、タバコがうまいとのことである。やがて水を抜いてタバコを詰め、地面に腹ばってアシ茎を吸うのである。この道具は、キャラバンが休止しているあいだ、多くの道連れによって利用される。

チェルチェンの手前六五キロのところで、チェルチェン・ダリヤとその河谷の景観は、はじめは目だたないように、しかし後には急激に変化する。河谷は再び広くなり、トグラクの林はまばらになって、やがてまったく姿を消してしまう。タマリスクの茂みだけが残り、岸の低くなっている屈曲部やそこに形成される島にはオブレピハが密生している。それから先の上流では、アシのはえた湿地とかなり程度のよい牧草地が現われた。

わたしたちはタトランという部落で一日休養をとり、チェルチェンにいたる途中のバルィク・クル湖の近くで一夜を送った。湖には多くの死魚がころがっていた。チェルチェンの住民は毒をもって魚をとっているのである。わたしたちはここで、チェルチェンから来た人々に迎えられ、四月二六日、彼らの案内によってチェルチェンに着いた。ここでハキム(郡長)とアクサカル(郷長)によって出迎えられ、オアシスの中心から一キロ手前の柳の木陰に天幕を張った。

現在のチェルチェンの地は九〇年ほど前、ケリヤ、コータン、カシュガル、アクスゥからの移民によって創建された。わたしたちの収集した資料によると、ケリヤとコータンからの移民はマチン族を形成し、カシュガルとアクスゥの出身者はアルドビュルと呼ばれている（ただしいまではこの名称は用いられていない）。アルドビュルはアクスゥからカシュガルにかけて住むと言われる。マチン族は自分たちが東トルキスタンの原住民であると考えているが、彼らはチェルチェンからコータンのあいだおよび近くの山地に住んでいる。ヤルカンドにも見られる。彼らは頬骨が高く、鼻の下端が広く、それに顔の毛が少ないのでモンゴル型に似ている。アルドビュルのほうは、とくに中・老年の場合、セム族にたいへんよく似ている。両者とも、東トルキスタンの他の住民と同様に、トルコ語を話している。同じく住民の話によると、アクスゥの東にあるバイ、クチャおよびコルラの一部にはフラサーン族が住んでいる。これは、伝承によれば、遠い昔アフガニスタンから移住した人々で、とくに女性の美しさがきわ立っているという。この情報は無論確かめられる必要がある。しかしここで言えることは、東トルキスタン全域を通じて、住民に統一された同一のタイプは存在しないということである。この地域の住民は、アーリヤ人、ウイグル人、シナ人、チベット人、アラブ人、モンゴル人、西トルキスタンからの移民などが混じり合って形成された。東トルキスタンのオアシスが互いに孤立しており、しかも憎しみをもって勢力を競い合ったことは、これまで常に住民の統一を妨げてきた。それは今日でも、住民全体に通じる呼称ではなく、個々の都市やオアシスの名称で呼ばれている。

チェルチェン・オアシスには都市、あるいは城壁によって巡らされた区域はない。ヤクブ・ベクの治世に、この地に小さな粘土の堡塁が築かれたが、いまではすっかりくずれ去っている。商店もない。少数の住民が自分の家でものを売り、一週間に二度ほど市が開かれるだけである。住民の粘土小屋は、他のオアシスでも同じことだが、互いに独立した屋敷として、そう遠く離れることなくたち並んでいる。そのあいだには、よく耕され、アルィク網によって灌漑された狭い畑地がある。そしてこのアルィクも小屋も柳、グミ、トグラク、白楊などによって取り巻かれている。そのほか果樹園が作られ、リンゴ、アンズ、桃、桑、ナシ、ブドウ、ザクロなどが植えられている。住民の話によると、このうち実のよくなるのはリンゴ、アンズ、桃の三つである。

わたしたちがチェルチェンに到着した翌日から嵐が吹きはじめ、あいだに短い切れ目をおいてまる一週間続いた。とりわけ三日目がはげしかった。一時間ほどやんだと思ったら、その次には、それまでの反対側、つまり南西方向から恐ろしいほどの勢いで吹きつのった。大気中には濃密な砂塵が充満し、日の出のときの空は、まるで濁った火事明りのように色づき、その後も一日中濃い霧におおわれた。わたしたちの天幕は用心深く緊縛されていたが、それでも立っているのがやっとであった。風に向かって動くことも、呼吸することも、目をあけることもできなかった。わたしたちの宿営地は砂塵で厚くおおわれた。ずっとつながれて横になったままのラクダも例外ではなかった。

この嵐のおかげで、わたしたちのチェルチェン滞在は長くなった。それに、糧秣を補給し、今後の旅行の道案内を捜す必要があった。ところが、ここでわたしたちは、表面的にはこれまでわたしたちに好意を示していたハキムとアクサカルの側からの妨害を受けたのである。はじめ彼らは、住民が貧しく、去年が不作であったこと、ケリヤまでの道を知っている者がいないことなどのでたらめを並べて断わっていたが、やがて言葉に詰まって、シナ人から、わたしたちに糧秣を売ることを禁止され、道案内も出してはならないと命ぜられていることを公然と言明した。少なくとも、最悪の道を案内するように命ぜられていた。それから住民たちは、わたしたちと接触してはならず、わたしたちの質問に対して正確な情報を提供してはならないことを厳命されていた。違反者には死刑が待っていた。要するに、わたしたちがこれまでシナ領の多くの場所で経験したことの繰り返しであった。わたしたちとしても、こうした場合にこれまでとってきた処置をとるほかはない。わたしたちはハキムに次のことを言明した。わたしたちの支払う代金に対して、必要な糧秣をどうしても提供しないのであれば、力に訴えてでもこれを獲得する決心であること、また、もし道案内がいなければ、わたし自身が偵察によって道を捜して行くことになるが、その場合ハキムにもケリヤまでの道を覚えてもらうために本人がわたしたちに同行すべきこと、の二点である。チェルチェンのハキムはその弟であるアクサカルとも相談して、わたしたちの要求をいれることに決した。すなわち、わたしたちに羊、穀粉、馬の飼料となる大麦その他の糧秣と二人の道案内を提供したのである。ついでに言えば、チェルチェンの糧秣はたいへん高価であった。彼らは、少なくともわたしたちには高値で売った。

現在人の住んでいるチェルチェン・オアシスの近く、黄土丘や砂丘によって一部おおわれているまったくの砂漠のまん中に、昔の集落址がある。北から南へ七、八キロ、東西に約二キロのこの地域に塔、小屋、アルィクなどの跡が見られる。現地の伝承によれば、この地にはかつて時代を異にする二つの都市が存在した。そのうち古いほうの都市の跡は少し北寄りにあって、約三〇〇〇年前に勇士ルスタム・ダゲスタンによって滅ぼされた。新しいほうは九〇〇年ほど前アルタムィシュを司令官とするモンゴル人によって廃墟にされた。古都の最後の王はアプラプ・サラであった。この都市が最も栄えたのは、ノヤから七代目のシャーウシュ・ハンの時代であった。この王もその住民もみなノヤ教を信じていた。城壁の西側に大きな池が掘られ、チェルチェン・ダリヤの水が流し込まれた。池の回りには果樹、草花が植えられ、あずまや、立像などが建てられ、シャーウシュ・ハンも参加しての祭りが盛大に行なわれた。また、現在コータン付近の砂中に痕跡を残す広大な都市シャリスタンを創建したのも彼であると言われる。この讃えられたハンは、そこから遠くない場所で、彼の妻の父アフラシャブの命によって殺された。そこには流された血によって、プィル・シャーウシュ・ハンと呼ばれる草がはえ、いまでも原住民のあいだで薬草として用いられている。そのほか、伝説によれば、シャーウシュ・ハンには同じ教えを信じるルスタム・ダゲスタンという友がいた。ルスタムはシャーウシュ・ハンが殺されたときカブールにいたが、その報を聞いて、彼に忠誠を誓うイラン兵を集め、自分と自分の馬を喪服に包んで、シャーウシュ・ハンの復讐に向かった。そのとき彼は次のように誓った。「わたしは、友の死に対して復讐するまでは、剣と喪服を捨てない、またわたしは髪を切らないし、目から涙をぬぐうこともしない。」事実、ルスタム・ダゲスタンがその手兵を連れて東トルキスタンにはいるや、その全土を廃墟に化したのである。(1) 新しいほうの都市については、わたしたちは何らの伝説も聞かなかった。

現在のチェルチェンの住民はときどき上記の廃墟へい

ろいろなものを掘りに出かける。その時期は、砂を深く吹き起こすはげしい嵐の後が多く選ばれる。銅や金の貨幣、銀塊、衣服につける金の飾り、宝石（ダイヤモンド？ およびトルコ玉）、ビーズ、鉄製品、鍛冶屋の残片、銅器などが掘り出されるが、中でも興味深いのは古都のほうから打ち砕かれたガラス片が見いだされることである。新しいほうからは、チェルチェンの住民は自分たちの必要のために焼いた煉瓦を掘り出している。その際、墓や木棺にもしばしば出会うが、いずれの場合も、ミイラ化されていない遺体がそのまま実によく保存されている。これは土地と空気がきわめて乾燥しているからである。男子はたいへん背が高く、長髪をたくわえており、女性は一本または二本にしてたらしていた。あるとき、すわったままの姿勢をした一二の遺体をもつ墓が開かれたことがある。またあるときは、若い娘のはいっている棺が発見されたが、彼女の目は黄金の円板によって閉ざされ、頭には、あごから頭頂部にかけて黄金の薄板が結びつけられていた。からだには長いけれども狭い毛織物の服が着せられ、その胸は、直径二・五センチほどの数個の薄い金星で飾られていた。足ははだしのままであった。住民の話によると、棺の木材も、ときには実によく保存されていて、それをさまざまな細工物に利用することもある。墓の中には人間の遺体とともに馬や羊の骨も見られる。昔の集落や都市の跡は、このほか、チェルチェン・ダリヤの中流部全域にわたって残っていると住民はわたしたちに語った。

ここでついでに、クテク・シャフリと呼ばれる一古都のことをつけ加えよう。住民は、この場所がタリム川の右岸、アフタルマ部落対岸の砂中にあると言っている。伝説によれば、この都市はかつて広くて、豊かであった。住民は異教（仏教？）を信じ、その寺院は壮麗に飾られ、円柱の一部は純金で作られていた。いまの東トルキスタンにイスラム教が広められるころ、一人の熱心な伝道者はこの都市の領主と住民に予言者の教えを受け入れるように勧めた。しかしこの勧誘は受け入れられなかった。そこでこのイスラム教伝道者が神に祈った結果、恐ろしい嵐が起こり、神を信じないこの都市を砂に埋めてしまった。しかしその住民は滅びなかった。伝説によれば、彼らは現在でもケンディリの根を食べて生きている。彼らのニワトリも生き残り、砂の下からときおりオンドリの鳴き声が聞こえるという。

チェルチェンからケリヤへいたるわたしたちの道は、かなりのあいだルスキー山脈のふもとに沿っている。この山脈はアルティン・ター西端の南でトクズ・ダバン山脈につながっている。ここから西南西へ四〇〇キロ、ケリヤ川による切断点まで達している。しかしこの山脈の一般的名称は、現地住民――彼らは山脈の個々の部分を、近くにある集落地の名称によって呼称しているだけである――においても、地図においても見られないのである。地図の場合は、今日まで無名の山脈があてずっぽうに書き込まれているだけであった。それも一八七六年わたしがロプ・ノール地域でアルティン・ターを発見してから後のことである。わたしは、最初の発見者の権利を行使して、わたしたちの前にある山脈をルスキー山脈と名づけた。

この山脈中で、万年雪におおわれた最高部は、その西端のチジガン川とケリヤ川のあいだにある。そしてケリヤ川の近くに、氷河におおわれ、標高六〇〇〇メートルを越えると見られる巨峰(ルシュ・ター)がそびえている。少数の川がこの荒れた近づき難い山地を流れている。この山脈の北斜面は浸食作用の産物を伴って、タリム盆地へ向かってゆるやかな傾斜をつくっている。この荒寥とした山麓平野の、少なくとも山地に近い部分には、ルスキー山脈の急流が深さ二五〇―三〇〇メートルの溝型の河床をえぐっている。山地から離れるにしたがって河床は浅くなり、流れはやがて流砂の地域へはいり、水量の続くかぎりこれをしばらく流れ、ついに消滅してしまう。

この山脈のおもな岩石は、少なくともわたしたちの調査した北斜面について見れば、花崗岩であった。そのほか閃長岩、珪岩、白雲石、珪板岩、石灰、粘板岩なども見られた。またこの山脈にはシナで珍重されている軟玉が豊かで、金も産している。ルスキー山脈の場合も、アルティン・ターと同様に、砂漠に面する側の中腹以下は、突出した花崗岩を除いて、一面に黄塵におおわれている。それにこの山脈は一般にアルティン・ターよりも高く、雪線を越える峰が多いうえに、大量の雪をもつチベットに近いため、夏の降水量は割合に多い。そのため黄土の堆積土が潤され、標高三〇〇〇メートルから三五〇〇―三七〇〇メートルのあいだには汁気の多い草地ができている。また山脈の西側半分のほうに雨が多く、そのため東側半分よりも幾らか肥沃である。しかしこの山脈は全体として、動物、植物ともに貧しい。樹木はまったく見られない。

山脈の住民はマチン族である。東のボスタン・トグラク川までは住民が少なく、この川の西部、とりわけニヤ・ダリヤ川から西に多い。彼らは羊を主とする牧畜を業とするが、少量ながら大麦もつくっている。ルスキー山脈のチベット側斜面について、ほとんど情報らしい情報を得ることができなかった。わたしの名を冠する山脈がこの山脈の東端にある雪におおわれた山群(ガスィンガ)に接するのであるか、それともトクズ・ダバン山脈につながるか、そのどちらかであるかも知ることができなかった。ただ一つ、ケリヤ川による断点の近く、したがってルスキー山脈の西端に、そこからチベット方向へ南東に走る大山脈のあることが、住民の話によって判明しただけである。

わたしたちは、ルスキー山脈には馬とロバとヤクの通れる幾つかの山道しかないことを知った。それもたいへんな難路で、ラクダで通れるところは一つもなかった。

このほかわたしたちは、この山脈の南斜面に沿って、昔ヤルカンドから西寧へいたる二輪車の道が通じていたことを知った。この道は、ヤルカンドからチベット高原に上り、上記の雪の山脈にかかる峠を越えてルスキー山脈の南麓沿いにガスの地をへて西寧に出たものと考えられる。トラン・ホジャの峡谷沿いに、ルスキー山脈を越えて前記の道に合するもう一つの二輪車の道があった。この二本の道とも、ずいぶん前から使われなくなり、年月によって荒れてしまったが、今日でもその道には二輪車の輪縁や鉄片、ときにはラクダの骨が散らばっているとのことである。

チェルチェンからニヤへいたる道には、北道と南道の二本があり、いずれも荷駄用である。北道は流砂に沿って西南西へ通じ、南道はルスキー山脈のふもとに沿う回り道である。

北路のほうがはるかに近道である。しかもそれはラクダ用の牧草にも薪にも恵まれた平原を通っている。この道の欠点と言えば、流砂のほかに、飲用水が少量でしかも不良であること、暑さがきびしく、しかも夏期には蚊やハエが多いことである。そのため夏期にはこの道を通らず、回り道であっても南道のほうを選ぶのである。南道の場合は、水は多いが牧草が少ない。しかも深い峡谷を横切ることになり、荷駄のラクダにはことに難路となっている。

わたしたちがチェルチェンから出発する直前、通訳のアブドゥル・ユスポフが病気になってしまった。そのためわたしたちは、彼をしばらく現地のハキムに預けることにした。それから出発の前夜、道案内が二人ともどこかへ逃げてしまったため、さらに一昼夜出発が遅れることになった。新たに二人の道案内を雇い入れたが、そのうちアイサハンという名のアフガン人はなかなか気のきいた男であった。残念ながら、通訳がいないため――彼は一か月後にわたしたちに追い着いた――手ぶり身ぶりとわたしたちの知っている少数のトルコ語だけでは、多くを聞き出すことができなかった。

五月七日、わたしたちはやっとのことで、南道経由で出発することができた。はじめの一昼夜半のあいだに、水のないところを九三キロ進むことになった。しかもそのあいだは約一五〇〇メートルの上り坂であり、おまけに酷暑と流砂とが加わった。いつものことながら、道案内は距離を正確に判断することができず、この間を五五キロほどに計算した。しかし最初の日の昼ごろすでに、水のない道は、わたしたちがはじめ聞いていたよりもずっと遠いことを知った。そこでわたしたちは行進のテンポを速め、その日の夕方までに四四キロを消化した。道案内は、わたしたちから一〇回近くも聞き直されたことですっかり自信をなくし、今度は、泉までまだ半分も来ていないと言明した。わたしたちは彼の言葉を信用はしなかったが、しかしあまり愉快なことではなかった。わたしたちの携行している飲用水はあと一日分もないので、わたしは夜中に、カザク二人と通訳一人を元気なラクダに乗せて先発させ、泉までたどり着いて水を汲んで本隊まで引き返すように命じた。わたしたち本隊は明け方に出発し、二八キロ進んで休止した。ここで最後の水で茶を沸かし、水汲みに先発させたカザクの帰りを待った。わたしたちの馬と食糧用の羊は渇きのためにもはや動けず、したがってわたしたちはもはや前進することができなかった。午後三時ごろ、やっとカザクが桶二杯の水を運んで引き返して来た。わたしたちはそれを心ゆくまで飲み、ラクダを除く動物にも少しずつ飲ませ、あと二〇キロ進めば宿営地に着くという信頼すべき情報に励まされて先を急いだ。わたしたちが泉に着いたときはすでに暗かったが、思ったよりも疲れてはいなかった。

わたしたちが宿営したのはアチャンという部落の近くであった。これは標高約二七〇〇メートル、ルスキー山脈の東端、これがタリム盆地へ向かって急な下り坂になっている地点の泉に位置していた。部落の住民は六家族のマチン族からなり、羊の飼養とクロムギの耕作を業としていた。羊は、ロプ・ノール以後ずっとワルジュク種ではなく、背は低かった。アチャンの住民は、他の山地マチン族住民と同じように、黄土斜面に掘った穴を住居にしていた。

アチャンで一日を過ごし、次に一日行進した後、サルガンチ川岸でさらに二日間休止した。ここでわたしたちは、ルスキー山脈の東部北斜面について幾らか調査することができた。しかし宿営地を基地とするわたしたちの小旅行は近づき難い峻嶮をよじのぼるものであったが、学問的な成果は少なかった。山地の高所における植物はまだ芽を出しておらず、岩壁の下などにはまだ冬の雪が残っていて、サルガンチ川沿いの標高三二〇〇メートルの地点では、長さ二〇〇歩にわたって厚い氷が見られた。前山の日当たりのよい、風の吹きつけない場所に小さなディリスンが芽を出し、背の低いムレスズメが葉を開いていた。

アチャンからサルガンチまでの山道は、ラクダにとってたいへん苦しかった。しかし住民に聞いたところによると、この先コパまでは同じ状態が続くということなので、わたしたちはやむをえず北道を通ることにした。これは山地からかなり離れており、しかもかなりの回り道で、前半はひどい流砂地帯であった。そのかわりラクダにとっては楽な道であった。

この道を二九キロ進んだところで、わたしたちはカラ・ムラン川に達した。この川の源はサルガンチ川からながめられたルスキー山脈の雪の峰々かもしれないし、あるいはチベット高原かもしれない。これを確かめることはできなかった。

まもなく五月中旬であった。しかし天気のほうはとても五月らしくはなかった。朝は砂塵の霧がかかり、午後からは強い北東風が起こって、吹雪が砂を吹き散らすように、砂を吹きあげた。天幕も荷物もわたしたち自身

水汲み帰る

も、夜中まで砂をかけられ続けた。なかでもこたえたのは、わたしたちの目であった。

翌日はほとんど全行程にわたって、石の多い難路を通った。わたしたちはカラ・ムランから一〇キロのところで、その左支流ミト川を渡り、それから一五キロ進んでコパというところに着いた。これはルスキー山脈の前山にあり、金山として有名である。住民の話では、この地の金は前世紀初頭に発見され、盛衰はあるが、とにかく現在まで採掘が続けられている。鉱山の中心部は標高二五五〇メートルの地点にあり、石で積み上げられた数十軒の小屋がある。わたしたちが訪れたとき、ここには採掘作業を監督するシナ人の役人二人、アクサカル一人、ムッラー一人のほか数人の商人と労働者の一部が住んでいた。残りの労働者は黄土層に掘られた穴やそこにつくられた小屋に住んでいた。現在この金山で働いている労働者の数は五〇〇〇人足らずであった。ヤクブ・ベクの時代の労働者数は四〇〇〇〇人に達していたという。鉱山の大部分はシナ人によって、サルト人の商人——彼らも自分たちの労働者をもっている——に貸与され、一部はシナ人が直接管理している。労働者の多くは租税の滞納が原因で、強制的に近くのオアシスから連行されたものである。労働者たちは着物その他いっさいの生活用品を二倍、三倍の値段で買わされ、たえずその主人の債務奴隷となっている。鉱山の借り手は、賃借料のほかに、採掘された金の一部をシナの国庫に納入しなければならない。その代価として安く評価された銀貨を受け取る。その残りの金はどこへどうさばこうと自由である。政府直営の金は、監督官を通じて国庫へ納められるが、この役人の横流しがまた相当はげしい。労働者のあいだでは、死刑を含む厳罰があるにもかかわらず、盗人がたいへん多いという話である。しかし労働者同志はきわめて平和に暮らしているということで、喧嘩はまれであり、殺人はまったくないという。こうした現象は住民の性質が穏和であると同時に、アルコール類のないことが原因とされている。コパ金山の産出高については正確に聞き出すことができなかった。わたしたちの得た答は実にまちまちであった。かなり多いことは確かであろう。採掘の方法を観察することもできなかった。と言うのは、わたしたちがコパへ到着すると同時に、少なくともわたしたちにいちばん近い作業場では仕事が中止されたからである。それに、言うまでもないことだが、シナ人の命令によって、わたしたちの行動は終始監視されていた。わたしたちは彼らに余分な疑惑を起こさせないために、コパに一夜宿営しただけで、翌朝早く出発した。

これからのわたしたちの道は、長いあいだルスキー山脈のふもとに沿って通じていた。三八キロ進んでモルジャ川にいたった。この河床は標高二三五〇メートルのところにあり、峡谷は三つの沖積段丘に分かれて、深さ二五〇—三〇〇メートルに達していた。幅は二五〇—四〇〇メートルであった。この地にはラクダにとって好都合な牧草地があり、そのためわたしたちは二昼夜を過ごした。

わたしたちは川岸の段丘をやっとのことでよじのぼり、ルスキー山脈山麓沿いに進んだ。前夜の嵐で巻き上げられた砂塵のために、山の形はまったくわからず、測量も困難をきわめた。景観は相変わらずであり、植物の貧しいことも同じことであった。牧草にかかった砂塵は、ラクダに悪影響をおよぼし、そのため深い峡谷の上り下りでひどく疲れた。これまでにもすでに数頭を捨てたが、今回は一度に一一頭も、途中にあるマチン族の部落ウイ・ラクで現地のアクサカルに預けた。この部落は、山の近く、同名の小川のほとりに位置していた。

わたしたちはコパからこのかた、何度もニヤ、ケリヤなどから来る原住民の小グループに出会った。これらの人々はシナ人の目を避けて夏のあいだ《風の谷》へおもむき、そこのブグルクというところで金を掘るためであった。彼らの多くは、荷物を積んだロバ、まれには馬を引いて歩いていた。なかには自分でかついでいる者も見られた。

チェルチェンで雇ったわたしたちの道案内は何度も帰らせてほしいと申し出た。病気にかかったふりまでしたが、だめであった。しかしそのうちに、一人はほんとうの病人になったので、希望どおりに暇を出してやった。アフガン人だけはケリヤまでわたしたちと行動をともにした。

モルジャ川峡谷から七五キロのところで、これに劣らず大きなボスタン・トグラク川の峡谷へ出た。ここでわたしたちはまたもや、けわしい峡谷から抜け出るのに一苦労し、二日間で三六キロを消化して、トラン・ホジャの河谷へ着いた。相変わらず砂質ではあったが、道はよかった。それでも、さらに四頭の疲れたラクダを捨てることになった。残ったのは四五頭で、それも大部分がひどい状態である。ロプ・ノール出発からすでに一九頭目であった。

ボスタン・トグラク川からニヤ・オアシスまでのあいだには、もはやこれまでのように深い峡谷をよじのぼることはなかった。道ははじめ山から少し離れて走っており、やがてエヤク川から先は南西へ斜めに転じていた。しかしラクダが疲れきっているため、一日の行程をのばすわけにはいかなかった。砂塵の霧、嵐、不毛——これらは依然としてわたしたちとともにあった。ユルグン・ブラクおよびスゲト・ブラクという二つの小さな泉のそばで宿営したとき、黄土の小さな畑を耕しているマチン族の小部落を見かけた。彼らは、ときおり山からここまで流れ出る水でその耕地を灌漑していた。ユルグン・ブラクでは数人の山地マチン族の写真をとることができた。夕方、泉の水で形成された水たまりの上を多くのコウモリが飛んだ。それには三種類が見分けられた。

南側のチェルチェン街道の南一五キロの山中に、東トルキスタンでたいへん崇敬されている聖者イマム・ジャファル・サディクの姉が葬られているウンチェリク・パシム（またはウンチェリク・ハヌィム）の廟がある。これは泉のほとりに建っているが、その近くに約一〇〇の小屋があるという。近くのオアシスだけでなく、遠くカシュガルからも参詣者が絶えない。伝説によると、上記の聖者の姉は、彼女の生命をねらうマチン族に追われて山中に逃げ込んだ。いよいよ敵に追い着かれた彼女は、いま廟の建っている場所で、山に向かってハンカチを振った。すると山が開いて彼女を迎え入れた。その直後に山は閉じられたが、たいへん不幸なことには、彼女の背にたらした髪が扉にはさみ込まれてしまった。この髪の末端は今日でも信心者の目に見えているという。その同じ岩から泉がわき出ているが、その水は赤、白、黄の小さな方解石を伴っている。信心者たちはこの石をきわめて貴重なものと考え、山中にはいった聖者が人間の罪を思っていまに泣いている涙であると考えている。

スゲト・ブラクの近くでわたしたちは、二〇本の柳の大樹のはえている古い墓地（廟）に出会った。この木の高さは一二—一五メートルにすぎなかったが、幹の太さがみごとであった。多くは、地上すぐのところで幾つにも分かれ、ヘビのように曲がりくねって新しい根を下ろしていた。そのうち二本は根もとの周囲がそれぞれ一三メートルと一一メートルに達していた。もう一本は、地面に届くほど曲がっている五つの枝を広げ、周囲一三五歩の面積をおおっていた。この地の気候が柳の生育に適するのかもしれないが、それでもこの木の樹齢は数百年を下らないと思われた。

わたしたちがチジガンに着いたとき、ニヤ・オアシスのハキムであるナジム・ベクが数人の取り巻きを連れてわたしたちを訪れた。彼らはイスラム教徒の慣習に従って、ダスタル・ハン、つまり干しアンズや干しブドウ、パンなどからなるごちそうを持って来たのであった。一時間ほどして、彼らは帰って行った。アフガン人の道案内はなぜかこのハキムをきらっているようであった。通訳がないため、手ぶりを混ぜた幼稚な説明ではあったが、このベクは、領民からしぼり上げて私腹を肥やしているというのである。アフガン人は何かわたしたちによくわからない言葉を並べながら、右手の三本の指を立て、そのうちの一本を折って見せた。これはナジム・ベクが三分の一をシナ人に納めていることを意味している。それから彼は、あとの二本をふところにしまう格好をして見せたが、これはベクが私腹を肥やしていることを示している。

ついでに言えば、このよく気のきく道案内でも、他の原住民と同じように、距離の測りかたはまずかった。ことに行程の遠い場合がそうであった。道のりの単位は、西トルキスタンと同様に、一二〇〇〇歩を現わすタシュ（トルコ語で石の意。かつて大きな石をおいて距離を示したことに由来する）である。これは平均して約八・五キロである。しかしこの単位はたいてい不正確に適用されて、一タシュが五―八・五、さらには九・五キロまでのあいだを変動している。

わたしたちはチジガン川から、一日のうちに三八キロを踏破してニヤ・オアシスに着いた。途中は相変わらず、いくぶん傾斜した不毛の平原であった。ただ幾らか小石の多いことが目だった。ところどころ、峡谷の端末と見られる場所では、押し流されたごろ石の広い原を横切った。最後の一〇キロは一面にごろ石ばかりであった。途中はまれにレアウムリア、ブダルガナおよびスギナなどの孤立した茂みのほかは、植物らしいものも見られなかった。

タリム盆地の南西部に、コンロン、パミール、天山の山麓を大小の距離をおいて縫《ぬ》うように続くオアシス群は、ニヤをもってはじまっている。それらのオアシスはしたがって、肥沃な黄土を灌漑する水が山地から与えられる地点に位置している。つまりそれぞれのオアシスの大きさは、まず灌漑する川の大きさに依存している。東トルキスタンの主要河川には広大なオアシスが発達し、小さな川には小オアシスが見られる。前者は中心部である都市と大小の村落から成り立っている。この村落は広い地域に分散していることもあれば、一個所に密集していることもある。小オアシスの場合は、個々の耕地をもつ少数の屋敷から成り立っている。

オアシスのこの二つの型はともに同じ景観と特徴をもっている。住民のおもな生業は穀物の耕作と果樹つくりである。労働力が確保され、暖かい気候とよく灌漑されたきわめて肥沃な黄土に恵まれて、オアシスでは遠い昔から高度の農耕文化が発達した。住民は必要に迫られて、灌漑水渠《アルイク》をひくことにあらゆる努力を傾けた。アルィクは動物における血管のように細分され、耕地の各部分に生命を与えている。アルィクの交差あるいは分枝のしかたは、はじめての人には不思議に思えるほどである。それは、高さを異にして平行に走っていたり、木製の樋《とい》で上下に重なって導かれたり、さらには同じような樋が民家の平らな屋上を通ったりしている。水はいたるところで生命を運んでいる。それは土に水分を与えるだけでなく、新たな黄土を送り込んでこれを肥沃にしている。幹線のアルィクは、何キロも先の川から引かれる。この川がやがて同じオアシスを通るとしても、もはやその水で灌漑される畑や果樹園よりも低い位置を流れるのである。畑地の手入れは、果樹園や菜園は言うまでもないが、実にみごとである。土は、一つのかたまりもないように砕かれている。整然と畝《あぜ》がつくられ、その高い部分に種子がまかれ、低い部分に水が流し込まれる。いつ水を入れ、いつ流入を停止させるかは、細かいところまでよく知っている主人の決定することである。畑地は灌漑の便利を考えて、普通段々になっている。水を利用するときの順序はきびしく守られる。各オアシスでこれを監視しているのは、ミラブと呼ばれる特別の長老である。稲を植えた水田は、いちばん下の段にあり、常時水が引き込まれている。

民家《サクリヤ》や果樹園はもちろん、一本一本の木にいたるまですべてアルィクがひかれ、必要に応じて水を送ったり、停止したりしている。アルィクの岸には普通ポプラ、柳、グミ、桑などが植えられ、夏の緑陰を提供し、また薪ともなっている。住民は木をたいせつにしている。そして木も急速に生長する。ポプラは七、八年もすれば建築用材に使えるし、三〇―三五年もすれば高さ三〇メートル、二かかえほどの太さとなる。薪用としては高さ四メートルほどの木を切り、根もとの切り口が乾燥しないように粘土をぬりつけておく。この切り口からはまもなく新しい芽が出て、急速に生長して枝葉を茂らせる。とくに柳の場合がそうである。枯れ木は根から掘り起こされる。

オアシスの畑地では小麦、大麦、トウモロコシ、米、エンドウ、キビ、クローバ、スイカ、ウリ、タバコおよび綿などがつくられ、菜園ではネギ、アカダイコン、大根、ニンジン、キウリ、カボチャおよび食用の青野菜が栽培される。果樹園にはアンズ、桃、ブドウ、リンゴ、ナシ、スモモ、ザクロ、クルミ、ナツメ、桑などの木がある。またここには、しばしば小さな池(ボスタン)および花壇があり、バラ、アスター、ケイトウ、ホウセンカなどが咲いている。住居のそばの菜園は小さく、野菜のできもよくない。同じオアシスの果樹園は比較にならないほど広くてりっぱである。住民は果樹に細心の手を加え、みごとな果実を収穫している。残念なことに、住民はこの果実を熟しないうちにもぎ取ってしまう。熟したものを喜ばないのである。アンズ、桃、ブドウは乾燥され、あらゆるごちそう（ダスタル・ハン）の要素となっている。リンゴ、マクワウリ、ブドウは生のままで冬まで保存される。一般に夏の新鮮なくだものと冬の干したくだものは、住民の重要な補助食品となっている。

しかし、オアシスが全体としてどんなに魅力に富むものであっても――周辺の砂漠に比べるとそのコントラストはいっそうきわ立つのであるが――一歩はいればそこが貧困と欠乏に支配されていることがわかる。人口が多くて、しかも耕地の狭いことがその大きな原因である。少なくともコータン、チラ、ケリヤおよびその近くの小オアシスの場合がそうである。ここでは五、六人からなる一家族について、耕地は一・五―二ヘクタールにすぎない。普通それ以下である。この不足分は収穫の効率が高めることと二毛作、それに住民の控え目な食事によっていくぶん補われている。しかしそれでも多くの家族は、春以後新しい収穫まで一日一日の命をかろうじてつないでいる。そのころ、まだ熟していないアンズと桑の実がオアシスの多くの住民の食事になっていることはまだしも、わたしたちは、主婦が実りまではまだほど遠い麦の穂を摘んで、この一握りか二握りを家族の食糧にしている状態を見たことがある。このオアシスでは、桑の木につながれたロバやヤギが、終日、たまに落ちて来るその実だけを飼料にしている状態を見ることも珍しくない。あるかないかわからないほどの草地にもロバや羊がつながれている。また中には、住民が家畜を連れて一日中草を捜して歩いている光景も見られる。長い竿で柳の葉をむしって、これを家畜に食わせている人の姿も見られる。

羨望すべき状態とは言えない多くの住民のこうした生活は、支配者の側からのあらゆる圧制によっていっそうひどいものとなっている。高額の租税、富農による収奪、シナ人の圧迫などのために、オアシスの多くの住民は、豊かな果樹に取り巻かれた故郷の地にありながら、その生活は実にみじめである。幾世紀にわたってほとんど変わらないこうした状態の中で、大きな悪徳、たとえば盗み、殺人などが起きないことにむしろ驚かされるのである。

ニヤ・オアシスの住民は全体としてマチン族である。ただ彼らの多くは、金鉱山で働いたりしたため、肉体的、道徳的に退廃している。梅毒もかなり広まっている。これはシナ人によって持ち込まれたと言われるが、その絶滅対策はまったくとられていない。わたしたちは、この病気によって見るに耐えない状態に落ちている男女の姿にたびたび出会った。それに、ニヤの住民は一般に背が小さく、体格が貧弱である。彼らの着物は、とくに夏は、現地産の安い白木綿でつくられる。しかし一方では、チェルチェンでもそうであったが、色模様のある服も見られた。着物の種類はいずれも同じで、長いシャツとズボン、その上からハラートを着、腰には帯を締めている。足には、裏に鋲《びょう》を打っているチルキまたは長靴をはき、頭には黒または白の羊の毛皮製の帽子をかぶっている。

この地では農耕のほかに牧畜も行なわれている。オアシス周辺の湿地では多くの羊、ロバ、牛のほか、少数ながら馬も放牧されている。馬はほとんど例外なく雌馬と子馬である。雄馬と去勢馬はシナ人に取り上げられるからである。ニヤの住民は金鉱山へ出稼ぎに行く。たいていは、ニヤ・ダリヤが山地を離れる地点にあるソルガク金山へおもむく。この鉱山には、季節によっても違うが、七〇〇―一〇〇〇人の労働者が集まっている。

オアシスから六〇キロのニヤ・ダリヤに沿う砂漠に、原住民によってイスラムの聖者として崇敬されているイマム・ジャファル・サディクの廟がある。毎年、東トルキスタンの各地から多くの人がここに参詣している。

ニヤには固定した商店はない。ただ一〇日に一回この地でバザールが開かれ、ケリヤから商人がやって来る。その商品は住民の生活用品に限られている。ロシヤの織物もかなりはいって来ている（更紗《さらさ》、赤い綿織物、ネッカチーフなど）。そのほかロシヤの砂糖、マッチなども見られる。オアシスで生産される輸出品は何もない。ただソルガク金山へはここから家畜とパンの一部が補給されている。

わたしたちはニヤでまる一週間を過ごした。宿営地はニヤ・ダリヤの入江のそばにあったが、ラクダ用の牧草も多く、水浴したり、魚を釣ったり、申しぶんのない状態であった。住民はわたしたちに好意をいだき、ことあるごとにそれを示した。少年がしばしばわたしたちに、白と黒の桑の実を売りに来た。はじめは気に入らなかったが、やがて「口に合う」ようになり、これが欠乏している他のくだものの代役を勤めるようになった。

ニヤからケリヤまでは九九キロ、相変わらず荷駄用の道ではあったが、二輪車《アルバ》でもむりをすれば通れると思われた。はじめ水のない砂漠を五五キロほど進むことになった。しかしニヤ・オアシスの側へ寄っている広い砂漠は、この道からは少し離れていた。道は全体として良好で、砂嵐のときの用心に、地中にさし込まれた小枝によって道が表示されていた。わたしたちはこの行程を三つに区切って消化し、アウラスというところで宿営した。水がないので、わたしたちは携行の水を使った。ひどい暑さだったけれども（午後一時の日陰の気温三七・八度C、夕方八時の気温二八・七度C）、ラクダの調子は悪くなかった。翌朝早くヤスウルグン部落に着いたが、ここでわたしたちは、病気のためチェルチェンに残った通訳のアブドゥルを待って数日を過ごした。ケリヤでは、彼がいなければ困ると思われたからである。

ヤスウルグン部落は、荒れた砂漠の中で人に安らぎを与えてくれる場所であった。民家は全部で八軒、柳とポプラの植えられたかなり大きな池の回りに集まっていた。この池の水は、トゥマヤ川の続きである涸れ谷に、山から水が流れるときに引き込まれる。そのときに畑も灌漑される。この畑は全部部落の回りにあり、全部合わせても一〇ヘクタールほどしかないと思われた。粘土の住居のそばに、普通小さな果樹園があり、その外側にもアンズや桑の大樹が茂っている。中には幹の直径六〇センチ、高さ一五メートルに達するものも見られた。ヤスウルグン部落の住民はマチン族で、親切と善意に満ちていた。金山へ出稼ぎに行っている者はなかった。わたしたちの宿営地は池の岸にある桑の木の下に作られ、日に何回もその池で泳ぐことができた。わたしたちの滞在中も部落の生活はいつものように続けられた。女性たちは家事で忙しく、男たちは畑仕事や果樹の手入れ、アルィクの修理などに従事したり、なすこともなくぼんやりすわったりしていた。子供たちは素っ裸で砂上をころげ回って遊んだり、池で泳いだり、ときには喧嘩をしたりしていた。また彼らはサルのように桑の木によじのぼって、その実をとった。粘土小屋の近くではツバメがはしゃぎ、スズメがさえずり、ハトがくくと鳴き、オンドリが歌い、メンドリとひよこがのどを鳴らしていた。要するに、ここではわたしたちの国と同じ田園の生活が見られた。

わたしたちはこの部落で五昼夜を過ごしたが、そのあいだ住民たちとたいへん親しくなった。わたしたちが彼らを写真にとりたいと申し出たところ、シナ人に言わないという条件で承知してくれた。いつものように、女性のほうが男子よりも喜んで、またしんぼう強く写真機の前にすわってくれた。子供たちは、たいていは逃げてしまった。なかには泣く者さえあった。夕方カザクたちはアコーデオンを鳴らして歌を歌った。アコーデオンは東トルキスタンのいたるところで住民に大いに喜ばれ、この不思議な楽器のことは、わたしたち自身より先に遠方へ達し、わたしたちを迎えに出た現地の役人までが、何よりもまず「音楽が聞きたい」と頼むほどであった。

ヤスウルグンでわたしたちは、キャフタ出発以来の行程が六〇〇〇キロを突破したことを祝った。こうした祝賀は、これまでにも一〇〇〇キロ踏破するごとに、ありあわせのもので行なってきたことである。

ヤスウルグンの住民はわたしたちに、シナ人のナンセンスな心配や、わたしたちに対する彼らの陰謀のことを教えてくれた。シナ人は土地の住民に対して、わたしたちと親しく接触したり、真実を教えたりすることを禁じただけでなく、わたしたちの到着までにラクダ、馬、羊をみな山へ隠してしまうように命じた。またケリヤからチベットへはいるというわたしたちの意図を知って、現地のシナ人長官は、山の橋や道路を破壊させたとのことである。この同じ長官――現地では威厳をつけてアンバンと呼ばれている――はケリヤで、住民の貯蔵している穀粉を全部提出させ、これを八軒の小屋に集めて地雷を仕掛けさせた。もし住民たちがわたしたちの到着と呼応して反乱を起こせば、これを爆破するというのである。アンバン自身は襲撃を恐れて、護衛とともに数夜続けて市外の天幕で過ごした。またそれより前、ケリヤの官憲は、住民から腰にさしている小刀を取り上げ、この無害な武器をいっそう安全なものにするために、その先端を折らした。そのほかシナ人や住民たちは、わたしたちの

ケリヤ山地のマチン族

標本運搬用の大きな箱に、兵隊が隠されていると信じこんでいた。要するに、シナ人がわたしたちの行動を妨害するために流しているナンセンスなうわさや敵意ある行為は、かえって彼ら自身の憶病さを示し、住民の信頼をますます失っていることにすぎなかった。しかしいまやわたしたちにとって、東トルキスタンからチベットへはいることはきわめて困難であることが明らかとなり、今回の旅行をキャフタからはじめたことは適切であったことがいまさらながら痛感された。

通訳が帰着した翌日、わたしたちはヤスウルグンを出発してケリヤへ向かった。六月一三日であった。わたしたちが出発する一日前に西、南西および南から吹いていた強風は、出発前夜から翌日の昼まで、とつぜん断続的な雨に変わった。この雨のために大気中の砂塵が洗い落とされて、わたしたちはロプ・ノール出発以後はじめて青空を見ることができた。それとともに、その日わたしたちの到着したオイトグラク・オアシスから、ルスキー山脈西端の最高部をはじめてながめることができた。新雪で装いを新たにした白雪の巨大な帯が東北東から西南西へ連なり、高峰と氷河はその中でひときわぬきん出ていた。とくに高いのは、オイトグラクの南方にそびえるルシュ・ターと、チジガン川とトゥマヤ川の峡谷のあいだにあって、これに劣らず高いと思われる二つのピークであった。それからプシュケ（ピシュケ）川の峡谷に沿うチベット高原上に、雪におおわれた高い山脈がながめられた。これはルスキー山脈の西端から南東へ一か月行程ほどの長さでのびていた。こうしてわたしたちは、偶然の雨で大気が洗われたおかげで、重要な地理的発見をすることができた。その夜はすでに砂漠から風が吹きはじめ、空は再び砂塵の霧におおわれてしまった。

ケリヤの東方一六キロにあるオイトグラクのオアシスには、約三〇〇戸のマチン族が住んでいる。水は、アチャン川の続きをなす涸れ谷に頼っているため、充分とは言えなかった。涸れ谷に水が来るのはときどきのことにすぎないからである。オアシスの周囲には砂漠が広がっているが、その北側に、聖者アリの弟子と言われるカムベル・パシムの廟がある。一般に東トルキスタンには、アラブ侵入時代の多くの聖者が崇敬されている。伝説によれば、イスラム教を広めるためにこの地へはいった一万人のアラブ人のうち、この地がアラブに征服された後生残ったのは、わずか四一人であった。

オイトグラクからケリヤへいたる途中、わたしたちはケリヤの長老とシナ人の役人に出迎えられ、そして慣例どおり、ダスタル・ハンをもってもてなされた。これにはロプ・ノールやチェルチェンを含む東トルキスタン全域を通じて、ロシヤ製の盆が使用されていた。出迎えに出た人はたいへん丁寧で、口先だけは調子のよいことをしゃべった。わたしたちは彼らとともにさらに数キロを進み、ケリヤ・ダリヤを徒渉して、オアシスの近くのその川岸に天幕を張った。ロプ・ノールからここまで踏破した距離は九三〇キロである。

(1) シャーウシュといいルスタムという名前は、イランの大詩人フィルダウシー（九四一年ころ—一〇二五年ころ）作『シャーナーメ』（王書）に登場する人物の名前と同じである。また伝説の筋そのものも、『シャーナーメ』の場合とよく似ており、明らかに中央アジア全域に広がっているシャーウシュ伝説の一変形であることを示している。『シャーナーメ』に現われたシャーウシュの物語は次のとおりである。

ある晴れた日、イランの勇将ツース、グーデルズ、ギーブの三人は、いちばん鶏とともにダグイの野に狩に出かけた。獲物は多く、たっぷり四〇日分の食糧をしとめた。隣国ツランのユルトをはるかにのぞむあたりで、ギーブとツースは森の中にこつぜんと現われた一人の乙女に出会った。「彼女はイトスギよりもすんなりとし、月よりも美しかった。」乙女は二人に向かって言った。

「わたしは酒乱の父に殺されそうになったので、命からがら逃げて来ました。どうか助けてください。」

ツースとギーブは乙女の美しさに夢中になり、はては力ずくでも、というほどの騒ぎになった。グーデルズが仲裁にはいり、主君のカイカウース王の裁決を願うことになった。王はこの乙女を一目見てうっとりとし、自分の妃にしてしまった。やがて一人の男子が生まれ、シャーウシュと名づけられた。王子は数年後、イランの英雄ルスタムに預けられて武芸百般を仕込まれた。ルスタムはその全力をあげてこの王子を養育し、王子はまたその異常な天分と美しい容貌によって、ルスタムはじめ民衆から嘱望されるようになった。やがてシャーウシュは父王のもとに帰り、八年目に皇太子となったが、そのころ生みの母親と死別した。

ある日、美しいシャーウシュ王子を見た父王の後宮スダベは、王子への恋情やみ難く、ついに王に頼んで王子をハレムに招き、必死になってかきくどいた。しかしシャーウシュは心を動かさなかった。そこでスダベは、三度目に王子をだまして呼び寄せ、どうしても自分の思いどおりにならないなら、必ず復讐するとおどした。そして、シャーウシュの拒否の態度を見届けると、とつぜん自分で自分の顔をひっかき、着物を引き裂いて、けたたましく叫んだ。ハレム中は大騒ぎになり、王も驚いて駆け込んだ。スダベは王の足下に泣きくずれ、シャーウシュが自分に乱暴しようとしたのだと訴えた。王は二人を呼んで言いぶんを聞いたが、決め手がないので、両者のにおいをかいでみることにした。王子から本人の髪と着物のにおいがしただけで、スダベのうつり香はなかった。王はスダベの狂言を知って彼女をきつく叱ったが、とくに処罰はしなかった。

そのころ、アム・ダリヤ以北にあるツラン国の王アフラシャーブは、しばしばイランの地を侵略していた。シャーウシュはこれを見て、自ら出陣を志願し、ルスタムらの軍勢を率いてこれを攻め、疾風の勢いで敵の前進基地を陥し入れた。ツランの王は夢判断によって戦勝の見込みのないことを知り、急に辞を低くして和を申し入れた。シャーウシュとルスタムは、無益な血を流すことは神の意志に反すると考え、それを受諾した。ルスタムは自らカイカウース王のもとへ走り、講和の勅許を願い出たが、王は烈火のごとく怒り、ルスタムとシャーウシュを罷免してしまった。シャーウシュはやむなく、アム・ダリヤを渡ってツラン国へ逃れ、そこで宮殿を造営してもらって住みついた。

しかし、ここもシャーウシュにとって安住の地ではなかった。讒言者のためにアフラシャーブ王の怒りを買い、ついに無抵抗のまま捕えられて首を斬られた。「ゲルイは黄金のたらいをそばにおき、シャーウシュの死んだ首を、羊の首のように横にひねって、その白色のイトスギから首を切り離した。血はたらいに流れ込んだ。ゲルイが血のはいったこのたらいを命ぜられた場所へ運び、くつがえしたところ、そこには見たこともないような植物がはえた。その名は《シャーウシュの血》と呼ばれる。」

この悲報を伝え聞いたイランでは、ルスタムが中心になって復讐の軍を起こし、まず後宮のスダベを血祭りにあげ、ツラン国へ攻め入ってこれを滅ぼした……。

10　ケリヤ山地への小旅行

ケリヤ・オアシスはケリヤ・ダリヤ川の左岸、標高一四三〇メートルのところにある。オアシスは、川が山地を出る地点から約五〇キロ離れており、この川からときどき引き込まれる分流は、広大な地域の灌漑を可能ならしめている。ケリヤの住民はマチン族で、人家はおよそ三〇〇〇を数える。この地の住民も、ニヤと同様に、道徳的に退廃している。つまり、なまけ者で、小ずるくて、身持が悪く、多くの人が梅毒にかかっている。そのおもな原因は、彼らがコパ、ソルガクその他の金鉱山へ出稼ぎに行くことにある。ケリヤ、ニヤその他のオアシスからこれらの金山に穀物が供給されている。ケリヤの果樹園はたいして広くなく、したがって乾燥くだものだけでなく、新鮮なくだものもチラ・オアシスから移入している。養蚕も綿花の栽培もいまではあまり行なわれていない。製造工業は、他のオアシスと同様、すべて家内工業であるが、現地の需要にこたえているにすぎない。住民の話によると、ここから外部へ移出される唯一の物品は金と軟玉である。

このオアシスの南東部にバザールがあり、その回りには粘土で建てられた民家が密集している。その近くにシナ人の役人が住んでおり、小さな粘土の堡塁が築かれている。この中に都市がある。しかし商業はあまり盛んではない。幾つかの小店舗を除いては常時開かれている店はなく、一週間のうち木曜日と金曜日の二日間、オアシスからオアシスへ移動する旅の商人たちによって市が開かれる。一種の定期市である。このバザールでは更紗、赤い綿布、ネッカチーフ、綿ビロードなどのほかマッチ、砂糖などのロシヤ製品が豊かである。こうした商品はさして高価ではない。たとえば赤い綿布一メートルについて三テンゲ(テンゲは東トルキスタンに広く通用している銀貨で、一テンゲはロシヤの一〇カペイカに相当する)、特別に丈夫な綿布一メートルにつき六テンゲ、木綿製のネッカチーフ一枚が二テンゲ、砂糖一ヒン(約六〇〇グラム)六テ

ケリヤ山中におけるマチン族の踊り

ンゲである。現地産の商品では、衣服のほかに、石鹸と食料品が見られる。食料品の値段は比較的に高い。ロシヤの紙幣や銀貨はよく通用していた。

ケリヤ・オアシスの二〇キロほど下流のケリヤ・ダリヤ右岸から、最近大きなアルィクがひかれた。これは長さ七キロほどで、五〇〇〇家族を養う土地を灌漑することができる。ここに新都市を建設する計画が進められ、わたしたちがケリヤを訪問しているあいだに、選ばれた場所にすでに小店舗や小屋が建てられはじめていた。

わたしたちはケリヤで六日間滞在したが、この間は今後の旅行準備に忙しかった。わたしたちの目的は、二、三か月間近くのチベット高原を踏査することであった。これがかなえられない場合は、夏のあいだ近くの山地を調査しようと思った。しかし、このいずれにしても、わたしたちの疲れ切ったラクダはもはや役に立たないことは明らかであった。そこでわたしたちは、ラクダをケリヤ付近の牧草のある場所に残すことにした。ケリヤに倉庫をおいて、調査旅行のために馬三〇頭を雇い、軽装で出かけることにした。

この地におけるわたしたちの旅行は、シナ当局にとってははなはだ不快なことであり、現地住民がわたしたちに好意を示しているだけに、彼らの心中はいっそう穏やかでなかった。彼らは、ひそかにわたしたちの旅行を妨害し、よからぬことを行なった。わたしたちがケリヤに到着する前、住民に対して、わたしたちにいっさいの食糧を売ってはならないこと、またどんな交渉ももってはならないことを通達した。さらに、わたしたちが到着した日の朝、警察はケリヤの通りを歩いて、わたしたちが悪い人間で、よからぬ目的をもって旅行していることを説明しながら、同じことを大声でどなって回った。わたしは、ケリヤの宿営地に着いてまもなく、こうした事実を知り、通訳をシナ人の長官のもとに送って命令の撤回を要求した。もしいれられない場合は、実力に訴えてでも必要なものを獲得すると言明した。こうした最後的要求の前に、シナ側もわたしたちに譲歩を余儀なくされた。翌日、アンバンと称されているケリヤの長官が自らわたしを訪れた。この訪問はきわめて儀礼的なものであった。長官はロバのひく二輪車に乗っていたが、お供として同じくロバに乗った数人の役人と原住民の長老がこれに従っていた。二輪車の後には、青や赤の制服を着た一隊の兵士が錆《さ》びた三叉の戟《ほこ》、闘斧、および数丁の撃発銃をかついで歩いていた。彼らは武器のほか、旗、開かれた大きな日がさ（これはなんらかの権威を示すものである）を持ち、銅鑼《どら》を鳴らしていた。兵隊たちはときどき大声で何か叫んでいたが、これはロシヤの「万歳《ウラー》」にあたる言葉であろうと思われた。

わたしは自分の天幕で彼らを迎え、長官と現地住民のハキムには地面に敷いた絨毯にすわってもらい、お茶をごちそうした。あとの役人や通訳は天幕の入口に立っていた。シナ人側から、わたしたちの健康とつつがない旅行についての儀礼的な挨拶があった後、わたしは直ちに用件にとりかかった。わたしはまず、わたしたちの旅行目的が学問的なものであることを強調し、これから夏のあいだチベット高原へ行く予定であるが、ついては旅行に必要な馬を借用し、糧秣を購入し、また荷物を保管するための倉庫を借りたいと申し入れた。わたしたちの通訳が前日に最後的要求を提出しているので、わたしは、これまでのいきさつについては何もふれなかった。シナ人の長官は、彼らの友好的感情を披瀝し、いつでもわたしたちの役に立つ用意のあることを述べて、そばにいるケリヤのハキムに対し、わたしたちの要求どおりに行なうように命じた。こうして、わたしたちの意図は何の遅延もなしに運んだ。シナ人の長官は、来たときと同じような隊伍を組んで帰って行った。

翌日わたしは、ロボロフスキーと通訳および数人のカザクを伴って、シナ人の長官を訪れた。わたしたちは盛大に迎えられた。兵隊のほかに、ケリヤの長老たちもみな集まっていた。シナ人長官の住居の入口では、三発の銃声と音楽をもって迎えられ、主人は自らわたしたちを房子に案内し、茶を入れてもてなした。こうしたことはみな、原住民に対して、ロシヤ人がいまやシナ人の友人であることを示すために行なわれたものと思われる。わたしたちはシナ人のもとで一時間あまり過ごしたが、その間わたしたちと主人を除いては、みな立ちどおしであった。会話は以前と同じように、二人の通訳を通じて行なわれた。すなわち、わたしが自分の通訳にロシヤ語で話すと、彼はトルコ語でシナ人通訳にこれを伝え、シナ人通訳はその主人にシナ語で伝えるのである。シナ人の長官は、自分の知識をひけらかそうと思って、幾つかの無意味な質問を行なったが、否定的な返事を得ただけであった。たとえば長官は、土のにおいによってその地点の高度を知ることができようかというようなことを聞いた。この長官もなんらかの学位を持っているのではあろうが、自然現象の理解についてはからっきしだめであった。シナの多くの役人《マンダリン》や学者たちは、彼らの古典の何冊かを暗記して、人間の英知の本質に通暁していると自負しながら、真の科学については、ほんの初歩的なことも知っていないのである。

長官のもとを辞する前に、わたしはもう一度わたしたちの探検旅行について便宜をはかるよう彼に依頼した。長官はハキムに向かって、昨日と同じ命令を繰り返した。わたしたちは来たときと同じような儀礼をもって送られた。全体としてシナ人はわたしたちに対して、心の中ではまったく別のことを考えているのであろうが、表面ではきわめて丁重な態度をとっていた。原住民に対しては、わたしたちとの接触を厳禁し、数人の住民はこれに違反したということで処罰された。長官のほうからわたしたちを訪れることは、何かの用件のある場合に限られ、それも密偵を伴っていた。したがって、必要な情報を得ることはきわめて困難であり、入手したとしてもとるに足りない程度のものであった。スパイが常にわたしたちを取り巻いていた。これとは反対に、一般の住民たちは、あらゆる方法でわたしたちに好意を示した。わたしたちが近くへ調査旅行をすると、彼らはアンズその他の食物でわたしたちをもてなした。ラクダを牧したり、市場《バザール》へ行ったりするカザクたちも、同じように親切にもてなされた。わたしたちが、帽子のひさしに手をあてて敬礼するのを見て、住民たちもわたしたちに出会ったとき、同じように敬礼して見せた。女性の中にも、そのようにする人が見られた。

わたしたちは夏期における調査旅行の準備のためにさらに数日を費やした。乗用と荷駄用に三〇頭の馬を借りたが、借り賃として一頭につき一か月間一二〇テンゲを支払った。糧秣も一部新たに購入された。一四個の大きな箱と幾つかの袋に収められた標本類は、ケリヤのハキムによって与えられた粘土小屋に積み上げられ、彼らに保管方を依頼した。残りの荷物は、わたしたちが携行するものを除いて、ラクダとともに残留するカザクに預けられた。

チベットへ抜ける道を正確に知ることができないため、わたしはまずルスキー山脈の西端へいたる小道を捜した。アチャンという小川のところで、同名の部落に出会った。この部落は耕地を含めて一〇キロにわたってのびており、住民はマチン族であった。わたしたちはこの部落の中央部、標高二七〇〇メートルの地点に天幕を張った。巨大な雪の山々がわたしたちの間近にそそり立ち、ルシュ・ター峰がそのピラミッド状の頂をとがらせていた。残念なことに、濃い雲がたえずこの山容をおおい隠し、それに空中の砂塵に妨げられて、この高峰の三角法測量をすることができなかった。その標高は、少なくとも六〇〇〇メートル以下とは思われなかった。

わたしたちがアチャンに到着すると同時に、シナ人から派遣された密偵がやって来た。彼らは現地の住民とそのアクサカルをおどかしたため、付近の山地の状況についても、チベットへ出る可能性があるかどうかについても、まったく知ることができなかった。やむをえず自ら偵察に出かけることになった。わたしはコズロフと二人のカザクを連れて、二、三日の予定でアチャン川峡谷沿いに出発したが、予定を変えてその日のうちに帰って来てしまった。宿営地から一〇キロほど先は、峡谷が狭い回廊をなし、その底では水が巨大な岩をかんで流れており、馬でこれを進むことは不可能であった。いまや、ルスキー山脈西端付近からチベット高原へ抜ける道はないということが、ほぼ明らかとなった。もう少し西のほうに通路があるかもしれない。最も可能性のあるのは、一八七一年東インドの測量局によってヒマラヤ北方の地理的調査のためにラダクからケリヤへ派遣されたパンディットの通ったあたりと思われる。

　アチャンでわたしたちは、馬を利用する新キャラバンを最終的に編成し終わった。ラクダは五人のカザクとともに残しておくことにした。しかし、これらのラクダはまもなくオイトグラク・オアシスのほうへ移動することになった。アチャンの付近は牧草が悪く、しかもラクダにとって害があったからである。

　六月二八日、乗用馬一五頭、荷駄用馬二二頭、ロバ五頭（これにはそれぞれ手綱取りをつけた）からなるわたしたちの新キャラバンは出発した。はじめはまあまあであったが、そのうちに不慣れな馬だけのキャラバンの欠点が現われ、一度ならずラクダのことをなつかしく思い出したものである。わたしたちは一日に一九キロずつ二日間移動して、アチャンからルスキー山脈の前山に沿って、ケリヤ川がその左支流のリュ・シ川を合わせる地点に到着した。

　たいへんな難路であった。それに加えて、シナ人の命令によって道がこわされていた。このことについてわたしは、アチャンですでに聞き知り、ケリヤの長官にあてて、道を修復してくれるよう手紙で依頼しておいた。いまや、数日前にシナ人の命によって道をこわしたマチン族の人々が、同じシナ人の命に従って今度は道を直すはめになったのである。彼らがシナ人を恨むのもむりからぬことであった。近くの山地からやって来たマチン族の一人は、「あなたがたが命令すれば、いまからすぐにでもシナ人をやっつけに出かけますよ」と言った。同じような言葉をケリヤでも聞いたことがある。ケリヤでもここでも、一般に、原住民がシナ人の目を盗んでわたしたちと話をすることのできるところでは、同じような文句を聞いたものである。すなわち「わたしたちは、白いツァーリ（ロシヤ皇帝のこと）の治下にはいることができさえすれば、何も言うことはない」とか、「ロシヤ領トルキスタンがどんなに住みよいところか、わたしたちはよく知っています。それなのにここでは、シナの役人はもちろん、その兵隊でさえも、住民をかってになぐったり、財産や妻、子供を奪うことができるのです。租税も耐えられないほど重いです。わたしたちはこうした状態を長くがまんすることができません。わたしたちの多くは、武器を準備し、これを隠しています。悲しいことには、ただ一つ、共通の指導者がいないのです。あなたのカザクの兵卒一人でもわたしたちに貸してください。彼をわたしたちの指揮官に任命してください」と言うのである。

ケリヤ川の幅は、わたしたちの徒渉したあたりで、二〇—二五メートル、深さ一メートルほどであった。たまたま、幾らか減水しているときであった。川底は大きな丸石でおおわれ、ところによっては花崗岩の断崖が川幅を一〇—一二メートルまで狭くしていた。そうした場所では、流れが岩をかみ、泡だっていた。夏の増水時には徒渉はほとんど不可能であり、水位は二メートルに達することもあるという。住民たちはそうしたとき、両岸に高く綱を張り、それに環をつけ、これに客を結びつけて引いて渡すのである。ケリヤ川を徒渉する前夜、川の水位がまだかなり高かったため、わたしたちも綱による渡河を提案された。住民たちはこのとき、現在張られている綱が切れた場合のことを考えて、予備に持って来た綱をわたしたちに出して見せたものである。

ケリヤ川流域の山地一帯は、軟玉の産地として有名である。これは東洋の諸民族のあいだで護符と考えられ、シナでも貴重なものとされている。この石は遠い昔から、シナとコータンとの商業的、政治的関係の中で重要な役割を果たした。このオアシスの南方および南西方の山中、ユルン・カシュ川およびカラ・カシュ川に沿った一帯は、古くから豊かな軟玉の産地として広く世に知られた。事実、その原産地はコンロン山脈西部にある。しかしいままでのところでは、軟玉の産地として、コータンの山地とその丸石の見いだされるヤルカンド川だけがあげられていた。いまやわたしたちは、軟玉がもっと広い地域に分布していることを証明することができた。わたしたちの調査旅行で得た情報によれば、軟玉はアルティン・ター西部、とりわけワシュ・ダリヤおよびチェルチェン・ダリヤの流域、さらにはルスキー山脈、とくにカラ・ムラン川、モリジャ川流域に豊かな産地が見られる。ケリヤ山地でも軟玉を産している。住民の話によると、軟玉は上記の地域において層または鉱脈の形で、まれには山の中腹あるいは頂上付近で大きな石塊の形で見いだされる。ときには万年雪のすぐ近くで発見されることもある。また山の渓谷では、河床における丸石の形で見いだされることもある。人々が山地で軟玉を採取するのは、夏のあいだだけである。はじめ軟玉の鉱脈を捜し出し、やがてそれを最も原始的な道具を使って、大小のかたまりに割って採取するのである。仕事をやりやすくするために、採取地点に火を燃やして岩塊を熱することもある。

　トルキスタン人はこの石をカシュまたはカシュ・タシュと言い、シナ人は玉《ユイ》または玉石《ユイシ》と呼んでいる。普通、三種類に分けられる。緑色のものは玉石（ヤシル・カシュ）、乳白色のものはゼ・シ（アク・カシュ）、黄色いバター色のものはユイ・タン・シと呼ばれている。軟玉の良不良は色だけでなく、割れ目や筋の有無によっても決められる。わたしたちが山地へ来る少し前、ケリヤ・ダリヤで緑色の玉石鉱脈中から、長さ九〇センチ、幅と厚さはそれぞれ三五センチのゼ・シ塊が発見された。シナ人はこの石を銀一〇〇ヤンボ、つまりロシヤの銀貨一万ルーブリに相当すると評価した。良質の軟玉は昔と同じように、コータンからシナへ送られている。残りのものはタリム盆地の都市やその他の国々へ送られている。軟玉はタバコ入れ、耳輪、下皿、小杯、小箱、パイプ、指輪の材料になるだけでなく、死者の手につけられる腕輪の材料ともなっている。トルキスタン住民の信仰によれば、この石の腕輪をはめていれば、遺体は腐敗を免れることになっている。住民の話によると、金持の人は、棺内に納められた死者の枕をこの石で作っている。そうすれば、石のもつ霊力がいっそうあらたかになると信ぜられている。

　わたしたちはケリヤ川からその左支流クラブ川に転じ、それを上流のほうへ五キロほど上って、小さなイスラム教徒の部落ポルーに到着した。住民は全部で五〇家族を数えた。彼らの起源はチベット族であるが、この地へ移住したことに関連して次のような伝承が残っている。

　遠い昔、チベット西部では、王様を選んで、その治世が一〇年になれば、その政治の善し悪しにかかわらず王を殺してしまうという習慣があった。ところが、ハタムという名の王は、運命の日の前に、忠臣三〇〇人を引き連れて逃げ出し、ケリヤ川の上流に住みついた。しかしまもなくモンゴル人がこれを襲い、彼らを略奪し、多くの人を殺した。ハタムはその妻と一人の息子と二人の娘だけを連れて命からがらのがれた。逃亡者はケリヤ・ダリヤを下ってチベット山地の向こうへ出、その地のマチン族と結婚していまのポルー部落を築いた。いまの住民はハタムから数えて八代目であるという。

ポルー部落住民の外貌は、他の東トルキスタン住民と同様に、雑多な民族の混血を示しているが、とくにきわ立っているのはマチン族型である。少数がチベット人を思わせ、女性はキルギス人によく似ている。

ポルー住民の衣服はマチン族と同じである。男子はシャツとズボンの上にハラートを着て腰に帯を結んでいる。頭には羊の毛皮の帽子をかぶり、長靴をはいている。女性もまた同じような着物と靴をはいている。ただ女性用のハラートは普通、色もの（木綿または絹）で、帯をしめない。そのほか女性は頭に白いかぶりものをしているが、これはときには背中までたらされる。その上から白または黒の羊の毛皮の帽子をかぶっている。裕福な女性は帽子にカワウソの皮を使っている。既婚婦人の頭髪は、マチン族の女性と同じように、二本に編んで背中にたらし、娘は四本または六本に編んでいる。この場合、二本は背中に、二本は前にたらしている。女性たちはその頭と首を宝石などの首飾りで飾っている。一つ注目されることは、ポルーの女性はその子供を二歳、ときには三歳まで乳で養っていることである。したがって二人の赤ん坊が同時に母親の乳を吸うこともある。ポルー住民の生活様式はマチン族の場合とほとんど変わらない。言葉も同じである。チベット語はまったく忘れられている。しかし結婚は部落の中だけで行なわれている。彼らの性格はたいへん快活で、歌や音楽、踊りが大好きである。

ポルー部落は標高二五〇〇メートル、クラブ川とテレクリク川の合流点にある。粘土の住居が密集しており、果樹園はないが、耕地はかなり多い。部落の回りと上記の二つの川に沿って約一〇〇ヘクタールの耕地があると思われた。大麦、小麦、エンドウがおもな作物となっている。これ以外の穀物は見られなかった。

ポルーの住民は、このほかに牧畜も行なっている。羊が多い。けれども、少数ながら牛と馬も飼養されている。この地の馬は、体格は小さいがたいへん丈夫であることが特徴である。しかしいまでは馬が非常に少なくなった。ヤクブ・ベクの死後東トルキスタンを支配したシナ人は、蜂起などのとき急速な行動の可能性を与える現地の馬を絶滅する政策をとったからである。一部の馬はシナ人に連れ去られ、一部は射殺された。またポルー住民の話によると、一部の馬は冬期川へ追い込まれて、凍死させられてしまったとのことである。

ポルー部落からテレクリク川をさかのぼること一キロほどのところに、チェルチェン王アリク・マジの子クリチ・ブラ・ハンの廟がある。この廟にも、この地におけるイスラム教徒の他の墓地と同じように、先に布切れやヤクの尾を結びつけた竿が立っている。この廟は小高い丘上にあるが、丘の下には二つの小さな洞窟があり、ときどき世を捨てた人がこれに住みついていることがある。そのほか、部落からクラブ川の上流へ一キロの地点に、かつてマチン族の集落であった跡が残っている。

わたしたちはポルーで五日間を過ごした。以前ヤスウルグンでそうであったように、わたしたちはこの地でも住民たちと急速に親しくなった。彼らはわたしたちの到着する数日前、ケリヤのシナ人から、わたしたちに何かを売ったり、また案内人を出したりしないように命ぜられたことを話した。しかもそのときシナ人は、たいへんひどい形でわたしたちを中傷した。ポルー住民も一部これを信じて、わたしたちから略奪されないように、たいせつな品物や着物、女性たちを山中に隠したのである。いまやまったく様子が違うことを知って、彼らはわたしたちに必要なものは何でも売ってくれ、また道案内も提供してくれた。彼らはケリヤのシナ人に次のように書き送った。「ロシヤ人がわたしたちを力で強迫するため、あなたがたの命令に従うことができません。わたしたちには抵抗する力がないのです。もしあなたがたがロシヤ人よりも強ければ、どうかここへやって来て、事態を処理してください。」

わたしたちとポルー住民との友好は、彼らがカザクのために音楽と道化役者を伴うダンスパーティを開いてくれるまでにいたった。パーティは二度開かれたが、その一つにわたしも出席した。会場として割合広い家が選ばれ、絨毯が敷きつめられていた。ギターに似た楽器と太鼓が用いられ、ほかにロシャ製の普通の盆が楽器としてときどきたたかれていた。客は壁ぎわにすわったが、わたしたちのためには上席が与えられた。男女一組の踊り手が中央に進み出た。男性はパートナーの女性に一礼して、丁重に踊りへ招き入れる。踊りは音楽に合わせて手足を動かすのであるが、割合に不活発なものであった。観客は声を張り上げて声援を送ったり、音楽に合わせて歌ったりした。楽員たちのために、普通踊り手の頭上に盆を往復させてお金が集められる。わがカザクたちもこの愉快な催しに参加し、アコーデオンに合わせて元気よく踊った。この楽器は聴衆の喝采《かっさい》を呼んだ。幕間には道化も現われた。一人はサル、もう一人はヤギ、三人目は馬に乗った女性の形で登場し、たいへんおもしろい道化芝居を演じて見せた。はじめ彼らは、わたしたちが出席していることで、幾らか遠慮している様子であった。なかには、女性たちのきれいな着物をシナ人の警告に従って山中に隠したため、たいへん見苦しくて申しわけないとあやまる人もあった。しかしまもなくみんな雰囲気にとけ込み、心の底から楽しむようになった。カザクはポルーの女性たちの気に入り、別れるとき彼女たちは声をあげて泣いたほどである。彼女たちは言った。「ああ、ロシャの若者たちが去ってしまう、これでまたさびしくなってしまうわ。」

わたしたちはポルー住民から、クラブ川峡谷を上ってチベットへ出る道のあることを聞き知ったが、しかしこの道はきわめて悪く、それにシナ人によって一部故意にこわされているとのことであった。わたしはその状態を確かめようと思ってカザク二人を連れて、クラブ川上流へ偵察に出かけた。ポルーから一〇キロほどのあいだは、荷駄の馬といっしょでも容易に通れると思われた。しかし、タムチュ川が右側からクラブ川へ流入する地点から、狭くてけわしい峡谷がはじまっていた。場所によっては幅四〇―六〇メートルにすぎなかった。両側から峨々とした断崖がそびえ、川底ではクラブの急流が泡だちながら流れていた。増水期にこの川を徒渉することは不可能と思われた。

わたしたちはこの峡谷をやっとのことで一三キロほど進んだ。大きな丸石のあるクラブ川を渡ったり、川底を石を避けながら歩いたりしたが、ついに小道はけわしい崖のほうへ上りはじめた。乗用の馬さえ通ることは困難

ヤスルグン・オアシスの桑の木

であったから、荷駄用にとってはほとんど不可能と思われた。牧草も峡谷の下のところどころにあるだけで、上のほうになるとまったくなくなっていた。わたしは露営地からさらに二キロ進んで、シナ人にこわされた橋があると聞いていた場所へ出て見た。そこにあるものは橋ではなくて、崖の上の道を広げるために数本の丸太が並べられているだけのものであった。しかしこれもとりこわされ、数個所に人が通れないように、大きな石がころがされてあった。けれども、これはいずれも本質的な障害ではなかった。石は取り除くことができるし、隘路は人の肩で荷物を運ぶことができた。問題はむしろ峡谷全体のけわしさであった。学術調査に必要な少量の荷物であっても、これを積んで増水期の川を渡ることは、ほとんど不可能と思われた。たとえわたしたちが危険を冒してチベット高原へ出たとしても、難路を通った後の疲れた馬では、それから先へ進むことは不可能であろう。こうしたことを考え合わせると、わたしはクラブ川沿いにチベットへ出ることをあきらめないわけにはいかなかった。そのかわり、前からの予定に従って、雪のある高山に沿って西へ向かい、正直なところ可能性は薄いと思われるが、そこでチベットへ出る道を捜して見ることにした。いずれにしても、わたしたちは七月いっぱいをケリヤ山中で過ごさなければならなかった。

ケリヤ川とユルン・カシュ川とのあいだにあるコンロン山脈西部一帯は、原住民からもなんら特別の呼称を与えられていない。しかし少なくともその北斜面はケリヤ管区に属し、しかも管区の水はこの山地から与えられ、そのうえチベットからケリヤへ抜ける道がこの地域にあることを考慮して、わたしは便宜上これをケリヤ山地と名づけることにした。この山地は東から西へ約一七〇キロ、一端ではルスキー山脈に、他端ではカランガ・ターク山脈に接している。この山脈は比較的狭いけれども高い急斜面をなし、ほとんど全長にわたって雪線を越えている。とくに中央部および西部に氷河がよく発達している。ひときわぬきん出た高峰は見られなかったが、ところによっては普通の雪の山々の上に、標高五八〇〇―六一〇〇メートルに達すると思われる山塊がそびえていた。主脈は標高三三〇〇メートル以上であるが、二五〇〇メートルより低いところで幅一五―二〇キロの広い山麓地帯を形成している。山脈におけるこの両部分は画然と区別することができる。

山脈のうち高いほうの部分は、永久氷河におおわれた近づき難い峻峰をなしている。わたしたちは標高三五〇〇―四〇〇〇メートルの地点で、石灰岩、大理石、片岩、花崗岩、黒花崗岩、蛇紋石、アンチゴリート（?）およびリディトなどを見いだした。これと同じ地帯に高山性牧草地が見られた。標高四〇〇〇メートル以上になると植物は姿を消し、黄塵におおわれた裸の岩盤が現われ、その崩れた岩場が広がっている。この地帯に近づくことはきわめて困難であり、多くは人跡未踏である。その上には広大な氷河が広がり、その下限は沙州付近の南山および他のチベット山地と比較して、標高五三〇〇―五五〇〇メートルにあると考えられる。しかしこの氷河からタリム盆地へ流れる川はすべて小さく、おそらくはそのために雨の多い夏を除いて、一年中きわめて乾燥している。この川のうち大きいものはアクスゥ、アシュケ・エメ・ヌラ、ウルク・サイ、ゲンジ・ダリヤおよびアシ・ダリヤなどの川である。

ケリヤ山脈の山麓は高い山から砂漠のほうへ深い峡谷に平行して走る尾根になっている。表面いたるところ、黄土におおわれた沖積土である。夏期に雨が多いため、標高三三〇〇―二八五〇メートルのあいだには良好な牧草地が広がっている。同じ山麓の低いほうの地帯、つまり夏期降水量の少ない標高二八五〇―二四〇〇メートルのあいだは、植物も貧しい。この地帯を貫流する川は、深さ三〇〇メートルに達する峡谷をなしている。峡谷は山地から離れるにつれて広くなり、流れもゆるやかとなる。この地帯から約六〇〇メートル低い地点までマチン族の耕地が見られる。それから先タリム盆地の砂漠まで、不毛の斜面をなす波状の平野が続いている。土質は小石混じりの砂である。この平野では、ケリヤ山地から流れる川のうち最も大きいものだけが夏期に高い水位を示し、残りの季節には地下に隠れて、流砂近くのオアシスで表面に現われる。

高いケリヤ山脈西部の山麓から北へ約三〇キロの地点に、さながら前線の砦《とりで》のようにテケリク・ター山群が一つだけ離れてそびえている。それは西から東へ、やがて北東へ五〇キロ以上走っている。幅は二〇キロほどで、中央部に雪線を越える山がある。住民の話によると、ここから数本の川が流れ出てはいるが、雪はあまり多くはない。全体として、荒寥として近づき難いことがこの山地の特徴である。その急斜面にはいたるところ岩塊が露出している。しかも中腹部と山麓はまったく不毛である。中腹より高いところで貧弱な牧草地が見られ、テケリク・ター山中に小グループで住むマチン族が放牧しているとのことである。この山群の東隅はアシュ・ダリヤ、西隅はユルン・カシュによって洗われている。この二つの川はともに深い峡谷をつくって流れている。

ケリヤ山地の住民は例外なくマチン族またはマリチ族――この地ではこのように称せられることもある――に属している。この種族は東トルキスタンの原住民と考えられ、その南東部のオアシスや山地に住んでいる。このうち、山地マチン族のほうが種族のタイプを割合に多く保存している。しかも彼らのほうがオアシスや都市のマチン族よりも道徳的にもすぐれ、衣食など生活全般にわたって素朴である。しかし反面、両者の相違はそう大きいものとは言い難い。以下に記述することは、わたしが夏期の調査旅行で比較的によく観察することのできた山地マチン族に関することがらである。

純粋のマチン族はモンゴル族とアーリア族の混血であ

るが、後者の要素が前者よりも優っていると考えられる。頬骨はかなり高く、鼻の端末は広くなっているが、鼻梁は真正のモンゴル人のようにくぼんではいない。ひげは一般に少ない。とくに頬ひげと口ひげがそうである。目は大きく、つり上がってはいない。まゆはまっすぐで、耳は大きく、突き出ている場合が多い。頭蓋は角張って、後頭部は平らである。額も多くの場合平らである。くちびるはかなり厚い。皮膚は暗色であるが、モンゴル人よりは明色である。ひとみと髪の色は黒が勝っている。しかし場所によっては青または灰色の目と赤茶けた、まれにはまったく亜麻色の髪をした男子にしばしば出会った。女性については、わたしは正確に言うことができない。こうした特徴は、オアシスや都市の住民の場合は他の要素と混じっているため、たいへん薄められている。しかしマチン族は、山地とオアシスのいずれの場合を見ても、背が小さく——高い人でも中背である——体格が貧弱なことが一つの特徴である。

男子は頭と口ひげをそるが、頬ひげとあごひげはのばしたままである。娘は髪を四本ないし六本に編んで背中とこめかみにたらしているが、その本数は当人の髪の多少によっている。結婚しても妊娠するまではその髪形のままであるが、その後は二本に編んで背中にたらすのである。山地マチン族の女性は美しいとは言えない。その原因としては、標高が高くて夏の天候が悪く、家畜の手入れに苦労していることがあげられる。全体として彼らの生活環境がきたないためであろう。オアシスでは反対に、なかなか美しい女性が少なくない。マチン族の女性は美しく見せるために、まゆに墨《すみ》を加えて、鼻梁の上のところで両方のまゆをつなぐ。頬紅も用いている。こめかみに小さな巻髪をつくったり、ロシヤのおしゃれな女性のように、額のところで断髪したりしている人も見受けられる。

山地マチン族の衣服とオアシスや都市に住むマチン族のそれとの違いは、前者のほうがいっそう単純なことである。マチン族が男女を問わず常用している着物はハラートである。これは白または暗青色に染められた布地(マタ)、あるいは更紗《さらさ》、ロシヤ製の麻布およびあらい木綿でつくられる。裕福な人は絹でつくることもある。女性の場合は装飾として胸に絹または毛織物でつくった幅四、五センチの緑色の生地を縫いつける。ハラートは普通綿入れになっているが、まれには裏地だけのものもある。男子の場合は色のついた帯が締められる。ハラートの前をあけはだける場合は、その帯をシャツの上に締めるが、その腰のあたりにいつもきせると鞘《さや》におさめた小刀および火打ち石をさし込んでいる。女性は帯を締めないままでハラートを着る。寒いときは二枚のハラートを重ねて着ることもある。男子はハラートの下に同じくマタでつくられたズボンをはき、ハラートに似た形の白い布地（まれに違う色もある）の長いシャツを着ている。このシャツのえりは、刺繡されたり、違う色の布地で飾られたりしていることもある。女性の場合も同じようなズボンとシャツであるが、ただシャツの胸のところだけがあけられ、ドングリの実の形をした大きなボタン二―四個で止められる。このボタンは銀製のこともある。男女とも縫い目の一つしかない長靴をはいている。これはロシヤの長靴に似ているが、まっすぐな靴型に、靴底を縫い合わせ、しばしばかかとに鉄を打っている。長老やムッラーなど裕福な人はオーバシューズをつけていることも珍しくない。女性のうちには、細い銅線で美しく刺繡されたヤギ皮の長靴をはいている者も見受けられる。

冬は男女ともに羊の毛皮の外套を着る。これには、上から何かの布地をかぶせることもある。また暖かいハラートも着用される。そのほか山地の貧しい人々は夏の雨をしのぐために、フェルト製の雨合羽を使っている。男子は、夏冬を通じて黒、白およびまだらの羊皮の帽子をかぶり、その上にはちまきをしている。都市や大オアシスではアラクチン（チュビチェイカ）と呼ばれる帽子をかぶることもある。ターバンを巻いているのはムッラーだけで、女性も男子と同じような羊皮の帽子をかぶる。祭りの日には、帽子にカワウソの皮を広く巻きつけるしゃれ者もいる。女性は頭に更紗または絹の白いかぶりものをして、その上から帽子をかぶるが、このかぶりもので顔をおおうことはあまりない。少なくとも山地の場合そうである。

女性の装身具としては、トルコ玉つきの大きな耳飾りと銀または金の指輪が用いられる。耳飾りは、首筋の後ろ側にたらされたビーズ玉と糸で結ばれることもある。腕輪は用いられていない。また額に赤いリボンを巻き、これを後頭部から背中の髪と髪のあいだにかかとまでたらすことも行なわれている。リボンの端末は房になっている。子供たちは前開きのシャツを着るが、多くはすっ裸で走り回っている。マチン族はたいていきれい好きで、よくからだを洗い、一般に水をきらうことはない。

山地マチン族の食物は酸乳（羊、まれに牛またはヤクの乳）、大麦や小麦またトウモロコシの粉で作ったパン、それに沸騰した水に穀粉とミルクを入れたスープである。冬は酸乳のかわりに、夏のあいだに集めたバターを茶に入れて飲む。チベットで常食になっているツァムバは、この地の住民には知られていない。肉はもったいながって、まれにしか食べない。米を煮て、これに羊肉を混ぜ、羊の腸を使っておいしいソーセージを作ることもある。酸乳を水で薄めて、これといっしょにパンを食べたり、ロシヤのクワスのように清涼飲料として飲んだりする。生水もよく飲まれている。乳はほとんど酸っぱくして使用される。その場合まず脱脂されるが、それはバターの原料となるものである。バターはモンゴル人とは違って、純粋の乳脂から作られる。食事は普通朝、昼、晩の三度である。

オアシス、とりわけ都市の住民の食物は山地住民よりも良質で、また種類も多い。そこでは重要な副食物としてくだものや野菜が使用されている。茶と米の使用量もずっと多い。バザールでは羊肉が売られているが、彼らはこれを買って大好物であるプロフ（ピラフともいう。米に肉・薬味などを入れた料理。半煮えの米で作った炊《チャ》飯《ハン》に似ている）やペリメニ（ぎょうざに似た料理）を作る。穀粉からはパンのほかに、ピローグ（ロシヤふう饅頭）やホットケーキ、太い素麺《そうめん》に似たものなども作られる。スープの種類も多い。金持の人はニワトリやカモおよびその卵を食べる。マチン族の人々は一般に肉を食うことができない。胃の調子が狂うのである。食物も食器も清潔である。

オアシスや都市のマチン族の住居は、粘土、まれに生煉瓦でできている。住民たちはこの家をユイと呼んでいる。ロシヤ領トルキスタンでは少なくないみごとな建築物は、ここでは見られない。山地マチン族は黄土の斜面に穴を掘って住居とし、本物の粘土小屋の見られるのは山麓の村落だけで、それもどこでもというわけではない。

粘土の住居をつくるには、まず南向きの崖の下または小丘の斜面が選ばれ、そこの、セメントのように堅い黄土の地盤に穴が掘られる。屋根として厚さ一メートルほどの黄土層が残されることもあるし、あるいは小枝や枯れ枝を敷いてその上に黄土をかけてよく固めることもある。採光は天井に作られた穴と廊下状の入口から行なわれる。寒いときや夜間は、この入口は絨毯でふさがれるが、天気のよい日や夏のあいだは普通一日中あけたままである。部屋の中の一壁面に沿って炉が作られ、煙突は外に導かれている。燃料としては羊の糞が用いられ、食物もこれで煮炊きされる。おもな部屋のそばに倉庫用と寝室用および日常生活用の部屋が掘られている。ここには壁に沿って腰掛けや寝台の代わりに黄土の層がそのまま残されており、壁には身の回りのものを納めるための壁龕《へきがん》が掘り込まれている。

住居のそばに獣糞《アルガリ》を貯蔵するための穴が掘られ、家畜置場も作られる。後者も地下につくられることがある。こうした住居が平らな地域の低地や谷間につくられた場合は、すぐ近くでもなかなか目につかない。黄土の地下住居は、冬は暖かく、夏は涼しい。しかも住民の話によると、こうした住居は四〇年間くらいはまったく修理を必要としない。このくらいの年月がたつと天井や壁がくずれはじめるとのことである。

マチン族の各家族は、数個所にこうした地下住居をもっており、季節や牧草の状態によって移動している。しかも黄土の住居は多くが密集していることはなく、一軒ずつ、あるいは集まってもせいぜい数軒程度である。

山地マチン族の住居がそまつであるように、その家具や日用品も簡素である。茶碗、サジ、ひしゃく、桶、小桶などはみなそまつな木製であり、シナ製の焼き物の茶碗は来客用として一家族に一つか二つあるだけである。そのほか煮物のための鋳鉄製釜、茶を沸かすためのクンガン（銅製の壺）、毛、麻、モスリンあるいは絹でつくった篩《ふるい》、炉の炭や灰をかき回すための鉄製の小スコップ、脂または羊脂を灯油として燃やす靴型の容器、それにケトメン（シャベルに似たもの）——以上が黄土の住居に備えられる道具のすべてである。ほかには、身の回りのものをしまうための箱一つない。先にも述べたように、部屋の壁に掘られた壁龕がその役割を果たしているが、裕福な家庭ではふたつきの大型木箱が見られる。

マチン族の人々は絨毯を敷いて床にじかにすわったり、寝台の役割を果たす土の台に腰掛けたりする。またときには木製の長椅子に絨毯を敷いて腰掛けることもあるが、来客用としてこれに毛氈を敷くこともある。寝具としては、各人が大きな丸い枕を持っている。多くの場合、昼間着ていたものをそのまま夜具としてかけて眠る。オアシスや都市の住民にあっても、生活の状況はほんの少しましなだけである。裕福な人の場合でも同じことが言える。

山地マチン族のおもな生業は牧畜であり、家畜のうちいちばん多いのは羊で、その次にくるのはヤギである。牛やヤクは、近年減少して、ほとんど見られなくなった。馬も少ない。ロバは多く、オアシスにおけるのと同様荷駄用および乗用として利用されている。

このほかマチン族は、適当な場所さえあれば、農耕も行なっている。作物としては大麦と小麦が多く、まれにエンドウがある。打穀された麦は、直接食糧として使用されるものを除いて、畑に掘られた穴の中に貯蔵される。わらもここに積み上げられ、風で飛ばされないように上から土がかけられる。農耕に従事する集落は山麓の川に沿って、下流のほうに広がっている。灌漑と耕作の方法は他のオアシスと同じである。残った麦は金山へ送られる。マチン族もこっそりと近くの山地で金を掘っている。

マチン族の手工業は、山地でもオアシスの村でも、着物や家具など日常生活に必要なものだけをつくっている。羊毛は棒と紡錘を使って織り、木綿には紡車が利用される。男も女もこれを材料としてマタまたはあらいラシャ地を織っている。そのほか男子は毛を使って絨毯も織っている。男女とも、おしゃれ用品のほかは、着物でも靴でも自分で作っている。マチン族の住む都市や大オアシスには、裁縫師、製靴職人、織物師、鍛冶屋、銀細工師、馬具師、その他の職人が見られる。彼らはすべて自分の家またはその前の通りで、一人または数人がいっしょになって働いている。工場のようなものはない。すべて手工業である。

ケリヤ山地にもルスキー山脈にも商品の取引き地は見られない。ときどきケリヤ、チラおよびコータンから商人が訪れるだけである。彼らは布地、タバコ、茶、石鹼などを運んで来て、帰りには羊の毛皮、羊毛、バター、羊などを買って行く。こっそりと金も買って帰る。山地マチン族はそのほか、自分で近くのオアシス・都市へ買物に出かける。

　マチン族の性格は、山地とオアシスを問わず、長所と短所の両面を持っているが、短所のほうがいくぶん優っているように思われる。まず目につくことは、よくしゃべることで、しかも男のほうが女性よりひどいように見える。それから、誰もが憶病者で、遊び好きである。ひどい奥地へ行っても、歌と音楽と踊りがなかなかさかんである。わたしたちのカザクの一人は、マチン族の遊び好きな性格を次のように表現した。「ウォトカを知らないことが彼らのせめてもの幸せだ。これにウォトカが一枚加わったら、底なしに堕落してしまったことだろう。」それでも山地住民のほうがオアシスや都市住民よりもずっと道徳的である。

　この反面、長所としては子供をかわいがり、一般に親戚同志の仲がよいことである。必要があれば、彼らはいつも互いに助け合うのである。両親や年長者がきわめて尊敬される。盗みはめったにない。酔っ払いは見られないが、男子はすべてタバコを吸い、大オアシスでは女性でタバコを吸う人も珍しくない。またそこでは、神経を麻痺させるナシ（大麻の種子から作られ、トルコ語でバングと呼ばれる）の喫煙が広まっている。しかし山地住民はまだこの毒に染まっていない。

　マチン族の知的能力については、とくに賞讃するに足るとは思われない。かなり抜け目なく、小ずるくはあるが、彼らの日ごろの観念や状況の枠を越えることについてはほとんど理解力を示さないのである。山地マチン族が無気力であるとは言えないが、女性のほうが男子よりもずっと活発で、よく働くことは確かである。家事と子供の養育はすべて女性の負担である。母親は子供が二、三歳になるまで、子供が一人で歩き、よく話せるころまで乳を与えている。

　イスラム教徒の法律に従って、一夫多妻は許されてはいるが、それを利用しているのは裕福な人だけである。普通、妻は一人で、二、三人はまれである。そのかわりよく取り換えている。離婚がきわめて簡単だからである。六度目あるいは七度目の夫にまみえている女性も珍しくない。二、三度嫁した女性は普通のことである。娘の結婚年齢は一二―一五歳であるが、男性も一五歳から結婚している。離婚した夫婦はその翌日からでも新しく結婚することができる。従兄弟姉妹の結婚もなんら妨げにはなっていない。したがって叔(伯)父は姪と、甥は叔(伯)母と結婚することができる。ただ同じ両親から生まれた兄弟姉妹同志は結婚することができない。結婚の儀式は他のイスラム教徒の場合と同じである。特別のごちそうは何もない。したがって婚礼はたいして金がかからないのである。

葬式も他のイスラム教徒とほぼ同じである。異なる点は、死者の近親は死後四〇日間その墓のそばで暮らさなければならないことである。しかしこの風習も、少数の例外を除いては、部分的に守られているにすぎない。それから毎週木曜日には、故人の近親者が墓詣りをし、油で揚げた菓子など食物を供え、それを残して帰ることになっている。普通、貧しい人々がこの供物をかたづけている。

遊び好きな彼らは、互いに訪問し合って、いっしょに楽しむことが好きである。山でもオアシスでも、働く人は何かの楽器を持って出て、仕事の最中でもこれに合わせて歌うのである。歌の内容はほとんどが愛情についてである。最もよく知られている歌はナズスグムと呼ばれる。あまり流暢とは言えないが、これを訳して見ると次のとおりである。「ああ、愛する人よ、きみの黒髪はこめかみにたれている。きみの許しなしできみにキスすることはできない。しかしきみがわたしにキスをさせなければ、わたしは生きていくことはできない。愛する人よ、わたしはきみをひたすらに恋いこがれている。いたるところでわたしはきみを見るような気がする。わたしはきみにとびつきたいのだ。わたしたち二人は同じ年ごろ、いっしょに育ってきた。わたしたちが一つに結ばれたなら、一つの花が開かれようものを。わたしは空に舞うワシを網で捕えようとする。黒いひとみよ、愛する人よ、わたしは水といっしょにきみを飲み込む。わたしに黄金の腕輪があれば、きみの腕にそれをつけようものを。愛する人よ、きみの胸をわたしの心臓に押しつけることができれば、それはわたしにとってこよない妙薬であるのに。わたしが愛する人を見ることがなかったなら、わたしの魂を彼女に与えることなく、自分のところに残すことができただろうに。わたしが自分の心に、別れなさいと命じて見る。しかし別れようとせず、むしろこう答える。若者よ、結ばれた魂を離すことができようか、と。きみには情心がないということを聞いた、心に冷たい石を結びつけているといわれる。一片の情もないそのきみのために、わたしは夜明けから血の涙を流しているのだ。」

マチン族の言語は、東トルキスタン全域に広まっているトルコ語（いわゆるカシュガリア方言）である。しかし彼らの場合にもその特徴があるのであろうが、わたしはこの言葉に通じていないため、それを判別することができなかった。わたしたちの通訳はマチン族と自由に話をすることができたが、彼の話によると《クルジャの住民》には通じない言葉が混じっているとのことである。そのほかわたしたちは、この地ではロプ・ノールと同じように、早口の話しかたはないことに気づいた。後でコータンで聞いたことだが、マチン族の言語は、オアシスごとの小さな相違のほかに、カシュガルとアクスゥの方言、つまりアルドビュル語とはかなり異なっている。山地マチン族では、読み書きのできる者は少ない。裕福な人だけが山麓の村村に開かれている学校へ子供を送っている。一つの村に二、三の学校のある場合もある。オアシスや都市では、ほとんどの人が読み書きができる。ケリヤ、コータンおよびイマム・ジャファル・サディクの廟にはイスラム教の高等教育施設（メドレセ）がおかれ、ペルシア語とアラビア語の講義も行なわれている。この施設には青年もおとなもはいることができ、卒業すればムッラーの職につくのである。これらの学校には五〇—一五〇人の学生がいる。そのほかケリヤ、コータンその他東トルキスタンの諸都市にはシナ人が官費でシナふうに教育している学校がある。この施設の目的は優秀な通訳と、シナ語を知っている下級官吏を養成することである。ここで学ぶ子弟の学費は免除されているが、それでもマチン族の人人は、学校が子弟をひどく悪くすると言って、あまり出したがらないのである。

マチン族の宗教はイスラム教のスンニ派である。伝承によれば、彼らが改宗したのはヘジラ三九〇年（一一世紀のはじめ）のことで、この地で殉教した四人のアラビア人イマームの伝道によっている。これらのイマームの廟はポルーの近くチャハル・イマーム部落にあるが、そこではいまも、そのイマームの子孫が聖なる墓の番人として住んでいる。ここへは参詣者が絶えない。イスラム教に改宗することを望まなかった一部の人々は、東方へ去ったが、その行くえは不明である。

新宗教の伝道者が現われるまでは、彼らの話によれば、拝火教と偶像教（仏教？）を信じていた。そのころは魔術を行なう者が少なくなかった。マチン族はいまも魔法やパリと呼ばれる悪霊を信じている。その所在する場所は洞窟や住居の隅など暗がりであると考えられている。重病や狂気は悪霊がその根源であるとされ、それを追い出すために次のようなことが行なわれる。まず病人のいる部屋の壁龕に火皿をおいて灯火をつける。それと同時に部屋の暗い隅に色のついた布地をかけ、やがてこの布地、回りの壁、灯火に砂糖をとかした水を振りかける。それから病人のズボンを脱がせ、これに火をつけ、はじめ病人の上、続いて回りの壁に向かってこれを振り、しまいに部屋の外へ投げ捨てる。これらの儀式が行なわれるあいだ、大声で祈ったり、歌ったり、叫んだり、太鼓をたたいたりして、できるだけ騒ぎを大きくするのである。これ以外のマチン族の迷信については、あまり詳しく調べることはできなかった。ただチェルチェンで、妊娠した女性がわたしたちのラクダの腹の下を三度くぐるのを見たことがある。こうすれば安産できると信じられている。それから、ロバの脳みそを煮るか揚げるかして食べれば、気違いになるという話は何度も聞いたことがある。そのほか、ここで書くには都合の悪いような幾つかの迷信も聞いたことがある。

　マチン族の宗教的信仰について言えば、けっして狂信的とは言えない。山地ではナマズ（イスラム教徒の定時祈禱）もよく守られていない。むしろオアシスや都市でこのことはずっとまじめに行なわれている。ここでは多くの僧がいて、こうした行事に注意しているからであろう。

　マチン族のよくかかる病気はかぜであるが、これは熱と歯痛の形で現われる。ときには高熱になることもある。頭にはれものができたり、腹痛を起こすことも少なくない。眼病と梅毒はほとんど見られない。この二つの病気はオアシスに多い。そこでは甲状腺ばれの患者も見たことがある。山地ではこうした病気はないが、ヤルカンドでは少なくないという話を聞いた。マチン族の話によると、一八七三年一つの病気――耳下腺炎と思われる――が流行し、首筋に瘰癧《るいれき》のできる者が多かった。病人は四日後に窒息で死んだとのことである。

　マチン族の病気の直しかたは、独自的ではあるが、またはなはだでたらめである。たとえば、頭のはれものには、特別の方法で焼いたヘビの灰を振りかけたり、牛の皮と馬の毛を細かく刻んで混ぜた砂糖を病人の鼻に吹き込むのである。傷口には酸乳を塗りつける。梅毒にも酸乳は用いられるが、たいていは水銀その他の毒物を患部にいぶしてつける。こうした治療法は、都市では専門の医者によって行なわれる。山地マチン族は頭痛や腹痛のためにさまざまな薬草を服用している。出産後の女性が足を病めば、黒い牛の新鮮な糞を暖めて、これを患部に当てる。出産時および出産後には、大シカの角の粉末を服用すれば、たいへん効果があると信ぜられている。この粉末は健康の増進に役だつとされ、マチン族とシナ人を通じて、重要な医薬品となっている。

　ポルー部落に五日間滞在したわたしたちは、ここからクラブ峡谷沿いにチベットへ出ることは不可能であることを悟り、ケリヤ山脈の北麓に沿って移動した。この小調査旅行に約一か月間が費やされたが、結果は期待をはるか下まわるものであった。

　わたしたちの道は前山の中腹以上、標高三〇〇〇から三四〇〇メートル、ところによっては三七〇〇メートルの地帯に通じていた。つまり近づき難い巨大な壁のようにそびえる主山脈の真下にあった。道の回りは丘と谷、深く刻み込まれた峡谷、堡塁のような高まりなどであった。峡谷は、ことにそれが比較的大きな流れである場合は、キャラバンの移動にとって重大な障害となった。そのうえ、ほとんどたえまなく降る雨はわたしたちの移動を何倍も困難にした。すなわち、いつもぬれて湿っているだけでなく、荷駄は重くなり、坂道はすべり、川は増水し、唯一の燃料である獣糞《アルガリ》はぬれてさっぱり燃えなかった。同じ雨はわたしたちの調査や測量を妨げ、ときにはわたしたちを一個所に数日間も釘づけにした。

　ケリヤ山地に雨が多いのは、チベット方面から運ばれる雨雲のほかに、黄土に下りた湿気が、稀薄になったこの地の空気中で急速に蒸発することも一つの理由である。とりわけ太陽の輝くときがそうである。近くの雪の山々がこの蒸発を冷却させて雲に変え、再び雨となる。はげしい雨が弱い北東風または北風とともに、つまりきわめて乾燥したタリム砂漠方面からやって来るのは、以上のような理由からである。降雨地帯の縁辺に降った雨は急速に蒸発する。この水蒸気は、比較的暖かい気流が高山に接して冷えると同時に、再び凝固させられるのである。

けわしい地形と悪天候という条件に加えて、もう一つ、ケリヤで借り入れた馬に悩まされた。これらの馬は、いままでに一度も荷駄を運んだことがなく、そのため荷物を積んだまま地面にうずくまって動かなくなったり、積むときに暴れたり、草につられて脇道へはいり込んだりした。また山を上ることに慣れていないため、たびたび崖からすべり落ちた。馬追いが手綱を持ってついている場合はよかったが、全部に馬追いをつけるほどの人数はいなかった。カザクたちも大部分歩いていた。荷駄用馬の負担を軽くするために、彼らの乗用馬にも荷物を積んでいた。しかも、ケリヤから馬といっしょに来た数人の原住民は、悪天候と寒さのためにさっぱり役に立たなくなった。そのため彼らを帰し、代わりに他の人を雇い入れたが、彼らも数日間雨にぬれると、同じようにだめになってしまった。それでも、現地の住民が山麓の部落から少量の薪を運んでくれたから大いに助かった。おかげで茶を沸かしたり、食事を作ったりすることができた。これがなかったら、予定した行動を遂行することは不可能であっただろう。

途中最も困難であったのは、川に出るたびにぶつかる峡谷の横断であった。そのうちの深いものは三〇〇メートルを越えた。けわしい山地を除いて、こうした峡谷の斜面には草がはえていたが、いたるところ傾斜が急で、接近し難いところも少なくなかった。斜面の幾らかゆるやかなところに上り下りのジグザグの小道がついていたが、あぶない場所が多かった。とりわけ荷駄用の馬にとって危険であった。わたしたちの馬が崖からころがり落ちたこともたびたびであり、そのうちの一度はついに死んでしまった。峡谷の底も安心できなかった。多くの場合溪流が流れているが、流れが速いうえに大小の石がごろごろしていて、水量の少ないときでも徒渉は危険であった。午後三時ごろから翌朝まで軽く雨が降り続いただけでも、増水のため徒渉は不可能である。山からとつぜん大水が流れ出て、河谷にいる住民の羊を数十頭も一度に押し流してしまうこともまれではない。こうした大水のときのながめは恐ろしいほどである。黄灰色の激流が泡だちながら大きな石をころがし、小石を砂に砕いて流れる。わたしたちは、異常な大水のとき流されたと思われる五〇立方メートルほどの大石を目撃したことがある。峡谷にある膨大な量の丸石をながめて、わたしたちはいまさらながら水の破壊作用の大きさを痛感した。しかもこの同じ水は、数十キロも流れると、住民の麦畑や果樹園を穏やかに潤すのである。

わたしたちの苦しい調査旅行は、科学的な成果によって報われることもなかった。山中に鳥類は少なく、しかも大部分は羽毛が脱けていて、剝製には不適当であった。昼間、近づき難い高山に姿を見せる動物の数も少なかった。花を開いた植物も、季節的には全盛期であるはずであったが、数はいかにも少なかった。それに、上述のように、間断なく降る雨がわたしたちの調査を妨げた。少数の植物標本や鳥類の剝製を幾らかでも乾かそうとしたが、それもだめであった。天幕の内部はたえず湿っており、着物や荷物もまったく乾かなかった。不寝番は夜のあいだに骨までぐっしょりとぬれ、朝方は毛皮の外套を着込んだ。標高三七、八〇〇メートルを越えると、雨の代わりに、たえず雪が降ったからである。雨が一時やんだときでも、測量をすることはむずかしかった。このとき砂漠のほうから濃い砂塵が飛んで来るし、また高い山は相変わらず雲に隠れていた。たまたま山頂が晴れたとしても、深い谷底からこれに照準を合わせることは困難であった。またひとたび目標を定めても、すぐ視界から消えてしまうことが多かった。

むしろ原住民の生活を調査するほうが効果的と思われた。住民がわたしたちに好意をいだいていたからなおさら好都合である。しかしこれも、第一には有能な通訳がおらず、第二には原住民がわたしたちにあまり近づかないために、思ったほど成果を上げることができなかった。その理由は、わたしたちを監視するためにとくに派遣されたシナの役人が、山麓沿いにわたしたちと平行して移動し、原住民たちに、わたしたちからできるだけ遠ざかるよう命令したからである。それでも、先にわたしが山地マチン族について述べたことは、ほとんどこの夏期旅行で調査した事柄である。

八月四日、わたしたちはウルク・アチクと呼ばれる場所に到着した。これはケリヤ山地に沿うわたしたちの移動路の西端にあたっている。ユルン・カシュ川(コータンの)までは、住民の話によると三〇キロほどであったが、そこまで行く必要はもはやなかった。ケリヤ山脈の全体的な方向、その地形的特徴、動植物なども充分に調査された。それに、ここからチベットへ抜ける道はないことが明らかになった。またわたしたちの馬は疲れきってしまい、約半数は、もはや先へ進むことができなかった。上記の川まで偵察班を派遣するとしても、降り続く雨では、山の小川一つだって彼らの前進を止める危険がある。こうしたことを考慮して、山地からケリヤ・コータン路上のチラ・オアシスへ下り、ケリヤに残したラクダと荷物をそこまで運んで、コータンへ向かうことが決定された。

わたしたちは標高三四〇〇メートルに位置するウルク・アチクで一日を送り、やがてチラ・オアシスへ向かった。はじめカラ・タシュ川に沿って下っていたとき、八―一〇キロにわたって金を掘っている人々に出会った。鉱石を掘り出している坑には、古いものも新しいものも見られた。働いている人は、夏のあいだは一〇〇人足らずであったが、秋、近くのオアシスで収穫が終わると数百人にふえるとのことである。カプサランという名の鉱山で、わたしたちはこの仕事の方法を見ることができた。川岸の斜面などに垂直または斜めに深さ四―六メートルほどの穴を掘って金を含む土砂を掘り出す。断崖に、地面に平行させて数メートルの横穴を掘ることもある。掘り出された土は小さな皮袋で川の洗う場所まで運ばれるが、これには一〇歳ほどの少年の姿も見られた。洗鉱用の水を自由に調節できるように、本流から小さな水路を作って導いている。こうした水路の底に、はじめ粘土を流して薄い層をつくり、その上から一〇〇―一五〇キロの土砂を積み上げる。それから水を流し込み、大きな石などがよく流れるように木製の熊手状のもので土をかき混ぜる。小石と砂および金は水路の底に残る。しばらくして、水が流れないように、水路の引込み口をきっちり閉じてしまう。それから円錐形の大きな木製鉢にその残った土を入れ、軽く水で洗う。土と小石は洗い流され、金の粒は漏斗状の鉢の底に残るのである。大きな金塊が見つかることはないとのことである。全体としてこの金山は、ルスキー山脈中にあるソルガクやコパなどより劣ると考えられている。

わたしたちはカプサランからカラ・タシュ川に沿って下った。この川は右からスイレク・ブルン川を合わせて後、アシ・ダリヤと呼ばれる。しだいに乾燥し、暑く

チェルチェンの婦人たち

なってきた。わたしたちはついに、貧しい夏期コレクションと荷物を乾燥させることができた。

標高二四〇〇メートルの地点で、主脈の前山は終わった。これから下の地形は、丘陵状ではなく、不毛の平原がはじまった。アシ・ダリヤは、ところによっては幅五〇〇メートルほどの峡谷をなし、その底では流れのほかに、泉も見いだされた。また峡谷内の耕作に適するところではマチン族の大麦や小麦がつくられていた。これまで一軒または二、三軒ずつで建っていたマチン族の粘土小屋は、峡谷にはいると目だって多くなった。

わたしたちは、テケリク・ター沿いの峡谷が深くて越すことができないので、アシ・ダリヤからゲンジ・ダリヤの岸へ移った。この河谷の人口はさらに多かった。住民たちはわたしたちをたいへん親切に迎え、くだものや食物を持って来てもてなしてくれた。暑さはいまや、木陰で三〇度Cに達した。チョリュシュ部落のところで、わたしたちは再びアシ・ダリヤの岸へ移動した。途中の景観は、植物のまったくない荒地であった。チラに着く一キロほど手前のアシ・ダリヤ川岸で、数軒の粘土小屋と果樹園に出会っただけである。

翌朝早く、つまり八月一四日、わたしたちはチラ・オアシスに着いた。

この地には、住民の大部分をなすマチン族のほかに、オアシスの西端にクル、つまり奴隷と呼ばれる人々が住んでいる。伝承によれば、彼らは昔バルトゥ（バルチスタン）から捕虜として連れて来られ、奴隷にされたという。東トルキスタンにイスラム教がはいってから、このバルトゥの子孫は自由を得、いまでも古い賤称は残っているが、マチン族にまったく同化してしまった。

チラの住民の中には、甲状腺腫れの人が少なくなかった。女性は顔を隠していた。一週間に一度バザールが開かれていた。このオアシスには果樹園が多く、くだものできもよかった。養蚕《ようさん》も盛んであるが、ここでは繭から絹糸をとるだけで、織物はコータンで織られている。春、水の少ないことが小麦の耕作を著しく妨げている。米はまったくつくられていない。

わたしたちはチラに着いて、オアシスの西端、アンズの木陰に天幕を張った。これでわたしたちの夏期調査旅行は終わったが、この期間に、つまり六月と七月に、わたしたちは四五〇キロを踏査した。

一日休んだ後、ロボロフスキーとコズロフは通訳とカザク二名を連れて、荷物とラクダを取りにケリヤへ向かった。わたしはほかのカザクとともにチラに残って、今年の旅行についての略報告作成にとりかかった。わたしはこの報告書に手紙を添えて、わたしたちの東トルキスタン調査に協力したカシュガルのロシヤ領事エヌ・エフ・ペトロフスキーへ送った。

山から出たわたしたちは、まもなくひどい暑さに見舞われたが、それでもオアシスでは木陰で三五・三度C、砂面で六八・五度Cを越えることはなかった。この高温は、それが毎日毎日続き、一日も涼しい日がないために、なおさらつらく感ぜられた。水浴できる場所もなかった。アシ・ダリヤの水はすべて灌漑水渠にひかれ、現地住民の生活に不足することさえあった。住民たちは普通おとなしい性格であったが、水を巡ってときどき喧嘩をすることもあった。

八日後、ケリヤへ出向いた人々がラクダとカザクと、残しておいた荷物を持って帰って来た。コンパスによる途中の測量はロボロフスキーが行なった。それによるとチラとケリヤとの距離は九〇キロであった。二輪車用の特別の道はなかったが、二輪車でも容易に通過することができると思われた。付近には、ケリヤ山脈の氷河に発する川のおかげで、住民がかなり多かった。この川は、山から出たところでひとたび地下にもぐるが、山麓に続く不毛の平原の下で泉の形で再び地上にあふれ出ている。これらの泉はオアシスに水を提供している。しかし灌漑用水の大部分は、夏の増水期の川水に頼っている。

11　コータン、アクスゥをへて天山を越える

わたしたちは再びラクダとともにある。ラクダのほか、夏のあいだ倉庫に残した荷物とカザクがチラに合流して後は、わたしたちの探検隊は再び一つにまとまった。これとともに、わたしたちの旅行の終末も近づきつつある。以前からの計画に従って、わたしたちはまずコータンを訪れ、そこからコータン川に沿ってアクスゥへ出、やがて天山を越えて故国へ帰ることになっているからである。

わたしたちのラクダは、オイトグラク・オアシスの近くで長いあいだ休養したはずであるが、ほとんど体力を回復していなかった。数頭は死んでしまい、衰弱した七頭はやむなく住民に売ってしまった。残っているのは三九頭であった。しかしこれも、キャフタを出発したころの元気あふれるジャイアンツではなく、半ば病気の弱々しいラクダであった。こんなラクダでは、天山までの平らな道を軽い荷駄で進むことはできても、その山脈を越えることはできないと思われた。こうした判断から、わたしはセミレチエのロシヤ軍事総督ア・ヤ・フリーデにあてて、一〇月中旬にアクスゥまで新しいラクダ四〇頭を送ってほしいという依頼の手紙をカシュガル経由で送った。

荷物の整理やこまごまとした出発準備のために、チラでの滞在はさらに数日間のびた。また実際問題として、とくに急ぐ必要もなかった。住民たちが口をそろえて言うところによると、コータン川は、九月の減水期にはいらなければ渡ることができず、また暑さが少しおさまって、蚊の大群が減らないことにはどうにもならないとのことである。八月二九日、わたしたちはほとんど全部のラクダに荷物を積んで、出発した。カザクのためには、コータンまで乗用馬を借り入れた。

チラから大オアシスのサムプラまで四〇キロあまりの

地域は、ところどころタマリスクのはえた水のない砂漠であった。この地はテケリク・ターによってケリヤ山脈からの水がさえぎられている。その雪はアシ・ダリヤまたはユルン・カシュ川のどちらかに流れているのである。道には砂が多く、二輪車で通ることはできても、容易なことではないと思われた。ところどころに標識が立てられていた。三、四キロ、ときには二キロの間隔で、日干し煉瓦で小さなピラミッドが建てられてあった。住民はこれをポタイと呼んでおり、距離の単位となっている。そのほか、標識から近いところに一、二軒の粘土小屋と井戸からなる駅の建物（リャンゲル）が見られた。この井戸は深さ一五メートルに達することもあったが、水量も少なく、質も悪かった。しかも住民の話によると、大雨のときには水が一時的にテケリク・ターからここまで、たとえばベシュ・トグラクのリャンゲルまで流れて来ることがあるとのことである。またヤイリガン・リャンゲルのところには、三五年ほど前三五軒ほどの部落があり、畑や果樹園までもっていた。そのころ水は夏のあいだテケリク・ターから流れていたが、いまではここまで到達しなくなり、河床も砂に埋まってしまったとのことである。

わたしたちの道の右手には、流砂はそう遠くまで広がってはいなかった。その砂の端あたり、ベシュ・トグラクのリャンゲルから北へ六、七キロの地点にすでに本書の第9章でふれた古代都市シャリスタンの跡がある。伝説によれば、この都市はシャーウシュ・ハンによって建設され、規模が広大で、二四の門があった。この門にはそれぞれ一〇〇〇人の衛兵がついて警備していた。都市の中央に巨大な池があり、その水はおそらくユルン・カシュ川から引かれたものであった。これは、ここからわずか一五キロしか離れていないサムプラのオアシスをいまも潤しているものである。シャリスタンの住民はマチン族で、一部は拝火教徒であり、一部はノヤ教を信じていた。この都市の滅ぼされた時期は不明である。

サムプラ・オアシスはユルン・カシュ川の左岸、標高一三七〇メートルの地点にある。わたしたちは、チラの西に広がる砂漠を通ってこの地に着いた。この川からオアシスへ四本の大水渠がひかれているが、これが掘られたのはすでにかなり古いらしく、それぞれが小さな川のように見えた。

このオアシスは、わたしたちがこれまで見たことのあるどのオアシスよりも広かった。これは一五の地域に分けられ、一人のハキムに従属する一五人のミン・バシュによって治められていた。総人口は、わたしたちの調査によると、五五〇〇家族であった。住民は、ロプ区とハングイ区を除けば、全部マチン族であった。ロプ区には、滅ぼされたロプの町から逃げた人の子孫が住み、ハングイ区の住民は、現地の伝説によれば、英雄ルスタム・ダゲスタンの後裔であると言われている。ハングイ区の住民には、頭髪の黄色い男子が少なくない。偶然ではあるが、女性にも同じ髪の人が目についた。しかし大部分はやはり黒い髪であった。

ハングイ区住民の起源に関する伝説は次のとおりであった。「ルスタム・ダゲスタンはいまの東トルキスタンに小さな男の子とその母親を残して、どこか遠くへ遠征に出かけた。やがて何年かたち、子供は若者となって、畑にマクワウリをつくって、母親といっしょに暮らしていた。ルスタム・ダゲスタンは長い留守の後帰って来たが、残した妻と息子を見いだすことができなかった。ただ偶然のできごとによってその息子を知ることができた。ある日ルスタムは一人の若者に出会い、これと組打ちをすることになった。彼は相手を組み敷き、いよいよ殺そうとしたとき、若者は「ルスタム・ダゲスタンの子を許されよ」と言った。父親は若者が自分の息子であることを知ってたいへん喜び、その場所に住みついて子孫をふやした。この場所ははじめマガンと呼ばれたが、後になってハングイと改称された。[1]」

わたしたちがサムプラ・オアシスに着いたとき、たいへん不愉快なことが起こった。しかもその責任者はシナ人で、ひどい目に会ったのは現地のハキムであった。それは次のようにして起こった。

オアシスの手前七キロのアク・リャンゲル駅のところで、わたしは本道から右へ折れ、ハングイ区へ向かった。まもなくこの村落のアクサカルその他の長老がわたしたちを出迎えて、くだものなどを持ってダスタル・ハン（ごちそう）をしてくれた。そのうちにサムプラ全体のハキムがやって来て、道案内になることを申し出た。わたしたちは彼とともにはじめ、粘土小屋の散在している中を数キロを進み、やがて彼の案内で急に右へ曲がり、そのまままっすぐ進んだ。それからハキムは、道案内を他の人に頼んで、自分は先に行ってしまった。やがてわたしたちは荒地だけではなく、トウモロコシやクローバのつくられている住民の畑の中を通らされることになった。わたしたちの通った後には、キャラバンに踏みしだかれた小麦畑が続いていた。わたしたちは気が気でなかったけれども、どうすることもできなかった。ひどい暑さであるうえ、宿営に適する場所がまったくなかったからである。わたしたちは道案内と、迎えに出た長老にその理由をきびしく追求したところ、彼らはハキムの命令に従ったと答えた。そのハキムは、わたしたちに対する住民の信頼を失わせることをねらったシナ人の指示に従ったものであることが明らかとなった。農民たちが丹精をこめてつくった畑を荒らすことほど、彼らの憎しみを買うことがほかにあろうか。わたしたちは、ハングイ区の端でやっと宿営に適する場所を見つけた。わたしたちは直ちに当のハキムを呼びつけた。彼は、自分が誤ったことを認め、道をよく知らなかったためにそうなったと弁解した。これはむろんでたらめである。こうした場合、わたしたちは住民に対してもシナ人に対しても、断固とした態度に出ることが必要であると考えた。彼らは故意に、わたしたちを困った立場に陥れたのである。わたしは、ハキムとその輔佐役であるミン・バシュを逮捕させ、縄で縛って、宿営地のそばの木につなぎ、銃を持った番兵をそこに立たせた。これと同時に、通訳と長老に、畑を踏みしだかれた住民の損害額を調査させた。二時間後、その調査は終わり、被害者に補償金を支払った。そのうちに、ハキムが縛られているというニュースが広まり、付近の村々からこの異様な光景を一と目見ようとして多くの人々が集まった。多くの人は、シナ人に一方的に忠誠を尽くす支配者がつながれているのを見て、うれしさを隠すことができなかった。

わたしは彼らを翌朝までそのままにし、わたしたちを再びここから案内させようと思っていたが、夕方現地の長老や顔役など多くの人々がやって来て、ハキムを釈放してくれるよう要請した。ハキムらはすでに相当身にしみたと思われたので、群衆の前で必要なことを彼らに言い渡し、釈放してやった。そのときコータンのアンバンから派遣されたシナ人が二人やって来て、「わたしたちの健康状態」を聞いた。わたしは、シナ側の偽善的態度があまりにもはっきりしていたので、彼らとの面会を拒否した。

ここでシナ人についてもう少し述べておこう。彼らは、わたしたちについてのでたらめな中傷を行く先々でまき散らして来たが、その程度はますますひどくなった。たとえばサムプラでは、仮にわたしが望んだとしても、半平方メートルの土地も売ってはならないことが厳重に達せられていた。シナ人は住民たちに次のように説明した。その一と握りの土地に、ロシヤ人は非常に早く生育する柳を植え、それが枝を張って、広い地面に陰をつくる。するとロシヤ人は、その陰のある場所はみな自分のものだと主張して、誰にもそこに立ち入らせないというのである。またいままでと同じように、わたしたちが標本を入れている大きな箱には、空間と食糧を少なくするために、ひよこが卵の中に詰め込まれているように兵隊が隠されている、と言いふらした。無知な住民たちはこうしたでたらめを信じ、大オアシスでは、わたしたちに対して控え目な好意しか示さなかった。そればかりか、住民たちはわたしたちの目につかないようにすることをシナ人から命ぜられていた。ハキムとの事件があって後、わたしたちは前に通った大きな道へ出たが、住民の姿はほとんど見られなかった。その日ロプ区で開かれる予定であったバザールも、一時的に休業していた。

毎日の暑さがひどく、コータン川に沿って先へ進むことができないので、わたしたちはサムプラ・オアシスの東端にあるクタス湿地の近くで一週間宿営することになった。ここでわたしたちは、ますます繁くなってきた秋の渡り鳥の状態を観察することにした。この場所は、ケリヤ・コータン街道の近くにあり、アシの密生した広い塩湿地をつくっている。ところどころに、オアシスを潤した水のたまり場である沼地が見られる。ただこの種の湿地はロシヤのそれとはまったく違って、腐植土がなく、そのかわり粘質の薄い黄土層から成り立っている。水禽類や渉禽類はこうした場所にはあまり住みつかない。しかしほかに適当なところがないため、渡る途中一時ここに止まるのである。

わたしたちはクタスからコータンへ向かった。この間の距離は二〇キロである。途中はずっとオアシスであった。その景観は、この地のすべてのオアシスと同じように、緑に包まれて外からはよく見えない粘土小屋、同じく粘土で積み上げた垣、両岸に木を植えた灌漑水渠、果樹園、菜園、ミニアチュール的な畑地などであった。畑では、すでに夏の中ごろ大麦と小麦が刈り取られ、いまでは一面にトウモロコシ、まれに綿が植えられていた。大麦の後にトウモロコシ、小麦の後には普通、キビまたは大根がつくられた。早春の種まきは、水がないために行なわれなかった。水が充分に出て来るのは五月中旬である。住居の粘土小屋のそばに、しばしば小花壇がつくられ、カボチャをはわせた園亭もよく見かける。そのほか花は粘土小屋の屋根、垣根や門の上、さらには粘土でつくった小店の上にまで植えられる。いたるところに肥沃な黄土があり、これに必要な土地を提供している。低い粘土の垣根は小屋と果樹園だけを取り巻き、畑は街道筋に面しているけれども、そのままである。わたしたちはトウモロコシだけでなく、熟《う》れているスイカやマクワウリも見たが、誰もこれを盗む者はなかった。しかし、粘土の垣根の上にとげのあるグミの枝を巡らしている家を見たことがある。これはどういうわけかと聞いたところ、住民は次のように答えた。こうした家には若くて美しい妻がいて、主人はその妻の貞節を信じることができないからである、と。

わたしたちはカラ・ウスー川を渡ってコータンの区域内、つまりユルン・カシュのオアシスへはいった。これはサムプラと同じように、同名の川の右側にある。ユルン・カシュは都市と考えられ、そこにはかなり大きな市場がある。ケリヤ・コータン街道に沿って約一キロ続いているが、その構造は他のオアシスの場合と同じである。幅三、四メートルの道路の両側に、粘土でつくった小屋、もっと正確に言えば犬小屋のような建物が二列にぎっしりと並んでいる。これは店である。それぞれの小屋の前にひさしがあり、その下につくられた粘土の台に商品が並べられ、売られるのである。木陰が市場に利用されることも多い。木のないところでは、道の幅いっぱいにアシで編んだむしろで日よけの屋根をつくっている。そのほか暑い日には、市場に水がまかれる。

たとえばコータンのような大きな町（イスラム教徒の都市）であっても、こうしたバザールにおける商売はきわめて零細である。売り手は一つの店で一〇個ばかりのマクワウリ、スイカ、桃、あるいは他の野菜の小さな山を並べているにすぎない。次の店には袋に一プード（一六・三八キロ）足らずの小麦、米、トウモロコシ、手に一ぱいほどの何かの種子、一束のニンニク、干しアンズ、干し桃、干しブドウなどを並べている。また次の店では数フント(一フントは〇・四一キロ)の白砂糖、そのそばに少量のコショウ、タバコ、マッチが並べられ、ある店では鉄製のがらくたが並べられ、そばで鍛冶屋が何か仕事をしている。その場で長靴をつくり、これを売る店もある。羊の肉をぶら下げているところもあるし、男女の帽子、ハラートその他の衣類の店、更紗、綾織綿布、綿ビロード、編みひもなどロシヤ製品を売る店、銀の腕輪や耳飾り、指輪、櫛、鏡、頬紅、白粉など装身具や化粧品を売る店、理髪店、陶器やヒョウタンの店なども見られる。要するに、こういう調子でいちばん端の店まで続くのである。そのほかパン、くだもの、マッチなどを持って、大きな声で叫びながら売り歩く人もいる。なかには、水ぎせるを用意し、一回二、三プーロ(ロシヤの銅貨)の値段で吸わせることを商売にしている人もいた。東トルキスタンの商人は男だけでなく、女性も少なくない。値段はシナ人のように高くはない。バザールの雑踏ぶりは想像することもできないほどである。住民にとってそれは、いろいろなニュースを得るためのクラブでもある。しゃべったり、何かのニュースを得たりするだけの目的で、遠いところからわざわざやって来る人々も少なくないのである。

ユルン・カシュ川は、同名のオアシスと本来のコータンとを分けている川であるが、わたしたちは九月一〇日、すでに減水しているこの流れを渡った。小石やごろ石におおわれた河床の幅は約一キロであった。流れそのものは幅三〇メートル、深さ六〇センチ以下で、水は澄んで流れは速かった。ところによっては、流れは半分以下にせばまり、かなり深い淵をつくっていた。

石の多い河床に、高さ一・五メートルほどの石を積み上げた壁が見られたが、これは夏の大水を調節するためと思われる。増水期は、この地では五月中・下旬から八月末または九月初めまでである。大水のときは、流れは数本に分かれ、徒渉できる浅瀬でも深さ一・二五メートルに達し、しかも流れは濁っている。こんなときの徒渉は、渡し人夫の助けを得て行なわれる。彼らは自ら流れの中にはいり、徒渉する馬やラクダを助けるのであるが、水のために彼らも押し流されてしまい、命からがら岸にはい上がることもある。住民の話によると、コータン・ダリヤは、場所によっては底まで凍ってしまうとのことである。

徒渉場でわたしたちは、地方長官から派遣されたシナ人の役人に出迎えられた。ユルン・カシュ川の対岸では、二、三〇人のサルト人（中央アジアまたは西トルキスタンの定着民。この場合はフェルガーナのアンディジャーンの住民をさす）によって、うわべだけでなく、心から歓迎された。彼らはコータンで商売をしているロシヤ国民であった。彼らはすばらしいダスタル・ハン（ごちそう）を提供し、あらかじめ用意した場所へわたしたちを案内した。

遠い昔から政治上、商業上有名であった広大なコータン・オアシスは、標高一三四〇メートルの地点に位置し、ユルン・カシュ川とカラ・カシュ川という二つの川によって灌漑されている。この両河は一〇〇キロほど下流で合流し、コータン・ダリヤと呼ばれている。このオアシスには村落のほかに三つの都市、つまりコータン（イリチともいう）、ユルン・カシュおよびカラ・カシュがある。住民の大部分はマチン族で、ほかに少数ながらアルドビュル人、アフガン人、インド人、アンディジャーン人などが住んでいる。モンゴル人、一般に仏教徒はまったくいない。住民はすべてスンニ派のイスラム教徒である。

コータンのイスラム教はあまり強固とは言えない。メドレセ（学校）で学ぼうとする人も少ない。この点、カラ・カシュ住民のほうがましである。彼らは互いに仲がよく、コータンの住民よりも正直で、顔もましであるといわれる。また喧嘩が好きで、勇敢であるという評判もある。コータン・オアシス住民がいちばんよくかかる病気は、梅毒とのどのはれもので、このために死ぬ人も少なくない。また歯痛が多く、四〇歳を過ぎた人の歯はほとんど腐っている。その原因は、いつも干しブドウその他甘いものを食べているからと思われる。コータンでは、人口が稠密で、しかもみんなが貧乏であるため、労働力が想像を絶するほど安い。労働者の一年間の報酬は普通、食事つきで三二テンゲ、ロシヤの金にして三ルーブリ二〇コペイカにすぎない。女性たちは一片のパンや着物のために働きに出かける。奴隷の売買も、わたしたちの聞いたところでは、かなり広く行なわれている。裕福な人は貧乏な人から子供を買い取っている。他の地方からの商人やシナ人が子供を買うこともある。五歳から一二歳の男の子は五〇から二〇〇テンゲ、女の子は特別に容貌の美しい場合は別として、普通男の子の半分から四分の一の値段である。

コータンの町はユルン・カシュ川の左岸にあり、密集した粘土小屋とそのあいだを縫う狭い通りから成り立っている。東トルキスタンの他の都市と同じように、ここにもとくに目ぼしい建築物は見られない。城壁もない。しかし、かつてはるかに広かった市域を取り巻く塁壁がいまに残っている。現在の市域は四つに分かれ、南部はグージャン、東部はスダルワズ、西部はカズルィク、北部はヘイドカまたはイグダと呼ばれている。市街の東側にヤクブ・ベク時代の砦《とりで》の跡が残っている。また西側に少し離れて、ヤンギ・シャールと呼ばれるシナの砦が築かれている。このヤンギ・シャールは回りに壕と鋸歯状の壁を巡らせた四角な構築物で、前哨陣地をもっている。主壁の高さは目測でおよそ一二メートル、各正面は約四〇〇メートルである。それぞれの隅と側面には、その方向からの攻撃を防ぐために塔が建てられている。この砦の各側面には、焼いた煉瓦でつくった門があり、その中には兵舎と新しいバザールがある。またコータン管区の長官とその役人もこの中に住んでいる。

コータン・オアシスにおける農業はよく発達している。いちばん多いのはトウモロコシで、その次が米、小麦、大麦などである。しかし現地産の穀物だけでは食糧が不足するので、他のオアシス、とりわけアクスゥとクチャから移入している。綿花はこのオアシスではあまり栽培されていない。綿花の質もよくないと言われる。

果樹としては、アンズや桃などのほかに、ザクロとブドウの栽培が盛んである。ブドウには五つの種類が見られる。それは新鮮な形でも食べられるが、乾燥物のほうがもっと多い。ブドウ酒もつくられはするが、質はあまりよくない。養蚕は、ヤルカンドを除けば、東トルキスタンのどの地域よりも盛んである。そのほかコータンでは、絨毯や毛氈などの羊毛製品、銅器、楽器などの製造が発達している。しかし製造工業は全部家内工業である。ただ絹織物業の中には、二〇人以上の労働者をもつものが見られる。鉱業としては、カランガ・ターにおける金と軟玉の採掘があげられるにすぎない。貿易は、東トルキスタンの他の地域と同じように、おもにロシヤと、またラダクを経由してインドとのあいだで行なわれている。

前に述べたように、わたしたちはコータンに着くと同時に、あらかじめサルト人の商人が用意した場所に案内された。これは広くて陰の多いみごとな庭園であった。

しかしシナ側の敵意のために、わずか数時間ここにいることができただけであった。わたしたちがまだラクダの荷物も下ろし終わらないまに、二人のシナ兵がやって来て、彼らに特有のずうずうしさで、わたしたちの荷物を調べようとした。もちろん彼らは追い払われ、罵詈を残して立ち去った。こうしたことが繰り返されないように、わたしは通訳のアブドゥルをシナのヤーメン（衙門、地方の役所のこと）へ送り、いまのできごとを知らせると同時に、兵隊をわたしたちのところへよこさないように要請した。アブドゥルとともに、コータンにいるロシヤの貿易アクサカル（カシュガルのロシヤ領事と連絡して、ロシヤ国籍の商人のことを扱う長老。カシュガル、ヤンギ・ヒッサール、ウチトルファン、アクスゥ、コータンの五都市におかれた）二人も出かけた。彼らはシナ人市街、つまりヤンギ・シャールへおもむき、依頼されたことを済ませて帰途についた。ところが彼らがヤンギ・シャールの門へ出たとき、とつぜん多くのシナ兵が彼らに襲いかかった。武器を持たない彼らは抵抗することもできないまま、さんざんなぐられたのである。しかも兵隊たちは、わたしたちにも同じ目に合わせてやるとおどかした。アブドゥルは本部へ引き返し、アクサカル二人はわたしたちの宿営地へ戻って来た。彼らは驚きのあまり、はじめのうちは事態をはっきり説明することさえできなかった。通訳がいないためになおさら都合が悪かった。しばらくしてアブドゥルが、シナ人長官から派遣された役人に伴われて帰って来た。長官は、責任者は必ず処罰されると役人を通じてわたしたちに伝えた。これまでシナ側がわたしたちに対してとってきた悪意ある行動から判断して、この言明を誠意あるものと考えることはできなかった。そこでわたしは役人に対して、責任者がわたしたちの目前で処罰されるか、それともわたしたちの立ち合いのもとで通訳および二人のアクサカルに謝罪するか、そのどちらかの処置がとられないうちは、この事件はおさまらないだろうと言明した。これと同時にわたしは、密集した市街地でシナ兵の攻撃を受けることは不利であると考え、見晴らしのきくユルン・カシュの岸へ移動することにした。ここならば、ベルダン銃の威力をもって、彼らの襲撃を充分防ぐことができる。

　それから、今回の事件によって住民に与えられた印象を取り除くために、わたしはロボロフスキー中尉を長としてカザク一〇名のほかコズロフおよび通訳を市内へ送り、シナ人の目前で《散歩》させることにした。この小部隊は銃に剣をつけて、各人一〇〇発の弾薬を装備していた。ロボロフスキーはわたしから、イスラム教徒の市街を全部通過してシナ人街にはいり、そこで少し休んで帰ること、もしシナ兵が攻撃すれば、直ちに武器を持って反撃することを命ぜられた。遠くから考えれば、ことにヨーロッパ的観念からすれば、こうした行動は理解できないかもしれない。しかしアジアでは、ことにシナ人とのあいだのことであれば、ちょっとした譲歩も悲しむべき結果につながりやすい。反対に、一歩も退かない断固とした行動は十中八九まで、最も危険な状態から抜け出す可能性を与えるのである。今回も事態は同じであった。

わたしたちの小部隊は、その日バザールに集まった住民たちの歓呼を受けながら、整然と市街を通過し、シナ人の城内にはいった。そこで休憩をして、カザクたちは買って来たスイカを食べ、同じ道を通って引き返した。途中誰からも襲われなかっただけでなく、シナ人の罵詈を受けることもなかった。すれ違うとき、彼らの雑言を浴びないことは普通めったにないのである。

翌日、シナ側の長官から派遣された役人が原住民の長老を伴って再びわたしたちを訪れ、今回の事件を忘れてくれるよう要請して来た。長官は役人を通じて、彼はこの地方の民間関係の仕事だけを扱っており、軍隊は彼の指揮下にないこと、兵隊は軍紀が乱れていて、ときには長官自身に対しても無礼を働くこと、長官はヤルカンドとカシュガルにいる軍関係の高官に報告をしたから、責任者は必ず罰せられることを釈明した。わたしは再び、責任者をいますぐ処罰するか、それとも公に被害者に謝罪するかのどちらかにしてほしいと要求した。役人は従者を連れて帰って行った。その翌日も同じことが繰り返されたが、今度は二人のわがアクサカルもいっしょになってわたしに要請した。長官の説得によることはもちろんである。確かに長官は、兵隊の直属上官とともに、あらかじめ部下たちの意図について知ってはいなかったであろう。しかし、わたしたちについてのでたらめな中傷を流したり、住民に対して、わたしたちに物品を売ることを禁じたりして、ひそかに悪意ある態度をとってきた。兵隊たちはもちろんこのことを知っており、無法なふるまいによってその上官の機嫌をとろうとしたのである。わたしが長官との個人的な交渉を拒否すると、派遣されたその役人は、それならせめてわたしの補佐役の人でも会談のためによこしてほしいという長官の希望を伝えた。わたしはこの依頼にこたえることにした。わたしは、らちのあかない状態にすっかりあきあきしていたのである。

その翌朝、ロボロフスキーはカザク一〇名と通訳を連れてシナ人の城内へおもむいた。長官はわたしの部下を丁重に迎え、兵隊たちが処罰を免れないことを力説して、この不祥事の決着をつけようと申し出た。そこでロボロフスキーはわたしの依頼に従って、長官の言葉が真実であるならば、遺憾の意を表する意味で、長官のほうからまずわたしたちを訪問されるべきだと述べた。このことはわたし個人にとってよりも、住民のあいだに不愉快な風説が流され、それがシナ人に利用されることを恐れたからである。長官はなかなか狡猾で、この提案に対してすぐには返答せず、ロボロフスキーを丁重に送り出した。彼らが宿営地に帰り着いたとき、例のシナ人の役人がやって来て、長官が来訪することを伝えた。わたしは彼らの誠意のない態度にすっかり腹をたて、役人を追い帰してしまった。この日はシナ人は一人も姿を見せなかった。翌日の朝、長官はついに役人や原住民の長老を連れて自らやって来た。わたしたちの会見は半時間ほどで終わった。長官はたいへん気さくな人で、わたしの見たところでは、シナ式の教養もあまり受けていないように思われた。その夕方わたしは、ロボロフスキーとカザクを引き連れて返礼の訪問をしたが、丁重に遇された。長官は翌日再びわたしたちの宿営地を訪れ、さまざまな美辞をまき散らした。要するに、わたしたちの関係はうわべでは、友好的になったのである。

これまで述べたようなめんどうが起こっているあいだに、今後の行動の準備を続け、やがて出発準備は完了した。二人のアクサカルの助力を得て必要な食糧が買い込まれ、アクスゥまでラクダを補うためにロバと乗用馬が借り入れられた。九月一七日、わたしたちは進発した。コータンの長官もわたしたちを見送りに出たが、ヤンギ・シャールの門まで来たとき、別れの射撃に驚いた彼の乗馬のために鞍から振り落とされてしまった。彼は足を打撲して、引き返し、そのかわりに数人のシナ役人がわたしたちを送ってくれた。

第一日目、わたしたちはコータン・オアシスの北辺にあるイシャク・セイテまでわずか一〇キロを進んだ。オアシスから流れ込む水で形成された湿地には、多くの渡り鳥のカモ、アオサギ、オグロシギが見られ、ほかにシロサギ、ヤマシギなども少数ながら姿を見せた。わたしたちはこれらの鳥を多数打ち落とした。もはや九月というのに、日中の暑さは三〇度Cに達した。

わたしたちはイシャク・セイテから四キロのところでヤンギ・アリクという部落を通ったが、これをもって最終的にコータンと別れた。まもなく左右から流砂地帯が現われた。これはタリム川まで四〇〇キロのあいだ、切れ目なく続くものである。カラ・カシュ川を合わせてコータン・ダリヤを形成するユルン・カシュ川は、この砂漠を南北に流れ、キャラバンの移動を可能にしている。ユルン・カシュ川に沿う道は両岸にそれぞれ一本ずつある。夏の増水期には徒渉できないからである。わたしたちがいま通っている左岸沿いの道は、たいへんよく踏み固められ、タウェク・ケルのオアシスまでは二輪車の通過も可能である。この川の両岸にはヤクブ・ベクの時代に駅(リャンゲル)まで設置された。いまではこの駅も、キャラバン・サライ(隊商宿)や兵舎などとともに、みな捨てられてしまった。シナ人は、彼らの憎むべき敵ヤクブ・ベクの記憶をぬぐい去ろうとして、これらの遺物を意識的にとりこわしている。しかし一般の民衆はいまもヤクブ・ベクについてよい思い出をいだいている。彼の時代のほうがいまよりも生活が楽だったからである。

ユルン・カシュ川を下る途中、ここから七五キロ先のコータンまで、薪やアシ、ヨシの穂をロバに積んで売りに行っている人々に出会った。この穂というのは、石炭と混ぜ合わせると、たいへん丈夫な壁土になるとのことである。

このユルン・カシュ川の岸で、わたしたちはまったく予期しないできごとに見舞われた。少し前ロボロフスキーは馬に乗っているときからだをひどく打撲したが、その内出血がひどくなり、どうにもがまんができなくなった。わたしたちはやむなく宿営することにし、三日間休んだ。一方わたしは、通訳をタウェク・ケルのオアシスへ送り、ロボロフスキーのために二輪車を借りて来させた。わたしたちは患者をこれに乗せて、なんとか上記のオアシスまでたどり着いた。これはコータン—アクスゥ街道における最終の集落地である。タリム川までもはや人家はない。現地で聞いたところによると、タウェク・ケルは一八三七年、以前シナが東トルキスタンを支配していた当時建設された。住民はマチン族と少数のドゥラン人（モンゴル人に属し、一八世紀初めこの地にジュンガルが支配していたころ移住した人々）からなり、強制的に一〇〇〇ないし一二〇〇家族が移住させられたものである。六〇年代のはじめ、シナの支配がくつがえって混乱が起きたとき、またその後ヤクブ・ベクの死に伴う動乱のとき、タウェク・ケルの住民の多くはその故郷へ帰った。現在残っているのはわずか五〇〇家族で、その一〇分の一がドゥラン人である。耕作に適する土地は多いが、夏期以外は水が少なすぎる。冬期は水がまったくない。移住者が住みつかない最大の理由はここにあると思われる。

　タウェク・ケルの住民の生業は農業である。羊も少なくない。一週に一度小さなバザールが開かれている。行政的にはコータンに所属している。

　九月も終わりというのに、日中の暑さは毎日木陰で二八・二度Cに達した。しかし夜間はかなり冷たく、植物は秋の威力を感じはじめた。ケンディリはもはや金色に黄葉した。ときおり黄葉したカンゾウやトグラクの若木にも出会った。牧草の円錐花序も、アシも黄色くなっていた。果樹を含むあとの植物は、まだ緑であった。タマリスクは花を咲かしているものさえ見られた。くだものは採取を終わっていたが、ブドウの房の一部は蔓《つる》に残ったままであった。トウモロコシはほとんどまだ畑に立っており、綿は熟してはいたが、なかにはまだ緑の莢《さや》も見られた。イノシシはタウェク・ケルの農作物に多くの損害を与えている。これは昼間ジャングルにひそみ、夜間オアシスに現われてトウモロコシ、スイカ、マクワウリなどを荒らすのである。住民たちは夜間番人を出して警戒しているが、このずうずうしい動物は番人をあまり恐れず、人の目を盗んで荒らしている。わたしたちは昼間そのイノシシを捜して見たが、徒労に終わった。夜間これを見張ることはしなかった。

　タウェク・ケルの近くにある深い小湖沼には渡り鳥のカモとシギのほかノビタキの姿も少数見られた。湖沼の深い部分には大きな魚がたくさん泳いでいたが、それを取ることはできなかった。またタウェク・ケルの近くでキジも見かけたが、数は少なかった。秋ではあったが、子キジの大きさは親キジの半分くらいしかなかった。

　はじめわたしたちは、ロボロフスキーの傷が直るまで数日間タウェク・ケルに滞在しようと思ったが、しかし彼のがまん強い性質のおかげで、一日休養しただけで先へ進むことができた。万一の用意に二輪車を借りたが、一五キロほど行くと、もはや車は通ることができなかった。そこでロボロフスキーは痛さをがまんして馬に乗り換え、二日間の行程の後コータン・ダリヤへ出、その岸沿いに北上した。この道は全体としては悪いとは言えなかったが、夏の増水を避けて回り道をしている場所は、道筋がはっきりわからなかった。ユルン・カシュ川の場合もタウェク・ケルから下流は同じことであった。全体としてこのオアシスからマザル・ター山脈、さらにはそれより少し先まではキャラバンにとってたいへん苦しかった。その理由は、第一に地理的な条件であり、第二にはいつまでも続く日中の暑さである。すでに一〇月にはいったというのに、日中は陰でも二五度Cを下らなかった。晴れ上がった空と乾燥しきった空気の中で、太陽は火のように燃えた。この暑さのために、なお多くの蚊が残ってわたしたちを悩まし、また無数のダニがラクダの内股に食いついた。これが真夏であったらどうであろう。途中のトグラクの幹に次のような文句が刻まれていたが、けだし旅人の悲しみを言いえて妙である。「この道を夏はじめて行く人は無知だからである。二度目に行く人はばかである。三度目に行こうとする人はカフィル（イスラム教徒にとって異教徒を意味し、軽蔑がこめられている）か、豚である。」さいわいにして、夜間の冷えのおかげでよく眠ることはできたが、反面、昼間の高温との差がはげしくて、健康にはよくないと思われた。

　ユルン・カシュ川の下流部でもここでも、春に草を燃やした跡が見られた。これはおそらく、牧夫が新芽のよく出るように焼いたものであろう。いまでは牧夫の姿はまったく見られなかった。ただところどころでシカをねらったり、罠《わな》でキツネやオオカミをとるために来ている猟師の姿を見かけただけである。彼らの中には専門にタカをとっている者もいた。タカのとりかたはおよそ次のとおり。河床の砂に、直径一―一・二メートルの円になるように、低いアシで柵をつくる。この場合アシはあまり密にしないで、幾らか内側に傾くように立てる。その外側に、地面に固定された細い網を巻きつけ、上の穴は開いたままにしておく。こうした罠の中央におとりとして白いハトを入れ、上から餌をまいて与える。飢えたタカはおとりのハトを見つけて、上空からこれを目がけて飛び下り、網に巻きつくのである。猟師はこうした罠を数個所にかけ、一日に二、三回見て回る。コータン・ダリヤではこのような方法で大タカを捕えている。コータン・オアシスの付近にはタカが多いという話である。こうして捕えたタカはウサギ猟などのために訓練され、好事家に売られる。オオワシは山中で渡るところを、その足を傷つけないためにフェルトを巻きつけた罠で捕える。おとりには肉片が用いられる。このオオワシを使ってハラ・スルタ、キツネ、さらにはイノシシ、オオカミ、野生ネコをとるのである。

コータン・ダリヤに沿って三日間歩いた後、わたしたちは低い山脈が川の西岸に断崖となって迫っている場所へ出た。これは山脈というよりも、むしろ丘陵であった。これは住民からマザル・ターの名で呼ばれている。この東端は幅一・五―二キロ、高さ一五〇メートルほどで、明確に色を異にする平行した二つの層から成り立っている。南側は石膏を包む赤い粘土層であり、北側は白い雪花石膏の層である。コータン・ダリヤから二五キロ離れた同じ丘の中で火打ち石が採取され、売るためにコータンへ運ばれていることを聞いた。二色からなるこの丘陵は遠く砂漠に消えるまで続き、北西へ幾らか曲がり、中央部で幾らか高まりを示しながら、カシュガル川岸のマラル・バシュ砦まで達しているとの話である。マザル・ターには植物はまったくない。地面から丘の半分の高さまで砂に埋まっている。露出している部分、とりわけ赤粘土の部分はひどく風化している。コータン川に迫っている岬には古い廟と、ヤクブ・ベクの時代に建てられた新しい廟の跡が見える。古い廟は、伝承によれば、あるアラビアの英雄によって建てられた。彼はコータン川でマチン族と戦いながら、夜はこの廟に来て泊まったと伝えられる。果てしない砂漠の中に建つこの廟の景観はきわめて独特なものがあり、苦行者が隠遁の生活を送るのに最も適していると思われた。

無風のよく晴れた暑い日が相変わらず続いた。しかしタウェク・ケルを出発してから一〇日のうちに、とりわけ一〇月初め夜間の気温が数日間マイナスに下がってから は、クロウメモドキとトウワタを除く植物はみな急速に色づいた。これと同時に、わたしたちの乏しい植物コレクションも終わった。今年採集した植物標本はわずか二五六種にすぎず、ケリヤ山中へ夏期調査旅行をしなかったらもっと少なかったものと思われる。動物標本にしても、ロプ・ノール以後は少数の屑ものばかりである。

マザル・ターから二五キロのところで、これまでわずかながら流れていたコータン・ダリヤはまったく乾燥してしまった。わたしたちはタリム川までもはや流れる水を目にすることはできない。飲用水も、夏の増水時にできたわずかな水たまりに頼らなければならない。コータン・ダリヤの下流部では、こうした水たまりもほとんどなくなった。そのかわり、広い乾燥した河床は絶好の道路となり、そのため割合に速く進むことができた。測量のほうもトグラクのはえた川岸のでこぼこ道を通っていたあいだはコンパスしか使えなかったが、いまではブッソリを使用することができた。

マザル・ター付近からコータン・ダリヤの下流部にかけて、わたしたちはしばしば大シカやトラ、まれにはイノシシの足跡を見つけた。わたしたちはこれらの動物を熱心につけねらったことは言うまでもない。ことにトラである。しかし残念なことには、これをねらって射撃する機会も与えられなかった。夜間、これらの動物がわたしたちの宿営地の回りをうろつくこともあった。昼間、この動物が前の晩寝ていた場所を見つけたこともある。大シカはちょうど交尾期にはいっていた。わたしたちはトグラクの林でこの動物を見つけたことがあったが、猟師が一歩歩くごとにかさこそと枯れ枝の折れる音がして、この敏感な動物に近づくことがどうしてもできなかった。水場には普通大シカの足跡が一面についている。わたしたちは一度ならずここで待ち伏せていたが、やはり徒労に終わった。最後に最も期待できる方法として、追猟も行なって見た。追い立てにはカザクがあたり、射手にはわたしのほかロボロフスキー、コズロフおよび数人のカザクが順番であたった。しかしこれも成功しなかった。要するに、わたしたちはコータン・ダリヤを下るとき、これらの動物をねらって相当な時間と労力を費やしたが、その成果はわずかイノシシ一頭に過ぎなかった。

キジの場合は幾らか成果があった。付近に水のないところでは、この利巧な鳥は湿った砂を捜して、それを掘って水を飲むのである。ベデリク・ウタクから南のコータン・ダリヤ下流部河床で、ときには数百平方メートルに達する広い地域にわたって、小さな甲虫類が湿った砂を一面に掘り返しているのを見た。おそらくはここにその卵を産みつけているものと思われた。

一〇月一〇日、ほとんど一か月続いた日中の暑さはついにやんだ。ちょっとした風が吹いた後、空は曇りはじめ、濃い黄塵に満たされた。涼しくなってきた。しかしタリム川まではあとわずかである。わたしたちがタリム川の渡し場へ出るためにコータン街道を曲がったとき、アクスゥの貿易アクサカルと二人のキルギス人に出迎えられた。このキルギス人は、セミレチエからアクスゥまで、わたしたちのキャラバンのために新しいラクダを連れて来た人々であった。

いまやコータン・ダリヤと、そしてまもなくタリム盆地そのものと別れるにあたり、先にわずかにふれた興味深い動物、つまりトラについて、いささか詳しく述べることはむだではないと思われる。

わたしたちの内陸アジア旅行でトラに出会ったのは、ジュンガリアと東トルキスタンにおいてである。前者ではイリ河谷に割合多く、天山地方のアシの茂み、たとえばシホの近くやムクルタイの湿地帯などにまれに見いだされる。しかし全体としてジュンガリアには、トラは少ない。東トルキスタンのほうがはるかに多く、広大なジャングルがトラに安全な隠れ場を提供している。暖かい気候と、豊かなイノシシや家畜はトラにとって絶好の生活条件となっている。コータン、チラ、ケリヤなど大オアシスの近くでは、深い茂みが大部分消滅しており、そのためトラはほとんど見られなくなっている。この動物のいちばん多いのはタリム盆地で、タリム川、ロプ・ノール、コータン川、ヤルカンド川、カシュガル川などの流域である。住民たちからジュル・バルスと呼ばれているこの地のトラは、体格もほぼインドのそれと同じである。その毛皮は、熱帯地方の毛の短いトラと、長い毛の密生したアムール地方のトラとの中間を示している。

トラもまた大部分の猛獣と同じように、その活動を夜間に行なっている。昼間はジャングルにひそみ、ひどく飢えているときか、人間の集落から遠く離れているときにかぎって、獲物を求めて出かける。普通日没から朝まで、獲物を捜して歩き回る。歩きかたはきわめて慎重で、小枝を折ったりして音をたてることはなく、密生したアシの茂みを、頭を下げてヘビのようにすり抜け、ときどき地面のにおいをかぎながらじっときき耳を立て、四方の様子をうかがう。獲物を見つけるとそれに巧妙に近づき、住民の話によれば、一五メートルにも達する大跳躍を行なう。ときによっては、これよりも短い第二の跳躍、さらに短い第三の跳躍をすることもある。三回以上の跳躍をすることはない。ロプ・ノール住民の説明では、トラが疲れるからであるという。トラが最切の一撃で獲物を捕えそこなった場合——こういうことはめったにないが——は、これを追跡することはしない。どこまでほんとうかわたしは知らないが、ロプ・ノールの猟師の話によると、トラはときどき雌を呼ぶ雄の大シカの鳴き声をまねるという。こうして用心深い獲物をだまそうとするのである。

トラの大好物はイノシシで、その次に住民の牛と羊である。家畜が夜間粘土やアシで囲まれた家畜置場に入れられている場合は、トラはしばしばこの中に忍び込んで獲物を引きずり出す。そのほかトラは大シカ《マラール》をとることがあり、飢えているときにはウサギ、さらにはガンやカモの若鳥をとることもある。夏に殺されたトラの胃袋の中から、魚の骨が出たという話を聞いたことがある。トラは捕えた獲物と遊ぶことがある。人間に飼われているネコと同じように、獲物を上や横へ投げるのである。獲物が大きすぎるときは、たとえば馬や牛である場合には、それを殺した場所に残しておく。運び去って、深い茂みに隠しておくこともある。よほど飢えているときは別として、トラは殺した獲物をすぐに食うことはしない。少し冷えるまで待っている。日没後か夜中にそれを食べに来る。幾らかでも残れば、次の夜再び訪れる。腐肉にはまったく口をつけない。

東トルキスタン住民の共通した見解によると、この地のトラは飢えていても人間に襲いかかることはない。人間に出会うと、普通気がつかないふりをして遠ざかろうとする。傷つけられたときは、射手に襲いかかり、ところかまわず歯で食いちぎり、爪で引き裂く。ロプ・ノールの猟師の力説するところによると、トラは傷に弱く、小口径の火打ち石銃の弾丸一発があたっても死んでしまう。しかし猟師たちがトラをねらって射撃するのは例外的な場合で、たとえば安全な待ち伏せとか、水の中にそれを追い込んだときにかぎられる。最もよく行なわれるのは、トラに殺された家畜の肉にマンチ（馬銭子）を塗って、これを食いに来たトラを中毒させることである。

トラのほえ声は断続的で大きく、聞き苦しいもので、ときには数回繰り返される。しかしトラが声を出すのはまれであり、怒ったとき、たとえば獲物に逃げられたときである。交尾期は秋である。早春に雌のトラは二―四頭、まれに六頭に達する子を生む。住民の話によると、六頭も生んだときは母親のトラがそのうちの二頭を食ってしまうという。子トラは、生長して、自分で獲物のとりかたを覚えるまで母親のそばについている。わたし自身はこれまで、東トルキスタンでもウスリー地方でもたびたびトラ狩りを試みたけれども、ついに一度もこれをねらって射撃したことさえなかった。昼間、大きな狩立てなしでこの動物を見いだすことはほとんどできない。わたしは何度か夜間張り込みをしたことがあるが、成功しなかった。この方法は比較的確実ではあるが、また危険でもある。と言うのは、月夜であっても目標に正確に命中させることは不可能だからである。

次に、ロプ・ノール住民から聞いたトラ狩りの話を幾つか伝えよう。

あるときロプ・ノールで、トラのために牛が殺された。住民は直ちに四丁の弓を仕掛けてトラを待ち伏せた。夜中にトラが獲物に近づいたとき、一本の矢がトラの胸部に命中し、突き刺さった。翌朝、現地の猟師が傷ついたトラの足跡を見つけて、これを追跡した。しばらくして彼はアシの茂みに寝ているトラを見つけた。しかし猟師が火打ち石銃を構える前に、トラが猟師に飛びかかって、その左手をつかんだ。さいわいにも、突き刺さっている矢の一端が猟師の胸にあたり、そのためトラが激痛を感じたためであろうか、相手をそのままにして逃げ去った。猟師はその後半月ほど床についたが、もとどおり元気になった。

数年前、タリム川岸のアフタルマ部落で、家畜置場の羊が毎夜のようにトラにやられたことがある。トラはだんだんずうずうしくなって、あるときついに朝方家畜置場に忍び込んで羊を殺し、その場で食べはじめた。そこへ二人の住民が銃を持って駆けつけた。トラは人間を見てこれに飛びかかり、一人の頭をつかまえて引きちぎった。もう一人の猟師はそのまに逃げてしまった。

あるときタリム川の住民は、トラに殺された牛の屍体に毒物をおいた。トラは次の夜、この毒を混ぜた肉を食って逃げ去った。翌朝、親子二人の猟師がそれを追跡し、ほど近いところで、まだ生きているトラを見つけた。しかし射撃をする前に、トラのほうが先に、そばに立っていた父親に飛びかかり、前足でぐっと引き寄せた。そのとき息子は父親の危急を見て、長い銃身でトラの背中をなぐりつけた。中毒してすでに参っていたトラは、そのうえ一発くらって力を失い、人間にかまわずアシの茂みに姿を隠し、やがて息絶えた。トラにかみつかれた猟師のほうは、傷はかなり深かったけれども、長いあいだの治療の後なんとか健康を回復した。

ロプ・ノール住民はトラの追猟を行なうことがある。ある冬の日、六人の射手がアシの茂みの中の狭いあき地に陣取っていた。はじめのうちはみんな気の強いことを言っていたが、決定的瞬間が近づくにつれて、彼らの打ち明けたところによると、しだいにおじけづいてきた。そのうちの一人は、寒さをがまんしてハラートを脱ぎ、トラが人間とまちがえて飛びつくように、それをアシの上にかけた。向こうから数人の追いたて役が大声を上げながらやって来た。トラは音もなく姿を現わし、人間のいるあき地を越えて、例のハラートに飛びついた。誰も射撃する余裕はなかった。ハラートは地面に落ちたが、いちばん端にいた猟師は、仲間がトラにやられたと思って、助けるために急いで駆け寄った。結局、この追猟は大笑いで終わり、トラは何事もなく逃げてしまった。

ある日ロプ・ノール住民は、四方を水に取り巻かれたアシの茂みにトラを追い詰めた。トラがどちらへ逃げようとしても、水を泳ぐほかはなかった。数人の猟師が対岸で待ち伏せていた。こちら側の猟師はトラをさかんに水のほうへ追い立てた。トラは泳ぐ能力を持っている。いよいよ追い詰められて水に飛び込み、ちょうど人が待ち伏せているほうへ向かって泳ぎはじめた。猟師たちは驚いて撃つことも忘れ、一人は銃を持ったまま水中に隠れてしまった。トラはゆうゆうと水を渡って、アシの中に隠れてしまった。

ロプ・ノール住民はある秋、トラを冷たい水に追い込み、これを小舟で追い回して、力尽きたところを殺したこともある。

ロプ・ノール住民の話によると、春と秋、水面の氷が割れやすいときには、トラはけっして氷上を歩こうとせず、イノシシを餌食にして一個所にじっとしている。何も食べるものがなくても、完全に氷結するまで、あるいは解氷するまでがまんしている。

一〇月一九日、わたしたちはタリム川岸へ出、ヤクブ・ベクの時代につくられた渡し舟を数回往復させてキャラバンを渡した。渡し場は、ヤルカンド・ダリヤとアクスゥ・ダリヤが合流してタリム川を形成する地点にある。しかし住民たちは合流した川をアクスゥ・ダリヤと呼んでいる。タリム川岸でも、また合流点付近のヤルカンド・ダリヤおよびアクスゥ・ダリヤの岸でも、豊富な灌漑用水のおかげで、水の乏しいコータン・ダリヤとは比べものにならないほどよく植物が生育している。トグラクでさえも、ここでは形のよい、美しい木に見える。

わたしたちはタリムの渡し場付近で二日を過ごした後、アクスゥ・オアシスへ出た。このオアシスは東トルキスタン全域を通じて、最も広く豊かなものの一つで、土地は肥沃で、灌漑用水もまた豊富である。このオアシスの北辺に、その行政的中心アクスゥ市がある。そしてわたしたちの目ざすのもこの町である。すばらしい上天気が続いた。一〇月末であったが、夜間はマイナス一〇度Cまで下がり、日中は陰でも二〇・二度Cまで上がった。田野にはまだ刈り取られない稲が残っており、果樹の葉は落ちはじめたばかりであった。柳とポプラはまだ緑があった。見慣れた鳥も姿を現わした。ハイイロガラス、カササギ、越冬のためにここへやって来たミヤマガラス、コクマルガラス、野バトなどである。ムクドリも多かった。しかしキジはまれにしか見られなかった。

空がよく晴れていたので、天山から二〇〇キロ離れているマタン部落から、山脈の主峰ハン・テングリ（天の王の意で標高六九九二メートル。現在では天山山脈の主峰は標高七四三九メートルのピーク・パベータ《勝利峰》である）がはるかにかすんで見えた。それから二日間の行程の後、この大山塊の巨大な白雪の頂はいっそうはっきりと眼前に浮かび出た。

現地の住民は、相変わらず好意をもってわたしたちを迎えてくれた。しかしマチン族におけるようなあけっぴろげな誠意は見られなかった。シナ人は依然として、住民のあいだにでたらめなうわさをとばし、わたしたちに接したり、ものを売ったりすることを禁じて、わたしたちを妨害した。最もひどいのは、道で出会うシナ兵（トゥンガン人を除く）であった。兵隊の一人は、何の理由もないのに、いきなりわたしたちのカザクに飛びかかって来た。この兵隊はその場で処罰された。それと同時にわたしはアクスゥ駐屯のシナ軍司令部にあてて、事件を報告し、兵隊の乱暴をやめさせるよう依頼した。わたしはこの中で、場合によっては射殺するかもしれないと書き加えた。それから一日後、司令官の使者として役人がわたしたちを訪れ、彼が暴漢をきびしく処置したことを述べ、わたしたちが乱暴者を処罰することはむしろ歓迎すると口頭で説明した。

　アクスゥにはいる前の宿営地で、ここで商売をしているロシヤ国籍のサルト人から、すばらしいダスタル・ハン（ごちそう）を受けた。翌日、カシュガルからアクスゥへ通じる二輪車の道に従って、ほとんど一日行程を進んだ。アクスゥ市の手前およそ一〇キロの地点で、わたしたちはシナ人の構築した二つの粘土製堡塁に出会った。そのうち大きいほうはカシュガル街道の西にあり、シナによくある四角形をしていた。鋸歯状の壁を巡らし、四隅と各側面の中央に塔が建てられていた。それぞれの側面は目測で約六〇〇歩、壁の高さは約六、七メートルであった。主壁の前方四、五〇歩のところに高さ二メートルほどの防壁が築かれ、その前に幅六―八メートル、深さわずか二メートルの壕がつくられている。これには水を満たすことができると思われた。この堡塁の反対側約一キロの地点に、前者よりは小さい兵舎のような建物が見られた。これはイムパンと呼ばれている。この両方の堡塁にシナ兵が駐屯していた。この当時アクスゥの兵力は約一〇〇〇人であると聞いた。

　アクスゥでわたしたちは一日を過ごし、その間幾つかの買物をし、約七五〇〇キロのあいだ荷物を運んだ生残りのラクダ三七頭を各一〇ルーブリで売ることにした。その代わりにわたしたちは、セミレチエから送られた四〇頭のラクダに荷物を積んだ。この地をもってわたしの行程測量も終わった。これから先カラコル市までは、一八七七年スナルグノフ大尉によって測量されていたからである。

　アクスゥを出発して、住民が広々と住みついている地域を一日行程進み、アクスゥ・ダリヤの岸で一日宿営した。あたりのクロウメモドキの茂みでは多くのキジや越冬するコバシコマドリに出会った。またここではじめて、ロシヤ領トルキスタンに多いスペイン・スズメを見かけた。そのほか越冬するクロウタドリおよびミソサザイ、カモなどの鳥も見られた。

わたしたちはアクスゥ・ダリヤを渡ったが、その西岸には、はじめウチ・トルファン街道の両側に、次にはその左側に再び集落が続いていた。右手のほうは砂漠であった。こうした状態はタウシュカン・ダリヤまで続いた。この川を徒渉して西岸に出ると、再び道の両側に人家が現われた。それを七キロ進めば、もはやウチ・トルファン・オアシスの範囲内にはいるタナガチ部落である。ウチ・トルファンはタウシュカン・ダリヤの肥沃な河谷にあり、その全体的な特徴から見ても、住民の構成から見ても、アクスゥ・オアシスの延長をなしている。オアシス内部の道路は相変わらずみごとな二輪車道で、両側にサルヤナギが植えられていた。これはヤクブ・ベクの時代に植樹されたものである。道のそばにあるアチ・ター堡塁も、彼の時代に建てられ、いまは捨てられている。わたしたちはその粘土構築物のそばで宿営した。この堡塁は、付近の地面よりも二〇〇メートル高く（目測で）、しかもそれぞれ離れている三つの不毛の丘のふもとにある。途中わたしたちはしばしばドゥラン人に出会った。彼らがモンゴル型であることは、ことにその女性によく示されていた。ウチ・トルファン・オアシスに住む男子は人種のいかんを問わず、シナ人から弁髪を命ぜられていた。わたしたちは、髪を長くのばしている多くの人々を見た。

すでに一一月初旬であったが、よく晴れた暖かい日が続いた。しかし夜はマイナスに下がった。昼間陽の当たる場所ではチョウ、ハエ、蚊が飛んだ。湿地では多くのタンポポが咲き、またまれにヒツジグサの花も見られた。ここにはカモもおり、水田では、ロシヤの春と同じように、ミヤマガラスが土をつついていた。

わたしたちが一一月四日に訪れたウチ・トルファンにはシナ人の城があり、その東側に約一〇〇軒の粘土小屋が密集していた。ここには小さな店もあるが、商売のほうはとるに足りないようであった。城は同じように粘土製で、四角であった。鋸歯状の城壁の高さはおよそ七メートル、各側面の長さ四、五〇〇歩、四隅と二側面の中央には側面防御の塔が建てられていた。前方には幅六―八メートル、深さ二メートルの濠を伴う防壁があった。この城――ただこの用語が許されるとすれば――は、これを威圧するような岩壁の丘（目測の高さ一五〇―一八〇メートル）のそばにあった。城壁から八〇〇―一〇〇〇歩にある丘の西側頂上に、おそらくは水がないと思われる小さな砦が築かれ、下から二輪車用の道が通じていた。住民の話によると、わたしたちが訪れた当時、ウチ・トルファンの守備隊は五〇〇人で、その半分はトゥンガン人出身の兵隊であった。彼らはシナ人よりも規律正しく、節度をわきまえており、たいへんロシヤ人に好意的であった。

シナ人の側からはまたもや不愉快な措置を受けた。ウチ・トルファンのアンバンは住民に対して、わたしたちにものを売ることを禁じただけでなく、それを監視するために番兵を立てたのである。そのほか、わたしたちを出迎えたロシヤの貿易アクサカルを逮捕し、重い罰に処した。またわたしたちが城の二キロ先で天幕を張ったとき、シナ兵がやって来て、傲慢無礼な態度をとりはじめた。わたしたちはめんどうを起こしたくなかったので、できるだけがまんした。しかし相手はこれに乗じてますます増長しはじめた。中のある者はわたしたちの荷物の中にはいり、通訳の制止も聞かず、何か大声を出して怒りはじめた。そこでわたしがカザクに、乱暴者を罰するように命じたところ、叫び声をあげながら城内へ逃げ込んだ。万一の場合を考えて、わたしたちは銃の用意をし、夜は警戒を厳重にした。しかしそれ以後、城内から誰も姿を現わさなかった。

翌朝、わたしたちのキャラバンはカシュガルへ通じる道路を西へ移動した。町から一六キロほどでウチ・トルファンのオアシスは終わったが、それより少し手前でカラコルへいたる道が右へ分かれていた。わたしたちはこの道に従って進み、再びタウシュカン・ダリヤの左岸へ渡った。しばらくしてウイ・タル峡谷へ出たが、この道はベデル峠へ通じているものである。この峡谷にいたるまで約三〇キロの地域は、山のほうへかなり急な斜面をなし、小石混じりの、水のない不毛の平野をつくっていた。峡谷にはいると、騎馬で進むのに適した道となった。曲がりくねっていたり、石があったりするところもあったが、ラクダにとってもとくに難路とは言えなかった。苦しいところはほとんどなく、それも中腹にかぎられていた。峡谷の側面は、石灰岩や粘土性片岩を露出させた高い断崖であった。

峡谷中には住民はなかった。入口から一〇キロほどのところに、道路を閉ざすように、粘土で築かれた小さな多面堡《レドウト》があった。これはこの地の住民から《クルガン》と呼ばれ、イブライという固有名を与えられている。その周囲には狭い濠が巡らされ、門は二つある。標本箱を積んだわたしたちのラクダは、この狭い門を通ることができなかった。ここで番をしていた原住民は、わたしたちに粘土の門をこわすことを勧め、自分もその仕事を手伝った。そのとき彼は言った。「いずれにしても、まもなくロシヤ人がやって来て、ここでのシナの支配をくつがえしますよ。」このほかにも、二つほどこれより小さいクルガンがあったが、それは番人もないまま放置されていた。ほかに石で築いた古い堡塁も幾つか見られた。途中ラクダと馬からなる小キャラバンに出会った。一つはカラコルから、もう一つはトクマクから、三番目はクルジャからのものであった。全体としてベデル峠経由の移動は活発で、ときおり雪に妨げられるとは言え、一年じゅう行なわれている。

わたしたちは峠からそう遠くないところで宿営し、一一月一〇日朝ベデル峠への上りを開始した。峠の標高は、わたしたちの気圧計によれば、四一七五メートルを示していた。峠を越えて約二キロ下りたところで、表面の凍っている六〇—九〇センチの積雪を見た。荷駄のラクダにとってはたいへんな難路であった。とくに斜面がそうであった。こうした場所では、ラクダを一頭ずつ離して、しかも二人のカザクが綱で後からこれを引っ張って下ろしたが、それでも一頭は深さ六〇メートルの崖下へ落ち込んでしまった。さいわいにも、下は深い雪の吹きだまりだったので、ラクダも死ぬことはなく、荷駄の箱もこわれずに済んだ。

ベデル峠にはロシヤとシナの国境線が通っている。この峠の通過をもってわたしたちの内陸アジア探検旅行は終わった。この日わたしは、隊員に次のような命令を発した。

「本日はわたしたちにとって意義深い日である。わたしたちはシナの国境を越えて故国の地へ足を踏み入れた。わたしたちがキャフタから今回の旅行をはじめて以来、二年以上の年月がたった。わたしたちはこの間、ただ一つの同盟軍、つまり勇気だけを頼りにアジアの砂漠へ奥深く進んだ。その他のものはすべて、自然も人間も、わたしたちの前に立ちふさがった。わたしたちがどのようにして、アラシャンやタリムの流砂を通り、ツァイダムやチベットの湿地を過ぎ、雲上にそびえる大山脈の峠を越えて来たかを諸君は想起するであろう。わたしたちは二年のあいだ露天の下で、天幕またはユルトの中で、四〇度Cの寒さとそれ以上の暑さ、また恐るべき砂漠の嵐に耐えて来た。そのほか、ときには住民の非友好的な態度、あるいは公然たる敵意がわたしたちに向けられた。チベットでは二度もタングート人に襲撃され、ツァイダムではたえずモンゴル人にだまされ、シナ人からはいたるところで偽善と敵意をもって遇されたことを諸君は想起するであろう。しかし荒れた自然がもたらす苦難も、敵対的感情の住民が加える妨害も――何ものもわたしたちをひき止めることはできなかった。わたしたちは自らの任務を最後まで遂行した。大部分がヨーロッパ人の未踏の地であった内陸アジアの諸地域を通過し、調査した。同志よ、諸君の上に名誉と栄光あれ！　諸君の功績についてわたしは全世界に伝えよう。いまやわたしは諸君の一人一人を抱擁し、忠実な勤務に対して感謝する――わたしたちの奉仕した科学の名において、わたしたちの讃えた祖国の名において……。」

(1)　この伝説もまた前記『シャーナーメ』に出てくる「ルスタムとソーラブの物語」の一バリエーションである。『シャーナーメ』におけるそのあら筋は次のとおり。

イランの英雄ルスタムはある早朝、退屈まぎれに猟に出かけた。愛馬ラフシにまたがり、朝露にぬれた草を踏みしだいて走るうちに、いつしか隣国ツランの国境に来てしまった。野生ロバの群れからその一頭を捕獲し、近くに立つ巨木を引き倒して薪《まき》にして、それを丸焼きにして腹を満たした。やがて彼は木の根を枕にぐっすりと眠りに落ちた。愛馬ラフシは、付近で草をあさり歩くうちに、とつぜん現われたツランの騎士数名に連れ去られてしまった。

目をさましたルスタムは愛馬の姿の見えないのに驚き、天下の豪傑が昼寝で馬を失ったと聞けば、世人はさぞかし笑うだろうと思い悩みながら、馬の足跡をつけて捜し歩いた。そのうちにいつしか、ツラン国の一所領であるサマンガンに着いてしまった。サマンガンでは、無敵の勇士ルスタムの到来を聞いて、国をあげて歓迎した。ルスタムは彼らに向かって、愛馬を捜して来なければ、居並ぶサマンガンの勇士の素首を片っ端からはねるがどうだと言い放った。王は、馬を必ず捜し出すと約束し、夜はルスタム歓迎の大酒宴を張ることにした。その夜ルスタムは歓待されて心地よく酩酊し、いつしか深い眠りに落ちた。

夜半、ルスタムは聞き慣れない絹ずれの音に目をさました。やがてまばゆいばかりの美しい女性が、灯火を手にした侍女を伴って、ルスタムの寝所に姿を現わした。ルスタムがその名を聞くと、彼女はやさしい声で答えた。

「わたしはサマンガン王の娘テフミネと申します者、かねてから武勇に秀でたあなたさまをお慕い申しあげておりました。あなたの愛馬も見つかりましたのですぐにお返し申し上げます。」

ルスタムは、彼女の美貌と真情にほだされ、翌日王に託して二人の結婚を認めてもらった。新婚の夜、ルスタムは護符を取り出して新妻に向かって言った。

「テフミネよ、もしもおまえに娘が恵まれれば、この護符を髪の中に入れてやっておくれ。またもしも男子が授かったら、これを腕に結んでやってほしい。」

一夜が明けると、ルスタムは泣き悲しむ新妻のテフミネと別れて、イランの国へ帰って行った。彼はサマンガンでのこのできごとを誰にも話さなかった。

それから一〇か月がたって、テフミネはたくましい男児を生み、ソーラブと名づけた。この子は生後一か月ですでに一年にも見え、三歳にして戦いにあこがれ、一〇歳にしてすでに並ぶ者のない勇者となった。ソーラブはある日、母に向かって父親のことを教えてくれるように迫った。テフミネはあまり気が進まなかったが、たっての願いなのでやむをえずその出生の秘密を明かした。するとソーラブは、自分が天下の英雄ルスタムの子であることをたいへんな誇りであると思い、ついには自分たち父子で天下を取ろうと考えるようになった。

ソーラブは一四歳のとき、サマンガンの勇士を集めて父を捜し出し、またイランを攻略すべく進軍をはじめた。これを聞いたツラン国の王アフラシャーブ王は、無敵の少年勇士を利用してイランをつぶそうと考え、どの人物がルスタムであるかを絶対に知らせないように工作した。ソーラブを含むツランの軍勢は草原の嵐のようにイランの地へ侵入した。

一方、イランの宮廷では、ソーラブ軍の進撃を食い止められるのはルスタムだけだということになり、カイカウース王の出陣命令がルスタムに伝達された。ルスタムは、ツラン軍の大将ソーラブの容姿が彼の先祖サームに似ているとのうわさを聞き、もしやツランの地に残したわが子ではあるまいかと思うが、しかしその子はまだ一四歳の少年で、とても勇名をはせている豪傑ではありえないと思い直すのである。

ソーラブは戦陣の中で父親ルスタムの姿を必死になって捜し求めるが、アフラシャーブ王の命令によって誰もルスタムの顔を教えない。こうして、父は子の姿を知らず、子は父の姿を知らないまま、ついに運命的な対決にはいるのである。

二人は小さな広場で一騎打ちにはいった。はじめ乗馬のまま短槍で戦ったが、まもなく槍が折れてしまった。次に刀も闘棒も折れ、弓でも決着がつかなかった。最後に素手で組み打ちをはじめ、暗くなるまで続いたが勝負がつかないので、翌日にもち越すことになった。

あくる日、ソーラブの心中には、自分の相手の勇士はわが父のルスタムではあるまいかという疑問がわき起こり、胸騒ぎがしてならなかった。これほど強い人はほかにいるはずがないと思った。翌日の決闘の前に彼は言った。

「昨夜はよく眠られたかね、勇士よ。決戦はどうしたものかね。武器を投げ捨てて和解の杯をかわそうではないか。わたしにはどうも決闘の意欲が起こらない。勇士よ、あなたの名を明かしていただきたい。あなたはルスタムではないのか。」

ルスタムはしかし名を明かさず、決戦をいどんだ。はじめソーラブはルスタムを組み伏せるが、ルスタムは老巧ぶりを発揮し、イラン国のしきたりでは二度組み敷かなければ敵を殺すことができないと言って逃れ、再び組み打ちをはじめた。そしてルスタムは神の助けによってソーラブを組み伏せ、直ちに匕首を抜いて脇腹を刺した。

ソーラブはあえぎながら言った。

「こうして戦陣で果てるのもわたしの運命に違いない。わたしは父に会いたいばかりに、こうしてイランの地へ捜しに出たのだが、その願いもついに水泡に帰した。しかし正義の勇士が必ずや、わたしの父ルスタムに、その息子が決闘で死んだことを伝えてくれるに違いない……。」

ルスタムはこの言葉を聞いて、目先がまっ暗になったような衝撃を受けた。彼は自分がルスタムであることを名乗り、ソーブラから証拠の護符を見せてもらった。そして涙にむせびながら言った。

「ああ、なんという残酷な運命であろう。わたしはこの手でわが子を殺してしまった。わたしはむしろ、自分で自分の息の根を止めてしまいたい。」

ルスタムはこう言いながら自らの胸を突こうとした。ソーラブはその手を押しとどめながら言った。

「ああ、やっぱりあなたは父上でしたか。わたしにはそんな予感がしてなりませんでした。しかし、わたしがこうして死ぬのも宿命です。あなたがいま死なれたところで何の甲斐がありましょう。それよりも、お願いですから、この戦争はこれまでにしてください。」

こうしてソーラブは花ならばつぼみの生涯を閉じた。ソーラブの悲しい死の知らせがサマンガンにいる母のテフミネに達すると、彼女はソーラブの愛馬に顔を寄せて、そのたて髪を涙でぬらした。彼女は毎日悲嘆に暮れていたが、ソーラブの死後一年にして、息子の後を追うようにして死んでしまった。

この物語はイギリスの詩人マッシュー・アーノルド、ドイツの学者エフ・リュッケルト、ロシヤのジュコフスキーらによって意訳が試みられ、出版されている。日本では樋口正治氏によって潤色されたものが一九四一年天元社から刊行されている。

天山からロプ・ノールへ

プルジェワルスキー
中野好之訳

1

知られざる地として、長いあいだ頑《がん》として人間を遠ざけてきたロプ・ノール盆地、この中央アジアの内陸の探検の結果、最近輝かしい科学的成果がわれわれにもたらされた。

最初の計画どおり、われわれの探検行の出発点はクルジャの町であった。わたしは一八七六年の七月末に二人の友だち、つまりポヴァロ・シュヴィコフスキー中尉とエクロンという名の志願兵といっしょにこの地に到着した。今回は資金も充分あったので、わたしはペテルスブルクとモスクワで長途の旅行に必要なすべての準備品を買い求めることができた。これらにさらに鉄砲と弾薬(これは国庫から支給されたもの)を加えると二トンもの重さになる。これだけの荷物をわたしはペルミからクルジャまで五台の駅逓トロイカで運んだが、ウラル越え道路の驚くべきひどさのために、すっかり手間取って一か月以上もかかってしまった。

セミパラチンスクでわたしは先年のモンゴル探検のときの連れ――ザバイカルの二人のカザクと、チェバーエフとイリンチノフと落ち合った。二人はもう一度喜んで新しい旅行の艱難辛苦をわたしとともにしてくれると言ってくれていた。モンゴル語の通訳のできるもう一人のカザクがザバイカルから送られて来ていたし、さらにもう三人のセミレチンスク連隊のカザクともヴェルヌイエで落ち合った。最後にクルジャに着いてから、サルト語を話す新しくキリスト教に帰依したキルギス人を雇い入れた。こうしてわたしの探検行の顔ぶれはそろったわけであるが、不幸なことには前回のときに比べて、わたしは隊員の人選の点であまりよい成果を得られなかった。

二四頭のラクダと四頭の乗馬から成るわれわれの隊商を最終的に編成して装備を終えるために、われわれはクルジャでさらに三週間を費やした。四頭の馬にはわたしと二人の友とそしてカザクの中の一人が乗った。われわれの武装は完全なものであった。猟銃の他、各人はベルダン銃を一丁ずつ肩にかけ、さらに鞍《くら》には二丁のピストルを携行していた。

われわれの最初の計画は、ロプ・ノールへ直行してこの湖や付近一帯をできるかぎり探検した後、いったんクルジャに戻ってわれわれの採集品をここに置き、残りの食糧を携行してさらにチベットに向けて出発する、というものであった。

八月一二日の朝、われわれはクルジャに住む同国人の暖かい激励を受けながらこの町を離れた。

最初われわれの道は、イリ川の土手にほとんど沿いながらそれをさかのぼって行くものであった。この川の流域にはタランチ族が多く定着していた。庭も控え、高い白楊が陰を落とす小ぎれいな美しい村々がずっと続き、そのあいだに無数の水路で灌漑された麦畑が点在し、一方、川岸の牧場には羊や牛馬の群れが草をはんでいる。どこでも住民の生活は豊かそうであり、イスラム教徒の暴動は峡谷のこの部分を荒らすにはいたらなかったのである。荒廃した地域は、イリ川に沿ったクルジャの下流一帯であった。このあたりは昔は農業が栄えたところであるが、タランチ族とトゥンガン族によるシナ住民の絶滅以来、村々はほとんど破壊され、旧クルジャ、バヤンダイ、シンパンジ等々の町も廃墟と化し、畑も荒れて雑草が茂るにまかせてある。われわれはカシ川の合流点近く（クルジャから五〇キロほど）でイリ川の左岸に出て、前と同じようにそれをさかのぼって行った。このあたりは幅二〇キロにわたって粘土質で多少塩分を含んだステップ状の平原が続いていて、背の低いニガヨモギ、ディリスンがはえている。多少肥沃な土地にはムラサキゲンゲ属やキク科に属する数種の草木、小さい節くれだった灌木がはえ、一方、川の土手はいっぱいにアシ、柳、クロウメモドキなどが茂っている。

カシ川の合流点の近くのイリ川の幅は約一五〇メートルで、流れはたいそう急である。この地点から上流へ一二キロにかけて、右岸はタランチ族の村落が続いているが、左岸には定住民はいない。そこにはときおりカルムック人が一時的に耕作した畑が見られるが、それもテケス川に近くなってからにすぎない。このテケス川はムザルト峠に源を発し、クンゲス川と合流してイリ川となり、バルハシ湖にその濁流を注いでいる。

テケス川はここでは一〇〇メートル幅ほどの恐ろしい急流であり、われわれは小さいおんぼろの舟でここを渡った。荷物はボートにのせたが、馬とラクダは数頭ずつボートの船尾にくくりつけて、泳がせて反対側に渡した。しかし、この渡河はラクダにはたいへん悪い結果となり、まもなく三頭がこれが原因で死んでしまった。テケス川を越えてからは、われわれはまたクンゲス川下流部の峡谷に沿って同じように東への道を進んだ。この峡谷はイリ川上流部のそれと景観はほとんど変化がなく、ただハネガヤがいっそう豊かに繁茂しているという違いがあるだけである。峡谷を縁どる丘陵は、峰はみな丸くなだらかで草におおわれており、樹木はまったくない。クンゲス川の左支流たるツァンマ川まで同じ景観が続いた。旅行者はここで最後のトルグート人の畑と放牧地に会うのであり、ここからカラシャール峡谷までのあいだには住民は一人も住んでいない。われわれがいままでクルジャからずっと縦断して来たこの平原は植物の種類はたいそう少なく、動物の種も多くない。しかもこの八月の後半という時期は、鳥の羽毛が脱け落ちるときなので、鳥類の観察とその標本の採集のためには最も都合が悪い時期であった。しかしヘビやトカゲ類は豊富であり、爬虫類の標本はたくさん採集することができた。魚はわずかに四種類、つまりスズキ、コイ科の小魚を捕えたにすぎなかったが、魚とりの名手であるカザクたちによると、イリ川にはこれ以外の魚は住んでいないとのことである。

この地方はツァンマ川から先は土地が高くなるにつれて、クンゲス川の峡谷もその性格を変え、いっそう狭くまたいっそう肥沃になっている。これまでのような貧弱な植物に代わり、起伏するステップには多種のみずみずしい植物が一面にはえ、われわれが先へ進むにつれて丈も高く、茂りかたも密になっていった。平野を区切る丘の稜線はしだいにけわしくなり、モミの木も姿を現わしはじめ、その下限は夏期の雨の限界線を表わしていた。

しかしこの一二〇〇メートルか多少それより低いこのステップ地帯でも、それほど多くはないが雨も降るには降る。このあたりではクンゲス川の岸にも広葉樹が現われる。その多くは高いドロヤナギとリンゴ(高さ約二四メートル、幹の直径が九〇—一二〇センチ)であったが、まれにシラカバとアンズも見受けられた。その厚い下ばえは西洋サンザシ、チェリョムハ、スイカズラ、カンボク、野バラなどの木々であった。流れのまん中の島々は高い柳とクロウメモドキがところ狭いばかりに茂り、その幹の周囲には野生のホップがしばしばからみついており、また砂や岩の多いところにはタマリスクも姿を現わしている。森の牧場や周囲の丘の斜面には、いたるところ草本がぎっしりはえて、ノヒルガオやマメダオシも混じり高さ二メートル以上に達するものもあって、夏にはほとんど通れなくなる。しかし、われわれがクンゲス川に到達したのは九月初旬であり、草は大部分枯れしぼみ、樹木と灌木はもう秋の装いを身につけていた。

単調な草原の風景を見慣れていた目には、木々の多いクンゲス川の島や堤の風光はまた格別であり、この美しさにひかれて、われわれ一行はこの天山山脈の気持のよい一隅にしばらく逗留することに決めた。そしてまた、ここでは科学的研究と採集が豊富に期待できた。そのうえ一行のカザクのうちの二人がとても探検行には加われないからだであることがわかったので、彼らをクルジャに送り返して代わりに二人の兵隊をよこしてもらうことになったが、その到着までにはまだ一〇日もかかる見込みだったのである。

われわれはクンゲスの森の中の露営地として、一八七四年に、われわれのカザクの一隊が数か月間使用していたその場所を選ぶことができた。カザクたちが建てた小屋、台所と湯殿などはそのままの形で残っており、われわれは天山の向こうへ出発する前の最後の快適な水浴をここで楽しむことができた。

クンゲス川流域の森林、そしてたぶん、その他の天山山脈の北斜面の流域峡谷の森林も含めてその特徴の一つは、良質の果実を産するリンゴとアンズの木が非常に多いということである。この地方でウリウクと呼ばれるアンズは七月に、そしてリンゴは八月末に熟する。後者はおよそ鶏卵大で色は黄緑色であり、味は幾らかすっぱくて甘い。われわれがクンゲスに到達したころは、ちょうどリンゴの取り入れ期であり、木々には枝もたわむばかりに実がなって、また多くのものは地に落ちてそのまま腐るか、あるいはこの季節に近くの山から下りて来るイノシシ、クマ、シカ、ヤギの食物となる。イノシシとクマはリンゴが大好物である。クマはしばしばこれを食べ

ウイトゥン部落のロプ・ノール

過ぎてリンゴの木の下で嘔吐するのである。

　この種の大きな獣の狩猟ではわれわれはかなりの成果を収め、すばらしい標本を幾つか入手することができた。この中には暗褐色のクマがあったが、これは天山地方に特有のもので、普通のクマとはその前足に長く白いつめがある点で異なる。セヴェルツェフはこの特徴に基づいてそれをウルスス・レウコニクス(Ursus leuconyx)と名づけた。

　獣類のほか、クンゲスの森には渡り性のヤマシギとツグミがたくさんおり、低いところにはクイナの類が多い。巣を作る鳥はすでに南へたってしまっており、渡り鳥でない種類ではわれわれはときおりキジ、青色をしたシジュウカラ、キツツキその他を見かけたにすぎない。一般に天山山脈のこの地域では、秋の鳥の飛来は小鳥まで含めてたいそう少ない。

　標高一八〇〇メートルの峠のある、そう高くない山脈によって、クンゲス川はツァンマ川(つまりわれわれが先日その河口近くを渡った川)の幅広い峡谷と隔てられている。この二つの地域の隔りはわずか八キロにすぎないが、クンゲス川とツァンマ川のそれぞれの谷の高さの差は六〇〇メートルにも達する。峠から見渡すとまるで手のひらを見るように、一方には比較的低くなって深くえぐれたクンゲスの峡谷が、そしてもう一方にはツァンマ川の高い河谷が一望できるのである。

ツァンマ川の河谷は四キロメートルほどの幅であり、背の高い草が密生している。川の上流のほうに向かって、およそ一八〇〇メートルの高さから森林が展開するが、そのおもな樹種は天山モミであり、リンゴやアンズの木はもう姿を見せなくなった。そのかわりナナカマドが現われた。天山モミはまた隣の山々にも群れをなして、あるいはそれ以上まで分布していた。

山々ではもう秋も深まった感じであった。ほんの少し前まで、われわれはイリ平原の熱気に悩まされたものであったが、逆にいまでは朝ごとに寒さが加わり、高い山山には雪が降り、木々も灌木もその葉を半分はすでに落としていた。しかし天気はよく晴れ渡り、日中は暑くなるときもあった。

クンゲス川とツァンマ川の源流に達してから、われわれはナラト山脈のふもとへ分け入った。ナラト山脈の西寄りの幾つかの支脈は、天山のちょうどまん中に位置するユルドゥスの名で知られている、広い高原の北側の壁となっている。

ユルドゥスについての描写に移る前に、ナラト山脈について一言しよう。この山脈は万年雪をいただく高さはないが、にもかかわらず、荒涼たる高山の景観を呈している。個々の山頂やその急斜面、とりわけ鋸歯状の山なみの近くでは、いたるところ急な岩壁が露出し、狭くて暗い裂け目を作っている。この山脈の少し低い部分には高原性の牧草地が続き、それより低い北斜面はモミが群生している。ナラト山脈の南斜面は木ははえていない。

われわれはこの山脈の東端を越えた。上りはそれほど急ではなかったが、ラクダにとっては困難であった。ユルドゥスへの下りはたいそうゆるい傾斜であった。われわれが峠を越えたのは九月の末であったが、その途中の山の北斜面には雪が少し積もっていた。一方、このナラト山脈の南斜面には雪はまったくない。峠の高さは海抜二九五〇メートルである。その頂上近くでわれわれは小さいイノシシをしとめ、その皮を標本に作り、その肉はわれわれの食糧となった。

ナラト山脈を下るとすなわちユルドゥスである。この名は《星》を意味するが、それはたぶんこの位置が高い山中にあるためか、あるいは遊牧民にとってすばらしい放牧地であるためかに基づくものと思われる。この地はいたるところみごとな牧草地で、しかも夏もハエや蚊がいない。この地は「すばらしい、涼しい、そして豊かな国であり、人間にも家畜にも実に住みよいところである」、とトルグート人たちはわれわれに語っている。それは東から西にかけて何百キロと続く広大な盆地であり、おそらくは地質時代の一時期には内陸湖の底であったと思われ、堆積した粘土質の土がそのことを示している。ユルドゥスは二つの部分より成り、大ユルドゥスはこの盆地の西寄りの半分を占め、小ユルドゥスは東寄りの小さい部分である。全体として二つとも同じ様相を呈しており、面積の大小以外に違いはない。われわれは小ユルドゥスを縦断したが、このステップ状の平野は長さが一四〇キロ、幅はその中央部で三〇キロであった。周囲の山に近くなるにつれてこの平原も起伏が目立つようになり、草が豊かになってくる。ここでも主としてその東寄りの地帯には、ジュンザー（ステップの灌木）、柳、キジムシロなどの背の低いいじけた灌木がある。ユルドゥスには喬木はない。

　小ユルドゥスの高さは標高二一〇〇ないし二四〇〇メートルである。その南と北を縁どる山脈はいずれもけわしく岩だらけであり、標高だけでなく相対的にも高くそびえている。大小二つのユルドゥスを分けている南の山脈は、ところによっては雪線を越えている。小ユルドゥスのちょうど中央部を縦断してバガ・ユルドゥス・ゴルが流れ、大ユルドゥスを流れるハイドゥ・ゴルと合流して、最後はバグラシュ湖に注ぐ。

　われわれはこのバガ・ユルドゥス・ゴルを徒渉した。もっともこれが春か夏であったら、水がいっぱいで歩いて渡ることはできなかったろう。この川にもまたその支流にも魚は多いが、種類は二つ、一二〇センチまたは多少それより長いコイ科の魚とカマスだけである。この川の中流部の左右両岸にわたって土塊のある沼と小湖が散らばっている広い地域がある。われわれはここで九月の末に渡り鳥のカモを多数目撃することができた。夏この池に巣を作る他の鳥も大部分南に向けて去り、われわれは山中でわずかのものを見るにすぎなかった。しかし定着性の鳥は同じ山中で少なくなかった。

ユルドゥスには哺乳類はたいへん多い。大きな獣としては褐色のクマ、オヴィス・ポリ、野生のヤギ、そして樹木がないことから考えて注目すべきであるがシカも住んでいる。ステップや峡谷のいたるところにオナガネズミが多く、九月末にはすでに冬眠にはいっていた。クマはその穴を掘り返して、この半分眠っている脂《あぶら》ののった小動物を餌食にしてしまう。オオカミは多い。キツネはとくに多く、無数のネズミをとって食う。ほかの齧歯類としてはこの他にジネズミがたくさんいる。これもいまは冬眠していた。またイノシシはバガ・ユルドゥス・ゴルの沼地でときおり見かけられた。

両ユルドゥスともいまはまったく住む人がない。わずか一一年前まではユルトの数が一万ものトルグート人が住んでいたが、トゥンガン人の略奪にあって、これらの遊牧民は一部はシホに、そして一部はカラシャールの近くのハイドゥ・ゴルに退去した。あるものはイリ川沿いのロシヤ領に逃げ込み、現在にいたるまでそこに住みついている。

われわれがユルドゥスにはいったとき、たいへん不幸な事故が起こった。つまり、最初から旅行の困難に耐えられぬ様子だったわが仲間のポヴァロ・シュヴィコフスキー中尉がとうとう病気になり、回復しないので元の勤務地に戻らざるをえなくなったのである。さいわいにわたしのもう一人の隊員である志願兵のエクロンが精力的で積極的な若者であることがわかったので、ちょっとした手ほどきによって彼はわれわれにとってかけがえのない助手になった。

われわれはユルドゥスに三週間ばかり滞在し、狩猟に大部分の時間をつぶして十幾つものすてきな毛皮(野生ヤギの雄二頭を含めて)を標本に集めることができた。中央アジアの高原に特有なこの大型のヤギは、ここでは三、四〇頭の群れをなして住んでいるのが見受けられた。

これらの群れは大部分若い雌より成り、雄の成獣が何匹か案内者ないし保護者という格好でつき添っていた。年とった雄は群れから離れて、普通一頭もしくは二、三頭ずつ固まっていた。このヤギ(アルガリ)が好んでたむろする場所は、高い山脈の前山や平らな草原へ傾斜している山の斜面などである。けわしい岩山地帯などにはあまり住まない。しかし、そこはもう一つの野生ヤギ、カプラ・スキン（Capra Skyn）の故郷であり、これもユルドゥスには数が少なくない。わたしは四〇頭以上の群れに出会ったことがある。この獣は生態はアルガリに似て、その性質が用心深いのと棲息地がへんぴなところから、人間が近づくことがきわめて困難である。

ユルドゥス地方に住むシカは、天山山脈の森林地帯のものと同一の種類である。この動物の雄は非常に大きく、雌ジカはそれより多少小さいが、それでもヨーロッパのシカの成獣の雄ほどは充分にある。ユルドゥスには森林がないのでシカは好んで低い叢林地帯に住み、またアルガリと同じように巧みに岩に上り、遠くからしばしばこれとまちがえられることが多い。五月か六月にかけての春の時節には、このシカを射とめようとして人は皆けんめいになるが、それはこの若い角が《パント》と言って、シナでは高い値で売れるからである。こうして六つに分かれたシカの叉角の一と組がクルジャでは狩人の手から五〇ないし七〇ルーブリで買い取られ、小さいものでも一五ないし二、三〇ルーブリはする。こうしたもうけのために、ロシヤ人および原住民の狩人は、春のあいだトルキスタンから日本海にいたるアジヤの広大な地域ではどこでも、このシカを熱心に追求するのである。

われわれは狩が一段落すると、天山山脈の南斜面を越えてハイドゥ峡谷にはいった。ユルドゥス側からこの峠への上り道は、ほとんど気がつかぬくらいゆるやかであるが、それでもその高さは海抜二八〇〇メートルに達する。しかしもう一方への下りはたいそう急である。最初四〇キロばかりはほとんど道と言えないような道がハブツァガイ・ゴルの峡谷に沿って走り、それに続いて二二キロばかりはバルガンタイ・ゴルの峡谷について走る。この二つの峡谷は極端に幅が狭く（ところによっては一三〇メートルにも満たない）、河床は一面が岩や小石の堆積であり、その両側は巨大な切り立った断崖になって落ち込んでいる。

流れの両岸はサルヤナギとタマリスクの茂みで厚くおおわれている。それより低くなって約一・八キロの高さくらいになるとクロウメモドキやニレが姿を現わし、さらに平地になるとヘビノボラズやグミが混じる。峡谷にはえる草はわずかにディリスンとアシだけである。周囲の山々もまったく緑がなく、それに隣接する砂漠は天山山脈のこの斜面にさらに死相を帯びさせている。雨雲が冷たいユルドゥスの山にあたって、その湿気を最後の一滴まではき出してしまうので、この山脈の北側では雨量は豊富であるが、東部の天山の南斜面は雨量が乏しく、したがって一面に乾燥して不毛である。

ハイドゥ・ゴル流域にはいるとともに高さは標高一〇二〇メートルまで下った。陽気は暖かくなり、朝の冷え込みもそれほどきびしくない。しかしユルドゥスでは一〇月初旬の気温は日の出時間にはマイナス一三・七度Cまで下り、雪もときどき降った。

われわれが泊まったハラモトのキャンプ地で、われわれは最初に会ったトルグート人の原住民から歓待を受けた。そのあいだにも、ロシヤ人がやって来たといううわさが急速に広まり、近くのイスラム教徒全体に不安を与えていた。つまりロシヤの軍隊がこの国に向けて進んで来ており、その先頭隊はすでにハイドゥ・ゴルに出現したというのである。しかもここに到着した当日からわれわれがキジその他の鳥を撃ったりしたので、うわさはいよいよ確かさを増して、ハラモト近くのイスラム教徒たちは、おじけづいて家を捨ててカラシャールのほうへ逃げ出したほどである。

もちろん、われわれの到着は直ちにカラシャールに通告されたのであるが、最初のうちは係りの役人は誰一人われわれのところへ顔を出さなかった。われわれは、これまで献身的にわれわれの案内を勤めてくれたトフタ・アフンをクルジャに送り帰さざるをえなかった。彼はコルラ生まれのイスラム教徒で、数年前イリに逃げて来たばかりであった。この人物はロシヤ人に仕えたということでイスラム教徒から憎まれ生命の危険があったからで、われわれは今後の装備を軽くするために、彼に託して大部分の収集した標本を持ち帰らせた。

ハラモト到着後三日目になって、コルラの長官の使者たる六人のイスラム教徒が、われわれの旅行の目的を調べにやって来た。わたしは彼らに向かい、われわれはロプ・ノールに行くのであり、ヤクブ・ベクもこのことを知っているはずだと告げた。この答えを聞いて使者はコルラに帰ったが、一方ハイドゥ・ゴルの対岸には小さい監視哨が置かれて、われわれの行動を監視しはじめた。その翌日同じ顔ぶれの使者が帰って来て、長官はヤクブ・ベクあてに急使を発したから、その返答が来るまではわれわれ一行の前進を許さないと述べた。しかし、この決定はわれわれを少しも困らせはしなかった。それというのもハイドゥ・ゴル川岸の森林には越冬する小鳥やキジが非常に多く棲息していたからである。このキジは、最近カシュガルの近くでイギリス人に発見されたものでファシアヌス・コルチェクス（Phasianus colchecus）に属するものであり、広くタリム川下流部とロプ・ノールでも見られる。

ハイドゥ・ゴルはハラモトにおいては六五ないし八五メートルの幅の急流であり、徒渉場の水深は九〇から一二〇センチであったが、夏にはまったく通行不能となる。川には魚が多いが、それがどんな種類であるかはわからない。行きも帰りもわたしは一匹も魚を捕えることができなかったからである。ハイドゥ・ゴルが注ぐバグラシュ湖にも、魚が豊富に住んでいると言われる。この湖はカラシャールの西寄り遠からぬところにあり、たいそう大きくて深い。この湖を探検できたらさぞおもしろいであろうとわたしは思ったが、われわれは残念ながら行きにも帰りにもそれを果たしえなかった。

ハラモトに七日滞在したあげく、われわれはついにコルラ（カラシャールでなく）の町へ行く許可を受け取った。道はここを通ってロプ・ノールに通じている。ハラモトからコルラへの距離は六二キロであり、ほんの数日前はじめてわれわれのところへやってきたあの使者たちに先導されて、われわれは三日間でこの旅を終えた。駅ごとに彼らはわれわれに羊とくだものを持って来た。コルラに着く前にわれわれは天山山脈の最後の支脈を、バグラシュ湖から出てタリム川に注ぐコンチェ・ダリヤの流れる峡谷沿いに越さねばならなかった。長さ一〇キロで幅はたいそう狭い。この峡谷の両方の出口には、粘土の砦が築かれ少数の兵士が番をしていた。

コルラに着いて、町はずれにある家に落ち着くやいなや、われわれを保護するという名目で見張り番が一人つけられた。しかしそのほんとうの意図は、ヤクブ・ベクの行政をはなはだ快く思わぬ町の人々がわれわれに接触するのを避けようとするためであった。また、われわれが町にはいることをも禁止し、「あなたがたは珍客であるから、わずらわしい思いをされぬよう、入用なすべてのものをこちらからお届けしましょう」と言って来たのである。しかし、この甘い言葉はまったく口先だけのものであった。なるほど彼らは羊やパンやくだものを毎日運んでくれはしたものの、彼らの親切心はここまでであった。われわれが興味を感じたもの、旅行の目的に役立つだろうと思われたものはすべて拒絶され、われわれは家の囲いの外のことは何一つ知ることができないようになっていた。コルラの町についてのわれわれの質問、たとえば人口がどれほどあり、その生業は何か、周囲の村の様子はどんなか、というような問に対しては、木で鼻をくくったようなそっけない返事か、まったく見えすいたうそしか受け取らなかった。この状態はわれわれがヤクブ・ベクの領地（彼はまた臣下からバダウラトつまり幸福な男とも呼ばれていた）にいる六か月間ずっと続いた。後ほどタリム川とロプ・ノールの岸に着いたときにはじめて、われわれはかろうじて住民たちから機会をみてゆっくりいろいろな情報を聞き出すことができるようになったのであるが、彼ら住民も、心の中ではわれわれに対して感じている好意をその顔に表わすことを極端に恐れていた。タリム地方の住民からわれわれが聞き出したところでは、コルラとその周辺の地域の人口は、男女合わせて六〇〇〇人くらいであるということである。

町それ自体は二つの部分から成り、それぞれが粘土の壁で囲まれている——つまり古い商業地域と軍隊だけが駐留する新しい砦と。しかしわれわれが着いたときは、軍隊は大部分トクスンに行っていたので残っていた者はわずかであった。このときヤクブ・ベクはこのトクスンにいてシナ人から自分を守るための要塞の建設を監督していたのである。

われわれがコルラに着いた次の日に、ヤクブ・ベクの側近筋の一人であるザマン・ベクという者がわれわれのもとにやって来た。彼はもともとザカフカスのヌハ生まれの、もとロシヤ国籍を有したことのある人物で、たぶんアルメニア人であると思われた。一時ロシヤの軍隊に属したこともあるのでロシヤ語が流暢であり、すぐさまわれわれに向かって「自分はヤクブ・ベクの命令であなたがた一行をロプ・ノールまで同行してお送りすることになった」と語った。われわれはこの知らせを聞いて少なからず困惑した。彼がわれわれの行動を監視するスパイとして送られて来たことは確かであり、彼がわれわれのそばにいるのはまったくめんどうなことになったとわたしは考えたのである。しかしザマン・ベク自身はわれわれに好意をもってくれて、いろいろとわれわれの世話をやいてくれたことに対しては、わたしは心から感謝を禁じえなかった。彼はヤクブ・ベク配下の役人の誰よりも、ロプ・ノールでわれわれと仲よくやってゆけた。

一一月四日に、われわれはコルラをたってロプ・ノールに向けて出発した。われわれ自身の一隊のほかに隊列はザマン・ベクおよびメッカ帰りのイスラム教徒とその数人の従者を含んでいた。われわれ一行が出立するとたちまちにしてこの新しいわが友人は、われわれにさまざまな不愉快なしうちを示してきた。われわれがコルラの町を見るのをじゃまするために、わざわざ原野を越える遠回りの道を案内し、これがいちばんよい道であると厚かましくも言う始末であった。しかしわれわれはどうしようもなく、知らぬふりをしてすべてを耐え忍んだ。似たようなことはこの後にも何度となく起こった。ことが重大な科学的問題に関係する場合、このようなそぶりを続けることはことにつらかった。われわれは自分の目で確かめられないため、つまらないことでも正確に知ることができなかった。彼らは何かあるごとに必ずわれわれを疑ぐり、われわれを欺いた。住民たちがわれわれと接触をすることはもちろん、口をきくことも禁じられた。事実上われわれは監視を受け通し、われわれの同行者はスパイにほかならなかった。ザマン・ベクは明らかにときおりはこの気まずい状態を意識していたが、われわれに対するそのしうちを変えることは彼にはできなかった。しかし、とうとうロプ・ノールに着いたときには彼らはもうわれわれを監視することに飽きてきて、われわれに対する彼らの不信も少しは減少したが、警察側からのわれわれに対する警戒ははじめから厳重をきわめ、一週間に一度は必ず急使がヤクブ・ベクまたはトクスンのバイ(城拝)からやって来て、ザマン・ベクの素朴な言いぐさに従えば、「われわれのごきげんを伺う」定めだったのである。

すべての事態は、われわれのロプ・ノール探検行がヤクブ・ベクの気に入らないことを示していた。彼はシナとの戦争が起ころうとしているときに、ロシヤとことを構えるのは不得策であると考え、カウフマン大将の申し出を断わり切れず、不承不承われわれを迎えたわけなのであろう。

何とかしてわれわれにこれ以上探検を続ける気を失わ

せるために、彼らはわれわれを最も困難な道をたどってタリム川岸に連れて来たのである。われわれは二つの大きく深い流れ――コンチェ・ダリヤとインチケ・ダリヤを泳いで渡河させられる始末であった。地図を見れば容易にわかるように、われわれはコンチェ・ダリヤの右岸について進みさえすれば二度も川を渡る必要などまったくなかったのである。彼らは日の出時間の気温がマイナス一六・七度Cという寒さの中で川を泳がねばならぬようにわれわれにしむけて、旅程の困難さを誇張しようとしたことはまちがいない。この二つの流れの渡河は無事達成されたが、ラクダはこの冷水浴のために極度に痛めつけられた。しかし、結局わが案内人たちは、われわれの計画を断念させる見込みがないことを知って、筏《いかだ》を組み立て渡河地点に浮桟橋を建築しはじめた。ロプ・ノールに出る途中、われわれは真南に道をとり、ちょうどコルラから八六キロの地点でタリム川の峡谷にぶつかった。しばらくのあいだこの地方は、見渡すかぎり一面小石と砂利だらけの土壌に覆われた起伏のある平原続きで、このまったく草木のはえぬ土地が幅二〇ないし二五キロの帯をなし、クルク・ターのふもとをそれと平行して走っている。このクルク・ターというのは、天山山脈からロプ・ノール湖岸の砂漠の方向に張り出した最後の支脈をなす、水のない低い不毛な山脈であり、バグラシュ湖の南岸に起こり、およそ二〇〇キロ続いたのちにコルラの東方、砂波の低い泥地か砂丘に没して終わっている。

山々に隣合ったこの石だらけの帯状の地のかなたに、そしてわたしたちには、それが疑いもなく以前の海の海岸線を表わしているものと考えるのであるが、あの果てしないタリム盆地とロプ・ノールの砂漠が広がっている。ここの土壌はぼろぼろの柔らかい含塩性粘土または流砂である。実際ロプ・ノール砂漠は、わたしが見た砂漠の中でも最も荒涼とした不毛なものであって、この点でそれはアラシャン砂漠さえしのぐほどである。しかしこの地域の細かい描写に移る前に、簡単にタリム川下流の水系のあらましを述べておこう。

先にも述べたように、われわれはコルラから南に向かう途中で、かなり大きな流れを二つも――コンチェ・ダリヤとインチケ・ダリヤ――渡らねばならなかった。最初のものはバグラシュ湖に源を発し、コルラの近くで天山山脈の最後の懸崖を突破して、多少南のほうに向きを変えて、南東の方向に転じ、タリム川の支流であるキュク・アラ・ダリヤに注ぐ。その流れの早さと川岸のゆるい粘土質のために、コンチェ・ダリヤもタリム川も、そしてすべての支流も含め深い樋状の河床になっている。コンチェ・ダリヤの川幅は、われわれが二度目に越えたところで一五ないし二〇メートルであり、深さは場所によってはそれ以上であった。コンチェ・ダリヤの南一〇キロばかりのところにインチケ・ダリヤがわれわれの行く手をさえぎっていた。この川はしばらく東に流れてから塩湿地に消えている。増水時にはたぶんコンチェ・ダリヤとつながるのであろう。われわれはいろいろ調べてみて、このインチケ・ダリヤはウゲン・ダリヤの支流であることがわかった。このウゲン・ダリヤは、ムサルト山脈に源を発し、バイやサイラムなどの町を通ってこのすぐ近くでタリム川に注ぐ川である。ブグルの町と同じ経度で、支流がウゲン・ダリヤから分かれてそれがタリム川の右岸に合流し、それから少し下ってインチケ・ダリヤが左岸へ分岐するわけである。

われわれがタリム川岸に到達したところは、ちょうどウゲン・ダリヤがタリム川と合流する点にあたり、その川幅は一七ないし二一メートルであった。タリム川そのものは、この辺では川幅一〇〇メートルないし一三〇メートルの大河であり、深さも六メートルを下らなかった。その水は清く、流れはきわめて急であった。川は中洲を作らず一筋に流れ、この地点でいちばん北にかたよる。そしてここからは水路を南東にとり、さらにその後は真南に向きを変えてカラ・ブラン湖を潤してから、最終的にロプ・ノールに注ぐ。原住民たちはこの川をめったにタリムという名で呼ばず、一般にはこの川のおもな源流たるヤルカンド川の名をとって、ヤルカンド・ダリヤと呼ぶ。タリムという名は《タラ》つまり耕地に発すると言われ、それはこの川の上流の水がいたるところで耕地の灌漑に用いられていることに基づくのである。

ウゲン・ダリヤの合流点から五〇〇キロ下流で、キュク・アラ・ダリヤ（幅四、五〇メートル）という大きな分流がタリム川から分かれ、一三〇キロほど独自の水路を作ってから、再び本流と合わさる。コンチェ・ダリヤが北から注ぐのはこの分流にである。

このキュク・アラ・ダリヤを除いては、タリム川の下流には目ぼしい分流はなく、流れはほとんど一筋である。流れの左右の岸には所々に沼や湖が散在する。これらは大部分が原住民によって漁業や牧畜のために人工的に作られたものである。(このみじめな地域ではアシが家畜のための唯一の飼料なのである。)もちろん、川そのものもその流域の灌漑に役立っている。樹木や灌木、アシのはえている川岸は、春の強風によって砂塵を吹きつけられて、周囲よりも少しずつ高くなり、反対に周囲の砂漠は風のために低くなってゆく。これと同時に、川の水位もまたたえず砂塵に埋められて、少しずつ高くなる。こうした状況では、ただ岸に穴をあけさえすれば水はあふれて広い地域を浸すことになる。水とともに魚も混じってくるし、しだいにアシもはえてくる。しばらくするとこの水路も泥でつまってしまうから湖も浅くなり、魚も容易に捕えられ、そして最近まで水に浸っていた地面は乾いて羊のための牧場になる。そしてアシが食い尽くされると、同じ操作が繰り返されて、魚と牧草地がまた新しく供給されることになる。

タリム川の下流地域の一般的特徴もほぼ同じである。右岸に沿って川から遠くないところに、三ないし五メートルの高さの流砂の小山があるが、この砂地はカラ・ブラン湖と合流する点にいたるまでのタリム川下流全体におよび、さらに南西に流れるチェルチェン・ダリヤに沿ってケリヤの町まで、そしてウゲン・ダリヤの合流点から上流のタリム川本流沿いにまで広がっている。事実、タリム川の右岸からコンロン山脈のふもとのオアシスにいたるあいだの土地は、すべて砂の吹きだまりから成っているといってよく、人が住むにはまったく不適当である。

タリム川の左岸には砂山はそんなに続いておらず、また幅も広くない。ここでは土壌は塩の混じった柔らかい粘土質であり、ところによっては樹木もはえず、ところによってはまれにタマリスクの茂みかサクサウルがそれをおおっていた。これらの植物はくずれそうな土をその根で押えていたが、その中間は風の強い力に吹きさらされているので、茂みの周囲に吹きだまりが堆積して、その根元に高さ二ないし四メートルの小山が自然にでき上がる。そしてオルドスやアラシャンにおけると同じように、この種の小山が広い地域に広がっていた。

タリム川それ自体の堤およびその支流や入江には、植物は極端に乏しいが、それでも種類は多少は変化に富んでいた。まず第一に狭い森林帯にはトグラク・ポプラの木が目についた。これは七ないし一〇・五メートルの高さの曲がった木で、三〇から九〇センチの太さのその幹には、ほとんど例外なしに中に穴があいていた。その他にもグミの類が少々と、そしてケンディリ（繊維の原料となるバシクルモン属の一種）、および豆科の草本が二種類、これらが広大な地域にわたって茂り、一方タリムの両岸の湖と沼沢には背の高いアシの茂みとガマがいっぱいはえていた。珍しいものとしては、野生の豆とレンゲがキクの二、三種と混じって、あちこちの湿地に生い茂っていた。タリム川とロプ・ノールの植物の名前は以上ですべてである。このほかには牧草も草も、そして一片の花も見当たらない。

　トグラク・ポプラの林——これ以上に荒涼たる光景を想像することはむずかしいほどである。木の根元のむき出しの土には、秋のあいだだけは乾いた熱気で枯れ縮れた落葉が散り敷くけれども、いつもは枯れ枝や低くたれた木が地面におおいかぶさり、アシは足の下でポキポキと音を立て、両側にかき分けて進む小枝からは塩けの混じったちりが舞い立つ始末である。そしてまた折れた枝、さけた皮、腐らないままにしだいにくずれていって、やがて砂の層に隠れてしまう幹など、ここにも枯れたトグラク・ポプラが果てしなく広がっている。

　これらの林も憂鬱であるけれども、近くの砂漠はもっと荒涼たる光景である。この光景以上に単調なものはないであろう。どちらを向いて見ても、目にとまるものは果てしない平原ばかりである。いたるところ、粘土質の小丘が見え、その上にはタマリスクがはえている。その小丘のあいだをぬって、曲がりくねった道が続く。遠くの山々も霧のように大気をこめているほこりのために、ほとんど青い輪郭のままでは映らないし、周囲の風物もすっかりかすんで見える。一羽の鳥も、一匹の獣も見当たらず、ときどき憶病なジェイラン（カモシカの仲間）の通った足跡が見つかるだけである。

2

われわれはここで、動物界に目を向けることにしよう。これまでの簡単な記述から、タリム川下流域とロプ・ノールには、哺乳類の生育に都合のよい材料が非常に少ないことが、容易にわかることであろう。一般にこの地方では、哺乳動物の種類も数もたいへん乏しい。イノシシとウサギだけは数が多いが、その他の獣は比較的少なく、一部のものはほとんど姿を見かけないくらいである。また、この地域だけに住む特殊な動物もまったく見られない。つまり野生のラクダを唯一の例外として、他の大部分はみな天山山脈に見かけられるものばかりであり、その残りのものは、中央アジアの砂漠ではありふれたものである。

この地方はまた鳥も多くはいない。タリム川流域の林や暖かい気候が、多くの鳥を越冬のために引きつけそうなものであるが、実際にそうでないのは、食物の不足によるのである。比較的姿を見かけるグミの木を唯一の例外として、食用の種子をもった灌木や草はただの一つもない。池や沼にいっぱいいる魚や貝類や他の小動物は、いずれも冬鳥の手には届かない。水禽や渉禽がタリムで越冬しないのは、この理由による。猛禽もまたまれであり、越冬する唯一の鳴鳥はノドグロツグミである。ハトの類では、われわれは冬のあいだ三種類を見つけた。しかしそれはタリム川ではなく、カラ・ブラン湖の南東四〇キロにあたるチャルクリクであった。

鳥類の大部分はカイドゥ・ゴルの流域と、コルラの町の近くで見つけたものである。その他にわれわれの目にふれたものは、ミヤマガラス、コクマル・ガラス、ウズラ、ケクリクであり、最後の三つは山岳地帯に特有なものである。わたしの考えではもっと多くの鳥が、天山山脈のふもとのオアシスで越冬することであろうと思う。何となればその辺はタリム川やロプ・ノールよりも、食物はいっそう豊富であるから。

タリム川で冬の間われわれが見た四八種類の鳥のうちに、新種が二つあった。その一つ、わたしがラポフルス・デセルティスと名づけたものは、わたしがこの前ツァイダムに旅行したときも目にしたものであった。その当時はわたしは、二、三の標本しか得られなかったため、新種と断定せずに、単にロポヒルス・ペキネンシス・スルンク・ファー・マジョルの変種と呼んだのであったが、いまやわたしは多くの標本を得て、その中にこの中央アジア種をシナ種から区別できるある種の特徴――いっそう大きいからだや色の薄い羽など――が、必ず反覆して現われるのを見て、それを新種と断定し、デセルティス（desertis）《砂漠の》という形容詞をつけたわけである。実際、それは砂漠に特有な種であり、天山の北にもロシヤ領トルキスタンにもいないのである。

タリムにいる鳥に関するもう一つの興味深い発見は、カケスの新種であった。これまでわれわれは、この亜属の三つの種類しか知らなかったが、今度わたしがポドセス・タリメンシスと名づけた四番目のものがつけ加わった。このポドセスの新種は、その最も近い仲間であるモンゴル・カケスと習性のうえでは異ならず、その範囲は天山の北やロシヤ領トルキスタンにはおよんでいない。

魚について言うならば、タリム川にもロプ・ノール自体にも、二種類の魚しか住んでいない。一つはマリーンカ（コイの仲間）であり、他の一つのコイは、わたしには初めてのものであった。両者、とくに前者は、その数がおびただしい。そしてこれらは住民の主要な食物となっている。

*

タリム川とウゲン・ダリヤの合流点より下流で、われわれははじめて住民の姿を見つけた。行政上の都合によって、住民は二つの区域に分けられる。タリム人またはカラクル人、およびロプ・ノール住民またはカラクルチン人である。ここでは前者について少しふれて見よう。後者については、後ほどロプ・ノールについて語るときにふれるつもりである。

われわれが聞いたところによると、現在タリム川一帯に住んでいる住民は、もともとはロプ・ノールに住んでいたもので、約一〇〇年ほど前、魚の欠乏やカルムック人の侵入のために、タリム川の川沿いに散らばったものだという。この川岸に、以前から人が住みついていたか否かについては、確かめることはできなかったが、ただ一つ確かなことは、このロプ・ノールからの移住者たちと、東トルキスタンの各地からの逃亡者ないし流刑人が、たえまなく混血し合ったことである。それゆえ本来は疑いもなくアーリヤ人種であるはずの今日のタリム人の顔が、不思議な混交を現わし、サルト人、キルギス人、さらにはタングート人などの人相が現われている場合が多い。ときには純粋なヨーロッパ人の顔が、そしてときには典型的なモンゴル人の顔が、われわれの注目をひくというぐあいである。

これらの住民たちのきわだった一般的特徴は、その顔色の悪さ、胸の貧弱さ、そして体格の頼りなさである。男たちは普通の背丈があり、高いといえるくらいの者もいる。女は（われわれはほとんど女性を見かけなかったが）背が低い。

われわれが彼らの家にはいろうものならば、必ず女たちは（既婚の者も未婚の者も）、まるでネズミのようにアシの壁の隙間から逃げ出して、姿を隠すのである。

わが同行者ザマン・ベクは、もちろんわれわれよりもこのタリム地方の女たちに会ったり、知り合ったりするチャンスに恵まれているが、彼はこの女たちが醜いことをあしざまに語った。ただ一人の例外として彼が挙げたものは、アフタルマ村出身の一人の金髪の女であった。彼女は他の黒い髪と黒い目の同郷の女に比べて、まったくとび離れた現象であり、たぶん一八六二年のロシヤのスタロヴェリ人たちの来訪（後ほどこのことについてはふれるつもりである）の際の形見であろうとのことである。

言語について言えば、クルジャ出身のタランチ人であるわれわれの通訳は、タリム川やロプ・ノールのどこに行っても、楽に言葉を通じさせることができた。これから推測してみるならば、一方におけるタランチ語あるいはサルト語と、もう一方におけるこれらの地域の住民の方言には、ほとんど差異がないと言ってよかろう。わたし自身はこれらの言語については何一つ知らないために、この問題に関して自ら観察して結論づけることができなかったし、もちろんわが通訳はそんなことでわれわれの役に立つほど頭の働く男ではなかった。

この住民たちの宗教はイスラム教であった。これにはイスラム教以外の異教の儀式のやりかたが幾らか混入していた。たとえば、彼らは常に死者を小舟に納めて埋葬したり、あるいは故人の使用した魚とり網をその墓の回りに並べたりする。

彼らの住居は、タリム川流域の沼や湖に無際限にはえるアシでできている。これらの家の建てかたは最も原始的である。丸い荒削りのトグラク・ポプラの丸太を、まず四隅と側面に打ち込み、これに天井をささえる横梁《はり》と柱を結びつける。壁は編み合わされたアシでおおわれ、天井も、煙出しの四角な穴があいている以外は、すべて同じ材料で張られている。この建物の中央に炉があり、また壁に沿ってフェルトかアシで編んだござが敷いてあって、家長とその家族が寝るようになっているが、ときとして、女たちのために別に仕切りが設けられている家もある。壁に備えつけた棚には、各種の家事用の什器が並べてある。母屋《おもや》とすぐ並んで同じようにアシで作った家畜小屋がある。このような家がだいたい一〇軒ぐらいかたまって一つの村を作るのであるが、それは常に固定しているわけでなく、冬になると彼らは家畜の飼料や燃料が豊富な場所を求めて移動し、夏には魚をとるためにあちこちの湖に散らばるのが常である。しかし、彼らが村を捨てて新しい場所に移る最大の原因は、疫病を避けるためである。天然痘は、いったんかかったらたいていの場合助からないので、最も恐れられている。この病気にかかった者は、そのまま打ち捨てられ、病人の寝床のそばに少量の食物を供えたままで村全体が新しい場所に移動し、誰もそれ以後この不幸な同胞の身を案じたりはしない。めったにないことだが、彼が助かれば仲間のもとに帰るし、逆の場合には誰も彼を葬ろうとさえしない。われわれが見た墓は色のついたぼろきれや、シカの角やヤクのしっぽで飾った長い柱だけがそのしるしであった。

タリム住民の衣装は、ラクダの毛の上着とズボン、長いシャツ、そして冬のあいだは羊皮の外套からなる。そして例外的なごく少数の物持ちだけがハラートとターバンを身につける。金持は長靴を、そして貧乏人は冬のあいだだけフェルトの靴下に手製の短靴をはく。夏ははだしである。頭飾りは冬は縁の折れた子ヤギ皮の帽子であり、夏はフェルト帽である。

女は男と同じように腰帯のついた短いハラートを身につけるが、男と同様にそのひもを結ぶことはない。その下に膚着を着、ズボンは男のように長靴の中に端を折る。その頭飾りは男と同じように毛皮帽であり、その下に白い頭巾《ずきん》を頭の後ろにたらし、その両端を普通あごの下で結ぶようになっている。男は頭をすっかり剃り、女は後髪を二本のひもに束ね、前髪は頬の中ほどの高さまでたらしてその長さで切るようにしている。未婚の女子は髪を後ろに一本に編んでたらしている。彼女たちは衣装や台所用具を、大部分コルラの商人から買うが、自家製のものもある。布地は羊の毛かタリム川流域にたくさんはえているケンディリ草の繊維から作る。秋と冬に彼らはこの植物の枯れた茎を集めて、それを木の棒か手で打ったあとで、繊維をほぐすためにそれを煮て水洗いし、そしてもう一度煮直す。それが済むと、最終工程の梳《す》きにはいる。紡ぐに用いる糸繰り機は独特のものであり、こうして得られた紡ぎ糸は原始的な織機と梭によって織られ、なかなか上品な飾りを浮き出させた長持ちする織物になる。

この織物製造と野獣の皮の製作がこの住民たちの唯一の産業である。この他にまれに鍛冶屋と靴屋が彼らのあいだに見かけられる。

彼らのおもな産業は漁業であり、魚が彼らの主食である。彼らが使用する網は小さく粗製である。後ほど彼らの漁のしかたを説明するとして、ここで簡単にふれておくことは、彼らの生活は大部分水上で過ごされ、彼らは丸木船の操縦に巧みであり、男も女もたいそう腕がよいということである。丸木船は中空のトグラク・ポプラの木から作られ、各家庭の必需品である。主食の魚に変化を添えるのがケンディリ草の根であり、それを火にあぶってパンの代わりに食べる。パンはきわめて富裕なごく一部の者しか口にできない。

農業はタリム川下流地方ではきわめて未開発であり、聞くところによると、一〇年ばかり前からやっとはじまったということである。種をまく以前に土壌が人工的な溝によって灌漑される必要があり、そこへ小麦と大麦が少量まかれる。しかし土質が塩分を含むため収穫は少ない。農業に比して牧畜はまだしも一般的である。羊は家畜として最も主要なものであり、上質の毛皮を生み出す。この地方の羊は小柄でしっぽの太い種類である。大きい上質な牛や、それ以外にも少数の馬やロバも飼われている。ラクダはいない。この地の風土がそれに適さないのである。われわれが先ほど述べたアシが家畜のための唯一の飼料であるが、羊はそれ以外にも刺のある灌木の茎をがつがつ食べる。

その家族生活は、ほとんど他のトルキスタン人のそれと同じである。妻が家庭を治めるのであるが、他面、妻は夫の奴隷であり、彼は新しい別の女を選んで妻を離別することも、また同時に何人もの妻を囲うこともできる。結婚はきわめて短期間、はなはだしいときはわずか数日間の取り決めにすぎぬことさえある。彼らの最も風変わりな癖は、大声で、しかもたいそう早口でしゃべることであり、彼らが会話をしているのを聞くと、はじめての人は喧嘩でもしているのかと思うほどである。彼らの驚きのしぐさは舌打ちをしながら「ヨバヨバ」と呼ぶことである。行政上の必要のために、彼らはロプ・ノールの住人とともにコルラの長官の下に置かれ、租税をそこへ納めることになっている。

長い脇道をへて来たが、ここで本筋に戻ることにして、先に述べたようなぐあいに、われわれはコンチェとインチケ両川を渡って、ちょうどウゲン・ダリヤの合流点でタリム川の岸に出た。そしてわれわれはそこから一日の行程でタリムとロプ・ノール地域の村落のうちで最大のものであり、タリムの長官であるアズリヤム・アランの住んでいるアフタルマに着いた。この長官はザマン・ベクによれば《最も博識な人》を意味するはずのその恐ろしくぎょうぎょうしい称号にもかかわらず、実はまったく文盲であった。この地にわれわれは八日間滞在し、経度、緯度を測定したり気圧を測定して高度を算出して、それが海抜七五〇メートルであることを知った。ロプ・ノールの高さは海抜六六〇メートルであるから、タリム川は秒速九〇センチという急流であるにもかかわらず、その落差は意外にわずかなものであることがわかる。

アフタルマから先は、われわれの道はタリム沿いにときどきそれからやや遠ざかったり、近づいたりしながら進んで行った。われわれの言葉の意味での流域はここにはない。川のすぐ近くでさえその土壌の構成や質が少しの変化も見せないのである。砂漠と同じ粘土質の平原、同じ流砂の層が、水ぎわ一〇〇歩のところまで続いているのである。灌漑された土地はわずかに川沿いに木や厚いアシがはえ、沼や池が連なるひも状の部分だけである。このあたりはラクダを連れての旅行はきわめて困難である。つまり森林を越えたり、刺だらけの厚い叢林を通る際、枯れたアシの根が鉄のように堅くなっているのにラクダのひづめがひっかかれて、血が流れるまでになるからである。

タリム川の分流であるキュク・アラ・ダリヤを筏で越えた後、われわれは村々の近くで休憩し、さらにもう少し先へ進んだ。ザマン・ベクとその従者たちは最初はけっしてわれわれのそばを離れようとしなかったが、終わりにはわれわれの行動に納得したらしく、いつも一と足先に次の休憩地へ出かけているようになった。

われわれの行軍の途中にあたる地域の住民たちは、われわれが不案内でいることにつけこんで、機会があればわれわれを欺くように入れ知恵されていたことはまちがいない。さまざまな不思議なうわさ話だけを耳にしただけで、まだロシヤ人の姿を実際に見たことがない彼らは、まるでわれわれが疫病を持ち込んで来たかのように先を争って逃げ出した。自分たちの支配者の《大事なお客》であるわれわれの一行が、みなからスパイ扱いされ、護衛をつけて回り道をさせられて来たことを知って、彼らは最後までわれわれに対して心を許さず、われわれの意図を疑ったのである。彼らがわれわれの旅行の目的を解しないことはその猜疑《さいぎ》をいっそう深めた。モンゴルや甘粛に行ったときもそうだったが、ここタリムでも半ば野蛮なこれら原住民たちにとっては、われわれが単に新しい土地を探検し珍しい動植物を採集するという目的だけのために——事実これらの動植物は彼らの目から見れば、まったく無価値とは言えぬまでも、ほとんど役に立たぬものばかりであった——大金をはたきラクダをつぶしたりしてこんなに艱難辛苦に満ちた旅をするということが、どうしても考えられなかったのである。こういうふうに一と筋に思い込んでいるタリム人の、われわれを欺こうとする熱意は、まったく際限を知らぬほどであり、まったく子供じみてばかばかしいと思われるほどまでになった。

われわれに真実に近いことを告げてくれる唯一の男はザマン・ベクであった。しかし彼は土語を解すること浅く、かえって彼らからロシヤ人と慣れなれしくしているのを怪しまれて、ばかにされる始末であった。

この旅のあいだに、われわれに提供された羊は、すべて住民から提供されたものであったが、彼らはどんな場合にもその代価を受け取ろうとしなかった。わたしは気持ばかりの謝礼として、一〇〇ルーブリを提供した。しかし、タリム地方ではわれわれから金を受け取ってはならぬという厳命が下されており、この地区のアホンはわたしに、この辺には貧民などいないと言い張るのであった。

ウゲン・ダリヤの川口から一九〇キロばかりタリム川を下って、われわれはキュク・アラ・ダリヤが本流と再び合流する地点に着いた。われわれはここのアイリルガンという渡し場で再び筏《いかだ》でタリム川を渡った。この地点ではタリム川は幅三二メートルで、深さは六メートルであった。キュク・アラ・ダリヤを合わせて、タリムは再び水かさを増して幅六四ないし七五メートルになり、カラ・ブラン湖に注ぐまではこの川幅の大きさが変わらない。湖に流れ込む手前一五キロのところの右岸に、小さい四角な泥を積み上げた砦《とりで》（クルガン）が建っており、われわれが立ち寄ったときには、コルラから来た少人数の衛兵が配置されていただけであった。

われわれのタリム川下りの期間中ずっと、つまり一一月いっぱいと、そして一二月のはじめまでは、天気はたいそうよく晴れ渡って暑いほどであった。夜の寒さは確かにマイナス二二・二度Cというきびしさであったが、日が上るとすぐ気温は上りはじめ、一二月一九日までは真昼に氷点下に下ることはなかった。タリム川が全面的にではないが氷結するのは、たぶんこのころからである。強風が起こることはめったにないが、空気は極度に乾き、霧のような塵埃が満ちている。降水量はない。事実住民の語るところによれば、この地方ではめったに雪が降らず、せいぜい三、四年に一、二回降るだけであり、したがって、とけるのも早い。雨も夏にはほとんど降ることがない。

われわれは前記の泥壁の砦を出発して、いまや目の前に迫ったロプ・ノールへの道をたどらず、まっすぐに南へ下り、三〇年前コータンから追放されるか自分で亡命して来た人たちによって立てられたチャルクリクの村に向かった。この村は現在では二一軒の家と流罪人を収容する泥壁の砦とから成っており、この罪人たちは国家のために土地を耕すことを強いられて、そして、その収穫物は他の住民が刈り取る。土壌を灌漑するための水は、ロプ・ノールの南にそびえるすぐ近くの高い山脈、アルティン・ターから流れ出るチャルクリク・ダリヤから引いている。

チャルクリクの南西三〇〇キロのところに、チェルチェン川に臨んだチェルチェンの町があり、その長官がチャルクリクをも統治している。またここから南西方向に向かって一〇日の旅程の場所に、ニヤのオアシス――戸数九〇〇――があり、さらにはその先三日行程で、戸数三〇〇〇といわれるケリヤの町に着く。ケリヤからチラを通ってコータンに達する道が通じており、この三つの町はすべて行政的にカシュガルのヤクブ・ベクの治下に含まれている。

ケリヤから一日行程ばかり行ったところの山から金が取れ、またチェルチェンから五日行程離れた、ちょうどチェルチェン・ダリヤの水源近い一帯にも金鉱が存在する。これらの金鉱から採掘される金の量は年額一トンに達し、これはすべてヤクブ・ベクの国庫に収められる。

現在のチャルクリクの村にあたるところに、オトグシ・シャフルと呼ばれる古い町の泥壁の跡が残っている。この遺跡は周囲約三キロであり、いちばん長い壁の前に物見櫓《やぐら》が立っているということである。また、チャルクリクからチェルチェンの方向へ二日行程ほどはいったところにも、ガス・シャフルと呼ばれるもう一つの古代都市の遺跡があるという話であり、さらにわれわれはロプ・ノールの近くに、ただクニャ・シャフル――古い町という意味――という名で呼ばれる第三のたいそう大きい町の遺跡があるのを発見した。

われわれは、これらの古い遺跡についての何らかの言い伝えが、住民のあいだに行なわれていないかを調べたが、それは見いだされなかった。しかしロシヤの分離派《スタロ》教徒《ヴェリ》の最近のロプ・ノール訪問についてのわれわれの聞き込みは、重大な成果をもたらした。白い水の約束された国を求めて、このアジアの僻地にやって来たに違いないこの異邦人の到着を目撃した住民の語るところによると、一八六一年にロプ・ノールにはじめに到着したグループは、全部で一〇名であったという。土地の検分が済んだあと、そのうちの二人が帰り、翌年男女合わせて一六〇人から成るいっそう多人数の一団がやって来た。彼らはすべて馬に乗り、荷物も馬の背につけてやって来た。大部分の男女は火打ち石銃を持ち、ある者は銃を修理したり、新しい銃を作る腕さえあった。またその中には、大工や指物《さしもの》師も混じっていた。彼らは道々で魚をとったりイノシシをしとめたりして食料を補給したが、彼らは古来からの慣習を忠実に守り、自分たちの鍋で調理した以外のものや、宗教上禁じられた食物はいっさい口にしなかった。彼らは勇敢でしんぼう強い人々であったと言われている。彼らは現存する砦の近くのタリム下流に落ち着き、アシの小屋を立てて冬を越した。他の者はチャルクリクに居を定め、たぶん教会として使うためであろう、一軒の木小屋を建てたのである。この建物は最近チェルチェン川の洪水によって跡形なく押し流されてしまった。

そのうちに、ロシヤ人の馬は冬のあいだ、あるいは旅行の途中で、荷の重さ、そまつな糧食、蚊の大群などのために大部分倒れてしまった。結局、移民たちはこの新しい約束の地になじむことができなかったので、春になって彼らは昨年やって来た道を引き返すか、それとも別の新天地を求めようと決心するにいたった。当時ロプ・ノール一帯を治めていたトルファンのシナ人知事は、彼らに必要な馬と食糧をあてがうようにというふれを出した。そして、いまのわれわれの案内人の一人であるラフメト・バイが彼らをカラシャールからトルファンに通ずる道にあるウシャク・タラまで連れ戻すために派遣された。この地に着いたのちに、彼らはウルムチに向けて出発したが、まもなくトゥンガン人の反乱が勃発して、天山の東側地域との通信がいっさい途断えてしまったため、そのあと彼らがどうなったかは全然わからない。われわれがかつてロプ・ノールに住んでいたスタロヴェリたちについて確認しえたことはこれがすべてであった。

わたしは一週間チャルクリクの村に滞在したあとで、三人のカザクにわたしの荷物の大部分を預けたうえ、他の三人のカザクと助手のエクロンを連れて、クリスマスの次の日にアルティン・ター山脈へ出かけた。それはロプ・ノールの住民が口をそろえて、この山脈およびその東側の砂漠地帯に住んでいるという野生のラクダをしとめるためであった。ザマン・ベクとその仲間はチャルクリクにとどまった。

われわれの隊列は、いまでは一一頭のラクダと、わたしの乗る馬一頭だけになった。エクロンはラクダの背に乗った。われわれはきびしい寒さに備えて、ユルト――フェルト製の天幕のこと――とそして六週間分の食糧を持って出かけた。われわれの案内人はロプ・ノールの狩人の中でも最も腕利きの二人であったが、彼らは冬のラクダ狩りはめったに成功の見込がないと、われわれに語った。しかし、われわれがその意見を無視して運だめしに出発したわけは、春には鳥の飛来を観察したりするような忙しい仕事がいっぱい控えていたので、その時までこの試みをのばすことができなかったためである。

最初にアルティン・ター山脈について述べよう。われわれが最初にこの山脈を目にとめたのは、アイリルガンの渡し場からで、一五〇キロ以上離れているその姿は、ほとんど地平線すれすれに見えるか見えぬかの、不鮮明な狭い帯のようであった。タリムやその隣の砂漠の単調な景観に飽き飽きしていた旅人は、この山の姿を遠くに認めて喜ぶ。一日一日と旅を続けるにつれて、その姿はしだいにはっきりしたものになる。山の峰々がはっきりしてくるばかりでなく、その主要な溪谷までがはっきりそれと認められ、目のよい者ならば、遠くからその峰の高さが相当なものであることもわかるであろうと思われる。チャルクリクに着いてからアルティン・ターをながめると、その巨大な塁壁のような形は、南西にのびるにしたがって、いっそう高さを増し、万年雪の線を越すほどになっているのがわかった。

われわれはチャルクリクから三〇〇キロ以上東に行ったところの、この山脈の北斜面を探検することに成功した。チャルクリクからここにいたるまでのあいだずっとアルティン・ターは、ロプ・ノールの砂漠におおいかぶさるような高い高地をささえ、たぶんチベット高地の北限を形作っているように思われた。少なくとも住民は口をそろえて、このアルティン・ターの南西の延長はケリヤとコータンの町までずっと間断なく続いて、砂漠を縁取っていることを告げてくれた。同じ住民の言に従えば、この山脈は東に向かっても果てしなくのびているが、それがどの辺で終わっているかは誰にもわからないとのことであった。

われわれが探検したこの山脈の中心部分の地誌は、次のごとくである。まず、チャルクリクからジャガン・サイの小川にいたるあいだは、それは不毛で砂漠の多い、そしてロプ・ノールとほとんど同じ程度に低い平原に向かって、垂直な壁のようにそそり立っている。ジャガン・サイからクルガン・ブラク、つまり湖の真南——そして、たぶんそれからもっと東のほう——までは、平原は山脈のふもとに向かってしだいにけわしい傾斜になって盛り上がっており、アスガンリクの泉では海抜二一〇〇メートルにも達している。クルガン・ブラクおよびジャガン・サイの小川の東側には、低い粘土質の丘陵が縦横に走り、そのまた東寄りにはクム・ターの名前で知られている砂漠の丘が幅広い帯をなして東へずっとのびており——たぶんずっとアルティン・ター山脈のふもとを縫って進むようにして——果てはサ・チュウ（沙州・敦煌）まで二日行程のところまで達している。

アルティン・ターからは砂漠の側に向けて多くの支脈が発出し、狭い谷で互いに区切られたそれらの支脈の中には、海抜三四〇〇メートルに達するものもある。そして個々の峰は目測でこれよりさらに六〇〇から一〇〇〇メートル高くそびえ立ち、そしてこれが山脈の主軸の高さに相当する。その南側の台地に向から下りのすそが短いことは、われわれの案内人の証言からも知られたが、中央アジヤの山脈の大部分の共通の特徴から判断して、事実そのとおりであると思われる。

冬も深くなったのと、それだけの時間的余裕がないために、われわれはアルティン・ターを反対側へ越えて、その南側の高さを測定することはできなかったが、こちら側の高原の高さも少なくとも標高が三六〇〇ないし四〇〇〇メートルあることは明らかである。ともかくも、この事実はこの山脈の正西台地に刻まれた溪谷が非常に高い位置にあることからも推察されよう。この山脈の反対側で何回も狩をしたわれわれの案内人たちの語るところによれば、古い道を通ってアルティン・ターを越えると幅五〇キロほどの高原に出るという。この高原の果ては幅二〇キロほどの名前のない山脈によって限られ、そのまたかなたはもう一つの新しい平原で、幅が四〇キロほどあり、泉で養われる沼沢（サザ）がたくさんあって、その南は巨大な雪の山脈チメン・ターで区切られている。この山にはさまれた二つの峡谷は、その両側の山脈とともに東の地平線のはるかかなたまで続き、一方、西のほうは、これらの三つの山脈――アルティン・ター、無名の山脈、そしてチメン・ターがチェルチェンの町から遠くないところで一つに合して、雪をいただくトゥグス・ダワンの山脈となり、ケリヤやコータンの町までのびている。

原住民たちはアルティン・ターの二つの部分を別々の名で呼んで区別する。ロプの砂漠に近い山々はアスティン・ター（低い山脈）、それから遠い、山脈の主軸に近いほうの峰々はウスチュン・ター（高い山脈）と呼ばれる。

粘土、泥灰、砂岩、石炭岩などがアルティン・ターの外縁に沿って広がり、高い地点には斑岩も珍しくないが、花崗岩はまれである。この山々には水がいたって乏しく泉も珍しい。そして、たまたま水があってもたいていの場合それは苦くて塩辛い味がする。

この山々は概して極端に不毛で、植物の生育はわずかにその上流の溪谷に限られており、二、三種類のありふれた、低いいじけた塩湿地にはえる植物のほかは、キク に属する三、四種類の植物、キジムシロ、マホウ等々の小柄な灌木がそのおもなものであった。

珍種としては、わたしはたまにケルメクやニシキギのしぼんだ花を見つけた。溪谷の底にはタマリスクが、そして――標高二七〇〇メートルまでの――湿った地面にはアシ、そしてあちこちにディリスン、ジュズグン、ハルムイクなど、さらにところどころにトグラク・ポプラと野生のバラが見かけられた。しかし後者を見かけたのはアスガンリク溪谷だけであった。これらの植物は大部分、山寄りに近い砂漠の縁にも茂り、ここにはまた節くれ立ったサクサウルも茂っていた。

ここに一つ注目すべきことは、アルティン・ターの土地のこの不毛性にもかかわらず、イナゴの大群が横行し、事実、一八七六年の夏などは、この虫が他の食物がないために最後にはアシの葉や若芽を残らず食い尽くし、海抜二七〇〇メートル以上の高山地帯にまでその姿を現わしたほどであった。

アルティン・ターの北斜面には動物が多く住んではいない。われわれが耳にしたところでは、山の南向きの高地、とくにチメン・ター山脈の中腹ないしすそ野には、野生の動物が多く住んでいる。タリム川流域とロプ・ノールに見かけない動物でアルティン・ター（チメン・ターも含めて）に棲息するものが一〇種ほどある。この中でクク・ヤマン、羊、野生ヤク、オロンゴの三つはチベットの特産であるから、この地はその北限界であろう。アルティン・ターには鳥の種類は多くない。冬であるのにわずか一八種類しか姿を見かけなかった。

冬の天候はきわめてきびしいが、雪はまれにしか降らない。少なくとも北斜面はそうである。狩人の言によれば夏は雨と冷たい風がひっきりなしであると言う。

猟師の通る道以外に、この山脈を通って走る道路が二つある。一つはロプ・ノールからチベットへ、もう一つは沙州の町へ通ずるものであるが、トゥンガン人の反乱勃発以来カルムック人がチベット巡礼を中止したので、いまでは両方とも廃道になっている。しかし数年前トゥンガン人の数隊が沙州街道を通ってシナ人のもとから逃げ出すことに成功したことがあり、いまわれわれがチャグリクの泉を目ざすのもこの道路を通ってのことであった。案内人はチャグリクより先の、この地方のことは何も知らなかった。道には峠やその他の所々の地点で石を積み上げた道標があった。おそらく沙州へ通ずる道はアルティン・ター山脈のあいだじゅうずっとこの調子で続いていると思われる。隣接する砂漠には水がない。

われわれは四〇日間もアルティン・ターのふもとや山中に分け入って、ちょうど五〇〇キロも歩き回ったが、この間を通じてわずか一頭のラクダを見かけたにすぎず、そして、われわれはそれをしとめることができなかった。他の獣の獲物については、クーラン——野生のロバ——一頭と雌のヤク一頭しとめたにすぎなかった。概して、このときの遠征は散々な失敗続きだったと言える。冬のさ中に極度に不毛なこの高い土地にあって、われわれは水不足と寒気——マイナス二七度Cというきびしさ——で、あらゆる辛苦をなめ尽くした。燃料も極度に払底した。そしてわが狩猟隊の不首尾のために、新鮮な肉を充分にとることもできず、数日間ウサギばかり食っていなければならなかった。宿営地では、粘土質の塩分を含む土壌がたちまちのうちに粉になって舞い上がり、ユルトの中のすべてのものを厚くほこりでおおう始末であった。われわれ自身まるまる一週間洗顔さえできず、その不潔な境遇に耐えられぬ思いであった。洋服は一面ほこりがしみ込み、下着はきたないチョコレート色に染まってしまった。要するに、われわれは昨冬北チベットでなめたあの災厄《さいやく》をもう一度経験し直しているわけである。

チャグリクの泉の近くで一週間滞在して、その経度緯度の測定を済ませてから、われわれは意を決して、まもなくはじまる鳥の飛来を観察するためにロプ・ノールへ戻ることに決めた。二人の案内人だけは、もう一度山に戻って、野生のラクダを捜し求めることになった。われわれはどんなに高くついても、この動物の標本が一つほしかったので、わたしは一つがいのラクダのための報酬として一〇〇ルーブリを出そうと申し出たのだが、これは原住民の狩人が通例得る代価の五〇倍という額だったのである。

3

ロプ・ノール住民の一致した証言によれば、野生のラクダの現在のおもな棲息地はロプ・ノールの東にあるクム・ター周辺の砂漠ということである。この動物はまたおりおりタリム下流やクルク・ターの山々や、もっとまれではあるが、チェルチェン・ダリヤに接する砂漠でも見かけられるという。しかし、チェルチェンの町から奥のほうコータンの方角ではその棲息は知られていない。二〇年前まではいまのチャルクリクの村があるロプ・ノールのほとりから東のほうへ、アルティン・ターの山脈およびそのふもと沿いに野生のラクダが群棲しており、われわれの案内人たるチャルクリク出身の狩人などは、この当時は、この獣が何十頭、いや何百頭と群れをなしているのを見かけることも珍しくはなかったと語っていた。彼自身これまでの長い生涯に——もう老人であったたが——その火縄銃でしとめた数は一〇〇を下らないという。チャルクリクの人口がふえるにつれて、ロプ・ノールの猟師の人数もふえ、ラクダは減ってきた。そしていまや、それが住んでいるのはロプ・ノール付近だけであり、ここでも数は少なくなった。数年間、一頭も姿を見かけないということもあるが、運がよい年だと原住民の狩人は夏から秋にかけて五、六頭をしとめることがある。野生のラクダの肉は、秋にはたいそう脂肪がのってきて食用に使われ、皮からは衣服が作られる。毛皮はロプ・ノールで一〇テング、すなわち一ルーブリ三〇コペイカで取引きされる。

ロプ・ノールの狩人たちの言によれば、ラクダはすべてクム・ターの砂漠からやって来て、再びそこに帰るのだということであった。しかし、この砂漠は水がないのでまったく近寄れないところであり、少なくともロプ・ノールの人間は誰一人そこにはいり込んだ者がいない。以前に誰かがチャグリクの泉を出発して、この砂漠にはいろうとしたが、まる二日間人もラクダもひざまで没するようなゆるい流砂と苦闘したあげく、すっかり精力を使い果たして、不成功のまま帰還したことがある。しかしクム・ターに水がまったくないということはありえない。もしそれが事実だったら、ラクダ自体そこで生きられぬからである。たぶん水飲み場となる泉がどこかにあるのだろう。このラクダは飼い慣らされた種類のものと同様、粗食に耐えるので、人間から遠く離れてさえいれば、どんな荒れた不毛な砂漠でも平気で生きてゆけるのである。

夏の暑さがはげしいあいだは、ラクダはアルティン・ターの高い峡谷の涼しい気温にひかれて三三〇〇メートル、いやそれ以上の高い地帯にまでやって来るのであり、事実わが案内人たちは、この山脈の南側の高い台地でもときおりその姿を見かけると語っていた。この獣がこの地域に引きつけられるおもな理由は、アカザが比較的豊かなことはもちろんながら、水のわく泉と彼らの好物たる豆科の植物のヘデュサルムが多くはないが存在するからである。冬はラクダは低地の暑い砂漠にひきこもり、おりにふれて山にやって来るにすぎない。

飼い慣らされたラクダが憶病、愚鈍、のろま等の性質をそのおもな特徴とするに反し、野生のラクダが利巧であって、驚くほど発達した感覚を持っていることは注目される。その視力は驚くほど鋭く、耳も非常に鋭敏であり、嗅覚もまたきわめて良い。猟師の話によるとラクダは数キロ離れていても人間をかぎつけ、どんなに注意深く近づいても遠くから目にとめ、そのどんなかすかな足音でも聞き取る。一度危険を察知すると、この獣はすぐさまいちもくさんに逃げ出し、何十キロさらには一〇〇キロ以上走っても止まらない。わたしが発砲したラクダの場合も、わたしがその足音から確かめたところでは二〇キロも止まらず走り続け、もしもそれが、谷底に走り下りたためにわれわれが後を追えなくなったのでなかったならば、もっと走り続けたことだろう。このようなぶかっこうな動物は、山に上ったりできないように思われがちであるが、事実はその反対であって、われわれはしばしば非常に狭い峡谷や、猟師が難渋するようなけわしい斜面に、その足跡や糞を見つけたものである。この辺ではラクダの足跡がクク・ヤマンやアルガリの足跡と混じり合っていた。これはあまりにも信じ難いことであったので、最初それを見たときは思わず自分の目を疑ったほどである。この野生ラクダは走るのもたいそう早く、ほとんど、常に馬の跪《だく》の速さである。もっともこの点では、飼育された品種も長い距離を走る場合には馬を追い越すくらいの実力を持っている。ラクダは傷を負うと弱く、ロプ・ノールの狩人が用いる小口径の弾丸が当たるとすぐ倒れる。

野生のラクダは冬のあいだ、つまり一月半ばころから二月の終わりにかけて交尾する。この時期になると、年よりの雄獣どもは何十頭の雌の一群を集めてねたましげにそれを自分の競争相手から守る。ときとしては雄は雌を離れた谷間へと追い立て、発情期が終わるまで目を離さないこともあるという。またこの時期には雄同志の争いが頻発して、一方が死ぬ結果に終わることもある。若くて弱い相手を倒した老いた雄は、その歯で相手の頭の骨をかみ砕くという。

雌は三年に一度子を産む。懐妊期間は一か年以上であるらしい。子は春早く、つまり三月ごろ生まれるが、一腹必ず一頭に決まっている。子が母獣になつくことはたいへんなものであり、母獣が殺されると子はすぐ逃げ出すが、まもなくその場所に帰って来ると言われる。幼獣として捕えられた野生ラクダは容易に飼い慣らされ、荷物を運ぶのを仕込むことができる。

めったに聞かれないが、その声は牛のような深いうなり声である。母獣がその子を呼ぶのがこの声であるが、一方、雄獣は発情期でもけっして鳴かず、もっぱらその嗅覚で相手を見つけるのである。

ラクダがどのくらい生きられるのかを、われわれは確認することができなかったが、たいそう長生きをするものもあるらしい。わが案内人の猟師は、以前雄のラクダを殺したが、そのラクダは歯がすっかり摩滅していたのに、からだにはよく脂《あぶら》がのっていたという。

ロプ・ノール住民は夏と秋にラクダをしとめる場合でも、わざわざそれを捜し出しに行くということはほとんどなく、偶然の機会があるごとにラクダを倒すのである。

一般にこのラクダ狩りはたいそうむずかしいものであり、この狩人はロプ・ノール全域でもわずか三、四人いるにすぎない。ラクダをしとめる普通の方法は、獣が水飲み場にやって来るのをじっと隠れて待ち受けることであり、けっしてその新しい臭跡を追いかけてはならない。

この動物を追跡するために、わたしが送り出した猟師は三月一〇日になってようやくロプ・ノールに帰って来たが、獲物はすばらしかった。彼らはクム・ターのはずれで一つがいのラクダを射止めたばかりでなく、死んだ雌獣の胎内から思いがけなく子が出て来たのである。この子ラクダはまちがいなくその翌日生まれることになっていたのだろう。

この三つの標本の毛皮はいずれもりっぱなもので、わたしが猟師たちに皮はぎとなめしのしかたをよく教え込んでおいたために、保存も優秀であった。頭骸骨も完全なままであった。数日後わたしは、またタリム川下流部で狩られた雄の野生ラクダのもう一匹の毛皮の見本を得た。ただこの標本は、このラクダが暑い地方からやって来たために、毛がすでに脱けかかっていたばかりでなく、製皮のしかたが科学的でなかったために、でき上がりは他のものに比べて多少よくなかった。しかしわたしは昔マルコ・ポーロが書いただけで、ヨーロッパ人が誰も見たことのないこの獣の皮を入手できて、どんなにうれしく思ったかは改めて語るまでもない。

動物学的見地から言えば、野生のラクダを飼い慣らされたラクダから区別する点はほとんどない。表面的に見たかぎりでの両者の差異は次のとおりである。(a)野生種の前足にはたこができていない。(b)そして家畜のラクダと比べてこぶは半分の大きさしかない。そしてこぶの上の長い毛はいっそう短い。(c)雄のたてがみは普通ないか、あってもきわめて小さい。(d)野生種の色はみな同じく赤砂色であるが、この色は家畜種にはまれである。(e)鼻口部は短く、その毛は比較的白い。(f)耳も短い。これらの諸特徴に加えて、野生種は一般に大きさがそれほどでもなく、ときおり家畜種に見られるようなずうたいの大きな動物はほとんど見られない。

さていまや次の問題、つまりわれわれが発見したこのラクダは、野生の祖先からの直系の子孫なのか、それとも、もともと飼い慣らされたものがステップにさまよい出て、野生化し、自然状態で繁殖したものかという疑問になる。この答えとしては肯定も否定もありうるであろう。南アメリカにおいては、最初わずかの牛や馬がスペイン人の植民農場から逃げだし、広々とした牧草地で繁殖し、たいへんな数になったというような野生化の例があるし、小規模ではあるが同じような事例をわたしはオルドスで経験した。つまりトゥンガン人の反乱以後二、三年たつうちに、牛がすっかり野生化して、トナカイと同じように慣れなくなってしまったのである。しかし自由な身になった家畜用ラクダが繁殖したという想定にとっての難点は、増殖能力を持った雄がほんの少ししかなく、しかもその交配と生殖は、これまでたいてい人間の介添えによってなされてきたという事実である。たとえこの二番目の想定が、野生化することによってこの種の困難がなくなるということで覆ったとしても、最初の想定、つまり去勢によって繁殖能力がなくなっているという事実だけは残る。だから逃亡した獣が増殖するという機会はほとんどない。一つの例外はそれゆえに野生の雄が家畜用の雌と交尾するという可能性だけである。

他方ロプ・ノール盆地で人間が住むに適しているような地域は、湿気や害虫や食物の不足などのために、ラクダにとって住みやすい場所とはいえない。であるから、これまで住民がたくさんのラクダを飼ったという事実はなかったし、現にロプ・ノール住民は一頭も飼育していないのである。次に他の想定、つまり現今の野生のラクダは野生の祖先からの直系の子孫であるというふうに考えた場合には、この理論を裏づけるもっと重要な証拠があるというように考えられる。つまりわれわれが先ほどから述べてきたような特徴以外にも、この野生種は、自然状態での生存競争において自己および幼獣の身を守ってゆくにふさわしい属性を最大限度に発揮しているという事実である。外部感覚の驚くべき発達は、この獣を敵の手から守っているうえに、それが棲息する地域には外敵の数がもともと少なく、わずかに人間とオオカミだけが、警戒する相手であるにすぎぬという事情がさいわいしている。砂漠にはオオカミは数が少ないと同時に、ラクダの成獣にとってはそれはたいして恐ろしい相手ではない。ラクダは性来警戒心が強いうえに、それが出没するところは人間の最も近づきにくい地域であり、したがってロプ・ノールの東側の砂漠は、ずっと大昔からその棲息地になっていたものと思われる。もちろん以前はその分布は、現在はそれが中央アジアの砂漠の最も僻遠の隅だけであるのに比べれば、もっと広い範囲にわたっていたことはまちがいない。

上述の諸材料を比較してみると、わたしは、現在の野性のラクダは野性の先祖の直系であり、ただおりおり逃亡した家畜のラクダが、それと混血した、という想定が妥当なものではないかと思うようになった。後者つまり家畜獣、というよりもむしろ生殖能力ある雄獣が残した子孫は、あとあとになると、もう野生種とほとんど区別がつかなくなった。しかしこの問題に最終的に解決を与えるためには、この二つの種類の獣の頭骸骨を互いに比較してみることが重要なことであろうと思われる。

われわれは二月のはじめロプ・ノールに戻った。これからここでロプ・ノールとタリム川下流について語ることにしよう。

アイリルガンの渡し場の近くでキュク・アラ・ダリヤを合わせたタリム川は、われわれがすでに見たようにそれから真南に向かって七〇キロばかり流れ、カラ・ブラン湖に注ぐ。と言うより、むしろその注入によってこの湖を作り上げる。この名は《黒い嵐》を意味し、それは嵐のときに表面一帯に大波が沸き立つことから原住民がつけたものであり、事実、東または北東の風によって――たいてい春であるが――カラ・ブラン湖は付近の塩辛い沼地を南西にわたって、遠くまで氾濫させ、しばらくのあいだはタリム川とチャルクリク村とのあいだの交通を遮断するまでにいたるのである。

カラ・ブラン湖それ自体は、長さ三〇ないし三五キロ、幅一〇ないし一二キロである。しかしその面積はタリム川の水の量によって大きく変化する。増水期には湖の平坦な岸辺にはすっかり水がみなぎるが、渇水期には湖の縁の塩辛い沼は底まで干上がってしまう。カラ・ブラン湖の深さは〇・九ないし一・二メートルしかなく、ときおり深い淵もあることはあるが、たいていはこれよりもずっと浅い。アシがはえていない水面の広さはロプ・ノールよりも広い。タリム川がカラ・ブランに注ぎ入る地点には、もう一つの小さな流れ、つまりわれわれが前にふれたチェルチェン・ダリヤが西側から合流している。

カラ・ブランを出るとタリム川はまた相当な大きさの川になるが、それはまもなく、原住民が魚をとる目的で水をはかせる、あの多くの通水路のために急速に流れが細くなってゆく。それと反対側の岸では、隣接する砂漠はその炎のような熱気で、大気の湿気の最後の一滴までも吸い取って、わずかに広がる耕作可能な地をしだいに浸食して行って、あげくの果てにはタリム川の東流を阻止するまでにいたるのである。こうして闘争は終わり、砂漠が川を支配し、生命は死にのみ込まれてしまう。しかし最終的に消滅する直前に、タリム川はその最後の水を集めて、昔からロプ・ノールの名で知られている一面アシのはえた大きい沼を形作る。原住民たちはタリム川の下流全域をこの名で呼んでいるので、ロプ・ノールという呼称は彼らには通じない。彼らは一般の名前でチョン・クル（大湖）、もしくはこの辺の行政地域一帯をさすカラクルチンの名で呼ぶ。だがわたしは、混乱を避けるために古来の名であるロプ・ノールという言葉をここで使うことにする。

この湖というよりも沼は、その形は南西から北東にかけて長い不規則な楕円形をなし、この方向に沿った最大長径は九〇ないし一〇〇キロ、一方、その短径は広くても二〇キロを出ない。原住民たちが描く輪郭は、少なくともこのようなものである。わたし自身はその南岸と西岸を探検したにすぎず、それとタリム川をボートで下って湖心に出ただけである。これ以上進むことができなかったのは、密生したアシと浅瀬のためであり、事実ロプ・ノールには湖面全体に残る隈なくアシが生い茂り、ただ南岸に沿った、幅一ないし三キロの帯状の清らかな水路と、アシの広がりのあいだに、ところどころ星を散りばめたような小さい水面が残っているだけである。

原住民の説明によると、三〇年前は湖水はもっと澄んで深かったという。そのとき以後、タリム川の流れはしだいに減水しはじめ、湖はだんだん浅くなり、アシがふえていった。この傾向は二〇年間続いたが、最近六年間は再び水かさがふえはじめ、以前にはアシがいっぱいにはえた湖床がその増水した水量を収めきれなくなって、川はその岸一面にあふれることになった。

こうしてロプ・ノール南岸に沿ってずっと走っている帯状の澄んだ水路は、最近になってでき上がったものである。そして湖面の下に、昔は乾いた土にはえていたに違いないタマリスクの根や、切り株が見えるほどである。水深は大部分がわずかに六〇ないし九〇センチであり、まれに一・二ないし一・八メートルのところもあるが、岸から三〇〇ないし五〇〇歩あたりまではわずか三〇センチそこそこである。ロプ・ノールは全面にわたって同じように浅く、所々に深さ三メートル、せいぜい四メートルの淵があるだけである。水はいたるところすべて透明な真水である。ただ塩分を含んだ沼地をなしていて、表面は砂が畝状に起伏するばかりで、草木一つない湖岸の近くだけが、わずかに塩分を帯びている。このような塩水の沼沢が湖岸全体に沿って続いており、その幅は南岸では八ないし一〇キロ、東岸は住民の語るところによれば、もっと幅広く広がって、終わりには砂地と混じるまでになっている。この塩分の沼地の外側、少なくともわたしが実地に確認した南岸には、タマリスクの木々が湖岸に沿って狭い帯状に続いており、そして、この外側には砂利石の平野がアルティン・ターのふもとまで、徐々にではあるが高く隆起している。たぶんこれは、大昔のロプ・ノールの湖岸だったに違いないと思われた。つまりそれは、いまの海岸線よりももっと外側に張り出し、現在よりも水も深く、アシもそれほどいっぱい茂っていたわけではないと思われる。湖が減水したのは何に基づくのか、そしてこの現象は規則的なものか否かについては、わたしはわからない。しかし中央アジアにある湖沼が、ほとんどすべて涸れかけているという事実はよく知られている。さてタリム川について、ここで一言述べておこう。

ロプ・ノールの西端アブダルの村の近くではタリム川はまだ幅三八メートル、最大水深四・二メートル、流れの速さは一分間に五一メートル、流れの断面積が三八三平方メートルあり、これまでと同様樋《とい》のようなくぼみの形の河床をその水は流れ過ぎて行く。

アブダルを過ぎるとタリム川は急速に流れが細くなり、そこから一〇キロ下流ではもうその幅は一六ないし一七メートルになり、さらに二〇メートル下ると、六ないし九メートルまでせばまる。もっとも、深さは二、三メートル、流れの速さもまだ相当速い。ここから先二〇キロばかりのあいだは、タリム川はこの程度の小さい流れとして何度か鋭く湾曲しながら流れ続けるが、最後はアシの中に完全に姿を消すにいたる。そしてその先、北東のほうにかけては、その手前からずっとアシがいっぱいはえて、ほとんど舟をやることもできない沼地が広がっている。この密生したアシはところによっては六メートルもしくはそれ以上の高さにもなり、茎の直径は二・五センチにもなるものがあるから、小型のカヌーでさえそれを分けて進むことができない。この巨大なアシはタリム川自体の岸をも長い帯状で縁どっており、一方、浅いそして流れのゆるやかなところには、水生アスパラガスがはえている。これらのアシの茂みのほかに、われわれがロプ・ノール全域で見いだしたものに、ガマと水生グラジオラスがあったが、それ以外の水草は少なくともこの初春という時期には全然見当たらなかった。

湖にはタリム川と同じ種類の二つの魚がたくさんいた――つまりマリンカと、わたしにははじめてのコイ科の魚と。前者はロプ・ノールには非常にたくさんおり、住民はそれをバリク、つまり魚という普通名詞で、そして後者、つまり背中に斑点のついたほうをタゼクバリクと呼んでいる。両者とも産卵の時期は三月である。

魚とりは早春にはじまって晩秋に終わる。魚とりには小さい網が用いられ、魚がこれにからみつく仕掛けである。住民が用いる最も普通のそして効果的な方法は次のとおりである。この目的のために都合のよい地点を選んで、タリム川の土手に横穴を掘ると――先に述べたようにその土手は川岸の平地よりも高くなっているから――水が平地に向かって流れ出し、そこに浅いが広々とした湖水がしだいにでき上がるので、魚もいっしょに川からこの通路を通って出て来る。五月になると穴をふさぎ、水の流入を止める。夏のあいだ蒸発が盛んに行なわれて、この人造湖はしだいに干上がり、深い部分だけに水がたまって魚がみなここに集まったのを見はからって、原住民は九月になっていよいよ魚をとりにかかる。そのためにはもう一度小さい穴を堤の横にあけ、網をそこに張る。すると長いあいだ小さい水たまりに閉じこめられていた湖の魚は、川からのはげしい流水を感じていっせいにそちらに向かって泳ぎ出すので、容易に罠《わな》にかかってしまう。こうしてとれた獲物の量は、ときにはおびただしいものとなり、余分のものは冬のために貯蔵される。そのうえ住民たちの語るところによれば、土壌の塩分が溶け込んだよどんだ水に長く閉じこめられていたために、魚は肥え太り、風味を帯びるにいたる。

湖に注ぎ入る地点ではタリム川の土手が低いので、ロプ・ノール人は冬のための食物を得るためには、これと同様の方法を用いることはできないが、彼らはそれができるところならどこでも川と湖をつなぐ溝を掘ってそこに網を張る。しかも魚はあまりにも豊富なので、それを捕える方法は他にもいろいろある。聞くところによると、ロプ・ノールは一一月にはすっかり凍って、三月はじめに溶けはじめるとのことであり、氷の厚さは三〇ないし六〇センチに達するという。

冬にはいり、寒気に追われて無数の水鳥が南に渡るにつれて、ロプ・ノールの動物の種類はたいへんさびしくなる。この時期にアシの茂みに住むものはわずかに、ヒゲヤマガラなどの小数の群れだけである。ときおり、トビが上空を音もなく静かに飛び過ぎる。岸辺に沿った塩水の沼地からは、ときどき小柄なヒバリの一つがいが飛び立つ。キツツキなどもときおりタマリスクの茂みに姿を見かける。黒いカラスは村の中へ飛んで来るし、乾いた地面にはアカアシガラスも下りて来る。もしもこれに何種類かのキジと、ここで冬を越したヒバリと白鳥とサンカノゴイをつけ加えるならば、ロプ・ノールの鳥の種類は完全に尽くされたことになる。

哺乳類の最もありふれた種類は、トラ、オオカミ、キツネ、イノシシ、ウサギなどであるが、数は限られている。小さな齧歯動物としては砂貂《てん》とネズミなどがあるが、数はいたって少ない。

しかし春になると、ロプ・ノールは文字どおり水禽で生き返る。荒涼たる不毛な砂漠のちょうどまん中に位置を占めるこの湖は、北から南への中間にあたるので、蹊足類や渉禽類に属する渡り鳥にとっての絶好の休み場なのである。

タリムの水系がなかったならば、鳥の渡りがまったく違った方向をたどったであろうことはまちがいない。この湖がなかったならば、インドとシベリアのあいだには休息所がないことになり、鳥たちがヒマラヤから天山までの全行程を、一と飛びに飛ぶということもないであろう。

ロプ・ノールの春のことを書く前に、その住民のことに一言ふれよう。これらのカラクルチン住民は大部分、ロプ・ノールの中ほどに位置している一一の村落に住んでいる。それゆえカラクルチン人は、だいたい七〇戸、男女合わせて三〇〇人の人口を有する。

ロプ・ノールの人口増加はきわめて微々たるものであるが、その原因は、もちろんこの地が生活に適していないためである。一軒の家に五、六人の子供がいるのは珍しく、通例子供の数は二、三人どまりであり、ときによると子供が一人もいないこともある。

昔といってもそれほど以前ではないが、当時はロプ・ノールは現在よりもはるかに多くの人口を有していた。

アブダル部落の住民

それは全体でおよそ五五〇戸に達し、そのうち三分の二は湖上に住んでいた。しかし二〇年前、天然痘は僅々数か月のうちに村の住民のほとんどすべてを根絶やしにしてしまったばかりでなく、生き残ったわずかの者も、大部分その病気にかからずに済んだわけではなかった。しかしロプ・ノールの先住民のわずかばかりの残りの者は、依然湖それ自体と同じようで新しい生活の方法を採用しはじめていて、羊の群れを飼い、少数の牛を育て、またキビを栽培してパンを作ったりしていた。この変化と改善、少なくとも農業におけるそれは、ごく最近チャルクリクに住みついたコータンからの移住者の影響によるものであり、原住民たちは三月下旬に、このチャルクリクの村の近くの土地を耕して小麦をまく。この目的にかなうような土地は、ロプ・ノール自体にはまったくなかったのである。

ロプ・ノールの住民の、このいまに伝わる未開生活の要素をすべて見ることができた今回の好運な機会は、もう一〇年か二〇年のうちには、わたしがいま語るところのものすべてが、往時の言い伝えのようなものになることが明らかなだけに、それだけいっそう貴重なものであった。

　カラクルチンとタリム川の住民の外貌は、各種の顔の型の奇妙な混交を示し、少数の者はモンゴル人を思い出させるが、その最も支配的な型は、純粋なものからは遠いがアーリア人のタイプである。この地方の原住民の最も特徴的な点は、わたしの判断によれば、中背またはそれ以下の低さであり、体格は貧弱であり、胸はくぼみ、頬骨は出っ張ってあごはとがり、あごひげはわずかでスペインふうであり、頬ひげはもっと少ない。唇は厚く突き出て、歯は白くそろっており、膚は黒い。ここからその名前――カラクルチンすなわち黒いコシュン――が由来したと思われる。

　この地方の住民すべてのあいだには一つの言語が通用しており、それはコータンの方言と非常によく似ているが、コルラやトルファンのそれとは別ものだということである。タリム川とロプ・ノールの住民は、だいたいにおいて共通の祖先からの子孫であるが、後者は天山のふもとのオアシスからの移住民の影響を受けて、これと混血した。

　ロプ・ノールの水域に住む人々のことについて、ここで一言ふれておこう。まずその住居について――

　旅人が狭い曲がりくねったタリム川下流の水路を、巨大なアシのあいだをかき分けながら漕《こ》いで行くと、彼はとつぜん川岸につないである三、四隻のボートを見つけ、その先の何もはえてない水面が四角にアシで区切られて、互いに固まっているのを目撃するであろう。これが村落である。われわれが着いたとき住民たちは見慣れぬ人間がやって来たのに驚いて姿を隠してアシの壁のあいだからこわごわ外をのぞいていたが、その漕手が自分たちの仲間であり、自分たちの頭領がその中に混じっているのを見て、外に出て来てボートを岸につなぐのを手伝ってくれた。岸に上がってあたりを見回しても、一面ただ沼とアシばかりで、乾いた土地はこれっぱかりもない。カモとガチョウが家の近くをうろつき回り、年とったイノシシがこともなげに家のあいだの泥の中をのそのそ歩いている。実際この地域の原住民は、普通の人間とあまりにもかけ離れた様子なので、憶病な野生の動物もいっこうに彼らを恐れないのであろう。

　中にはいってみよう。これはアシで作った四角い囲いである。アシは唯一の建築材料である。つまりこの囲いの壁や四隅をささえている柱でさえ、アシをいっしょに編んだ束で作られているからである。アシはまた地面に敷かれ、沼の柔らかい土をおおうちょっとした敷物の役を果たし、泥の中にすわらないでもよいようになっている。わたしはある小屋では、このアシの床の下に、三月中旬までもとけずにいる冬の氷を見たことがあった。住居の四角い一辺は各六メートルほどあり、入口は南向きである。屋根もまたアシでふいてある。しかし、それはあまりにもそまつなふきかたなので、風雨はおろか、日の光をさえぎることもできない。壁もまた同じ作りであるから、嵐でも起これば風はまるで戸外の草原を吹き抜けるのと同じように、そこを吹き通って行くのである。

床のまん中に小さい穴が掘られて、いろりになっている。燃料もまたアシである。事実この植物は建築材料や燃料として、住民のために無限に役立っているばかりでない、さらに春の若芽は食用となり、秋の枯れ枝は集められて敷物となる。最後にこの枯れ枝は、煮つめられると黒くてねばねばした甘い液を出すので、これは住民たちによって砂糖代わりに用いられる。

ロプ・ノールとタリム川の住民たちにとって、それに劣らず重要な植物はケンディリ草であり、ロシヤの大麻に似たこの草から取れる繊維は、そこから取れる糸で漁業用の網や衣服用の布地を作る。この草はタリム川下流の川沿い一帯にやたらにはえているが、ロプ・ノールにはほとんどない。それゆえ春と秋に住民はタリム川までそれを取りに出かけたうえ、先ほど述べたようなやりかたで糸を紡ぐのである。

この布地から作って原住民が着る衣服は、外套とズボンから成る。頭にかぶるものは冬は羊皮の帽子であり、夏はそれがフェルトの帽子に変わる。冬を除いて足は素膚のままであり、冬はく靴は、なめさぬ皮から作った最もそまつな種類である。夏は身分の高い人たちでさえはだしである。冬には外套の下に塩でなめしたカモの皮を裏打ちするし、この鳥の羽毛を乾かしたアシと混ぜて寝わらに使う。しかしこの寝わらもカラクルチン住民にとってはぜいたく品であり、大部分の者は泥土の床をおおう裸のアシの敷物の上に、昼間着ているぼろぼろの外套をかぶった格好でごろ寝する。これらのみじめな人々は、暖を取るためにしばしば手足をからだの下に入れ、背中をまりのように丸めて寝る。われわれのボートの漕ぎ手五人も、こうしてみな一団になり、まるで人間の生きたかたまりというような格好で寝るのである。

彼ら住民の食物は、おもに魚であるが、それは夏は生のままであり、冬は干物である。彼らは生の魚を煮て、その煮汁をちょうどわれわれが茶を飲むように喫する。干した魚は、まず塩水に漬けたあとで焼いて食べる。どちらの場合でも調理の際にうろこを取り除くこともせず、食べながらうろこをはぎ取るのである。春と、そして夏と、秋の一時期には網で捕えたカモが彼らの食事に変化をもたせるし、春の特別なごちそうとして、柔らかいアシの若芽がある。彼らはパンも羊肉も食べない。両者とも欠乏しているからであり、たまたまチャルクリクで小麦粉を手に入れたときは、それを火であぶって調理する。彼らのうちには羊肉を食べられぬ者もいる。彼らはこのようなものを食いつけないので、それが消化器をいためつけるからである。

この人たちが送る生活の輪郭を示すために、わたしは、自分が嵐にあって数日間泊まった家にあった家財道具を数え上げてみよう。それは、戸外に置いたボート二艘と何枚かの網、屋内にあるものはコルラ製の鋳鉄の鉢《はち》、斧《おの》、木の茶椀二つ、木の皿一枚、ポプラで作った自家製のひしゃくとバケツ、家長のものであるナイフと剃《かみ》刀《そり》、主婦に属する針数本と機織器と糸繰り竿、家内全員の着物、ケンディリの繊維で作った布地二枚、糸に通した魚の干物が少々――これで全部である。鋳鉄製のその道具は、チャルクリクから入手したものであったが、その作りのそまつなことはまさに鉄器時代の見本として役立つほどのものであった。斧は柄のための穴さえあいておらず、曲がった刃の根元に、柄をゆわえつけて用いるありさまである。

この国の原住民は肉体上と同様に、精神上でも虚弱である。彼らの思考と観念は、その環境の狭い枠内に限られ、その外部にある世界のことを何一つ知らない。ボート、網、魚、カモ、アシ……これらは薄情な自然の女神が彼らに恵んだすべてのものである。このような環境にいて、外界との交渉の機会を完全に排除されている彼らが、自分の能力を発展させる余裕などまったく持ち合わせていないことは明らかである。自分が生まれ落ちたこの湖以外のことを、彼らは考えも願いもせず、それ以外の世界は、彼らにとって存在しないも同然である。貧困、飢え、寒気とのたえざる闘争は、彼らの性格に無感覚と気むずかしさを植えつけた。彼らはめったに笑わず、その思考は眼前の必要事、つまり魚とり、狩猟、そしてきまった家事の仕事などにかかずらわっていて、それ以上にはけっして出ない。彼らの多くは一〇〇までも数えられない。しかし多少文明化した少数の者は、日常生活の処理の点で器用な腕を示す。イスラム教は住民の全員が信じていることになっているが、それは日常生活の中に深く根ざしてはおらず、わたしは彼らの定時祈禱を一度も見かけたことはなかったし、ロプ・ノール地域に一人のアホン（イスラム僧）もいない。割礼、婚姻、葬儀などの際の祈禱は地方の為政者の教育ある息子が、隠れて見えないような場所から通例読んで聞かせるのであった。

割礼は四歳か五歳になったときに、魚やカモがたくさんいて、隣人をもてなすごちそうがある春の時期を選んで普通行なわれる。少女は一四、五歳で結婚する。男子の結婚年齢はこれと同じか、それより多少遅れる。しかし婚約は非常に早く、花嫁花婿が一〇歳にもならぬうちに決められることが多い。カリム、つまり花嫁の親たちに支払われる結納金は多額である。ケンディリの繊維の一〇束、干魚の一〇縄分、一〇〇ないし二〇〇羽のカモ。不純な性交は厳重に罰せられる。しかし、夫は妻を追い出して新しい者をめとることができる。夫が死ぬと、妻の世話を見る仕事は故人の兄弟もしくはその他の近親者が引き受ける。女の仕事は男の仕事に比していっそうわずらわしい。たしかに妻は家庭を預ってはいるというけれども、この家庭という言葉に含まれている内容がどれほど貧弱なものかは、彼女の所有物は日常の消費の用を足す家財道具だけに限られている事実からも、容易に察せられるであろう。夫が家にいないときは、妻は網を修理する。ケンディリの布を織るつらい仕事は彼女一人の肩にかかっており、また彼女は夫が燃料や建築材料のアシを集める手助けをする。

女の外貌はまことに不細工であり、とくに老女は醜い。わたしがロプ・ノールで会った一人の女などはやせてしわだらけであり、ぼろを着てもつれた髪をし、おまけに瘧《おこり》のために身を震わしているのであるから、まったく人間の格好として考えられる限りの最も醜い光景であった。

彼らは死者をボートに埋める。一艘は棺の底、もう一艘はその蓋となり、土に掘られた浅い穴の中に低いささえをして、その上にそれをのせる。その墓所の上に土がかけられる。故人の持ち網の半分は埋められ、残りは近親者が譲り受ける。ボートと網が、普通カラクルチン住民の財産の中で最も貴重なものであるといわれるのは、それが彼らの生存のための手段であるからである。ボート——厳密に言えばカヌー——は長さ三・六ないし四・二メートル、幅は四五センチかそれ以下である。原住民はこの軽舟の中に立ったまま、どんなに風が強くとも、波にもまれて海鳥のようにおどる舟を自由にあやつって行く。穏やかな天候や流れを下る際の舟の速さは、魚に匹敵するほどである。女も男と同じように巧みに舟を漕ぐ。事実、水こそは彼らの生活舞台なのである。

普通魚とりは、小さい丸い網を狭い流れか、もしくは湖とタリム川のあいだの、そのためにわざわざ設けた水路の中に仕掛けて行なわれる。網の所有者は毎日朝と夕に網を張るが、オールで水をたたいて魚をその中へ追い込む方法もある。獲物が多いときには、収穫の一部は漁がすっかり絶える冬のために干物にして取っておかれる。しかし冬も彼らは氷が張りはじめるころまで根気よく網を張り続ける。

冬は短いけれども、アシの小屋に住むこのみじめな原住民にとっては、まるで戸外にいるのと同じような夜の寒さは最も耐えられないものである。昼間はなるほど暖かいが、それでも、飢えというもう一つの敵が彼らを待ち構えている。夏の獲物が多くて将来の消費のための貯蔵がある場合はよいが、年によって漁獲が少ないと、冬になって飢えが襲って来る。夏のあいだとて事態がこれに比して多少よいということはない。なるほど、夏は暖かで食料も幾らか豊富であるが、その代わりハエと蚊の大軍が昼一日じゅう住民を攻め立て、とくに穏やかな日はそれがひどい。この恐るべき昆虫は三月中旬には姿を現わし、秋がふけるまで姿を消すことがない。おとなでさえそのために夜は落ち着いて寝られないほどだから、子供たちのむき出しの膚がどんな目にあうかはけだし想像にあまりある。ロプ・ノールとタリム川のあいだで最もよく見られる病気は、塩の混じったほこりが大気に充満しているための目の炎症であり、また足の痛みやリウマチも少なくない。

世に知られぬ、そして他の世界について何も知らぬみじめなこれらのロプ・ノールの住民たちの生活ぶりは、ざっとこんなものである。わたしがこの一つの村の半裸の住民たちに囲まれて、この暗いアシの囲いの中にすわってつくづく考えたことは、わたしと彼らはどれほどの年代にわたる進歩の成果によって隔てられていることか、またおそらくは、彼らと同じ状態であったと思われるわたしたちの大昔の先祖から、今日のヨーロッパ人が形成されるためには、どれほどの人数の天才を必要としたか、ということであった。ロプ・ノールの原住民は驚いたまなざしで放心したようにわたしをながめている。しかし彼ら以上に、わたしもこの連中に対して興味を持った。遠い知られざる湖のまん中で、まるで人間の原始時代をまざまざと思い起こさせるような人間に囲まれているこの光景には、どことなく不思議な愛敬さが漂っていた。

われわれは二月いっぱいと三月の三分の二をロプ・ノールのほとりで過ごした。考えてみれば、わたしはもうこれで続けて六年の春を、満州のハンカ湖から東トルキスタンのロプ・ノールまでの広い東アジアと中央アジアの大陸で鳥の観察を続けた勘定になる。

ほうぼう当たってみたあげく、われわれはロプ・ノールの西端とちょうど向かい合うタリム川の岸辺、つまりロプ・ノールの支配者クンチカン・ベクが住んでいるアブダルの小村から一キロほど離れた場所にキャンプを定めた。右も左も一面の沼と湖が続き、われわれのキャンプを張る乾いた土地を見つけるのが苦労なほどであった。しかし鳥類の観察のためには、ここはまたとない好適な場所であった。鳥類の到来は直ちに観察される。そして大量の鳥群の訪れを期待したわれわれの予想は裏切られなかった。二月三日、われわれがロプ・ノールに着くやいなや、たぶん数日前に飛来したと思われる多くの鳥、カモメや白鳥を見かけることができた。もっとも後者はたった一羽見ただけであるので、これは越冬鳥であったかもしれない。この月の六日にはヒドリカモ、イトサカノ、ハジロ、灰色のカモ、その翌日にはオナガガモ、白または灰色のサギ、二月八日にはカモが大群をなして飛来するようになったが、それはおもにヒドリガモとオナガガモの二種類であった。数日間ずっとそれは必ず南西から飛来して東を目ざし、たぶん氷が割れている水面を捜しているようであるが、それはまだなかなか見つからない様子である。ロプ・ノールの東の端まで飛んで行っても、砂漠しか見つからないため再び戻り、たくさんある湖や水たまりに着水しはじめた。しかし鳥がもっと好んで集まるところは、背の低い塩辛い草がいっぱいはえた平らな土手であり、われわれのキャンプの近くにはそんな場所がいっぱいあった。こういう場所に毎日、とくに夕暮れ近くには無数の鳥が集まって、広大な氷の野を一面におおう。この鳥の大群が天に舞い上がるときの羽音は暴風のようにはげしく、また遠くからやって来るその様子は、厚い雲かと見紛うばかりである。二、三〇〇〇いや四、五〇〇〇羽が一群になっているといってもけっして誇張ではない。こういう大きさの群れが次から次へとやって来るのであり、それ以外のあちこち休みなく旋回する小さい群れにいたっては、無数である。一分間もたたぬうちに、この地の鳥も渡り鳥もその群れがいくらでも見られるであろう。後者は常に高い空を速く、しかもいっそう規則的な飛行をするのが特徴であった。鳥の飛来が最高調に達した二月八日からの二週間のあいだに、ロプ・ノールに現れた鳥の数は何万、何十万いや何百万羽という数に上る。こんな途方もない数の鳥では、その餌の量もたいへんなものであろう。しかし、なぜこの鳥たちは南の越冬地を飛び立って、この寒くて荒涼たる北国にやって来るのだろうか。南の国々には広々とした土地がないために、たぶんこの鳥たちは楽しい交情と苦しい幼鳥飼育の仕事が待っている、この人跡まれな北国に向けてあわてて出発せねばならなくなるのであろう。渡り鳥はすべてここに巣を営み、そして秋にはさも名残り惜しそうに数か月かかって次々と飛び去って行くのであるが、まもなく春の訪れとともに、鳥たちは喜んでこのもとの古巣に帰るというぐあいなのである。

ロプ・ノールでわたしがこの春の鳥の飛来を観察して得た新しい証拠は、渡り鳥は子午線に沿った最短距離を取るのでなく、迂回路ではあるが比較的楽なコースを取るという事実であった。ロプ・ノールへ来るすべての群れは例外なく西南西から、ときとして南西もしくは西から飛来するのであり、アルティン・ター山脈を越えて、真南からやって来るものは一つもない。このことは渡り鳥、少なくともそのうちの水鳥については、トランスヒマラヤの国々から、直接高くて寒いチベットの高原を越えてやってくるのではなく、この困難な地域を最短距離で飛び越えるようなコースを取るのである。

いろいろな点から考えて、鳥たちはコータンの近くまでをインドの溪谷に沿って進み、それから暖かくて比較的高くない地域をへて、タリム川とロプ・ノールの方向を目ざすものらしい。鳥が南でなく西南西からロプ・ノールにやって来る理由もこれで説明がつく。住民の語るところによれば、鳥たちは秋には来たときと同じ方向のコースを目ざして飛び立つのであるという。

鳥の大群の飛来が本格的に早まると、われわれにとって狩猟が日課となる。カザクたちは積極的な任務を開始して、その手製の散弾にものを言わせるようになる。しかしその予備がやがて尽きると、われわれの仲間は自分たちの気晴らしを中止するのやむなきにいたった。わたしは小銃をカモや白鳥やワシのような大ものののために取っておいた。カモ撃ちはいつも驚くほど容易であった。われわれは火薬が充分なかったし、われわれが殺したカモは、さっぱり役に立たなかったが、それでも何十羽というカモをしとめた。われわれは食用として一人に三羽ずつあてがい、毎日三度の食事のために二四羽を大鍋で煮た。旅人の食欲は戸外のたえざる活動によって旺盛になっていたので、消化器病や不眠の心配はまったくなかった。普通われわれは、正午かそれより多少早目に狩に出かけた。この時刻には陽気も暖かくなって、カモも普段よりのんびりとアシのあいだで餌を捜すものである。そのほかにわたしは、二月中旬になって急激にとけはじめた湖の氷の上を歩いていて、しばしば腰まで落ち込んでしまうことがあった。この種の水浴は、暑い日でさえもあまり気持のよいものでないが、寒い朝などのそれは、まったく耐え難い難儀であり、あわててキャンプに帰らざるをえなくなった。

狩猟はわれわれのユルト付近で開始される。あたりを見回して、われわれはいつもまちがいなく幾つかの群れが、あるものは湖岸の泥の中に、あるものは氷の上にひしめいているのを見つける。氷の上を好むのはオナガガモであり、ホシハジロやオカヨシガモはとけた水面を好むらしい。からだを一つにすり寄せながら、この大群はひっきりなしに低い押し殺した声を立て続け、泥をはね返しながら餌をあさってくちばしをたたくその音は、遠く離れていてもやかましく聞こえる。どの群れを射止めようか心に決めてから、その方角に向かい、最初は普通の格好で歩き続けて前かがみになり、最後には四つんばいになって近づく。アシの茂みに隠れてカモから一〇〇歩、いやそれより近くまで忍び寄り、じっと息を殺して待ち受ける。目の前にはまるでとけた泥のような無数のカモがからだを押しつけ合ってひしめいており、この形のないかたまりの中で、かろうじて見分けのつくものは、その動く頭と白い首だけである。息を殺してねらいをつけ、そのひしめいているところへ一発、そして飛び立ったときに一発撃ち込むと、少なくとも一〇羽ばかりが殺され、傷ついて氷上か岸辺にちらばる。傷ついた鳥の多くは、落ちるまで少しのあいだ飛び続けるが、それを追いかけている余裕などはない。それはたぶん狩人の動きを空で見ているワシかカラスかトビの餌食になるに違いない。

弾丸を撃ったときにはその近くの群れが一瞬竜巻のような音を立てて空中に舞い上がるが、しばらく飛び回った後にそれらは再び地に下り立ち、しばしば前とすっかり同じところに戻ったりする。そうしているうちに、われわれは殺されたり傷ついた鳥を拾い上げてアシのあいだに小山のようにそれを積み重ね、さらに次の場所へ移って同じことを繰り返す。ときどきは鳥の群れがアシの茂みから遠く離れていて近づけず、一五〇歩もの距離から発砲せねばならぬことがある。この場合には最も大きい口径の弾丸で一度に数羽射落とすこともできる。つまり頭や肩や羽に弾丸があたった鳥はみな地面に落ちるのである。

このカモ撃ちに飽きると、わたしは相棒といっしょに、頭上を飛ぶ一羽ずつの鳥を射落とそうと身構えた。いままで見た群れは大部分オナガガモばかりだったので、われわれの収集のための標本を得るためには、これがいちばんよい方法だったのである。われわれはアシのあいだに身を隠して、ねらう種類の鳥がやって来たときだけ散発的に発砲した。これも飛んで来る鳥があまりたくさんなので、その全部をねらっていたのでは弾を詰め替える時間の余裕もなかったからである。こうしてその都度カモ、カモメ、トビなどがわれわれの獲物になった。もちろん沼地での鳥撃ちには普通多くのミスがあったけれども、必ずわれわれは二、三時間のうちにはおびただしい獲物を得ることができた。

ロプ・ノールの住民はけっしてカモを鉄砲では撃たず、この鳥の行き着けのところへ罠《わな》を仕掛けておく。このようにして罠を持っている者は、春のうちに少なくとも二〇〇羽くらいのカモをしとめるという。

おもな鳥の飛来は、はじまるときと同様終わるときもあわただしい。カモの群れは全部二週間のうちに飛来を終え、二月の二〇日から二二日までのあいだには、わずかに新来の鳥があるにすぎなかった。しかし、カモはたいへんな数であるのに種類はきわめて少なく、月の一九日までに確認したものは、わずか二七種類にすぎない。その中でもとくに多い数のものは、オナガガモ、オシハジロ、カカヨシガモの三つであった。オナガガモはとりわけ多く、一歩進むごとに必ずその姿が目についた。それ以外のものは二月下旬までに小さい群れをなして次々に飛来した。しかし月末近くには灰色のカモ、ウ、ヒドリガモ、オオバンの姿さえ見かけた。オオバンのように渡りのまずい鳥が、年のはじめのこの季節に西チベットの寒い砂漠を越えるということは驚くべきことである。わたしは二日前にゴイサギの声を聞いたし、それが頼りなげに飛ぶ姿も見た。しかしこれは越冬鳥であったかもしれない。

このような途方もない鳥の大群を見て、あるいは人はそれがロプ・ノールに生気を与えて、それをその冬の眠りから完全に呼びさますもののように想像されるかもしれない。しかし、実は不思議なことに、この壮大な鳥の集団は、この地域一帯にほとんど動きらしいものを生み出してはいないのである。水ぎわで何かがうごめく気配——つまりひしめき合う鳥の群れに旅行者が感づくことがあるかもしれないが、春の来訪を先ぶれする、あの楽しげな鳥たちの歌声が空にこだますることはこの地ではほとんどない。そしてこの鳥たちは、ただからだをすり寄せ合って、まるでこの地が一時的な休み場所であり、まだこれからいっそう困難な長途の旅が自分らを待ち受けていることを知ってでもいるように、けっしてうきうき楽しまない。自然を愛する人間にとって、このうえなく楽しいあの鳥たちの歌声は、ロプ・ノールでは天気がよい早春の暖かい日和の中でも聞こえない。鳥の群れは氷の上にすわって、まるでこれからの北への飛行の相談でもするように、口の中でもぐもぐつぶやいているだけである。この土地の鳥では小柄なヒバリがときどき歌をさえずっていたが、それとてまったく機械的な奏でかたにすぎない。

二月のあいだは天気はかなり暖かい。正午には気温は日陰にあっても一三・六度Cまで上るが、日没後の気温は月の前半はマイナス一五・三度Cまで下がり、後半はマイナス一〇・六度C以下になることはない。空は普通軽い羽毛のような雲におおわれ、大気はほこりがいっぱいに漂って、まるで煙か霧が風に吹き上げられるのに似ている。もっともこのような風はしばしばはげしく吹くわけではないが、わたしの滞在中に二度だけ——いずれも北東の——強風が起こった。嵐が続いているあいだ、ほこりは雲に巻き込まれて舞い上がり、太陽をすっかりおおい隠してしまう。室内は薄明のような暗さになり、一〇〇歩以上遠く離れた物体はもう見分けがつかなくなり、呼吸さえも困難になる。嵐はすぐに静まるのが常であるが、数日間はほこりが霧状になって空中に漂う。風が起こると寒さが強まるのは中央アジア共通の現象である。そして雨は降って来ないので、空気は恐ろしいほど乾燥している。

タリム川の下流は、二月四日に氷がとけたけれども、その岸に沿った湖の氷は三月上旬まで消えなかった。しかしそれは、もう二月下旬には白い光沢も失ってほとんど互いに離れはじめていた。

三月の最初の週に、湖の氷がとけるとまもなく、ロプ・ノールにやって来ていたあらゆる渡り鳥はいっせいに北に向かって飛び立ちはじめる。二、三日のうちにカモの数はその半分になる。幾晩も続けて、われわれは鳥の大群が飛び立つ羽音に悩まされる。鳥たちは昼間飛び立つことはめったになく、夜ごとに飛び立ってまっすぐ一直線に飛んで行く。三月一〇日から一二日ごろには主要な出立はすべて終わる。実際、鳥たちのロプ・ノール退去はその飛来とまったく同じようにははばなしい。こうして二月にやって来たばかりの訪問客たちは湖を見捨てて立って行くが、巣を作るため残ったわずかの鳥たちは、それでも多少は春らしい生活を送るようになる。カモやガンの連れを呼び合う声、カモメの金切り声、サンカノゴイのうなるような鳴き音、オオバンのささやくような鳴き音が前よりもひんぱんに聞こえ出す。夕方になるとアシの茂みはクイナのさえずりでこだまし合う。しかしこれがすべてであり、それ以外の鳴禽たちがこのロプ・ノールの荒涼たる沼地の空気を引き立ててくれることはない。

三月中の間ずっと、新しい鳥の飛来は種類から言っても数から言ってもきわめて限られる。暖かい気候がはじまるにもかかわらず、草木は冬と同じように眠り続け、三月もいよいよ押しつまったころになってから、ようやくアシの若い緑の芽が萌えだし、ポプラのつぼみもふくらむ始末である。このように草木の生長が遅いのは、空気がからからに乾いており、しかも二月よりもむしろ三月になるといっそうひんぱんに起こる北東の強風が吹き続けるために、昼夜通して断続的に寒気が襲うからである。このような風によって巻き起こるほこりの雲は、アシや灌木の上を厚い塵の層でおおい、一歩でも足を動かすと目はほこりだらけになり、太陽は煙を通して見るようにけばけばしく映る。三月いっぱいと四月の前半は晴れた日がただの一日もなく、朝夕の薄明はいつもより長く続き、空気は厚く重苦しい。

われわれは三月の終わりから四月の中旬までを、ロプ・ノールから天山に行く途中のタリム川下流の流域で過ごした。われわれはこの森林の多い土地について、あまりに過大な期待をかけすぎていたが、事実この地も春の生物が乏しいことがやがてはっきりわかった。四月になり、日陰にいてさえ三四・五度Cに上る恒常的な暑さにもかかわらず、ポプラの葉が多少なりとも萌え出したのは、やっとこの月も半ば過ぎてからであった。

それ以外の沼辺の灌木やアシは、まだ黄色い冬の色彩を帯びたままであった。花一輪、チョウ一羽姿を見かけない。その代わりにハエと蚊の大群が沼地をおおいマムシと毒グモが乾いた土地をはい回る。しかし、この隣の砂漠にいたっては、この種の装飾品さえ姿を見かけず、トカゲも昆虫もその他のいかなる生物も存在しない。焦げるような砂地の静けさを乱すものは、ときどき旅人の目の前を通って、悪魔のように駆け抜ける旋風があるくらいのものである。

それでも湖の近くに来ると、多少晴れ晴れした気になるのは、のどの青い鳴禽たちやアシの原に住む鳥たちが、藤の茂みでさえずったりキジがせいいっぱい声を立てるからである。森にはムクドリ、スナツバメ、モズなどが巣を作っている以外には何の動物もいない。小型の渡り鳥としては、ミソサザイ一種だけである。この鳥たちは一様にロプ・ノールの砂漠を避け、その近傍の道を通ってシベリアの森林へと直行するのである。

四月も一〇日になると、この地域の春の鳥の移動は終わりを告げる。この月の一九日に、われわれは天山の近くではじめてホトトギスの鳴き声を聞いた。その声は、この地がその気候と自然の点において、われわれがこれまでの半年間をそのまん中で過ごしたあの砂漠に比べて、どれほど恵まれているかを告げているようであった。四月二五日にわれわれはコルラに帰り、閉ざされて空屋のまま管理されてあった以前の宿営に再びはいった。着いて五日目にわれわれは――つい最近故人になったが――当時の東トルキスタンの支配者ヤクブ・ベクと会見した。彼はわれわれ一行を丁重に迎え、いや少なくとも丁重に迎えるふりをして、三〇分の会見のあいだ何度も繰り返してロシヤ人一般、そしてとくにわたし個人に対する自己の好意を表明したが、その後の事態はそれと反対であった。数日後、われわれは前と同じように護衛つきでハイドゥ・ゴルに着いたのだが、いよいよその案内人がわれわれと離れようというとき、彼は厚かましくもわれわれに、われわれがジェティシャール滞在中は彼らの歓待ぶりに、きわめて満足であったということを、文書にして提出するよう要求したのである。

ヤクブ・ベクとその従者への贈物の返礼として、われわれは四頭の馬と一〇頭のラクダを得たが、このラクダはすべて不良であって二日後にみな死んでしまったので、バルガンタイ・ゴルにはいったときには、われわれは少なからず難渋してしまった。いまさら引き返す手もないのに、われわれの手もとに残ったものは、わずか一〇頭のラクダと六頭の馬ばかりであった。そこで荷物をすべて馬に移し、よけいな身回り品をすべて焼き捨て、われわれは徒歩でユルドゥスまで歩いた。わたしはこの地に着いてからカザクの通訳をクルジャに派遣し、われわれの窮状を訴えて援助を求めさせた。ちょうど二週間後に、新しい荷物運搬用のラクダ三頭と補給品が到着し、われわれは自分の最も差し迫った欲求を満たし、からになった食糧倉庫を補充することができた。事実コルラで仕込んで来た備蓄品はまもなく底を突き、われわれは自分たちで射止めた獲物だけで露命をつないできたのである。

五月中旬にわれわれはユルドゥスに着いたが、ここでも草木の成長はきわめて遅かった。太陽はまだ深い雪をとかしたり凍った土壌を暖めたりせず、「歩みの遅い冬は五月の陽気を冷やし」ていた。六月はじめになっても、光と闇、アーリマンとオルムーズドの戦い（悪神と善神との戦い）はまだ必死に続けられていた。夜の寒さ、寒い西ないし北西の風、いや、ときには雪さえもが草木の萌え出るのを遅らせたのである。しかしこの地方の家畜や草花は、このくらいの難儀などにはまったく慣れっこになっているようである。日中の数時間だけ暑ければ、まもなくこれら春の子たちはみないっせいに立ち上がって、互いにその短命な生命をのばそうと努めるのである。

一般に山岳地帯、とりわけアジアの山岳地帯の自然的景観は、どこでも次のようなものである。五月半ばになると、日一日と新しい種類の花が姿を現わし始める。水気の多い山の斜面や峡谷には、野生のニンニクや背の低いトリカブトがその黄色い頭をもたげる。そして数はそれよりも少ないが、ペディクルスや各種のスミレも姿を見せる。乾いた土地にはオキナグサがその表面を飾り、小さい桃色のサクラソウも山膚の斜面に点在している。それからまもなく、乾いた石だらけの斜面にはユキノシタが花をつけ、さらにとげのはえた背の低いラクダソウもそれに混じってみえる。

谷間や山間の泉などでは、五月の末ごろになって日ざしが一段と暑くなると、ワスレナグサ、イシモチソウ、キバナノカワラマツバ、白や黄色のタンポポ、野生の豆の木、キジムシロ、ハコベその他も姿を見せる。

ユルドゥス平原の草本は、けっして豊富ではないが、しかしそれはたいてい牧草として適している。花はわずかに川の流れの堤に沿った湿った地面をいろどるだけであるが、これもけっして豊富ではない。カラスノエンドウの二種類のほかに、青いアヤメの花や Cuchoostear も所々に花開き、他方、乾いた粘土質の土地にはベンケイソウの小さくて白い花があちこちに見られた。植物の名前は、以上にあげたもので尽くされる。バガ・ユルドゥス・ゴル沿いの湖や沼地はもっと不毛であり、ここでは花をつける植物などただの一つも見あたらない。しかしここユルドゥスも、われわれが昨年秋訪れたときに比しては、この春は動物の種類が豊富であった。その種類は昨秋とまったく同様であったが、オナガネズミは冬眠から目ざめて、そのかん高い鳴き声をたえまなく谷間一帯に響かせていた。鳥の数の増加はとくに小型の鳥について著しく、これらの小鳥は、ここでは他の場所と同じようにそのはればれした旋律で、春の到来を歓迎する風情《ふぜい》であった。高山地帯のけわしい谷間では、イワヒバリの鳴く音がシャコの鳴き声と入り混じり、そしてヤマツバメや灰色のとさかのヒワの群れが、まだつがいの時期を前にして遊び戯れている様子であった。ときには羽の赤いイワマワリの鳴き声も響いた。下のほうの森林地帯では、アトリやイワヒバリの姿もちょいちょい見かけられた。セキレイや Atitis hypaoleueos は川の縁に巣を作り、赤いツクシガモや Anserinc᾽ecus は岩のあいだに巣を営む。さらに低くなると、峡谷の入口や平野部にはノヒバリや、すばらしい鳴禽であるイシツグミが多い。カモ、コウノトリ、イソシギ、カモメ、アジサシなどは沼や湖に巣を作っているところであった。

五月のうちは昆虫は多くない。オオヤマバチは高地の草原に最も数多くいる。ハエと蚊は寒いユルドゥスには生息しえない。ヘビやトカゲも同じである。沼地の近くでときどきヒキガエルが捕まるくらいのものである。

六月のはじめ、われわれはナラト山脈を越えてツァンマ川の水源に下ったが、その南斜面には、春の植物がユルドゥスに比べていっそう豊富であった。実際ここでは気候も植物の景観もすっかり違ってしまい、モミの林や六〇センチに達する厚い草木が峡谷や山の斜面をおおっていた。毎日雨が降り、豊饒な黒土は海綿のように水気を吸い込み、湿度は隣にあるクンゲス川の流域と同じであるにもかかわらずクンゲスのほうは標高がいっそう低いので、植物の成長はいっそうすみやかであり花も多彩なのである。

われわれの植物標本は非常にその数をふやしたが、他方、われわれの期待に反して、巣を作る鳥の数がツァンマ川でもクンゲス川でも比較的少なかったのは、たぶんこの地方の極端に荒涼たる風土がことに小さい鳥たちから敬遠されるためであろう。またここでは雲かかすみのように、ブヨやハエが襲いかかり、昼も夜もそれから逃げるすべがないありさまである。探検旅行中、われわれがこれらの恐ろしい昆虫にどれほど悩まされ続けたかは、容易に察せられよう。乾いた冷たい土地から急に湿った暖かいところに出たための気候の急変は、われわれの健康に悪影響を与え、それは今回クンゲス川に到着したときにことにはなはだしかった。

ここでのわれわれの調査を終えて、われわれはクルジャに向けて出発し、ようやく、七月のはじめに疲労困憊した体で、しかし科学上の貴重な標本だけはたくさん携行してクルジャに着いた。

いまこの探検行を振り返って、わたしは自分が幸運に恵まれていたことをつくづく感じた。もしもわれわれの出発が一年早いか遅かったならば、このロプ・ノール探検行はたぶん不成功に終わったに違いないと思う。つまり、もし一年早かったならばヤクブ・ベクはたぶんそのときはまだシナ人を恐れてもいなかったし、ロシヤ人との友好を欲しもしなかったから、おそらくわれわれの天山越えを許可することがなかったろうし、一方もしもいままでこの企てがのびていたならば、ヤクブ・ベクの死が引き起こした国情不安のため、われわれの旅行はおそらく最後まで実現しなかったに違いない。

解説

深田久弥

探検家中の探検家とも言うべきニコライ・ミハイロウィッチ・プルジェワルスキーは、一八三九年三月三一日、スモレンスク県オトラードノエ村の地主の長男として生まれた。祖先はザポロージ・コサックの出で、祖父の代にロシヤ貴族の一員となった。父は軍務についたが、健康がすぐれず、退役して田舎の親譲りの領地へ引込んでいた。その父が彼の七歳のとき亡くなり、あとは男まさりの母親によって厳格に育てられた。

探検家はよく自分の少年時代に影響を受けた人物をあげるが、プルジェワルスキーにもそれがあった。その一人は乳母で、毎夜彼の枕元で伝説やお伽話をして聞かせた。彼の後年の探検紀行に詩的な潤いのあるのは、幼時に培われたロマンチックな情緒が大きく働いていた。もう一人は母方の叔父で、この人は非常な狩猟好きで、少年に猟の技と楽しみを植えつけた。本書を読まれるとわかるように、彼は探検中いつも猟銃を手放さず、それによって学問上貴重な動物や鳥類を得ている。それは少年時代の訓練のおかげであった。

一八四九年スモレンスクのギムナジウムにはいった。学校はきびしかったが休暇は長かった。自然の好きな彼は田舎へ帰って、毎日のように森や林の中を歩き回った。そのころ田舎では本を手に入れることが困難だったので、自然を観察したり、動植物を採集したりするのが、ただ一つの楽しみであった。

学校はよくできたが、ただのおとなしい生徒でなかったことは、次のエピソードによっても察しられる。中学最終学年の六年生のとき、級友たちが謀って、ある教師の閻魔帳をなくしようとした。クジでその任にあたったプルジェワルスキーは、うまくそれを盗み出して川へ投げ捨てた。事が露顕して放校処分にされた彼を救ってくれたのは母親であった。彼女は全生徒の前で彼を鞭打ちの刑に処することによって、放校だけは取りやめてほしいと嘆願した。おかげで彼は卒業できたが、この事件は彼の生涯に強い影響を及ぼしたという。

一八五五年中学を卒業すると、セヴァストポリの包囲戦に刺激されて軍人になろうと志し、その年の九月モスクワの連隊に下士官として入隊した。翌年将校に進級し、スモレンスク県に駐屯の連隊付となり、やがて連隊とともにポーランドに移った。そこで動植物の本や旅行記をむさぼるように読んでいるうちに、彼の探検精神が目ざめてきた。彼はアムール地方への転勤を願い出たが許されず、かえって罰を受けた。

自分の念願を達するためには陸軍大学にはいることだと悟った彼が、猛烈な勉強の結果入学試験に合格したのは、一八六一年八月のことであった。しかしペテルスブルクの陸大でも、彼の関心は軍事学よりも探検にあって、そのほうの本ばかり読んでいた。六四年の卒業論文は「アムール地方の軍事的統計的概説」であった。この一篇で彼はロシヤ地理学協会の会員に推された。

陸軍大学を出てワルシャワの下士官学校で歴史と地理を教えた。軍人としての栄達を望まず、彼はひたすら将来の探検旅行にそなえるための勉強に励んだ。彼の生涯を費やして悔いなかったその後の数度の大探検の学問的基礎は、この期間に築かれた。

彼は東部シベリアへの転勤を願い出て、その希望がいれられ、一九六七年一月シベリアに向かい、六九年までのあいだに、多くの困難と戦いながらウスリー地方の調査をした。当時その地方はロシヤ領になったばかりであった。彼はその探検の結果を『ウスリー紀行』(Pyteshestvie v Ussurijskom krae) と題して一八七〇年に出版した。

この著書に注目したのは、中央アジア探検の先駆者であり博学の地理学者であったセミョノフ・チャンシャンスキーであった。彼はロシヤの「大探検時代」を開いたのみでなく、多くの探検家を発見し、それを励まし育てた人であった。プルジェワルスキーが探検家として一本立ちできたのも、セミョノフの後押しに負っていた。

プルジェワルスキーの第一回中央アジア探検は、ロシヤ地理学協会の発意と陸軍当局の援助によって、一八七〇—七三年に行なわれた。ほぼまる三年間に、モンゴル、甘粛、青海、北部チベットにわたり、約一二〇〇〇キロを踏破した。

すなわち、一八七〇年一一月二九日キャフタを出発して、ウルガ(現在のウランバートル)に着き、そこからゴビ砂漠を縦断して張家口に出、北京にいたった。このルートは古くからシナの茶を運んだ隊商路で、プルジェワルスキーも毎日幾十回となく茶のキャラバンとすれ違った。明治四一年(一九〇八年)大阪毎日新聞記者竹中翠村が、そのルートを逆に、張家口からキャフタまで行っている。そのとき翠村にモンゴル語の通訳として同行した中島基熊と呼ぶ青年は、現在八〇歳を越えてなおカクシャクとして悠々自適しておられる。

プルジェワルスキーは北京でその冬を過ごし、翌年二月、次の旅程についた。北京から北上してドロン・ノールに達し、そこからダライ・ノール(湖)を訪ね、予備的試験旅行を終えて張家口へ帰った。そこで再び小キャラバンを組織して、五月半ばモンゴル高原に上り、その南縁に沿って西進、陰山山脈の西部まで達して、包頭に下った。

包頭から、黄河大屈曲部の南岸、オルドス平原を横切って、磴口で黄河の左岸に渡り、アラシャン地方の定遠営にはいった。そこから彼は東方にある賀蘭山脈を探った。本全集の熱心な読者は、定遠営も賀蘭山脈も、コズロフの『蒙古と青海』によってご存知のはずである。しかしこの地方の正確な報道を伝えたのは、プルジェワルスキーが最初であった。

アラシャンで彼は金がほとんどなくなったので、急いで北京へ戻ることにした。黄河左岸に沿うその帰路は、これも古いキャラバン・ルートで、中央アジア学者ユールによればマルコ・ポーロが通った道であり、また本全集の『中央アジア自動車横断』の自動車が最後に走った道でもある。

プルジェワルスキーは北京で新しい探検準備のため二か月を送ってから、一八七二年三月、三たび張家口を出発した。まず定遠営にいたり、そこから甘粛にはいり、大通河べりの山中で豊富な採集を行なってから青海(湖)のほとりへ出た。ツァイダムを通って北部チベットにはいり、揚子江の源流に達した。

目的はラサであった。しかしラクダを乗りつぶし、財布も底をはたいたので、引き返すほかなかった。再びツァイダムを経て青海に戻り、定遠営に帰って金子を補充してから、今度はまったく未知のガルビン・ゴビを通って、ウルガからキャフタに着いたのは、一八七三年一〇月一日であった。

この旅行で採集したコレクションは、鳥類二三八種、標本約一〇〇〇、大小哺乳類の毛皮四二種、約一三〇枚、昆虫の標本三〇〇〇以上、その他。植物は五〇〇—六〇〇種、標本は約四〇〇〇に及んだ。

その旅行記が有名な『蒙古とタングート人の国』(Mongoliia i strane Tangoutov) で、一八七五年に出版された。非常に大きな反響を呼んで、英語、フランス語、ドイツ語にも訳され、プルジェワルスキーの名は世界的になった。わが国でも『蒙古と青海』という題で上下二巻に訳されている(生活社、一九四四—四五年)。本全集のコズロフの解説でも書いたが、これをコズロフの『蒙古と青海』と混同してはならない。

第二回の探検旅行は一八七六—七七年で、その紀行が本書後半に掲載の『天山からロプ・ノールへ』である。そのルートは、その後へディンやスタインやわが大谷探検隊などによって歩かれたので、中央アジア旅行記の読者にとっては、格別目新しいものではない。しかし先駆者プルジェワルスキーのときには、画期的な探検旅行であった。

クルジャから天山を越えてコルラまでは、本全集ボンヴァロの『内陸アジア縦断』と同じである。ただプルジェワルスキーのときにはロシヤ領であったクルジャが、それから一二年後のボンヴァロのときにはシナ領になっていた。一八七一年から一〇年間、クルジャはロシヤに占領されていたのである。

コルラからタリム川を下ってロプ・ノールを発見する。この発見が地理学界に前代未聞のセンセーションを起こした有名なロプ・ノール論争である。へディン中央アジア探検紀行全集第十巻『さまよえる湖』(白水社、一九六四年)の第二〇章第二一章に、この問題が仔細をきわめて説かれているので、ここでは繰り返さないが、ごく簡単にその輪郭だけを述べておこう。

ロプ・ノールは二〇〇〇年来のなぞであった。そのヴェールをはいだのがプルジェワルスキーであったが、その功を賞賛しながらも、それに厳密な批判的検討を加えたのが、アジア地理学の泰斗リヒトホーフェンであった。その論によれば、ロプ・ノールは鹹湖でなければならないはずなのに、プルジェワルスキーは淡水湖であると報告している。おそらくタリム川は川筋を変えて比較的新しい場所に湖を作ったのであって、それは古いシナの記録や地図に載っている歴史的なほんとうのロプ・ノールではない、古典的なその湖はタリム川の東の延長部にあるにちがいない、と言うのである。

二人の地理学者のあいだに学問的論争が行なわれた。プルジェワルスキーの弟子コズロフと、リヒトホーフェンの弟子ヘディン、この二人は仲がよかったが、それぞれ師の説を奉じて意見の応酬をした。その他の地理学者たちもこの論議に加わった。結局このロプ・ノール問題に解決を与えたのは、現地を調査したヘディンであった。彼はロプ・ノールが一六〇〇年を周期としてその位置を変える「さまよえる湖」であることを証したのであった。

この探検旅行でプルジェワルスキーのもう一つの功績は、アルティン・ター(山脈)の発見であった。それはロプ・ノールの砂漠に迫るように立っていた。それによってチベット高原の北限は、それまで考えられていたよりも約三〇〇キロ北にあることがわかった。

彼はアルティン・ターの北側を調査したが、時間的余裕がないのと冬が深くなったために、山脈の反対側へ越えて南側を調べることはできなかった。ただ土地の猟師から次のような話を聞いた。「古い道を通ってアルティン・ターを越えると幅二〇キロほどの高原に出るという。この高原の果ては幅二〇キロほどの無名の山脈によって限られ、そのまたかなたはもう一つの新しい平原で(中略)その南は巨大な雪の山脈チメン・ターで区切られている。この山にはさまれた二つの峡谷は、その両側の山脈とともに東の地平線のはるかかなたまで続いている……。」

このときには南へ越えられなかったが、彼は第四回の探検のときツァイダムのほうから、このアルティン・ターの南にある谷へはいった。チメン・ターのさらに南にチベットとの国境をなすアルカ・ターがある。ヘディンは第一回の中央アジア探検でそのアルカ・ターを南へ越えて、東のかたツァイダムへ出ている(ヘディン探検紀行全集第二巻)。これらの山脈はみな東西にほぼ平行して走っており、リヒトホーフェンは大コンロン山脈の中に入れている。

ヘディンはプルジェワルスキーを尊敬し、その旅行記を熟読していたことは、彼がまだ二五歳のとき、このロシヤの大探検家の紀行をスウェーデン語に訳して出版していることによっても証せられる。年が違うからヘディンはプルジェワルスキーには会えなかったが、彼はこう書いている。「わたし自身は、プルジェワルスキーの探検隊に加えてもらえる未来の幸福を夢みていた。そして一八八八年彼が死んだという報道を読んだときにどんな苦痛をおぼえたか、いまでもはっきり覚えている。一八九一年、わたしはイシク・クルのほとりにある彼の墓に詣で、同じ年に彼の旅行記を出版した。」

ヘディンの中央アジア探検は、プルジェワルスキーのそれの延長であった。ロシヤの大探検家が予定線を引いたところを、スウェーデンの大探検家が歩き、前者が問題としたことを、後者が解決した。ヘディンは常にプルジェワルスキーの旅行記を持ち歩き、それから多くのヒントを得たのであった。

プルジェワルスキーの第二回探検紀行は、クルジャへ帰り着いたところで終わっているが、まだそのあとがあった。クルジャで次の旅行の準備をして、再び途についた。しかしエビ・ノール（湖）からジュンガリア平原を通って古城《グチェン》（天山北路にあり）まで達したとき、草原の皮膚病にかかって引き返さざるをえなくなった。さらに翌年三月もう一度ラサへ向かおうと準備したが、ヤクブ・ベクの死によって、クルジャ占領に関しシナとロシヤとの関係が険悪になったために、彼は本国政府から帰還せよとの命令電報を受けた。この第二回の紀行が比較的短いのは、以上のようなわけで彼の企図した計画が全部実行できなかったからである。

一八七七年ペテルスブルクへ帰って旅行記を書いた彼は、次の探検の用意をした。それが第三回目で、一八七九年から八〇年にわたる旅行であった。このときの出発点はザイサン（カザーフ共和国の東隅）、そこからジュンガリア平原を南下して天山の北麓バル・クルに着き、山脈を横切ってハミに出、ゴビ砂漠を通って粛州に到着した。そこで彼は後年スタインによって有名になった千仏洞のことを聞いた。

粛州から南山山脈を越えて、二つの新しい山脈を発見し、北にあるものをフムボルト山脈、南にあるものをリッター山脈と名づけた。いずれも有名な地理学者の名

レニングラード，エルミタージュ博物館付近の公園にあるプルジェワルスキーの銅像

前を採った。それから危険を冒してメチン・オーラの山地を南へ越え、ツァイダムのクルリック・ノール（湖）のほとりへ出た。

ツァイダムから、ブルハン・ブッダ山脈、シュガール山脈、彼が見つけてマルコ・ポーロ山脈と名づけた山脈を越えて、揚子江の源流へ達した。土地の人はそれをムル・スゥと呼んでいた。それからさらに南へ進み、タン・ラ（山脈）を越えて、ついにナク・チュー部落に着いた。これはサルウィーン川の源流に臨んでいて、そこからラサまではもう二二〇キロくらいしかなかった。彼はダライ・ラマに直接使いを送った。しかしどうしてもラサへはいることを許されず、引き返すほかなかった。

今世紀になってから幾人かの旅行者が、ツァイダムからプルジェワルスキーと同じルートでラサへ向かっているが、いずれもナク・チューまで行ってそこで止められている。

プルジェワルスキーの帰途は、季節が遅れたため、四五〇〇メートル以上のチベットの山地で冬を越さねばならなくなり、すごい寒気のために苦しんだ。黄河の源流地帯を探ってから、北上してロシヤへ帰った。ロシヤ地理学協会は彼を名誉会員に推した。

このときの紀行は『ザイサンからハミをへてチベットおよび黄河源流へ』と題して、一八八三年に出版された。文体、内容ともに円熟して、彼の紀行のスタイルを完成したものと言われる。

第四回の探検は一八八三―八五年で、その旅行記が本書の前半に収められた「黄河源流からロプ湖へ」である。本書の読者にはその行程の紹介は必要ないだろう。付図にルートが入れてあるが、さらに細かい地理を知りたいかたの参考までに、AMS百万分の一の地図名をルート順にあげると左のとおりである。

NL-48 (Ulan-Bator), NK-48 (Dalan Dzadagad), NJ-48 (Lan-Chou), NJ-47 (Ch'ingHai), NI-47 (Sources of Hwang Ho) NJ-46 (Tsaidam), NJ-45 (Charchan Bazar), NJ-44 (Khotan), NK-44 (Aksu), NK43 (Alma-Ata). これらの地図は海外へ注文すればいつでも手にはいる。

プルジェワルスキーは南道（タクラマカン砂漠南縁）のケリヤから南の山地へ小旅行をした（第一〇章）。彼はケリヤ川上流のポルー部落に着き、そこからチベットへ行く道を行きかけたが、難路のため引き返した。この道はその後一九〇八年にスタインが通っている。すなわちポルーから渓谷を上り、アルト・ダワン（峠）を越えてセキーズ・ケル（湖）のほとりに達し、そこからユン・カシュの源流を探った。なぜとくにこのことを引き合いに出したかと言えば、わが大谷探検隊の橘瑞超がやはりスタインと同じくポルーから峠を越えてセキーズ・ケル（橘はセカズ湖と呼んでいる）へ出ているからである。それは一九一一年のことである。彼の非常な困難を冒した紀行は、本全集大谷探検隊『シルクロード探検』中の「中亜探検」に詳しく出ている。

プルジェワルスキーはコータンからコータン川に沿ってタクラマカンを縦断した。このコースはその後幾人かの旅行家によって採られ、わが大谷探検隊も通っているが、外国人で最初に通過してその記録を残したのは、彼が最初であった。それからアクスゥに出て、ベデル峠を越え、イシク・クル（湖）のほとりのカラコルへ帰って、彼の大旅行を終わった。

このときプルジェワルスキーは四六歳だった。友人たちが彼に結婚を勧め、つらい探検生活を続けることをやめさせようとした。彼は友人にあてた手紙の中で「おっしゃることは問題になりません。わたしはもはやそんな年でもないし、また結婚できるような職業でもありません。それに中央アジアにはわたしの近親をたくさん残してあります。ロプ・ノール、ココ・ノール、チベットその他、みなわたしの親類です」と答えたという。

そしてこの不敵な探検魂を持った巨人は、三年後の一八八八年、五たび五〇歳に近い身をひっさげて中央アジア旅行に取りかかった。しかしこの計画は緒についたばかりで、果たせなかった。出発地のカラコルで亡くなったからである。カラコルへ着くまでの途中、川水を飲んだのが命取りであった。腸チブスが流行していた。彼はカラコルで重態に陥り、そこで延べ二〇年におよぶ探検家生活の終止符を打った。

死ぬ前日、彼は「一つ頼みがある。わたしが死んだら必ずイシク・クルの岸辺、波の及ばぬ場所に埋めてほしい。墓標にはただ《旅行家プルジェワルスキー》だけでいい。わたしの探検服のまま棺に納めてもらいたい」と言った。

その遺言どおり墓はイシク・クルの岸辺に作られた。そして後になって、カラコルはこの偉大な探検家を記念してプルジェワリスクという名前に変わった。そのプルジェワリスクに一八九四年りっぱな記念碑が完成した。高さ約九メートル、岩塊の上に羽根を広げた青銅のワシがとまっている。その足は彼の探検路を刻んだ地図を踏まえている。彼の肖像がはめ込まれ、その下に「ニコライ・ミハイロウィッチ・プルジェワルスキー。内陸アジアの自然の最初の研究者。一八三九年三月三一日生、一八八八年一〇月二〇日歿」と刻んである。碑は彼が生涯の熱情を注いだ南のほうに向いている。

本解説を書くにあたって、わたしはプルジェワルスキーについて加藤九祚氏から非常に多くのことを教わった。付記して厚くお礼を申しあげる。

本書の「黄河源流からロプ湖へ」の原書名は『キャフタから黄河源流へ。チベット北縁の調査およびロプ・ノール経由のタリム盆地横断路』で、一八八八年ロシヤ地理学協会から出版された。一九四八年ムルザーエフの監修で第二版が出た。

ドイツ語訳には次の二種類がある。一はスウェン・ヘディンによる抄訳。二はヘルムート・シュトロイビッヒによる訳で『野性ラクダの住む国にて』と題されている。

本書の日本語訳は、ロシヤ語の第二版に基づき、ヘルムートのドイツ語訳を参照した。ロシヤ語の第二版は初版をいくぶんか削っており、ドイツ語訳はその第二版からさらに動植物名、気候などの部分をかなり削っている。しかし文章を直したり要約したりはまったくしていない。日本語訳もその方針に従った。本書のごく一部が雑誌『蒙古』一三五号（一九四三年）に載ったことがあるが、まとまった日本語訳はこれが最初である。

「天山からロプ・ノールへ」の原書名は『クルジャから天山を越えてロプ・ノールへ』で、一八七八年に出版された。その英語版がE・デルマー・モルガンの訳によって一八七九年に出ている。本書の日本語訳はその英語版を基にした。この英語版にはプルジェワルスキーの紀行のほかに、ロプ・ノールに関するリヒトホーフェンの所見と、それに対するプルジェワルスキーの返答が載っているが、それは割愛した。本書が日本語訳されたのも、これが最初である。

*

深田久弥氏解説中に「西域探検紀行全集」あるいは「本全集」とあるのは、本選集の元になった全15巻の全集を指します。

本書の初版は『西域探検紀行全集』の第2巻として
1967年11月に小社より刊行された

西域探検紀行選集（全6冊）

黄河源流からロプ湖へ

二〇〇四年五月二〇日印刷
二〇〇四年六月一〇日発行

訳　者 © 加《か》藤《とう》九《きう》祚《ぞう》
　　　　 中《なか》野《の》好《よし》之《ゆき》
発行者　川村雅之
装幀者　田淵裕一
印刷所　株式会社三陽社
発行所　株式会社白水社
東京都千代田区神田小川町三の二四
電話　営業部〇三（三二九一）七八一一
　　　編集部〇三（三二九一）七八二一
振替　〇〇一九〇-五-三三二二八
　　　郵便番号一〇一-〇〇五二
http://www.hakusuisha.co.jp
乱丁・落丁本は、送料当社負担にてお取り替えいたします。

松岳社（株）青木製本所

ISBN4-560-03146-0

Printed in Japan